包罗万象的古代知识宝库，精彩纷呈的神话传说奇书

山海经彩图馆

（汉）刘向 （汉）刘歆 编校

刘慧 编

中侨彩图馆

刘凤珍 主编

中国华侨出版社

图书在版编目(CIP)数据

山海经彩图馆/(汉)刘向,(汉)刘歆编校;刘慧编. — 北京:中国华侨出版社, 2015.12
(中侨彩图馆 / 刘凤珍主编)
ISBN 978-7-5113-5893-6

Ⅰ. ①山… Ⅱ. ①刘… ②刘… ③刘… Ⅲ. ①历史地理-中国-古代 Ⅳ. ①K928.631

中国版本图书馆CIP数据核字(2015)第304085号

山海经彩图馆

编　　校/(汉)刘向(汉)刘歆
编　　者/刘　慧
丛书主编/刘凤珍
总 审 定/江　冰

出 版 人/方　鸣
责任编辑/茂　素
装帧设计/贾惠茹
经　　销/新华书店
开　　本/720mm×1020mm　1/16　印张:27.5　字数:840千字
印　　刷/北京鑫国彩印刷制版有限公司
版　　次/2016年3月第1版　2016年3月第1次印刷
书　　号/ISBN 978-7-5113-5893-6
定　　价/39.80元

中国华侨出版社　北京市朝阳区静安里26号通成达大厦3层　邮编:100028
法律顾问:陈鹰律师事务所
发行部:(010)64443051　传真:(010)64439708
网　址:www.oveaschin.com
E-mail: oveaschin@sina.com

前言

《山海经》是先秦典籍中包含了历史、神话、宗教、天文、地理、民俗、民族、物产、医药等多种资料的小百科全书，也可以说是最古老的地理人文志。它自古以来就被视为一部奇书，它超越了时空的限制，记叙神奇的人物、灵异的禽兽、域内园林、海外仙山，还有奇珍异宝……形象地展现了一幅幅神奇的远古生活图卷。《山海经》最重要的价值之一在于它保存了大量的神话传说，除了我们所熟知的“大禹治水”、“夸父逐日”、“精卫填海”以外，还有很多大家不熟悉的内容，如祭山的仪式、黄帝大战蚩尤的传说。这些传说为我们研究古代的宗教和部落之间的战争提供了极其珍贵的历史材料；书中记载各种奇思妙想、世界奇观，是后世乃至于今天的文学家、艺术家获得创作灵感的宝库。一千多年前的陶渊明，就把阅读《山海经》当作一种精神享受，他说在春夏之交，静坐南窗下，“泛览《周王传》，流观山海图”，是人生乐事。

《山海经》全书 18 卷，约 31000 字。全书内容，以五藏山经 5 卷和海外经 4 卷作为一组，海内经4卷作为一组，而大荒经4卷以及书末海内经1卷又作为一组。每组的组织结构自具首尾，前后贯串，纲目分明。山经以山为纲，分南、西、北、东、中五个山系，以道路和方向互为经纬，有条不紊地叙述了每座山的地理位置、走向及山中树木和物产，详细记载了矿产的分布，并对其颜色、光泽、硬度等详细说明，还记载了各种动植物的形态及药用价值。在叙述河流时，说明了其发源、流向以及主要水系和支流的分布情况。该书按照地区记录事物，所记事物大部分由南开始，然后向西，再向北，最后到达大陆（九州）中部，九州四围是东海、西海、南海和北海。

古人一直把《山海经》当作真实的历史来看待，这本书是中国历代史家的必备参考书。但由于该书成书年代久远，很多记载无法考证，连司马迁写《史记》时也说：“至《禹本纪》、《山海经》所有怪物，余不敢言之也。”现代科学的发展使得我们对于远古的历史有了比古人更清晰的认识，我们知道许多动物的历史可以远溯到几万年以前或是几十万年以前，现代科学知识有助于我们更好地理解《山海经》。

《山海经》在很长的历史时间里是藏于深宫、王府的，在民间则成为了巫师和方士珍藏的秘籍。我们现在看《山海经》完全是穿越时空游历古代知识宝库。在空间上，从海内展现到海外；从时间上，从当世追溯到远古。题山经为“藏”，其含义是宝藏，即详述各山各水蕴藏的宝藏；而海经、荒经记载了很多上古、远方的神话传说、神奇巫术、神秘信仰，这其实也是一种宝藏，是人文历史的宝藏，在这里我们可以追寻到许多中华民族的文化之“根”。

这部古老而神秘的奇书不断吸引着现代学者的关注、研究，地理学家、人类学家和古代史专家用现代的观念、科学的思想和方法去深入挖掘宝藏，在地理、神话、民俗等珍贵资料之外还不断有新的发现。可以说，《山海经》是一部有很大开发、研究空间的知识宝库。

为了使广大读者读懂这样一部反映了我们祖先伟大想象力、创造力，蕴藏了巨大智慧的典籍，我们对《山海经》的原文做了系统的、全面的整理，选择最好的古代版本互相参照，并参考了袁柯、张步天等多位当代学者的研究成果，以使本书能体现《山海经》的最新研究水平。本书将正确的原文、详细的注释和准确明白的译文互相对照排列，使读者轻松愉快地读懂历来被认为深奥的《山海经》。《山海经》向来以图的奇妙闻名于世，但是现存版本中的图大多出于明清以后，刻本优劣不等，本书延聘当代美术家在古本图基础上精心绘制了写真风格的图画，读者展卷阅读就能游览《山海经》无比神奇美妙的世界。

目录

导 读

海经与大荒经系统

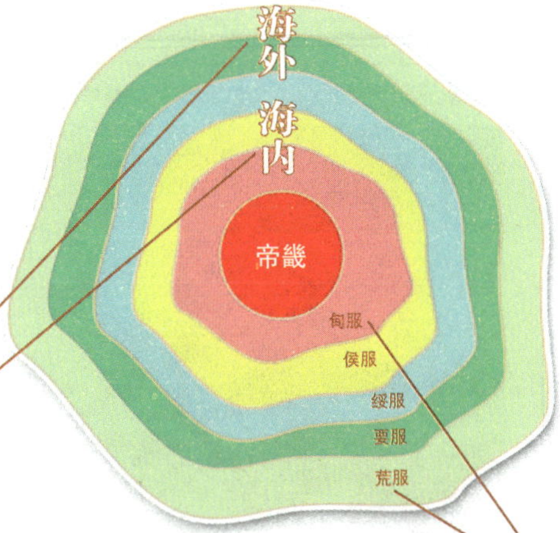

《山海经》包括“海内”、“海外”、“大荒”三个部分。“海内”与“海外”不能理解为本土与海外。“海内”指的是“五服”中甸服、侯服、绥服等地区；而“海外”或“大荒”指要服与荒服。

五服是古代一种地域划分方法，古人对整个国家地域没有确切的认识，于是就根据帝畿（帝王都城）的远近划分了“五服”，即甸服、侯服、绥服、要服、荒服。

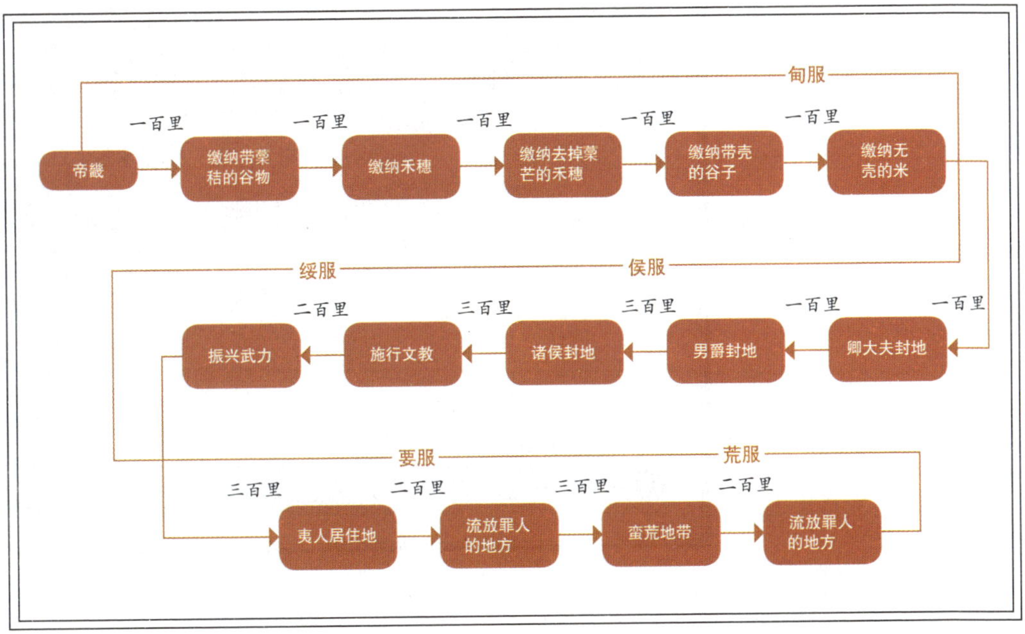

山海经的基本构成

《山海经》十八卷，大体分为山、海、荒三种文化体系，每种体系又都具有相对独立的内容。即《五臧山经》为一种系统，《海外经》、《海内经》为一种系统，《大荒经》包括《海内经》另为一种系统。

山经系统

《西山经》的大致范围北至今宁夏盐池西北、陕西榆林东北一线，西南至甘肃鸟鼠山、青海青海湖，西北可能到达新疆的东南角（不包括罗布泊以西以北）。

《中山经》的范围西南到达今四川盆地的西北边缘。

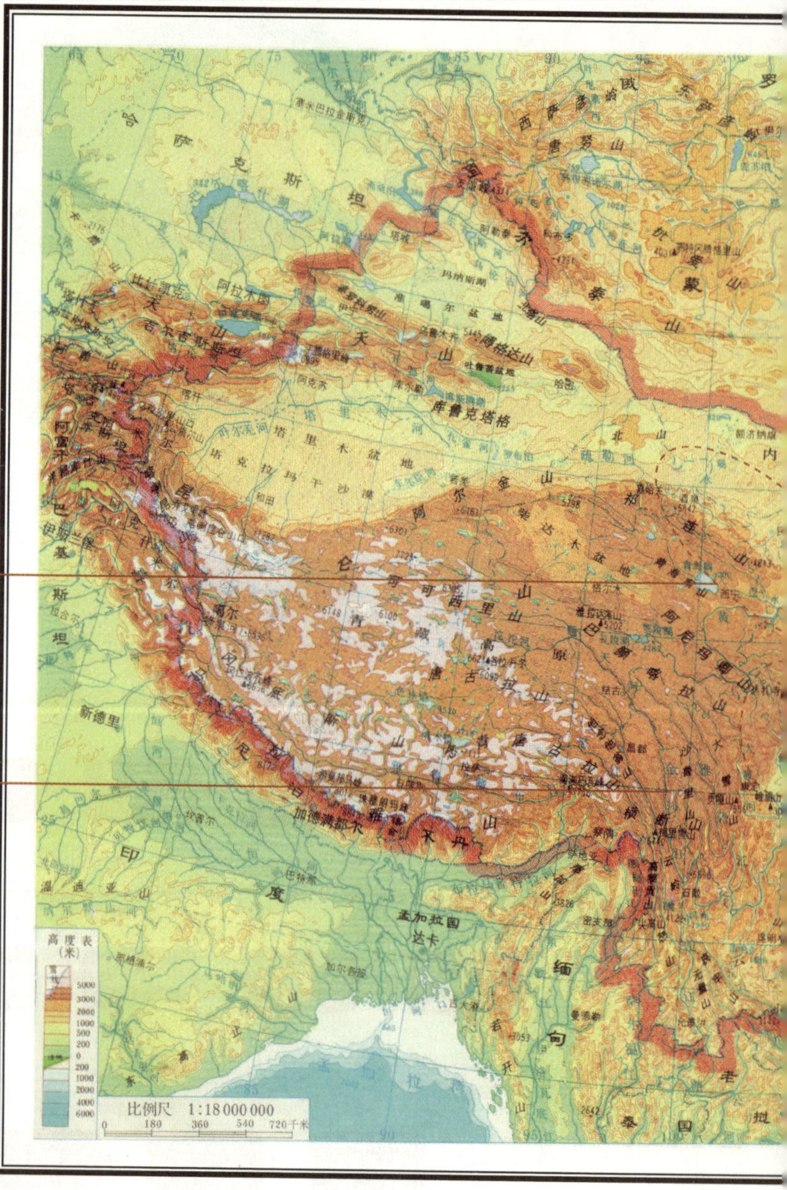

《北山经》的大致范围西起今内蒙古腾格里沙漠，东抵河北中部即《山海经》中所提的大河河水下游，北抵内蒙古阴山以北，北纬43°以北一线。

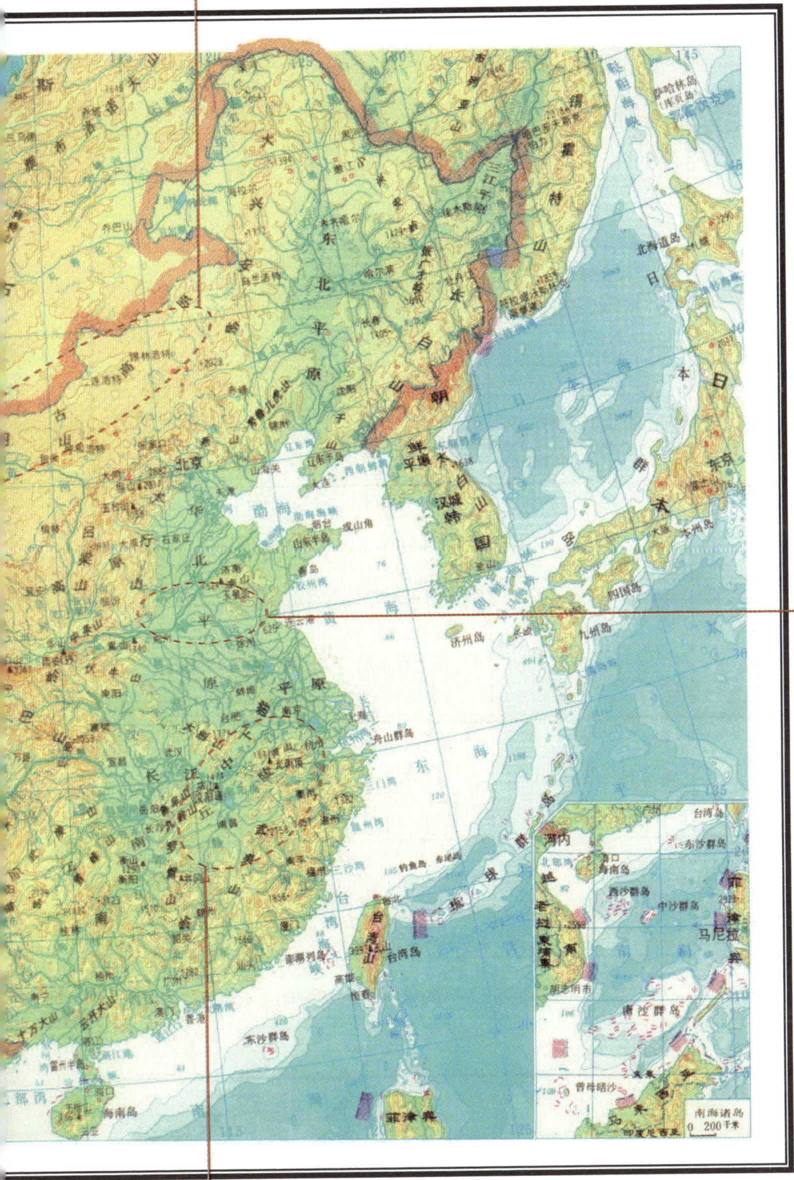

《东山经》的范围东抵今山东成山角，北起莱州湾，南抵安徽濉河。

《南山经》的大致范围东起今浙江舟山群岛，西至湖南西部，南至广东南海（不包括今广西、贵州、云南、海南和广东西南部高雷一带）。

本书参考古今《山海经》版本

作者	著作	年代	特点
蒋应镐	《山海经（图绘全像）》	明万历二十五年	万历金陵派刻本，共74幅图，有神与兽图348种。
胡文焕	《山海经图》	明万历二十一年	共133幅图，右图左说，无山海图。
汪　绂	《山海经存》	清光绪二十一年	有神与兽图共426种，一图多神或一图一神。
陈梦雷、蒋廷锡	《古今图书集成·博物汇编·禽虫典》	清雍正四年	图分两种：一为有山海图，一为无山海图。
吴任臣	《山海经广注》康熙图本	清康熙六年	共144幅图，按神、兽、鸟、虫、异域分五类。
吴任臣	《增补绘像山海经广注》近文堂图本	清	坊间本，一函4册，共144幅图。
毕　沅	《山海经》图本	清光绪十六年	一函4册，18篇，共144幅图。
郝懿行	《山海经笺疏》	清光绪壬辰十八年	一函6册，有图5卷，共144幅图。
蒋廷锡	《古今图书集成·博物汇编·神异典》	清	一图一说，有山海图。
陈梦雷	《方舆汇编·边裔典》	清	共52幅图，多描绘《海经》中的异国异人。

◎第一卷◎

南山经

此篇题目为编者所加，目的是使读者阅读方便。后几篇也是如此，如“西山经”、“北山经”、“东山经”、“中山经”，也分别加了“西山一经”、“北山一经”、“东山一经”、“中山一经”等标题。

《南山经》共有三篇：《南山一经》、《南次二经》、《南次三经》。它们主要记载了位于中国南方的一系列山系，以及从这些山脉发源的各条河流。这些山川河流大致位于今天的浙江舟山群岛以西、湖南西部以东、广东南海以北。在这些地域中孕育着多种多样的植物、动物和神灵，同时还蕴藏了各种珍贵的矿产。

《南山经》记载了各种奇异的动植物，如有一种兽，它的外形像狐狸，却长着九条尾巴，就像通常说的“九尾狐”，它的叫声像婴儿哭，能吃人，但人吃了它的肉就不会遭受毒气的侵袭。经中很多记载的真伪都难以考证，但是，它为我们展现了一个瑰丽而奇异的世界。

南山一经路线示意图

怀化
沅
江
娄底
昭陵
邵阳
承阳
衡山
衡阳
江
武冈
资
湖
湘
南
通道
耒阳
耒阳
泉陵
零陵
便县
永兴
全州
零陵郡
零陵
招摇山
（苗儿山）
堂庭山
营浦
道县
即翼山
柢山
郴州
宜章
临武
临武
杻阳山
西海
始安
桂林
连县
桂阳
北
江
丽
富川
金秀
水
贺
怪
水
连
江
含洭
浈阳
即
广
怀集
象州
漓
临贺
清远
广
江
江
苍梧郡
广信
梧州
四会
四会
高要
端溪
桂平
郁林郡
布山
西
江
江门
中山
玉林
信宜
阳春
开平
恩平

吉安
西
江
赣
南野
赣州
福
沙
溪
南平
闽
江
永安
龙岩
九
龙
江
建
厦门
漳州
上杭
韩
江
汀
梅州
箕尾山
青丘山
龙川
龙川
河源
基山
东
梅
汕头
东海
东
博罗
番禺
惠州
陆丰
深圳
香港
南海

一、南山一经

【导读】

《南山一经》记载了招摇山、猿翼山、基山等九座山和宪翼水、英水、汸水等七个水系，以及生长在其中的各种珍稀奇特的草木植物。这些山峦水系大体分布在广西、广东和福建境内，但几乎所有山的具体位置都难以考证。

【原文】

1.1 南山经之首①，曰䧿山②。其首曰招摇之山③，临于西海之上④，多桂⑤，多金玉。有草焉，其状如韭而青华⑥，其名曰祝余⑦，食之不饥。有木焉，其状如榖而黑理⑧，其华四照，其名曰迷榖⑨，佩之不迷。有兽焉，其状如禺而白耳⑩，伏行人走，其名曰狌狌⑪，食之善走。丽麐之水出焉⑫，而西流注于海⑬，其中多育沛⑭，佩之无瘕疾⑮。

【注释】

①经：指经典或某些学科的专门性著作。一说指经历；一说是衍文。②䧿山：上古时期山系名。一说指南岭山脉；一说是今广西漓江上游的猫儿山。③招摇之山：招摇山。此山大致在今广西或广东境内。④西海：水名，在今广西境内。⑤桂：桂花树。⑥华：同“花”。⑦祝余：

【译文】

南山经中的第一列山系，名叫䧿山。䧿山的首座山，名叫招摇山。它紧靠西海，山上长有许多桂树，还有许多金和玉。山中有一种草，形状像韭菜，开青色的花，名字叫祝余，人吃了它，就不会感到饥饿。山中还长有一种树，

一说指山韭菜；一说指天门冬。⑧ 榖（gǔ）：构树。理：纹理。⑨ 迷榖：一说指榖树；一说特指雌性榖树。⑩ 禺：猴类，似猕猴而较大。⑪ 狌狌（xīng）：猩猩。⑫ 丽麂（jǐ）之水：丽麂水。一说指今广东的连江；一说指漓江；一说指位于广西的钦江。⑬ 海：一说指西海；一说指南海。⑭ 育沛：一说指琥珀；一说指一种外形像龟的爬行动物。⑮ 瘕（jiǎ）：腹中结块的病。

它的形状像构树，树上有黑色的纹理，开的花能发光，可以照亮四周，它的名字叫迷榖，把它佩戴在身上就不会迷路。山中有一种野兽，长得像猕猴，但耳朵是白色的，趴着身子走路，还能像人一样直立行走，它的名字叫狌狌，人吃了它的肉，能跑得更快。丽麂水发源于招摇山，向西流入大海，水中有很多育沛，把它佩戴在身上，就不会患上由寄生虫引起的病。

狌狌

狌狌　清　汪绂图本

【原文】

1.2 又东三百里，曰堂庭之山①，多棪木②，多白猿，多水玉③，多黄金。

【注释】

① 堂庭之山：指堂庭山，大体在湘粤交界处。② 棪（yǎn）：果木名，果实像苹果。③ 水玉：水晶。

【译文】

再向东三百里有座山，名叫堂庭山，山中生长着很多棪木，生活着很多白猿，还有很多水晶和黄金。

白猿

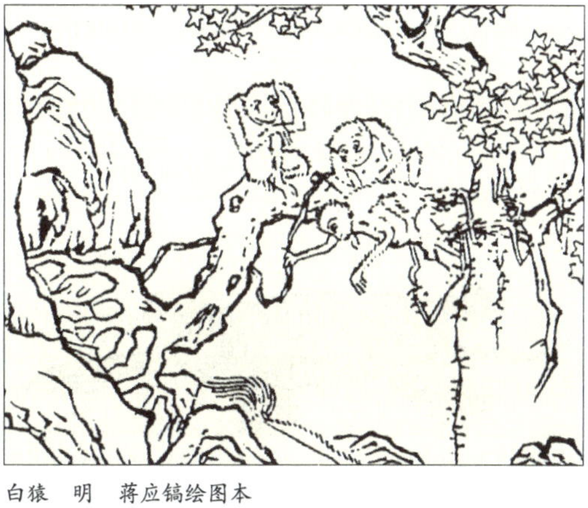

白猿　明　蒋应镐绘图本

山海经动物古今考	《山海经》中名称	今 考
	狌 狌	猩 猩
	白 猿	猿 猴

【原文】

1.3 又东三百八十里，曰猨翼之山[①]，其中多怪兽，水多怪鱼，多白玉，多蝮虫[②]，多怪蛇，多怪木，不可以上。

【注释】

① 猨翼之山：猨翼山。一说是今广东云开山；一说是今湖南境内的一个山系。② 蝮虫：蝮蛇，一种毒蛇。

怪蛇

【译文】

再向东三百八十里有一座山，叫猨翼山，山里有很多怪兽，水中有很多怪鱼，山上有很多白玉、蝮蛇、怪蛇，还有很多怪异的树木，人不能攀登上去。

蝮虫　明　蒋应镐绘图本

【原文】

1.4 又东三百七十里，曰杻阳之山[①]，其阳多赤金，其阴多白金。有兽焉，其状如马而白首，其文如虎而赤尾[②]，其音如谣，其名曰鹿蜀[③]，佩之宜子孙。怪水出焉[④]，而东流注于宪翼之水[⑤]。其中多玄龟，其状如龟而鸟首虺尾[⑥]，其名曰旋龟，其音如判木[⑦]，佩之不聋，可以为底[⑧]。

【注释】

① 杻（niǔ）阳之山：杻阳山。一说指今广东连县北的方山；一说指今广东的鼎湖山。② 文：花纹。③ 鹿蜀：一说指斑马；一说是鹿的一种。④ 怪水：一说指位于今广东的一条河流；一说指形状怪异的河流。⑤ 宪翼之水：宪翼水，可能在今广东境内。⑥ 虺（huǐ）：一种毒蛇。⑦ 判木：劈开木头。⑧ 为：治疗。底：同“胝（zhī）”，指手脚上的茧子。

旋龟

【译文】

再向东三百七十里有座山，名叫杻阳山。山的南面有很多赤金，山的北面有很多白金。山里有一种兽，形如马，头为白色，身上有老虎一样的花纹，而且还有红色的尾巴，发音就像唱歌一样，它的名字叫作鹿蜀，佩戴它的皮毛能福延子孙。有一条怪水出自杻阳山，向东流入宪翼水。水中生有很多黑色的龟，形状像乌龟，脑袋像鸟，尾巴与蛇的尾巴相似，这种动物叫作旋龟，它发出的声音就像劈木头的声音一样，佩戴它可以防止耳聋，还能医治手脚上的老茧。

鹿蜀

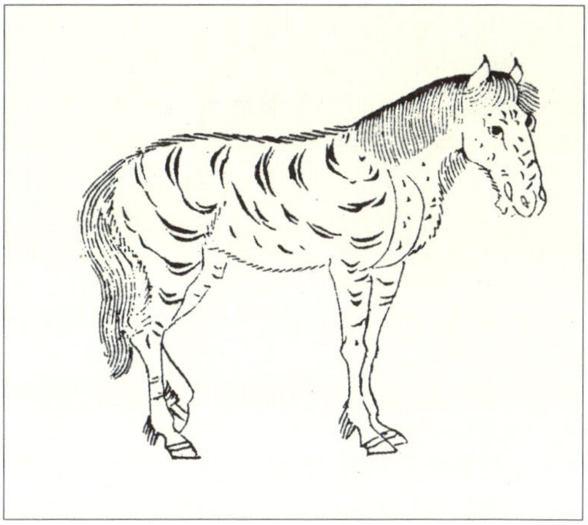

鹿蜀 明 胡文焕图本

旋龟

旋龟 明 蒋应镐绘图本

山海经地理古今考

《山海经》中名称	今考
招摇之山	大体在中国广东、广西一带
猨翼之山	一说是广东省的云开山；一说是在今湖南省境内
杻阳之山	一说是广东省连县北部的方山；一说指今广东省的鼎湖山

【原文】

1.5 又东三百里，曰柢山①，多水，无草木。有鱼焉，其状如牛，陵居，蛇尾，有翼，其羽在魼下②，其音如留牛③，其名曰鯥④，冬死而夏生⑤，食之无肿疾⑥。

【注释】

①柢（dǐ）山：山名，在今广东境内。②羽：鸟虫的翅膀。魼（qū）：鱼胁，鱼的肋骨部位。③留牛：一说指瘤牛；一说指犁牛。④鯥（lù）：鱼名。一说指穿山甲。⑤冬死：冬眠。⑥肿：毒疮。

【译文】

再向东三百里有座山，名叫柢山，柢山有很多水，山上没有草木。山中有一种鱼，形状像牛，生活在丘陵之上，有蛇一样的尾巴，有翅膀，长于胁下，叫声如留牛一般，它的名字叫作鯥，冬眠夏醒，吃了它的肉，人就不会再长毒疮。

鯥鱼

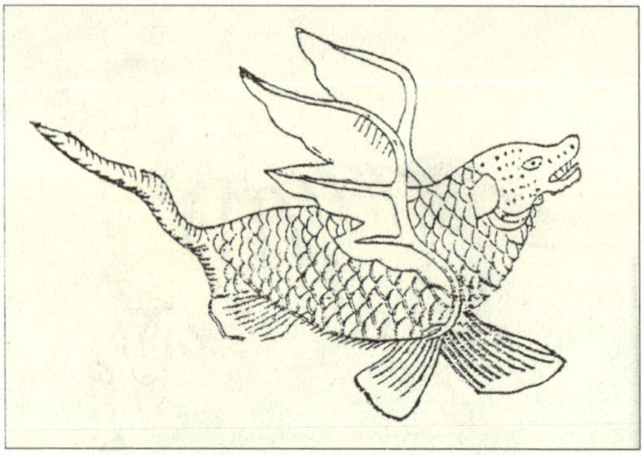

鯥鱼 清 汪绂图本

【原文】

1.6 又东四百里，曰亶爰之山[①]，多水，无草木，不可以上。有兽焉，其状如狸而有髦[②]，其名曰类[③]，自为牝牡[④]，食者不妒。

【注释】

① 亶（chán）爰（yuán）之山：亶爰山，在今广东境内。② 狸：山猫。髦：头发。③ 类：大灵猫。④ 牝（pìn）牡（mǔ）：雌性和雄性。

类

【译文】

再向东四百里有一座山，叫作亶爰山。山里多水，没有草木，人们不能攀登上去。山里有一种兽，形状长得像山猫，头上有发，这种兽叫作类，它一身兼有雌雄两性，人吃了它的肉，就不会嫉妒。

类 明 蒋应镐绘图本

山海经地理古今考	《山海经》中名称	今考
	柢山	今广东省境内的大罗山
	亶爰之山	一说在广东省南雄市境内；一说是广东省新丰县的九连山，是赣江与东江、东江与滃江的分水岭

山海经动物古今考	《山海经》中名称	今考
	蝮虫	蝮蛇
	留牛	一说指瘤牛；一说指犁牛

【原文】

1.7 又东三百里，曰基山[①]，其阳多玉，其阴多怪木。有兽焉，其状如羊，九尾四耳，其目在背，其名曰猼訑[②]，佩之不畏。有鸟焉，其状如鸡而三首、六目、六足、三翼，其名曰鹋鸺[③]，食之无卧[④]。

【注释】

①基山：山名，在今广东境内。②猼（bó）訑（tuó）：传说中的一种兽。③鹋（chǎng）鸺（fū）：传说中的一种鸟。④无卧：不想睡觉。

猼訑

【译文】

再向东三百里有座山，叫作基山。山的南面有许多玉石，北面长有很多怪木。山中有一种兽，形状如羊一般，有九条尾巴、四只耳朵，眼睛长在背上，它的名字叫猼訑，佩戴上它的皮毛，人就会无所畏惧。山中有一种鸟，形状像鸡，却有三个脑袋、六只眼睛、六条腿、三只翅膀，它的名字叫作鹋鸺，人吃了它的肉，就不想睡觉了。

猼訑　清　毕沅图本

鹋鸺

鹋鸺　清　汪绂图本

【原文】

1.8 又东三百里，曰青丘之山[①]，其阳多玉，其阴多青雘[②]。有兽焉，其状如狐而九尾，其音如婴儿，能食人，食者不蛊[③]。有鸟焉，其状如鸠[④]，其音若呵[⑤]，名曰灌灌，佩之不惑。英水出焉，南流注于即翼之泽[⑥]。其中多赤鱬[⑦]，其状如鱼而人面，其音如鸳鸯，食之不疥[⑧]。

【注释】

① 青丘之山：青丘山，可能是今福建西北的武夷山。② 青雘（huò）：青色的可做颜料的矿物。③ 蛊：毒热恶气。④ 鸠：鸟名。常见的有斑鸠。⑤ 呵：大声斥责。⑥ 即翼之泽：即翼山中的湖泽。⑦ 鱬：传说中的一种鱼。⑧疥：疥疮。

【译文】

再往东三百里有座山，叫作青丘山。山的南面有很多玉石，山的北面有许多可做青色颜料的矿物。山中有一种野兽，形状像狐狸，长着九条尾巴，发出的声音就像婴儿的啼哭声，能吃人，人吃了它的肉，就不会受毒气侵袭。山中有一种鸟，形状像鸠，叫声像人们大声斥骂的声音，这种鸟的名字叫灌灌，把它的羽毛佩戴在身上，人就不会迷惑。英水发源于青丘山，向南流入即翼泽。英水中有很多赤鱬，形状和鱼相似，长着人一样的脸，发出的声音就像鸳鸯的鸣叫，人吃了它的肉，就不会生疥疮。

九尾狐

九尾狐　清　汪绂图本

九尾狐

九尾狐　明　蒋应镐绘图本

【原文】

1.9 又东三百五十里，曰箕尾之山[①]，其尾踆于东海[②]，多沙石。汸水出焉[③]，而南流注于淯[④]，其中多白玉。

【注释】

① 箕（jī）尾之山：箕尾山，可能在今福建东部。② 踆：通“蹲”。③ 汸（fāng）：水名，可能指位于福建福安县南注于三都澳的交溪。④ 淯（yù）：水名。一说指闽江。

【译文】

再向东三百五十里，有座箕尾山。山的尾部坐落在东海海边，山上多沙石。汸水发源于此山，向南流入淯水，汸水之中有很多白玉。

【原文】

1.10 凡鹊山之首，自招摇之山以至箕尾之山，凡十山，二千九百五十里。其神状皆鸟身而龙首。其祠之礼：毛用一璋玉瘗[①]，糈用稌米[②]，白菅为席[③]。

【注释】

① 毛：祭祀时用的带毛的动物。璋：一种玉器，形状像珪的一半。瘗（yì）：埋。② 糈（xǔ）：祭神用的精米。稌（tú）：稻子。特指粳稻和糯稻。③ 菅（jiān）：菅茅。

【译文】

总计鹊山这个山系，从第一座山招摇山算起，一直到箕尾山为止，总共有十座山，长度为二千九百五十里。（这十座山）每座山的山神形状都是鸟身龙头。祭祀山神的仪式是：把带毛的动物和一块玉璋一起埋入地下，用糯米作为祭神用的精米，用白茅作为草席铺在山神座下。

龙首鸟身神

龙首鸟身神　明　蒋应镐绘图本

山海经地理古今考	《山海经》中名称	今　考
	鹊　山	一说指岭南山脉；一说指漓江上游的猫儿山
	青丘之山	可能是今福建省西北部的武夷山，此山位于中国江西、福建两省境内
	箕尾山	可能指今位于福建省福鼎市境内的太姥山

南次二经路线示意图

铜川
风陵渡
陕县
弘农郡
洛阳
郑州
开封
西安
南
郾县
陕
西
河
汉中
汉
南阳
南阳郡
江
十堰
安康
万源
信阳
嘉
襄阳
湖
四
北
陵
江
长
江
宜昌
武汉
川
清
水
江
恩施
岳阳
水
常德
临沅
洞庭湖
澧
贵
长沙
湖
柜山
长右山
株洲
资
沅
遵义
乌
水
铜仁
水
昭陵
赤
江
水
邵阳
衡阳
资
贵州
州
南
江

黄海
东海
楚国
彭县
连云港
徐州
宿迁
清江
宿州
江
安
蚌埠
南京
秣陵
安庆
合肥
苏
上海
吴县
上海
徽
芜湖
浮玉山
皖县
安庆
钱塘
舟山
绍兴
杭州
会稽山
浙
洵山
九江
成山
瞿父山
区吴山
金华
鹿吴山
羽山
水
洵水
鄱阳湖
景德镇
江
昌
丽水
泽更水
豫章郡
南昌
上饶
虖勺山
咸阴山
瓯
江
温州
夷山
仆勾山
江
鹰潭
福
抚
河
富
屯
溪
南平
闽
江
福州
西
建
赣州

二、南次二经

【导读】

《南次二经》中记载了从柜山到漆吴山共十几座山的地理位置和山川风貌，这些山分布在今湖南到浙江一带。中华名山会稽山就在这列山系中。这些山上栖息着各种各样的怪兽，如猪形鸡足的狸力，四只耳朵的水怪长右，长着牛尾能吃人的彘等。这列山系中许多山上还盛产美丽的玉石。

【原文】

1.11 南次二经之首[①]，曰柜山[②]，西临流黄[③]，北望诸毗[④]，东望长右[⑤]。英水出焉，西南流注于赤水[⑥]，其中多白玉，多丹粟[⑦]。有兽焉，其状如豚，有距[⑧]，其音如狗吠，其名曰狸力[⑨]，见则其县多土功[⑩]。有鸟焉，其状如鸱而人手[⑪]，其音如痺[⑫]，其名曰鴸[⑬]，其鸣自号也，见则其县多放士[⑭]。

【注释】

①南次二经：南山经中的第二经。②柜（jǔ）山：山名。一说是与武夷山相连的仙霞岭；一说指湖南西北部的某座山。③流黄：古国名。④诸毗（pí）：一说为山名，一说为水名。⑤长右：山名，可能是今湖南雪峰山中段。⑥赤水：水名，此水位于闽江上游。⑦丹粟：朱砂。⑧距：雄鸡爪子后面突出像脚趾的部分。⑨狸力：传说中的一种兽。⑩土功：指治水、筑城、建造宫殿等工程。⑪鸱（chī）：鹞鹰。⑫痹（bēi）：鸟名。⑬鴸（zhū）：传说中的一种鸟。⑭放士：被流放的人。

【译文】

南次二经中的第一座山，名叫柜山，它西面紧靠流黄，北面能望见诸毗，东面能看到长右山。英水从柜山发源，向西南流入赤水，水中有许多白玉和朱砂。山中有一种野兽，形状如小猪一般，爪子像鸡爪子一样，发出的声音像狗叫声，它的名字叫狸力，它出现在哪个县，哪个县就会大兴土木。有一种鸟，它的形状像鹞鹰，长着人一样的手，声音如同痹鸣一般，它的名字叫鴸，它叫起来，就像是在喊自己的名字，它在哪个县出现，哪个县就会有许多人遭到流放。

狸力

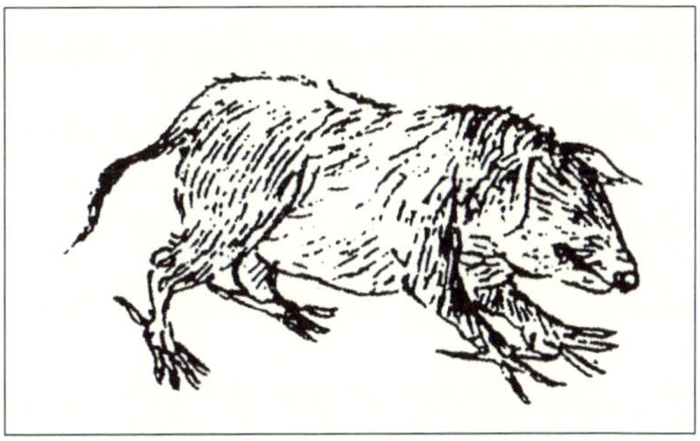

狸力　清　汪绂图本

鴸

鴸　明　胡文焕图本

【原文】

1.12 东南四百五十里，曰长右之山[①]，无草木，多水。有兽焉，其状如禺而四耳[②]，其名长右，其音如吟，见则郡县大水。

【注释】

①长右之山：长右山。一说在今湖南雪峰山中段。②禺：猴类的一种，似猕猴而较大。

【译文】

往东南四百五十里有座山，叫作长右山。山里没有草木，山间多水。山中有一种兽，形状像猕猴，长着四只耳朵，它的名字叫长右，它发音时像是人在呻吟，它出现在哪个县，哪个县就会发生大水灾。

长右

长右　清　汪绂图本

【原文】

1.13 又东三百四十里，曰尧光之山[①]，其阳多玉，其阴多金。有兽焉，其状如人而彘鬣[②]，穴居而冬蛰，其名曰猾褢[③]，其音如斲木[④]，见则县有大繇[⑤]。

【注释】

① 尧光之山：尧光山，在湘赣鄂一带。② 彘：猪。鬣（liè）：马、狮子等颈上的长毛。③ 猾褢（huái）：一种兽。④ 斲（zhuó）：砍、削、斫。⑤ 繇：通“徭”，徭役。

【译文】

再往东三百四十里有座山，名叫尧光山。山的南面有很多玉，山的北面有很多黄金。山里有一种兽，形状像人，长着猪一样的鬃毛，在洞穴里居住，冬天蛰伏起来，它的名字叫猾褢，它的叫声如同砍木头时发出的声音。它在哪个县出现，哪个县就会有劳役之灾。

猾褢

猾褢　明　胡文焕图本

山海经地理古今考	《山海经》中名称	今　考
	长右山	可能是今湖南省雪峰山中段，此山主体位于湖南省的中部和西部
	尧光山	一说指湘赣边界的景阳山；一说指湘鄂边界的武功山

【原文】

1.14 又东三百五十里，曰羽山[①]，其下多水，其上多雨，无草木，多蝮虫[②]。

【注释】

① 羽山：山名。一说在今浙江境内；一说在今江西境内。
② 蝮虫：蝮蛇，一种毒蛇。

【译文】

再向东三百五十里有座山，名叫羽山，山下多水，山上雨量充沛，不长草木，有很多蝮蛇。

【羽山】

远古洪荒年代，地上的人做了错事，天帝便降下洪水以示惩罚，人们几乎无处生存。天帝的孙子鲧看到百姓所受的苦难，心痛难忍，于是决定平息洪水，解救苍生。他偷了天帝的息壤到下界堵塞洪水。这息壤十分神奇，只要丢出一小块，马上就会变成大片的高山长堤，洪水淹不到这些地方，只能顺着沟壑流走。天帝很快知道了这件事，勃然大怒，把鲧杀死在羽山的郊外，并收回了息壤，人间从此又是漫天洪水。鲧死后三年身体不化，天帝知道后命人剖开了他的肚子，一条虬龙飞出，直上云霄，这就是大禹。天帝后来命令大禹治理洪水，疏通河道。大禹花了十三年的时间，终于降伏了洪水。

【原文】

1.15 又东三百七十里，曰瞿父之山[①]，无草木，多金玉。

【注释】

① 瞿父之山：瞿父山，在今浙江境内。

【译文】

再往东三百七十里，有座瞿父山，山上不长草木，有很多金和玉。

【原文】

1.16 又东四百里，曰句余之山[①]，无草木，多金玉。

【注释】

① 句余之山：句余山，在今浙江境内。

【译文】

再往东四百里，有座句余山，山上不长草木，有很多金和玉。

【原文】

1.17 又东五百里，曰浮玉之山[①]，北望具区[②]，东望诸毗[③]。有兽焉，其状如虎而牛尾，其音如吠犬，其名曰彘，是食人。苕水出于其阴[④]，北流注于具区，其中多鮆鱼[⑤]。

【注释】

① 浮玉之山：浮玉山，即今浙江境内的天目山。② 具区：水名，今太湖。③ 诸毗（pí）：一说为山名，一说为水名。④ 苕（tiáo）水：苕溪。⑤ 鮆（jì）鱼：刀鱼。

【译文】

再向东五百里，有座浮玉山，北面能看到太湖，东面能看到诸毗。山中有兽，形状像老虎，尾如牛，声如狗吠，它名为彘，会吃人。苕水发源自此山的北面，向北流入太湖。水中多鮆鱼。

【原文】

1.18 又东五百里，曰成山，四方而三坛①，其上多金玉，其下多青雘②。阏水出焉③，而南流注于虖勺④，其中多黄金。

【注释】

①三坛：像三个重叠的坛子。②青雘（huò）：可做青色颜料的矿物。③阏（shǐ）水：水名。④虖（hū）勺：水名，疑为浙江境内的富春江。

【译文】

再往东五百里，有座成山，此山为四方形，像三个重叠的坛，此山多金和玉，山下有很多可做青色颜料的矿物。阏水发源于此，向南流入虖勺，水中多黄金。

山海经地理古今考	《山海经》中名称	今　考
	句余之山	浙江省境内的四明山
	浮玉之山	浙江省境内的天目山
	成　山	浙江省桐庐县南部的富春山，一名严陵山

【原文】

1.19 又东五百里，曰会稽之山①，四方，其上多金、玉，其下多砆石②。勺水出焉③，而南流注于湨④。

【注释】

①会（kuài）稽之山：会稽山，在今浙江境内。②砆（fū）石：一种像玉的石头。③勺水：水名，在会稽山中。④湨（jú）：水名，可能是由勺水等注入后形成的湖泊。

【译文】

向东五百里有座山，名叫会稽山，山呈四方形，山上多金、玉，山下有许多像玉一样的石头。勺水源自会稽山，向南流入湨。

【原文】

1.20 又东五百里，曰夷山①，无草木，多沙石，湨水出焉，而南流注于列涂②。

【注释】

①夷山：山名，在今浙江或福建境内。②列涂：水名，指丰溪下游云江。

【译文】

再向东五百里，有座夷山，山上不长草木，有很多沙石。湨水从此处发源，向南流入列涂。

【原文】

1.21 又东五百里，曰仆勾之山①，其上多金玉，其下多草木，无鸟兽，无水。

【注释】

①仆勾之山：仆勾山。一说在今浙江境内；一说在今福建境内。

【译文】

再向东五百里，有座仆勾山，山上有很多金和玉，山下有很多草木，山中没有鸟兽，也没有水。

【原文】

1.22 又东五百里，曰咸阴之山[①]，无草木，无水。

【注释】

① 咸阴之山：咸阴山，在今浙江境内。

【译文】

再往东五百里，有座咸阴山，山中没有草木，也没有水。

【原文】

1.23 又东四百里，曰洵山[①]，其阳多金，其阴多玉。有兽焉，其状如羊而无口，不可杀也[②]，其名曰䍺[③]。洵水出焉，而南流注于阏之泽[④]，其中多芘蠃[⑤]。

【注释】

①洵（xún）山：山名,在今浙江境内。②杀：死。③䍺（huàn）：传说中的一种兽。④阏（è）之泽：阏泽，水名。⑤芘（zǐ）蠃（luó）：指紫色螺。蠃：通“螺”。

【译文】

再向东四百里有座山，名叫洵山，山的南面有很多金，山的北面有许多玉。山中有种兽，形状像羊，没有嘴，但不会饿死，它的名字叫作䍺。洵水发源于此山，向南流入阏泽，水中生有很多紫色的螺。

䍺

䍺 清 汪绂图本

山海经地理古今考

《山海经》中名称	今 考
亶 山	一说为天台山，位于浙江省天台县；另一说是浙江省境内的括苍山，位于浙江省中部；还有一说是在福建境内
仆勾山	一说是浙江省鄞县自崎头山至王海尖一带的山脉；一说在今福建省境内
咸阴之山	可能为今浙江省的白象山
洵 山	浙江省临海县东部的群山

【原文】

1.24 又东四百里，曰虖勺之山[①]，其上多梓枏[②]，其下多荆杞[③]。滂水出焉[④]，而东流注于海。

【注释】

①虖勺之山：虖勺山，在今浙江省境内。②梓枏（nán）：梓树和楠木。③荆：属落叶灌木，种类很多，有牡荆、黄荆、紫荆等。杞：枸杞。④滂（pāng）水：水名，即今浙江瓯江。

【译文】

再向东四百里，就是虖勺山，山上到处是梓树和楠木，山下长着很多荆和枸杞。滂水就从这座山中发源，然后向东流入大海。

【原文】

1.25 又东五百里，曰区吴之山[①]，无草木，多沙石。鹿水出焉[②]，而南流注于滂水。

【注释】

①区（ōu）吴之山：区吴山，在今浙江境内。②鹿水：水名。一说应作“丽水”。

【译文】

再向东五百里，有座区吴山，山中不长草木，有很多沙石。鹿水发源于此，向南流入滂水。

【原文】

1.26 又东五百里，曰鹿吴之山[①]，上无草木，多金石。泽更之水出焉[②]，而南流注于滂水。水有兽焉，名曰蛊雕，其状如雕而有角，其音如婴儿之音，是食人。

【注释】

①鹿吴之山：鹿吴山，在今浙江境内。②泽更之水：泽更水，此水应纵横多支，合流后向南注于瓯江。

【译文】

再向东五百里，有座山名叫鹿吴山，山上没有草木，有很多金和石头。泽更水发源于此，向南流入滂水。水中有一种兽，名叫蛊雕，形状像雕，头上长着角，发音像婴儿哭啼，会吃人。

蛊雕

蛊雕　明　胡文焕图本

【原文】

1.27 东五百里，曰漆吴之山①，无草木，多博石②，无玉。处于东海，望丘山，其光载出载入，是惟日次③。

【注释】

①漆吴之山：漆吴山，疑指今浙江东部海外诸岛。②博石：可以用作棋具的石头。③次：驻止、止宿。

【译文】

再往东五百里，有山名叫漆吴山，山中不长草木，到处都是可用于博戏的石头，没有玉。此山处于东海之中，在山上可以望见一座山，那山光影闪烁不定，是太阳所在的地方。

【原文】

1.28 凡南次二经之首，自柜山至于漆吴之山，凡十七山，七千二百里。其神状皆龙身而鸟首。其祠：毛用一璧瘗①，糈用稌②。

【注释】

①毛：用于祭祀的有毛的动物，如猪、牛等。璧：平而圆、中心有孔的玉。瘗（yì）：埋葬。②糈（xǔ）：精米，古代用以祭神。稌（tú）：稻子。特指糯稻。

【译文】

总计南次二经中的山，从柜山起到漆吴山止，共有十七座山，距离为七千二百里。诸山山神都是龙身鸟头。祭祀诸山山神的仪式是：把带毛的动物和一块璧一起埋入地下，用糯米作为祭祀山神的精米。

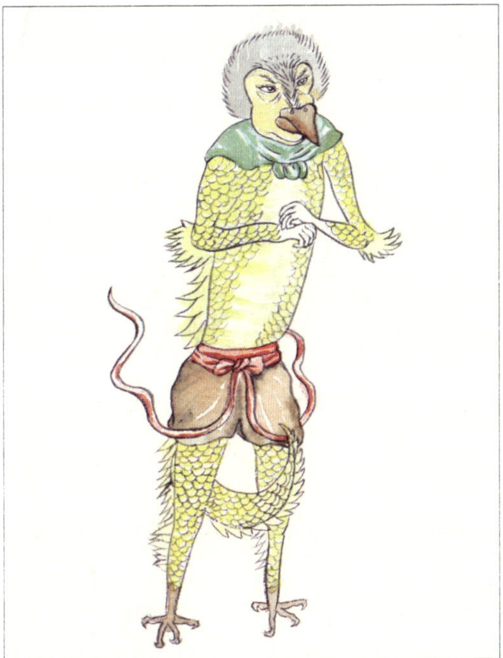

龙身鸟首神

龙身鸟首神　清　汪绂图本

山海经地理古今考	《山海经》中名称	今　考
	区吴之山	括苍山及北雁荡山，位于浙江省温州市
	漆吴之山	浙江省东部海外诸岛，舟山群岛的可能性最大

南次三经路线示意图

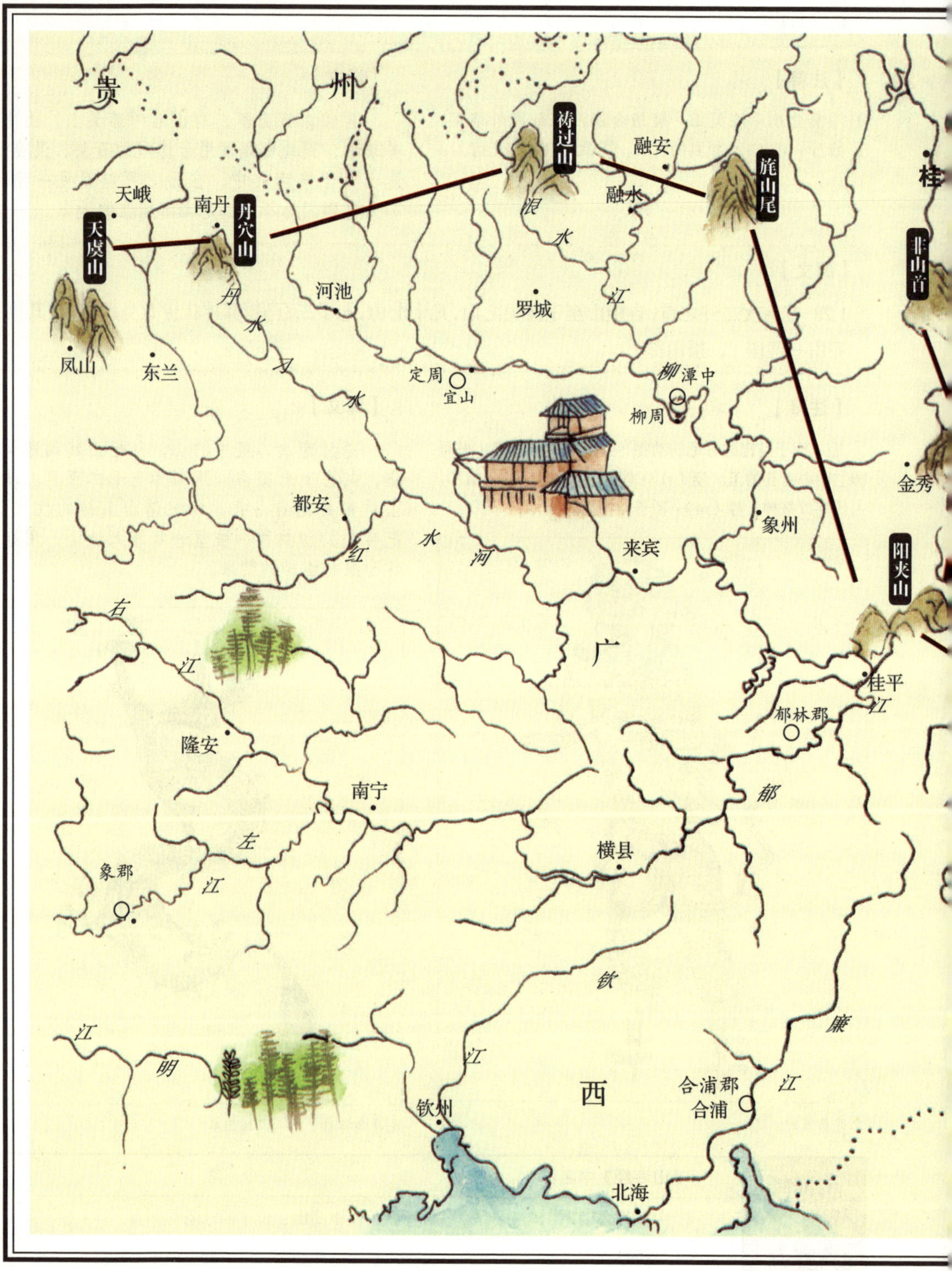
贵
州
祷过山
融安
旄山尾
桂
天峨
南丹
丹穴山
天虞山
融水
泿
水
江
非山首
河池
罗城
丹
水
凤山
东兰
定周
宜山
柳
潭中
柳周
金秀
都安
象州
阳夹山
红
水
河
来宾
右
江
广
桂平
江
郁林郡
隆安
郁
南宁
左
横县
象郡
江
钦
江
廉
明
江
西
合浦郡
合浦
江
钦州
北海

湖
南
广
东
南海
道县
宁远
嘉禾
临武
曲江
韶关
浈
水
北
江
灌湘山
鸡山
江华
水
富川
贺
连县
桂阳
连山
阳山
浈阳
英德
令丘山
昭平
江
广宁
南禺山
南海郡
佐水
番禺
广州
苍梧郡
梧州
端溪
高要
禺槀山
罗定
新兴
仑者山
漠
阳
江
澳门
阳江
茂名

三、南次三经

【导读】

《南次三经》记载了天虞山至南禺山的地理分布和物产风貌，经中说有十四座山，其实只有十三座。这列山系位于南次二经所记载的山系的南面，每座山的地理位置都难以考证，只知道它们大体分布在广西、广东境内。

这列山系中也生活着许多奇珍异兽，如：祷过山上被古代人奉为神兽的犀牛，丹穴山中的五彩祥鸟凤凰，还有长着人面、有四只眼睛的颙，以及长着猪毛的鯀鱼。

【原文】

1.29 南次三经之首，曰天虞之山[①]，其下多水，不可以上。

【注释】

① 天虞之山：天虞山，应在今广东境内。

【译文】

南次三经中的第一座山，名叫天虞山，山下多水，人无法登上去。

【原文】

1.30 东五百里，曰祷过之山[①]，其上多金玉，其下多犀、兕[②]，多象。有鸟焉，其状如䴔而白首[③]、三足、人面，其名曰瞿如，其鸣自号也。泿水出焉[④]，而南流注于海。其中有虎蛟，其状鱼身而蛇尾，其音如鸳鸯，食者不肿[⑤]，可以已痔[⑥]。

【注释】

① 祷过之山：祷过山。一说在今广东境内；一说在今广西境内。② 犀：犀牛。兕（sì）：一种类似犀牛的动物。③ 䴔（jiāo）：传说中的一种鸟。④ 泿（yín）水：水名，上游是今广西东北部的洛清河，是融江的支流。⑤ 肿：毒疮。⑥ 已：治愈。痔：痔疮。

瞿如

【译文】

向东五百里有座山，叫作祷过山，山上多金和玉，山下有很多犀牛和兕，有很多象。山中有一种鸟，形状像䴔，长着白色的脑袋、三只脚、人一样的脸，它的名字叫瞿如，发出的声音就像在喊自己的名字。泿水发源于此山，向南流入大海。水中有一种虎蛟，形状是鱼身蛇尾，发出的声音好像鸳鸯鸣叫，吃了它的肉不会生毒疮，还可以治疗痔疮。

兕　明　胡文焕图本

【原文】

1.31 又东五百里，曰丹穴之山[①]，其上多金玉。丹水出焉，而南流注于渤海[②]。有鸟焉，其状如鸡，五采而文[③]，名曰凤皇[④]，首文曰德，翼文曰义，背文曰礼，膺文曰仁[⑤]，腹文曰信。是鸟也，饮食自然，自歌自舞，见则天下安宁。

【注释】

① 丹穴之山：丹穴山，在今缅甸境内。② 渤海：这里指南海。③ 文：通“纹”，花纹。④ 凤皇：凤凰。⑤ 膺：胸。

凤凰

【译文】

再向东五百里，有座丹穴山，山上有很多金和玉。丹水发源于此山，向南流入南海。山中有一种鸟，形状像鸡，身上有五彩斑斓的羽毛，花纹像文字的形状，它的名字叫凤凰，它头上的花纹像“德”字，翅膀上的花纹像“义”字，背上的花纹像“礼”字，胸部的花纹像“仁”字，腹部的花纹像“信”字。这种鸟，进食从容自如，唱歌跳舞也很自由自在，它一出现，就表示天下会太平安宁。

凤皇

凤皇　清　汪绂图本

【原文】

1.32 又东五百里，曰发爽之山①，无草木，多水，多白猿。泛水出焉，而南流注于渤海。

【注释】

① 发爽之山：发爽山。一说在今缅甸境内；一说在今广西境内。

【译文】

再向东五百里有座山，名叫发爽山，山中不长草木，有很多水，也有许多白猿。泛水发源自发爽山，向南流入南海。

【凤凰】

凤凰是中国神话传说中的百鸟之王。根据传说，凤凰是从东方殷族的鸟图腾演化而来，雄鸟为凤，雌鸟为凰。凤凰死后，周身会燃起大火，它就在烈火中获得重生，并拥有更强大的生命力，称为“凤凰涅槃”。凤凰非梧桐不栖息，自歌自舞，群鸟追随者数以万计，只在天下和谐太平之时才出现。相传黄帝时社会安定，百姓安居乐业，黄帝身穿黄袍，头戴黄帽，在大殿中祈祷，凤凰鸟遮天蔽日地飞来，在殿上盘旋。黄帝再拜，凤凰便栖息在黄帝宫廷东园的梧桐树上，久久不肯离去。

【原文】

1.33 又东四百里，至于旄山之尾①，其南有谷，曰育遗，多怪鸟，凯风自是出②。

【注释】

① 旄（máo）山：一说是今广东罗浮山；一说是泰国清迈西南的长岭。② 凯风：南风，意思是和暖的风。

【译文】

再向东四百里，便到了旄山的尾端，它的南面有一个山谷，名叫育遗，谷中有许多怪鸟，南风从这个山谷中吹出。

【原文】

1.34 又东四百里，至于非山之首，其上多金玉，无水，其下多蝮虫①。

【注释】

① 腹虫：蝮蛇。

【译文】

再向东四百里，就到了非山的前端，山上有很多金和玉，没有水，山下有很多蝮蛇。

山海经地理古今考	《山海经》中名称	今考
	丹穴之山	可能是缅甸中南部的勃固山脉
	发爽之山	一说此山为缅甸东部的山脉；一说此山为广西境内大瑶山中段，又称金秀瑶山

【原文】

1.35 又东五百里，曰阳夹之山①，无草木，多水。

【注释】

①阳夹之山：阳夹山，在今广西境内。

【译文】

再向东五百里有座山，名叫阳夹山，山上不长草木，有很多水。

【原文】

1.36 又东五百里，曰灌湘之山①，上多木，无草；多怪鸟，无兽。

【注释】

①灌湘之山：灌湘山。一说在今广西境内；一说是云南景洪与琅勃拉邦山之间的山脉。

【译文】

再向东五百里，有座灌湘山，山上多树木，不长草；山中有很多怪鸟，没有野兽。

【原文】

1.37 又东五百里，曰鸡山①，其上多金，其下多丹雘②。黑水出焉③，而南流注于海。其中有鱄鱼④，其状如鲋而彘毛⑤，其音如豚⑥，见则天下大旱。

【注释】

①鸡山：山名。一说是今广东韶关的桂山；一说在今广西境内。②丹雘（huò）：红色的可做颜料的矿物。③黑水：水名，为澜沧江上游。④鱄（tuán）鱼：传说中的一种鱼。⑤鲋（fù）：鲫鱼。彘：猪。⑥豚：小猪，也泛指猪。

【译文】

再向东五百里有座山，叫作鸡山，鸡山上有很多金，山下有很多能做颜料的红色矿物。黑水发源于此山，向南注入大海。水中有一种鱄鱼，体形像鲫鱼，身上有猪一样的毛，发出的声音如同小猪在叫，只要它一出现，就会发生大旱。

鱄鱼

鱄鱼　清　汪绂图本

【原文】

1.38 又东四百里，曰令丘之山[①]，无草木，多火。其南有谷焉，曰中谷，条风自是出[②]。有鸟焉，其状如枭[③]，人面四目而有耳，其名曰颙[④]，其鸣自号也，见则天下大旱。

【注释】

①令丘之山：令丘山。一说在今老挝境内；一说在今广东或广西境内。②条风：东北风。③枭：通“鸮”，猫头鹰一类的鸟。④颙（yú）：传说中的一种怪鸟。

【译文】

再向东四百里，有座令丘山，山中不长草木，到处有火在燃烧。它的南边有一个山谷，名叫中谷，东北风就从这里吹出。山中有一种鸟，形状像猫头鹰，长着人一样的脸，有四只眼睛，有耳朵，名字叫颙，它发出的声音就像在喊自己的名字，它只要一出现，天下就会大旱。

颙

颙　清　汪绂图本

令丘山

【原文】

1.39 又东三百七十里，曰仑者之山[①]，其上多金玉，其下多青雘[②]。有木焉，其状如穀而赤理[③]，其汗如漆[④]，其味如饴[⑤]，食者不饥，可以释劳，其名曰白䓘[⑥]，可以血玉[⑦]。

【注释】

①仑者之山：仑者山，今老挝镇宁高原的比亚山脉。②青雘（huò）：青色的可做颜料的矿物。③穀：构树。④汗：应作“汁”。⑤饴：糖浆。⑥白䓘（gāo）：植物名。⑦血：染上色彩。

【译文】

再向东三百七十里，有座仑者山，山上有许多金和玉，山下有许多能做颜料的青色矿物。山中生长着一种树，形状像构树，树身有红色的纹理，从枝干流出的汁液如漆一般，味道像糖一般甜蜜，吃了它就不觉得饥饿，还能解除疲劳，此树叫作白䓘，可以用它给玉染色。

仑者山

【原文】

1.40 又东五百八十里，曰禺稾之山[①]，多怪兽，多大蛇。

【注释】

①禺稾（gǎo）之山：禺稾山。一说是今广州的白云山；一说是广东、广西交界处的云开大山；一说是云南的无量山。

【译文】

再向东五百八十里有座山，名叫禺稾山，山中多怪兽，有很多大蛇。

【原文】

1.41 又东五百八十里，曰南禺之山[①]，其上多金玉，其下多水。有穴焉，水出辄入[②]，夏乃出，冬则闭。佐水出焉[③]，而东南流注于海，有凤皇、鹓雏[④]。

【注释】

①南禺之山：南禺山。一说在今云南境内；一说在今广东境内。②出：似应作“春”。③佐水：水名，疑指越南的红河。④鹓（yuān）雏：传说中与鸾凤同类的鸟。

【译文】

再往东五百八十里，有座山名叫南禺山，山上有很多金和玉，山下有很多水。山里有一个洞穴，春天有水流入其中，夏天水从洞穴里流出，冬天洞内无水。佐水源自此山，向东南流入大海，水边有凤凰和鹓雏。

山海经地理古今考	《山海经》中名称	今考
	令丘之山	一说是老挝的长岭；一说在广东省或广西省境内
	南禺之山	一说是云南省的哀牢山，此山是云江与阿墨江的分水岭；一说是广东省的番禺山

【原文】

1.42 凡南次三经之首，自天虞之山以至南禺之山，凡一十四山，六千五百三十里。其神皆龙身而人面。其祠皆一白狗祈，糈用稌①。

【注释】

①糈（xǔ）：祭神用的精米。稌（tú）：稻子。特指糯稻。

【译文】

总计南次三经中的山，从天虞山起到南禺山止，共十四座山，距离为六千五百三十里。每座山的山神都是龙身人面。祭祀山神时，都要杀一条白色的狗来祈祷，用糯米作祭祀用的精米。

龙身人面神

龙身人面神

【原文】

1.43 右南经之山志①，大小凡四十山，万六千三百八十里。

【注释】

①右：古籍通常是从右到左的竖排格式，这里“右”，相当于现在的“以上”。志：记载的文字。

【译文】

上面所说的是南山经中记载的山，共有大小四十座，距离为一万六千三百八十里。

◎第二卷◎

西山经

《西山经》包括《西山一经》、《西次二经》、《西次三经》、《西次四经》四篇，记载了位于中国西部的一系列山和发源于这些山的河流，这些山中生长的植物、动物及其形状、特点，山中出产的矿物，还有与这些山有关的历史人物、神名，掌管这些山的山神的形状、祭祀这些山神的方法等。《西山经》共记述了七十七座山，位于今陕西、山西、甘肃、宁夏、青海、新疆、内蒙古境内，其中近三分之一的山的具体位置可以确定。

西山一经路线示意图

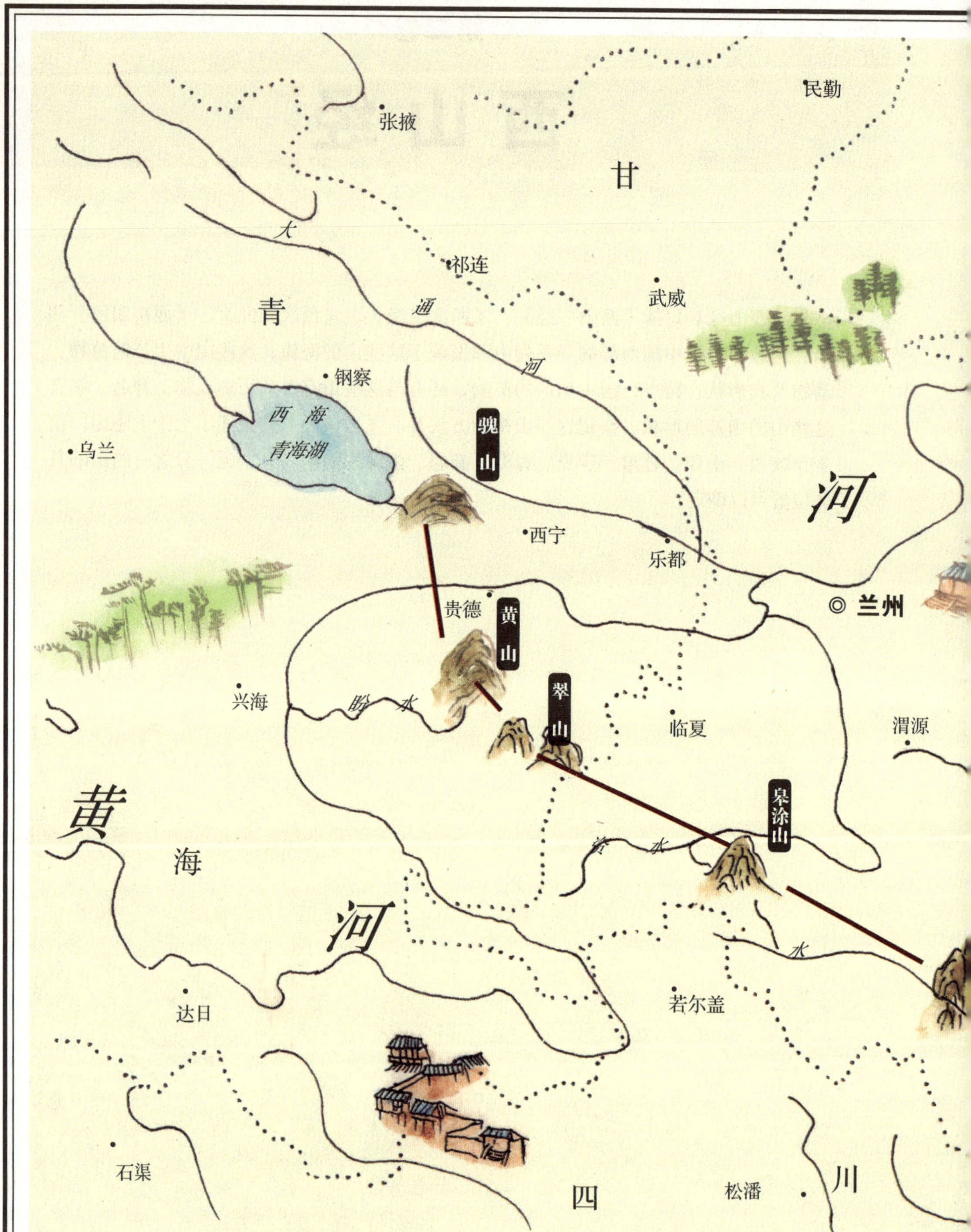
张掖
民勤
甘
大
祁连
武威
青
通
河
钢察
西海
青海湖
乌兰
魄山
河
西宁
乐都
兰州
贵德
黄山
兴海
盼水
翠山
临夏
渭源
皋涂山
黄
海
河
水
水
若尔盖
达日
石渠
四
松潘
川

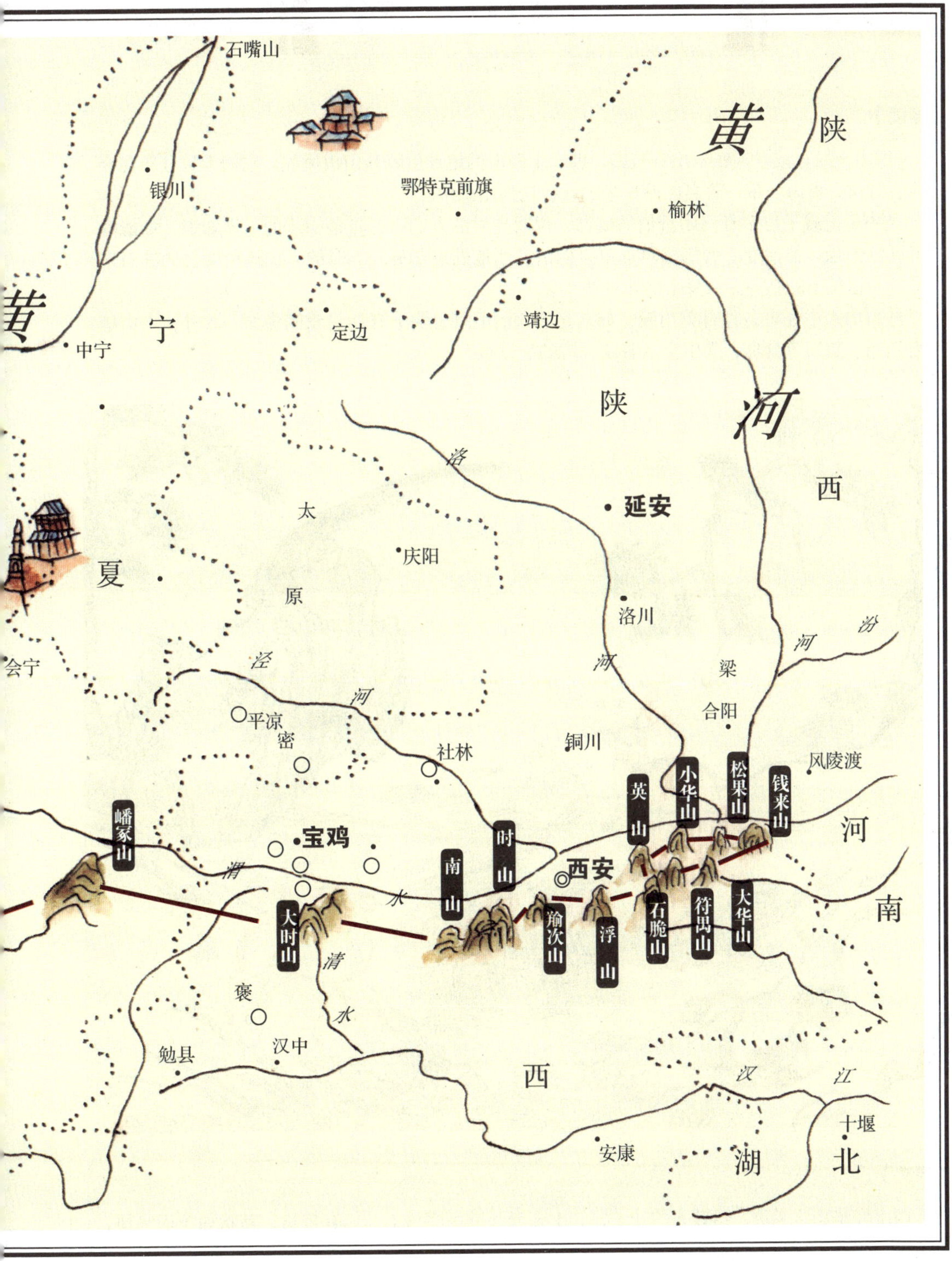
石嘴山
银川
鄂特克前旗
榆林
黄
陕
黄
宁
中宁
定边
靖边
陕
河
洛
西
延安
太
庆阳
夏
原
洛川
汾
河
泾
河
梁
会宁
河
合阳
平凉
密
社林
铜川
风陵渡
嶓冢山
英山
小华山
松果山
钱来山
河
宝鸡
时山
南山
西安
渭
水
大时山
清
水
褒
汉中
勉县
南
羭次山
浮山
石脆山
符禺山
大华山
西
汉
江
十堰
安康
湖
北

一、西山一经

【导读】

《西山一经》记录了钱来山到騩山，近二十座山的地理位置和山川风貌，它们大致分布在今陕西、甘肃、青海一带，著名的西岳华山就在这列山系中。

经中还记载了许多有药用价值的植物，说明当时的人们已经具备初步的药学知识，如能解毒消肿的木槿、能治疗心痛病的萆荔草、能治疗恶疮的熏草等。当时的人们还用碱性的洗石来洗澡，并把羬羊的脂肪涂在身上防止皮肤干裂。

这列山系中还有各种野兽出没，如六足四翅的肥𧔥、头上有四只角的玃如。此外，山中栖息着鹦鹉、数斯等禽鸟，水中生活着四只脚的娃娃鱼。

【原文】

2.1 西山经华山之首①，曰钱来之山②，其上多松，其下多洗石③。有兽焉，其状如羊而马尾，名曰羬羊④，其脂可以已腊⑤。

【注释】

① 华山：古称“西岳”，在今陕西华阴市南。② 钱来之山：钱来山，可能指河南洛阳南县与卢氏县之间的界山。③ 洗石：含碱之石，能溶解污垢。④ 羬（qián）羊：一种野生的大尾羊。⑤ 已：治愈。腊（xī）：皮肤干裂。

【译文】

西山一经华山山系的第一座山，名叫钱来山，山上有许多松树，山下有很多洗石。山里有一种兽，形状如羊一般，长着马一样的尾巴，名字叫羬羊，它的油脂可用来治疗皮肤干裂。

羬羊

羬羊　清　汪绂图本

【原文】

2.2 西四十五里，曰松果之山[①]。濩水出焉[②]，北流注于渭[③]，其中多铜。有鸟焉，其名曰䳋渠[④]，其状如山鸡，黑身赤足，可以已㿗[⑤]。

【注释】

① 松果之山：松果山，在今陕西境内。② 濩（huò）水：一作“灌水”，现名潼河，在今陕西境内，流入黄河、渭河。③ 渭：渭河，在今陕西中部。④ 䳋（tóng）渠：鸟名，水雉，外形似雉，体大如斑鸠。⑤ 已：治愈。㿗（bào）：皮肉干裂皱起。

【译文】

（从钱来山）向西四十五里，有座松果山。濩水发源于此山，向北流入渭水，水中有很多铜。山里有一种鸟，名叫䳋渠，它的形状像山鸡，身子是黑色的，足爪是红色的，吃了它的肉，可以治疗皮肤干裂发皱。

【原文】

2.3 又西六十里，曰太华之山[①]，削成而四方，其高五千仞[②]，其广十里，鸟兽莫居。有蛇焉，名曰肥𧔥[③]，六足四翼，见则天下大旱。

【注释】

① 太华之山：太华山，是华山的主峰。② 仞：古代以八尺或七尺为一仞。③ 肥𧔥（wèi）：传说中的一种蛇。

【译文】

再向西六十里有座山，名叫太华山，山势像是用刀斧劈削而成的一样，呈四方形，高五千仞，范围广阔，纵横十里，连鸟兽都无法在山上栖身。（山中）有一种蛇，名叫肥𧔥，长着六条腿、四只翅膀，只要它一出现，天下就会发生旱灾。

肥𧔥

肥𧔥　清　郝懿行图本

【原文】

2.4 又西八十里，曰小华之山[①]，其木多荆杞[②]，其兽多㸲牛[③]，其阴多磬石[④]，其阳多㻬琈之玉[⑤]。鸟多赤鷩[⑥]，可以御火。其草有萆荔[⑦]，状如乌韭[⑧]，而生于石上，亦缘木而生，食之已心痛。

【注释】

①小华之山：小华山，也叫少华山，在今陕西境内。②杞：枸杞。③㸲（zuó）牛：野牛。④磬石：适宜制磬的美石。⑤㻬（tū）琈（fú）：美玉名。⑥鷩（bì）：锦鸡。⑦萆（bì）荔：即薜荔。⑧乌韭：一种苔藓类植物，多生于潮湿的地方。

【译文】

再向西八十里有座山，名叫小华山，山上的树木多是荆类植物和枸杞，山里的野兽多是㸲牛，山的北面有很多适合制磬的石头，山的南面有很多㻬琈玉。（山中的）鸟类多是红色的锦鸡，人们可以用它来防火。山中还有一种叫萆荔的草，形状如乌韭一般，生长在石头上面，有的也攀援树木生长，吃了它可以治疗心痛的疾病。

【原文】

2.5 又西八十里，曰符禺之山[①]，其阳多铜，其阴多铁。其上有木焉，名曰文茎[②]，其实如枣，可以已聋。其草多条[③]，其状如葵，而赤华黄实，如婴儿舌，食之使人不惑。符禺之水出焉，而北流注于渭。其兽多葱聋[④]，其状如羊而赤鬣[⑤]。其鸟多鴖，其状如翠而赤喙[⑥]，可以御火。

【注释】

①符禺之山：符禺山，在今陕西境内。②文茎：植物名。一说指无刺枣。③条：植物名，一说指蜀葵。④葱聋：动物名，疑指藏羚。⑤鬣（liè）：胡须。⑥翠：翠鸟。喙：鸟兽的嘴。

葱聋

【译文】

再向西八十里有座山，名叫符禺山，山的南面有很多铜，北面有许多铁。山上有一种树，名叫文茎，结的果实像枣，吃了它可以治疗耳聋。山中生长的草多为条，形状像葵一样，开红色的花，结黄色的果实，果实的形状像婴儿的舌头，人吃了它就不会产生迷惑。符禺水发源于此山，向北流入渭河。山中的野兽多是葱聋，它的形状像羊，却长有红色的胡子。山中的鸟多是鴖鸟，形状像翠鸟，却长着红色的嘴巴，人们可以用它来防火。

葱聋　明　蒋应镐绘图本

鴖

鴖 明 蒋应镐绘图本

【原文】

2.6 又西六十里，曰石脆之山[①]，其木多棕枏[②]，其草多条[③]，其状如韭，而白华黑实，食之已疥[④]。其阳多㻬琈之玉[⑤]，其阴多铜。灌水出焉，而北流注于禺水。其中有流赭[⑥]，以涂牛马无病。

【注释】

①石脆之山：石脆山，在今陕西境内。②棕枏：棕榈和楠木。③条：植物名，与2.5中的“条”不同。④疥：疥疮。⑤㻬（tū）琈（fú）：美玉名。⑥流赭（zhě）：流即硫磺，是一种天然的矿物质；赭即赭黄，是一种天然的褐铁矿，可做黄色颜料。

【译文】

再往西六十里有座山，名叫石脆山，山上生长着很多棕树和楠木，生长的草多为条草，这种草形状与韭菜相似，开白色的花，结黑色的果实，吃了这种果实可以治疗疥疮。山的南面有很多㻬琈玉，山的北面有许多铜。灌水发源于此，向北流入禺水。水中有很多硫磺和赭黄，将它们涂在牛马身上，牛马就不会生病。

【原文】

2.7 又西七十里，曰英山[①]，其上多杻、橿[②]，其阴多铁，其阳多赤金。禺水出焉，流注于招水[③]，其中多鲜鱼[④]，其状如鳖，其音如羊。其阳多箭、䉋[⑤]，其兽多㸲牛[⑥]、羬羊[⑦]。有鸟焉，其状如鹑[⑧]，黄身而赤喙，其名曰肥遗，食之已疠[⑨]，可以杀虫。

【注释】

①英山：山名，在今陕西境内。②杻（niǔ）：檍树。橿（jiāng）：木名，古时用作造车的材料。③招（sháo）水：水名，可能为今陕西渭南的皂水。④鲜（bàng）鱼：鱼名。一说应作“蚌”⑤箭、䉋（mèi）：箭竹和䉋竹。⑥㸲牛：野牛。⑦羬（qián）羊：一种野生的大尾羊。⑧鹑：鹌鹑。⑨疠（lì）：瘟疫，也指恶疮。

【译文】

再向西七十里有座山，名叫英山，山上长着很多杻树和橿树，山的北面有很多铁，山的南面有很多赤金。禺水发源于此山，向北流入招水，水中有很多鲜鱼，形状像鳖，发出的声音像羊的叫喊声。山的南面生长着很多箭竹和䉋竹，山里的野兽多是㸲牛、羬羊。山中有一种鸟，形状像鹌鹑，长着黄色的羽毛、红色的嘴，这种鸟名叫肥遗，人吃了它可以治疗恶疮，还能杀死人体内的寄生虫。

【原文】

2.8 又西五十二里，曰竹山①，其上多乔木，其阴多铁。有草焉，其名曰黄雚②，其状如樗③，其叶如麻④，白华而赤实，其状如赭⑤，浴之已疥⑥，又可以已胕⑦。竹水出焉⑧，北流注于渭，其阳多竹箭⑨，多苍玉⑩。丹水出焉⑪，东南流注于洛水⑫，其中多水玉⑬，多人鱼⑭。有兽焉，其状如豚而白毛⑮，大如笄而黑端⑯，名曰豪彘⑰。

【注释】

①竹山：山名，在今陕西境内。②黄雚（guàn）：指黄花蒿。③樗（chū）：臭椿树。④麻：草本植物，有大麻、亚麻等。⑤赭（zhě）：红土。⑥疥：疥疮。⑦胕（fú）：浮肿。⑧竹水：水名，在今陕西境内。⑨竹箭：细竹。⑩苍玉：灰白色的玉。⑪丹水：水名，在今陕西境内。⑫洛水：今陕西洛河。⑬水玉：水晶。⑭人鱼：大鲵，俗称娃娃鱼。⑮豚：小猪，也泛指猪。⑯笄（jī）：古代用来固定头发的簪子，用竹、木、玉等制成。⑰豪彘：豪猪。

【译文】

再往西五十二里有一座山，名叫竹山，山上长有很多乔木，山的北面有很多铁。山中生长着一种草，名叫黄雚，形状像臭椿树，叶子与麻类植物的叶子相像，开白色的花，结红褐色的果实，它的形状像红土，用它来洗澡，能够治疗疥疮，还可以治疗浮肿。竹水源自此山，向北流入渭水，水的南面长着很多细竹子，还有许多灰白色的玉。丹水也从此山发源，向东南流入洛水，水中有很多水晶，还有很多娃娃鱼。山中有一种野兽，形状像猪，长着白色的毛，毛粗如笄一般，尖端呈现黑色，它的名字叫豪猪。

豪彘

豪彘　清　汪绂图本

山海经地理古今考	《山海经》中名称	今考
	石脆之山	陕西省境内的二龙山
	英山	在陕西省西华县西南部
	招水	可能指陕西省渭南市的皂水
	竹山	陕西省华县的公主岭
	竹水	在陕西省境内，又名大赤水
	丹水	在陕西省华阴市南部

山海经动物古今考	《山海经》中名称	今考
	鹑	“鹌鹑”的简称，为一种鸟，体形像鸡，头小尾短
	豚	小猪
	豪彘	豪猪，哺乳动物，身上长着许多长而硬的毛

【原文】

2.9 又西百二十里，曰浮山①，多盼木②，枳叶而无伤③，木虫居之④。有草焉，名曰薰草⑤，麻叶而方茎，赤华而黑实，臭如靡芜⑥，佩之可以已疠。

【注释】

① 浮山：山名，在今陕西境内。② 盼木：木名。③ 枳（zhǐ）：臭橘。无伤：这里指叶上无刺。④ 木虫：树木上长的虫子。⑤ 薰草：一种香草，又叫蕙草，俗名佩兰。⑥ 臭（xiù）：气味。靡芜：芎（xiōng）䓖（qiōng）的苗。

【译文】

再向西一百二十里有座山，名叫浮山，山上长着很多盼木，叶子如枳树的叶子一般，但不长刺，树干里生有蛀虫。山中有一种草，名叫薰草，它长着与麻类植物一样的叶子，方形的茎干，开红色的花，结黑色的果实，发出如蘼芜一般的香味，把它佩戴在身上，能治疗恶疮。

【原文】

2.10 又西七十里，曰羭次之山①，漆水出焉②，北流注于渭。其上多棫、橿③，其下多竹箭，其阴多赤铜，其阳多婴垣之玉④。有兽焉，其状如禺而长臂⑤，善投，其名曰嚣。有鸟焉，其状如枭⑥，人面而一足，曰橐𩇯⑦，冬见夏蛰，服之不畏雷。

【注释】

① 羭（yú）次之山：羭次山，在今陕西境内。② 漆水：今名漆水河。③ 棫（yù）：白桵（ruí）。橿（jiāng）：木名。古时用作造车的材料。④ 婴垣：一说应作"脰"，指脖子，婴脰就是挂在脖子上。⑤ 禺：猴类，似猕猴而较大。⑥ 枭：指猫头鹰一类的鸟。⑦ 橐（tuó）𩇯：鸟名，短耳猫头鹰。

【译文】

再向西七十里有座山，名叫羭次山。漆水发源于羭次山，向北流入渭水。山上生长着很多棫树和橿树，山下长着许多小竹，山的北面有许多赤铜，山的南面有许多婴垣玉。山中有种野兽，它的形状像猕猴，前臂很长，擅长投掷，它的名字叫嚣。有一种鸟，形状像猫头鹰，长着人一样的面孔，只有一只脚，它的名字叫橐𩇯，这种鸟冬天活动而夏天蛰伏，人吃了它的肉，可以不用害怕雷击。

橐𩇯

橐𩇯　明　蒋应镐绘图本

山海经地理古今考	《山海经》中名称	今　考
	浮　山	在陕西省临潼县的西南部
	羭次之山	陕西省蓝田县的终南山
	漆　水	今名漆水河

嚣兽

嚣兽　明　蒋应镐绘图本

【原文】

2.11 又西百五十里，曰时山[①]，无草木。逐水出焉[②]，北流注于渭，其中多水玉。

【注释】

①时山：山名，在今陕西境内。②逐水：水名，今陕西长安东南的潏（jué）水。

【译文】

再向西一百五十里有座山，名叫时山，山上不长草木。逐水发源于这座山，向北流入渭水，水中有很多水晶。

【原文】

2.12 又西百七十里，曰南山[①]，上多丹粟[②]。丹水出焉[③]，北流注于渭。兽多猛豹[④]，鸟多尸鸠[⑤]。

【注释】

①南山：山名，在今陕西境内。②丹粟：丹砂。③丹水：水名，即今陕西周至县东的黑水河。④猛豹：动物名。一说应作“貘豹”，似熊而小。⑤尸鸠：布谷鸟。

【译文】

再向西一百七十里有座山，名叫南山，山上有很多丹砂。丹水源自此山，向北流入渭水。山中的野兽多是猛豹，鸟类多是布谷鸟。

猛豹

猛豹　明　蒋应镐绘图本

【原文】

2.13 又西百八十里，曰大时之山[①]，上多榖、柞[②]，下多杻、橿，阴多银，阳多白玉。涔水出焉[③]，北流注于渭。清水出焉[④]，南流注于汉水[⑤]。

【注释】

①大时之山：大时山，在今陕西境内。②榖（gǔ）：构树。柞（zuò）：柞树。③涔（cén）水：水名，可能是今斜水，又名石头河。④清水：一说指今褒水；一说指褒水的上源紫金河。⑤汉水：今汉江。

【译文】

再向西一百八十里有座山，名叫大时山，山上长着很多构树和柞树，山下长着很多杻树和橿树，山的北面有许多银，南面有许多白玉。涔水发源于大时山，向北流入渭河。清水源自这座山，向南流入汉水。

【原文】

2.14 又西三百二十里，曰嶓冢之山[①]，汉水出焉，而东南流注于沔[②]；嚣水出焉，北流注于汤水[③]。其上多桃枝、钩端[④]，兽多犀、兕、熊、罴[⑤]，鸟多白翰、赤鷩[⑥]。有草焉，其叶如蕙[⑦]，其本如桔梗[⑧]，黑华而不实，名曰蓇蓉[⑨]，食之使人无子。

【注释】

①嶓（bō）冢之山：嶓冢山。一说在今陕西境内；一说在今甘肃境内。②沔（miǎn）：沔水，汉水的上流，在今陕西境内。③汤水：一作“阳水”。④桃枝：今名矮竹。钩端：今名刺竹。⑤兕（sì）：犀牛一类的兽。罴：即棕熊。⑥白翰：即白雉。鷩（bì）：锦鸡。⑦蕙：即蕙兰。⑧本：草木的茎或根。⑨蓇（gū）蓉：草名。

【译文】

再往西三百二十里有座山，名叫嶓冢山，汉水发源于此山，向东南流入沔水；嚣水也发源于此，向北流入汤水。山上有很多桃枝竹和钩端竹，野兽多为犀牛、兕、熊、罴，鸟类多是白雉和红色的锦鸡。山中有一种草，它长着蕙兰那样的叶子、桔梗一样的根，开黑色的花但不结果实，名字叫蓇蓉，人一旦吃了它，就会丧失生育能力。

【原文】

2.15 又西三百五十里，曰天帝之山[①]，上多棕、枏，下多菅、蕙[②]。有兽焉，其状如狗，名曰谿边，席其皮者不蛊[③]。有鸟焉，其状如鹑，黑文而赤翁[④]，名曰栎，食之已痔[⑤]。有草焉，其状如葵，其臭如蘼芜，名曰杜衡[⑥]，可以走马[⑦]，食之已瘿[⑧]。

【注释】

①天帝之山：山名，在今陕西境内。②菅：菅茅。③蛊：毒热恶气。④翁：鸟颈上的毛。⑤已：治愈。⑥杜衡：亦作“杜蘅”。⑦走马：使马跑得快。⑧瘿（yǐng）：长在脖子上的一种囊状的瘤子。

【译文】

再向西三百五十里有座山，名叫天帝山，山上长着很多棕树和楠木，山下长有很多菅茅和蕙兰。山里有一种兽，形状像狗，名叫谿边，人坐卧时，把它的皮铺在身下，可以免受毒热恶气的侵袭。山里有一种鸟，形状像鹌鹑，身上有黑色的花纹和红色的颈毛，它的名字叫作栎，人吃了它的肉，可以治疗痔疮。山里长着一种草，形状像葵，散发出的气味与蘼芜相似，叫作杜衡，骑马的人佩戴上它，可以使马跑得快，吃了它的肉可治疗脖子上长大瘤子的病。

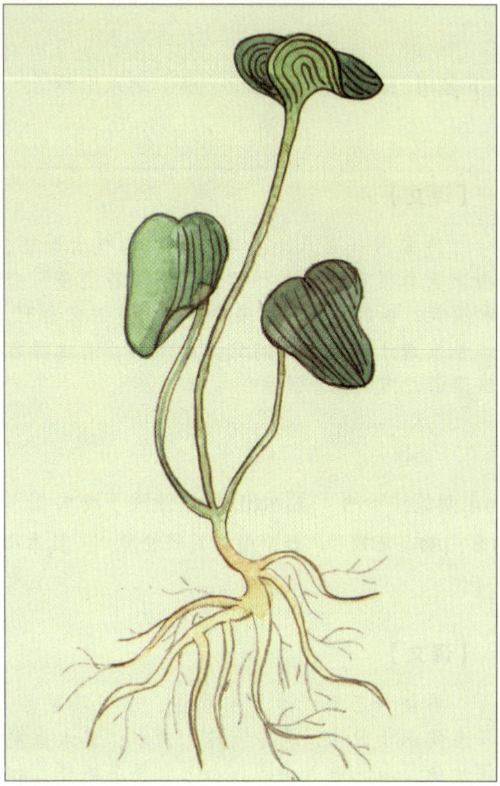

杜衡

谿边

【原文】

2.16 西南三百八十里，曰皋涂之山[①]，蔷水出焉[②]，西流注于诸资之水[③]；涂水出焉[④]，南流注于集获之水[⑤]。其阳多丹粟[⑥]，其阴多银、黄金，其上多桂木。有白石焉，其名曰礜[⑦]，可以毒鼠。有草焉，其状如槀茇[⑧]，其叶如葵而赤背，名曰无条[⑨]，可以毒鼠。有兽焉，其状如鹿而白尾，马足人手而四角，名曰玃如[⑩]。有鸟焉，其状如鸱而人足[⑪]，名曰数斯，食之已瘿[⑫]。

【注释】

①皋涂之山：皋涂山，即今陕西境内的峪山岭。②蔷水：水名，可能是今甘肃洮河的支流。③诸资之水：诸资水，可能指今洮河或洮河等江汇聚而成的沼泽。④涂水：水名，可能是岷江源头与汉江源头多条水流的总称。⑤集获之水：集获水，可能是今甘肃的白龙江。⑥丹粟：丹砂。⑦礜（yù）：礜石，一种性热含毒的矿石。⑧槀（gǎo）茇（bá）：香草名。⑨无条：植物名，可能指天葵。⑩玃（jué）如：传说中的一种兽。⑪鸱（chī）：指鹞鹰。⑫已：治愈。瘿（yǐng）：长在脖子上的一种囊状的瘤子。

【译文】

向西南三百八十里有座山，名叫皋涂山，蔷水发源于皋涂山，向西流入诸资水；涂水也从这里发源，向南流入集获水。山的南面有很多丹砂，山的北面有许多银和黄金，山上长着很多桂树。山中有一种白色的石头，叫作礜，可以用来毒杀老鼠。山中有一种草，形状如槀茇一般，叶子的形状与葵的叶子相似，但叶背呈现红色，名叫无条，可以毒杀老鼠。山中有一种野兽，形状像鹿，长着白色的尾巴、马一样的脚、人一样的手，有四只角，它的名字叫玃如。山中有一种鸟，它的形状像鹞鹰，长着人一样的脚，它的名字叫作数斯，人吃了它的肉，能够治疗脖子上长大瘤子的病。

玃如

玃如 明 蒋应镐绘图本

数斯

数斯 明 蒋应镐绘图本

【原文】

2.17 又西百八十里，曰黄山[①]，无草木，多竹箭。盼水出焉[②]，西流注于赤水[③]，其中多玉。有兽焉，其状如牛而苍黑，大目，其名曰𤛎[④]。有鸟焉，其状如鸮[⑤]，青羽赤喙，人舌能言，名曰鹦䳇[⑥]。

【注释】

① 黄山：不是今天的安徽黄山，可能是今甘肃临洮的东山。② 盼水：为甘肃会川县北山之河。③ 赤水：水名。一说为洮河；一说为黄河。④ 𤛎（mǐn）：传说中的一种似牛的野兽。⑤ 鸮（xiāo）：猫头鹰一类的鸟。⑥ 鹦䳇（mǔ）：鹦鹉。

【译文】

再向西一百八十里有座山，名叫黄山，山上不长草木，长着很多小竹。盼水发源于黄山，向西流入赤水，水中有很多玉。山中有一种野兽，形状像牛，皮毛呈现灰黑色，眼睛很大，它的名字叫作𤛎。山中有一种鸟，形状像猫头鹰，长着青色的羽毛、红色的嘴，舌头跟人的相似，会说话，叫作鹦䳇。

山海经地理古今考	《山海经》中名称	今考
	嶓冢之山	一说在今陕西省境内；一说在今甘肃省境内
	天帝之山	一说在今陕西省凤翔县；一说是今陕西省境内的太白山
	皋涂之山	可能是今陕西省境内的峪儿岭
	黄山	非今安徽省的黄山，疑是甘肃省临兆县的东山

【原文】

2.18 又西二百里，曰翠山[①]，其上多棕枏[②]，其下多竹箭，其阳多黄金、玉，其阴多旄牛、羚、麝[③]；其鸟多鸓[④]，其状如鹊，赤黑而两首四足，可以御火。

【注释】

①翠山：山名。一说指今青海西宁的小积石山；一说在今甘肃境内。②棕：棕榈。枏（nán）：楠木。③旄（máo）牛：牦牛。麝（shè）：也叫香獐子，哺乳动物，外形像鹿而小。④鸓（lěi）：传说中的一种鸟。

【译文】

再向西二百里有座山，名叫翠山，山上有很多棕树和楠木，山下长着许多小竹，山的北面有很多黄金和玉，南面有很多牦牛、羚羊和麝，山中的鸟多是鸓鸟，它的形状像喜鹊，身体呈现红黑色，有两个脑袋、四只脚，可以用来防火。

羚

旄牛　清　汪绂图本

鸓

鸓　明　蒋应镐绘图本

【原文】

2.19 又西二百五十里，曰騩山[①]，是錞于西海[②]，无草木，多玉。凄水出焉[③]，西流注于海[④]，其中多采石、黄金[⑤]，多丹粟[⑥]。

【注释】

①騩（guī）山：今青海西宁日月山。②錞（chún）：这里是蹲踞的意思。西海：今青海湖。③凄水：今倒淌河。④海：指青海湖。⑤采石：彩色的石头。⑥丹粟：丹砂。

【译文】

再向西二百五十里有座山，名叫騩山，它位于青海湖畔，山中没有草木，有很多玉。凄水发源于此山，向西流入青海湖，水中有许多彩色的石头、黄金及丹砂。

日月山

【原文】

2.20 凡西经之首，自钱来之山至于騩山，凡十九山，二千九百五十七里。华山冢也[①]，其祠之礼：太牢[②]。羭山神也[③]，祠之用烛[④]，斋百日以百牺[⑤]，瘗用百瑜[⑥]，汤其酒百樽[⑦]，婴以百珪百璧[⑧]。其余十七山之属，皆毛牷用一羊祠之[⑨]。烛者，百草之未灰，白席采等纯之[⑩]。

【注释】

① 騩（guī）山：山名，可能为青海湖东侧的日月山。冢：这里指大的山神。② 太牢：古代祭祀天地，以牛、羊、猪三牲具备为太牢。③ 羭（yú）山：指羭次山。④ 烛：这里指火炬，用百草扎束而成，用来照明。⑤ 斋：祭祀前或举行典礼前清心洁身。牺：古代称祭品用的纯色牲畜为牺。⑥ 瘗（yì）：埋葬。瑜：美玉。⑦ 汤：通“烫”。樽：酒杯。⑧ 婴：颈上的饰物。珪：同“圭”，古代祭祀时用的条状玉器，上尖下方。⑨ 毛牷（quán）：带毛的纯色的全牲。⑩ 采：有彩色花纹的丝织物。纯：镶边。

【译文】

总计西山一经中的山，自第一座山钱来山起到騩山止，一共有十九座山，距离为二千九百五十七里。华山是大的山神的所在地。祭祀华山山神的礼仪是：用太牢之礼。羭次山的山神很神妙，祭祀时要用火炬，先斋戒一百天，然后用一百头纯色的牲畜做祭品，把一百块美玉埋入地下，再烫上一百樽美酒，把一百只珪和一百块璧系在山神的颈上，作为祭祀时的饰物。剩余的十七座山的山神，都是用一只纯色的完整的羊来祭祀。祭祀用的烛，是还没有烧成灰的百草，祭祀用的白席则用有彩色花纹的丝织物镶边装饰。

山海经动物古今考	《山海经》中名称	今　考
	旄　牛	牦牛，牛的一种，全身有长毛，腿短
	麝	也叫香獐子，哺乳动物，外形像鹿而小

【华山】

太华山就是今天的西岳华山，其山势峻峭、壁立千仞，如刀劈斧削一般。华山以险峻著称，自古以来就有“华山天下险”、“奇险天下第一山”的说法。据《尚书》记载，华山是“轩辕黄帝会群仙之所”。《史记》记载，黄帝、虞舜都曾前往华山巡狩。秦昭王曾命一个叫施钩的工匠搭梯攀上华山。甚至到魏晋南北朝时，仍然没有道路通向华山峰顶。直到唐朝，道教徒居山建观，才在北坡开凿了一条险道，“自古华山一条路”至此诞生。

二、西次二经

【导读】

《西次二经》记载了钤山到莱山共计十七座山的地理位置和山川风貌。它们大致分布在现在的山西、陕西、宁夏、甘肃、青海一带。

这列山系中有五彩祥鸟凤凰，还有一种在远古时代就非常珍贵的朱厌，长着白色的脑袋和白色的眉毛、人一样的脸，外形很漂亮。山中的野兽有虎、豹、羚羊、鹿等。

【原文】

2.21 西次二经之首，曰钤山[1]，其上多铜，其下多玉，其木多杻、橿[2]。

【注释】

① 钤（qián）山：今稷山，在山西西南部。② 杻（niǔ）：橍树。橿（jiāng）：树名，古代用作造车的木材。

【译文】

西次二经中的首座山，名叫钤山，山上有很多铜，山下有很多玉，山中的树木大多是杻树和橿树。

【原文】

2.22 西二百里，曰泰冒之山①，其阳多金，其阴多铁。洛水出焉②，东流注于河③，其中多藻玉④，多白蛇。

【注释】

① 泰冒之山：泰冒山，为今陕西韩城附近的西山，又名虚梯山、中山寺山、西山寺山。② 洛水：水名，今洛河。③ 河：黄河。④ 藻玉：有彩纹的玉。

【译文】

向西二百里有座山，名叫泰冒山，山的南面有很多金，北面有很多铁。洛水发源于泰冒山，向东流入黄河，水中很多带有彩纹的玉，还有很多白色的水蛇。

【原文】

2.23 又西一百七十里，曰数历之山①，其上多黄金，其下多银，其木多杻、橿，其鸟多鹦䳇。楚水出焉②，而南流注于渭，其中多白珠。

【注释】

① 数历之山：数历山，可能在今陕西境内。② 楚水：今陕西耀县的石川河。

【译文】

再向西一百七十里有座山，名叫数历山，山上有很多黄金，山下有很多银，山中的树木多是杻树和橿树，山中的鸟类多为鹦鹉。楚水发源于数历山，向南流入渭水，水中有很多白色的珠子。

【原文】

2.24 又西北五十里，曰高山①，其上多银，其下多青碧、雄黄②，其木多棕③，其草多竹。泾水出焉④，而东流注于渭，其中多磬石、青碧⑤。

【注释】

① 高山：今宁夏六盘山山脉中的米缸山。② 青碧：青色的玉石。雄黄：一种含硫化砷的矿石，为橘黄色。③ 棕：棕榈。④ 泾水：今泾河。⑤ 磬石：适宜制磬的美石。

【译文】

再往西北五十里有座山，名叫高山，山上有很多白银，山下有很多青色玉石和雄黄，山中生长的树木多是棕榈，生长的草多是竹。泾水发源于此山，向东流入渭河，水中有很多适合制磬的美石和青色的玉石。

【原文】

2.25 西南三百里，曰女床之山①，其阳多赤铜，其阴多石涅②，其兽多虎、豹、犀、兕③。有鸟焉，其状如翟而五采文④，名曰鸾鸟⑤，见则天下安宁。

【注释】

① 女床之山：一说是今宁夏回族自治区西南部、甘肃省东部的六盘山；一说是今陕西岐山。② 石涅：石墨。③ 兕：一种类似犀牛的动物。④ 翟（dí）：长尾的野鸡。⑤ 鸾鸟：传说中凤凰一类的鸟。

【译文】

向西南三百里有座山，名叫女床山，山的南面有很多赤铜，北面有很多石墨，山中的野兽多是老虎、豹子、犀牛、兕。山里有一种鸟，形状像长尾野鸡，身上有五彩斑纹，它的名字叫作鸾鸟，只要它一出现，天下就会安宁。

鸾鸟

鸾鸟　清　汪绂图本

【原文】

2.26 又西二百里，曰龙首之山[①]，其阳多黄金，其阴多铁。苕水出焉[②]，东南流注于泾水，其中多美玉。

【注释】

① 龙首之山：龙首山，可能为今陕西和甘肃交界处的陇山。② 苕（tiáo）水：水名，疑为散渡河。

【译文】

再往西二百里有座山，名叫龙首山，山的南面有很多黄金，北面有很多铁。苕水发源于龙首山，向东南流入泾水，水中有很多美玉。

【原文】

2.27 又西二百里，曰鹿台之山[①]，其上多白玉，其下多银，其兽多㸲牛、羬羊、白豪[②]。有鸟焉，其状如雄鸡而人面，名曰凫徯[③]，其鸣自叫也，见则有兵。

【注释】

① 鹿台之山：鹿台山，可能是今甘肃岷县的东山。② 㸲（zuó）牛：野牛。羬（qián）羊：野生的大尾羊。豪：箭猪。③ 凫徯（xī）：传说中的一种鸟。

【译文】

再往西二百里有座山，名叫鹿台山，山上有很多白玉，山下有很多银，山中的野兽多为㸲牛、羬羊和白色的箭猪。山中有一种鸟，它的形状同雄鸡相似，却长着人一样的脸，它的名字叫作凫徯，它叫起来像是在叫自己的名字，这种鸟一出现，就会有战事发生。

凫徯

凫徯

【原文】

2.28 西南二百里，曰鸟危之山[①]，其阳多磬石，其阴多檀、楮[②]，其中多女床[③]。鸟危之水出焉[④]，西流注于赤水，其中多丹粟[⑤]。

【注释】

①鸟危之山：鸟危山，在今甘肃境内。②檀：檀树。楮（chǔ）：构树。③女床：植物名，据古人说是女床草。④鸟危之水：一说指洮河，是黄河水系上游的支流；一说指甘肃会宁祖历河或其上游支流。⑤丹粟：朱砂。

【译文】

往西南二百里有座山，名叫鸟危山，山的南面有很多适合制磬的美石，北面有许多檀树和构树，山中还生长着很多女床。鸟危水发源于此山，向西流入赤水，水中有很多丹砂。

楮

檀树

【原文】

2.29 又西四百里，曰小次之山[①]，其上多白玉，其下多赤铜。有兽焉，其状如猿而白首赤足，名曰朱厌[②]，见则大兵。

【注释】

①小次之山：小次山，在今甘肃境内。②朱厌：指白眉长臂猴。

【译文】

再向西四百里有座山，名叫小次山，山上有很多白玉，山下有很多赤铜。山中有一种野兽，它的形状似猿猴，但长着白色的脑袋、红色的脚，它一旦出现，天下就会有大的战乱。

朱厌

朱厌　明　蒋应镐绘图本

【原文】

2.30 又西三百里，曰大次之山，其阳多垩[①]，其阴多碧[②]，其兽多㸲牛、羬羊[③]。

【注释】

①垩(è):可用来涂饰的有色土。②碧：青绿色的玉石。③牸(zuó)牛：野牛。

【译文】

再往西三百里有座山，名叫大次山，山的南面有很多可用于涂饰的有色土，北面有很多青绿色的玉石，山中的野兽多是牸牛、羚羊。

【原文】

2.31 又西四百里，曰薰吴之山①，无草木，多金玉。

【注释】

①薰吴之山：薰吴山，在今青海境内。

【译文】

再往西四百里有座山，名叫薰吴山，山上不生长草木，有很多金和玉。

【原文】

2.32 又西四百里，曰厎阳之山①，其木多稷、枏、豫章②，其兽多犀、兕、虎、犳、牸牛③。

【注释】

①厎(zhǐ)阳之山：厎阳山，今巴颜喀拉山，昆仑山脉东延部分。②稷(jì):水松。豫章：木名，即樟树。③兕：一种类似犀牛的动物。犳(zhuó):传说中的一种兽。

【译文】

再往西四百里有座山，名叫厎阳山，山中的树木多为水松、楠木、樟树，野兽多为犀牛、兕、老虎、犳、牸牛。

老虎

犳

山海经地理古今考	《山海经》中名称	今　考
	鹿台之山	可能指甘肃省岷县的东山
	鸟危之山	可能指甘肃省陇西县西南的山脉
	薰吴之山	青海省的郭罗山

山海经动物古今考	《山海经》中名称	今　考
	朱　厌	白眉长臂猴
	牸　牛	野　牛

【原文】

2.33　又西二百五十里，曰众兽之山①，其上多㻬琈之玉②，其下多檀、楮，多黄金，其兽多犀、兕。

【注释】

①众兽之山：众兽山，在今青海境内。②㻬（tū）琈（fú）：美玉名。

【译文】

再往西二百五十里有座山，名叫众兽山，山上有很多㻬琈玉，山下长着很多檀树和构树，有很多黄金，山中的野兽多为犀牛和兕。

【原文】

2.34　又西五百里，曰皇人之山①，其上多金玉，其下多青、雄黄②。皇水出焉③，西流注于赤水④，其中多丹粟。

【注释】

①皇人之山：皇人山，今巴颜喀拉山西段。②青：石青。③皇水：水名，今青海湟水。④赤水：水名，一说是乌拉山与西藏交界处大小河流的总称。

【译文】

再往西五百里有座山，名叫皇人山，山上有很多金和玉，山下有许多石青和雄黄。皇水发源于此，向西流入赤水，水中有很多丹砂。

【原文】

2.35　又西三百里，曰中皇之山①，其上多黄金，其下多蕙、棠②。

【注释】

①中皇之山：中皇山，今青海省乌兰乌拉山。②蕙：蕙兰。棠：棠梨。

【译文】

再往西三百里有座山，名叫中皇山，山上有很多黄金，山下生长着很多蕙兰、棠梨。

【原文】

2.36　又西三百五十里，曰西皇之山①，其阳多金，其阴多铁，其兽多麋、鹿、牸牛。

【注释】

①西皇之山：西皇山，今青海乌兰乌拉山的长岭。为扬子江源头的西界山。

【译文】

再往西三百五十里有座山，名叫西皇山，山的南面有很多金，北面有很多铁，山中野兽多是麋、鹿、牸牛。

麋

麋　清　汪绂图本

【原文】

2.37 又西三百五十里，曰莱山[①]，其木多檀、楮，其鸟多罗罗[②]，是食人。

【注释】

① 莱山：为今青海境内的托莱山。② 罗罗：鸟名，秃鹫之类。

【译文】

再往西三百五十里有座山，名叫莱山，山上生长的树木多是檀树和构树，山中的鸟多是罗罗鸟，这种鸟能吃人。

【原文】

2.38 凡西次二经之首，自钤山至于莱山，凡十七山，四千一百四十里。其十神者，皆人面而马身。其七神皆人面牛身，四足而一臂，操杖以行，是为飞兽之神[①]。其祠之：毛用少牢[②]，白菅为席。其十辈神者，其祠之：毛一雄鸡，钤而不糈[③]，毛采[④]。

【注释】

① 飞兽之神：奔走如飞的兽形神。② 毛：用于祭祀的带毛的动物。少（shào）牢：古代祭祀用羊和猪做祭品，称少牢。③ 钤（qián）：关锁。糈（xǔ）：祭神用的精米。④ 毛采：指杂色的雄鸡。

【译文】

总计西次二经中的山，从第一座山钤山起到莱山止，共有十七座，距离为四千一百四十里。其中的十位山神，都是人面马身的样子。另外七位山神都是人面牛身，有四条腿、一只胳膊，拄着拐杖行走，是奔走如飞的兽形之神。祭祀他们的方法为：用羊和猪作为祭品，用白茅草铺成山神的坐席。祭祀十位山神的仪式为：以雄鸡作祭品，把它锁起来，不用精米，祭祀用的雄鸡必须是杂色的。

人面马身神

人面牛身神

人面牛身神

三、西次三经

【导读】

《西次三经》中记载了崇吾山到翼望山的地理分布及山川风貌。经中说有二十三座山，其实只有二十二座。这列山系位于《西次二经》所载山系的北面，即今新疆、甘肃、青海、蒙古一带。

经中记载了齐飞的比翼鸟、长着翅膀的文鳐鱼、人面虎身的九尾兽陆吴等奇珍异兽，还记载了历史人物和神仙故事，如居住在玉山的西王母，以及黄帝杀死钟山山神的儿子鼓的故事，这些神话展现了古人丰富的想象力，为后世研究上古文化提供了不可或缺的素材。

【原文】

2.39 西次三经之首，曰崇吾之山[①]，在河之南，北望冢遂[②]，南望䍃之泽[③]，西望帝之搏兽之丘[④]，东望螞渊[⑤]。有木焉，员叶而白柎[⑥]，赤华而黑理，其实如枳[⑦]，食之宜子孙。有兽焉，其状如禺而文臂[⑧]，豹虎而善投[⑨]，名曰举父。有鸟焉，其状如凫而一翼一目[⑩]，相得乃飞，名曰蛮蛮[⑪]，见则天下大水。

【注释】

① 崇吾之山：崇吾山。一说在今青海茶卡盐湖附近；一说为昆仑山系中的祁曼山。② 冢遂：今新疆境内阿尔金山中的峡谷。③ 罂（yáo）之泽：罂泽，水名。④ 搏兽之丘：与猛兽搏斗的丘陵。⑤ 螞（yān）渊：一说指新疆柴达木盆地西北角的格孜湖；一说指茶卡盐湖。⑥ 柎（fū）：花萼，花瓣外部的一圈叶状绿色小片。⑦ 枳（zhǐ）：枸橘。⑧ 禺：猴类动物，似猕猴而较大。⑨ 虎：疑应作"尾"。⑩ 凫：野鸭。⑪ 蛮蛮：比翼鸟。

【译文】

西次三经中的第一座山，叫作崇吾山，它位于黄河南面，北面可望到冢遂山，南面可望见罂之泽，西面可看到黄帝与猛兽搏斗的丘陵，东面可望到螞渊。山中有一种树，长着圆圆的叶子、白色的花萼，开红色的花朵，有黑色的纹理，结的果实与枳相像，人吃了它能使子孙兴旺发达。山中有一种野兽，形状像猕猴，上肢有花纹，有豹子一样的尾巴，擅长投掷，名字叫举父。山中有一种鸟，形貌像野鸭，长着一只翅膀和一只眼睛，它必须和另一只相同的鸟合起来才能飞行，它一旦出现，天下就会发生大水灾。

举父

举父　清　毕沅图本

蛮蛮

蛮蛮　清　汪绂图本

【原文】

2.40 西北三百里，曰长沙之山[①]。泚水出焉，北流注于泑水，无草木，多青、雄黄[②]。

【注释】

① 长沙之山：长沙山，可能在今新疆境内。② 青：石青。

【译文】

往西北三百里有一座山，名叫长沙山。泚水发源于长沙山，向北流入泑水，山上不长草木，有许多石青和雄黄。

【原文】

2.41 又西北三百七十里，曰不周之山[①]。北望诸𫐌之山[②]，临彼岳崇之山，东望泑泽，河水所潜也，其原浑浑泡泡[③]。爰有嘉果[④]，其实如桃，其叶如枣，黄华而赤柎，食之不劳。

【注释】

① 不周之山：不周山，今新疆昆仑山系中的一座雪山。② 诸𫐌（pí）：山名。③ 浑（gǔn）浑泡（páo）泡：大水奔流的声音。④ 爰：这里，那里。

【译文】

再往北三百七十里有座山，名叫不周山。它的北面可以望见诸𫐌山，面对着岳崇山，东面可以望见泑泽，这是黄河水在地下潜流的地方，水在流出的地方发出巨大的喷涌声。这里有一种能结鲜美果实的果树，结出的果实形状像桃，叶子像枣树叶，开黄色的花，长着红色的花萼，人们吃了这种果实，就不会感到疲劳。

【原文】

2.42 又西北四百二十里，曰峚山[①]，其上多丹木[②]，员叶而赤茎，黄华而赤实，其味如饴[③]，食之不饥。丹水出焉[④]，西流注于稷泽[⑤]，其中多白玉。是有玉膏[⑥]，其原沸沸汤汤[⑦]，黄帝是食是飨[⑧]。是生玄玉[⑨]。玉膏所出，以灌丹木，丹木五岁，五色乃清，五味乃馨。黄帝乃取峚山之玉荣[⑩]，而投之钟山之阳。瑾瑜之玉为良[⑪]，坚粟精密[⑫]，浊泽有而光[⑬]。五色发作[⑭]，以和柔刚。天地鬼神，是食是飨；君子服之，以御不祥。自峚山至于钟山，四百六十里，其间尽泽也。是多奇鸟、怪兽、奇鱼，皆异物焉。

【注释】

① 峚（mì）山：今新疆叶城县米尔岱山。② 丹木：木名，一说指槭树。③ 饴（yí）：糖浆。④ 丹水：今玉河。⑤ 稷泽：水名，此河在叶耳羌西北、英吉沙尔东南，古称太泽，现在已干涸为沙漠。⑥ 玉膏：玉的脂膏。据说是一种仙药。⑦ 沸沸汤（shāng）汤：指玉膏涌出时的样子。⑧ 黄帝：传说中中原各族的祖先，姬姓，少典之子，号轩辕氏、有熊氏。飨（xiǎng）：用酒食招待客人。⑨ 玄：黑色。⑩ 玉荣：玉的精华。⑪ 瑾：美玉。瑜：美玉。⑫ 坚粟：坚硬而状如粟米。⑬ 有而：应作"而有"。⑭ 五色发作：指焕发的光彩互相映衬。

槭树

【译文】

再往西北四百二十里有座山，名叫峚山，山上生长着许多丹木，长着圆圆的叶子、红色的茎干，开黄色的花朵，结红色的果实，果实的味道如糖浆一样甜，吃了它就不会感觉到饥饿。丹水发源于峚山，向西流入稷泽，水中有很多白玉，还有玉膏，玉膏涌出的地方一片沸腾，黄帝就曾以这种玉膏为食，还用它来招待宾客。由玉膏又生出了黑玉。用玉膏涌出之地的水来浇灌丹木，经过五年，丹木便会呈现出五种清新的色彩，发出五种芬芳的香味。黄帝于是取峚山之玉的精华，将其投在钟山的南面。后来便生出优良的美玉，坚硬而状如粟米，精密细致，浑厚润泽而有光彩。它发出的五种颜色相互辉映，以此来调和阴柔与阳刚。天地间的鬼神，都来享用这种美玉；君子将其佩戴在身上，可以抵御不祥之气。从峚山到钟山，距离为四百六十里，其间全部是池泽。那里生长着许多奇鸟、怪兽和奇鱼，都是怪异罕见的动物。

【原文】

2.43 又西北四百二十里，曰钟山。其子曰鼓[①]，其状如人面而龙身，是与钦䲹杀葆江于昆仑之阳[②]，帝乃戮之钟山之东，曰峣崖[③]。钦䲹化为大鹗[④]，其状如雕而黑文白首，赤喙而虎爪，其音如晨鹄[⑤]，见则有大兵。鼓亦化为鵕鸟[⑥]，其状如鸱[⑦]，赤足而直喙，黄文而白首，其音如鹄，见则其邑大旱。

【注释】

① 其子：指钟山山神的儿子。② 钦䲹(pí)：传说中的神名。葆江：人名，一作“祖江”。昆仑：昆仑山，古代昆仑山在今甘肃境内。③ 峣(yáo)崖：地名。一作“瑶岸”④ 鹗（è）：鱼鹰。⑤ 鹄（hú）：天鹅。⑥ 鵕（jùn）鸟：传说中的一种鸟。⑦ 鸱（chī）：鹞鹰。

鼓

【译文】

再往西北四百二十里有座山，名叫钟山。钟山山神的儿子叫鼓，他的形状为人面龙身，他与钦䲹联手在昆仑山的南坡杀死了天神葆江，黄帝因此将鼓与钦䲹诛杀于钟山东面的峣崖。钦䲹死后化为一只大鱼鹰，形状像雕，有着黑色的斑纹、白色的脑袋、红色的嘴，长着老虎一样的爪子，发出的声音与早晨天鹅的叫声相似，只要它一出现，就会发生大的战争。鼓死后化为鵕鸟，形状像鹞鹰，长着红色的脚、又长又直的嘴、黄色的斑纹、白色的脑袋，发出的声音与天鹅的叫声相似，它在哪座城邑出现，哪座城邑就会有大的旱灾。

钦䲹　明　蒋应镐绘图本

【原文】

2.44 又西百八十里，曰泰器之山[①]。观水出焉[②]，西流注于流沙[③]。是多文鳐鱼[④]，状如鲤鱼，鱼身而鸟翼，苍文而白首赤喙，常行西海，游于东海，以夜飞。其音如鸾鸡[⑤]，其味酸甘，食之已狂[⑥]，见则天下大穰[⑦]。

【注释】

① 泰器之山：泰器山，在今新疆莎车县。② 观水：水名，今新疆听难阿布河。③ 流沙：古时指中国西北的沙漠地区。④ 文鳐（yáo）鱼：传说中的一种鱼。⑤ 鸾鸡：传说中的一种鸟。⑥ 已：治愈。狂：疯癫。⑦ 穰（ráng）：丰收。

【译文】

再往西一百八十里有座山，名叫泰器山。观水发源于此山，向西注入流沙。水中有很多文鳐鱼，形似鲤鱼，长着鱼的身子、鸟的翅膀、苍色的斑纹、白色的头、红色的嘴，常常在西海活动，在东海畅游，夜里时常跳出水面飞翔。发出的声音和鸾鸡的叫声相似，肉味酸中带甜，吃了以后可以医治癫狂病，它只要一出现，天下就会获得大丰收。

文鳐鱼

文鳐鱼　明　蒋应镐绘图本

【原文】

2.45 又西三百二十里，曰槐江之山[1]。丘时之水出焉[2]，而北流注于泑水。其中多蠃母[3]，其上多青、雄黄[4]，多藏琅玕[5]、黄金、玉，其阳多丹粟[6]，其阴多采黄金、银[7]。实惟帝之平圃[8]，神英招司之[9]，其状马身而人面，虎文而鸟翼，徇于四海[10]，其音如榴[11]。南望昆仑，其光熊熊，其气魂魂。西望大泽[12]，后稷所潜也[13]。其中多玉，其阴多榣木之有若[14]。北望诸䳞[15]，槐鬼离仑居之[16]，鹰鹯之所宅也[17]。东望恒山四成[18]，有穷鬼居之[19]，各在一搏抟[20]。爰有淫水[21]，其清洛洛。有天神焉，其状如牛而八足二首，马尾，其音如勃皇[22]，见则其邑有兵。

【注释】

①槐江之山：槐江山。一说此山为密尔岱山附近的英峨奇盘山；一说此山在新疆与甘肃的交界处。②丘时之水：丘时水，即今喇斯库木河。③蠃（luó）母：指螺蛳、蜗牛等。④青：石青。⑤琅（láng）玕（gān）：美石。⑥丹粟：丹砂。⑦采：这里指纹理色彩。⑧平圃：即玄圃，传说中的神居处。⑨英招（sháo）：传说中的神。司：管理。⑩徇（xùn）：巡行。⑪榴：同"抽"，引出提取。⑫大泽：水名，后稷所葬之地。⑬后稷：周族的始祖，名弃。虞舜命他为农官，教民耕稼。⑭榣木：大木。若：若木，传说中的树名。⑮诸䳞（pí）：山名。⑯槐鬼离仑：传说中的神名。⑰鹯（zhān）：鸟名，外形与鹞相似。⑱恒山四成：连在一起的四座山。恒山不是今天的恒山。⑲有穷鬼：一说是鬼的名称；一说是氏族的名称。⑳搏：通"膊"，胳膊。这里指山的一边。㉑爰：这里；那里。淫（yáo）水：瑶池，传说中神的住处。㉒勃皇：动物名。一说是拟声词。

喇斯库木河

【译文】

再往西三百二十里有座山，名叫槐江山。丘时水发源于这座山，向北注入泑水。水中生有许多螺。山上有许多石青、雄黄，还有很多上乘的美石、黄金、玉；山的南面多丹砂，北面有很多带彩色纹理的金、银。槐江山其实是黄帝成仙后的住所，由天神英招负责管理，英招长着马身人面，身上有虎一样的斑纹，并长有鸟的翅膀，（英招）在四海巡行，发出的声音像是辘轳抽水的嘶鸣声。（从山上）向南望可以看到昆仑山，那里火光熊熊，雾气缭绕；向西可以望见大泽，后稷死后就埋葬在那里。山中有很多玉石，山的阴面有很多长在榣木上的若木。（从山上）向北可以望见诸䳞山，槐鬼离仑就居住在那里，（那里）也是鹰和鹯栖息的地方。向东可以望见连在一起名叫恒山的四座山，有穷鬼就居住在那里，并且各住在山的一边。这里有瑶池，里面的水十分清澈。有一位天神，他的形状像牛，有八只脚、两个脑袋，长着马一样的尾巴，他发音时如勃皇啼叫一般，他只要一出现就会发生战争。

英招

英招　清　汪绂图本

天神

天神　清　汪绂图本

【原文】

2.46 西南四百里，曰昆仑之丘[①]，是实惟帝之下都[②]，神陆吾司之[③]。其神状虎身而九尾，人面而虎爪。是神也，司天之九部及帝之囿时[④]。有兽焉，其状如羊而四角，名曰土蝼[⑤]，是食人。有鸟焉，其状如蜂，大如鸳鸯，名曰钦原，蠚鸟兽则死[⑥]，蠚木则枯。有鸟焉，其名曰鹑鸟[⑦]，是司帝之百服。有木焉，其状如棠[⑧]，黄华赤实，其味如李而无核，名曰沙棠，可以御水，食之使人不溺。有草焉，名曰蘋草[⑨]，其状如葵，其味如葱，食之已劳[⑩]。河水出焉[⑪]，而南流东注于无达[⑫]。赤水出焉，而东南流注于氾天之水[⑬]。洋水出焉[⑭]，而西南流注于丑涂之水[⑮]。黑水出焉[⑯]，而西流于大杅[⑰]。是多怪鸟兽。

【注释】

①昆仑之丘：昆仑山，古代的昆仑山在今甘肃境内。②帝：这里指黄帝。下都：在下界的都城。③陆吾：神名，即开明兽。④天之九部：天上的九个部界。囿：养动物的园子。时：时节。⑤土蝼（lóu）：猞（shě）猁（lì）。⑥蠚（hè）：蜇，蜂、蝎子等用毒刺刺（人或动物）。⑦鹑鸟：传说中的赤凤。⑧棠：棠梨。⑨蘋（pín）草：赖草。⑩已：治愈。劳：忧愁。⑪河：黄河。⑫无达：水名，一说是山名。⑬氾（sì）天之水：氾天水，即疏勒河。⑭洋水：水名，可能是今阿姆河。⑮丑涂之水：丑涂水，阿姆河在阿富汗与塔吉克斯坦边界形成的大泽。⑯黑水：水名，可能为今甘肃西北的黑河。⑰大杅（yú）：山名。

【译文】

向西南四百里有座山，名叫昆仑山，这里实际上是黄帝在下界的都城，由天神陆吾负责管理。陆吾的形貌像老虎，长着九条尾巴、人一样的脸、虎一样的爪子；这位天神，还掌管着天上的九个部界和天帝苑圃里的时令节气。山中有一种兽，它的形状像羊，长着四只角，它的名字叫作土蝼，能吃人。山中有一种鸟，它的形状像蜂，大小跟鸳鸯差不多，名字叫作钦原，它只要蜇一下鸟兽，鸟兽就会死亡；蜇一下树木，树木就会枯死。山中还有一种鸟，名叫鹑鸟，（这种鸟）专门管理天帝的各种服饰。

陆吾神

山中有一种树木，形状像棠梨，开黄色的花，结红色的果实，果实的味道如李子一般，没有核，它的名字叫作沙棠，可以用来防水，吃了这种果实，人就不会被淹死。山中有一种草，名字叫蘋草，其形状如葵一般，味道与葱的味道差不多，人们吃了它能治疗抑郁症。黄河源自昆仑山，先向南流再折向东流，注入无达。赤水源自昆仑山，向东南注入汜天水。洋水源自昆仑山，向西南流入丑涂水。黑水也源自此山，向西流入大杅山附近的水中。昆仑山中生活着很多怪鸟和怪兽。

土蝼

土蝼　明　蒋应镐绘图本

【原文】

2.47 又西三百七十里，曰乐游之山①。桃水出焉，西流注于稷泽②，是多白玉，其中多䱻鱼③，其状如蛇而四足，是食鱼。

【注释】

①乐游之山：乐游山，可能在今青海境内。②稷泽：水名，在叶尔羌河西北，英吉沙漠东南，今已干涸为沙漠。③䱻（huá）鱼：传说中的一种鱼。

【译文】

再往西三百七十里有座山，名叫乐游山。桃水发源于乐游山，向西流入稷泽，（稷泽）水中有很多白玉，还生有很多䱻鱼，它的形状如蛇一般，长着四只脚，以食鱼为生。

䱻鱼

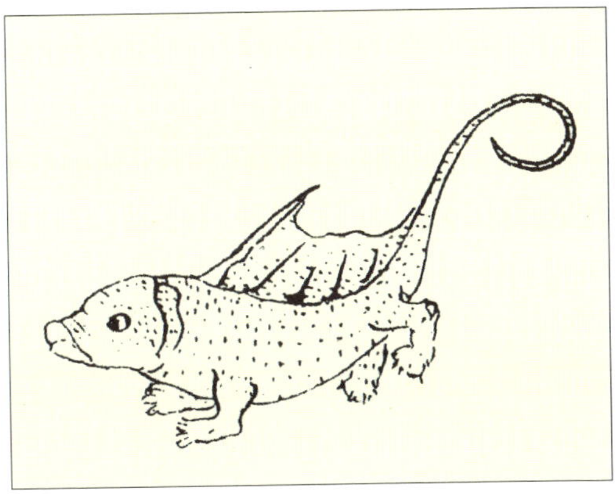

䱻鱼　清　汪绂图本

【原文】

2.48 西水行四百里，曰流沙[①]，二百里至于蠃母之山[②]，神长乘司之[③]，是天之九德也[④]。其神状如人而犳尾[⑤]。其上多玉，其下多青石而无水。

【注释】

① 流沙：古时指中国西北的沙漠地区。② 蠃（luó）母之山：蠃母山，可能在今新疆且末附近。③ 长乘：神名。④ 天之九德：天的九种德行。⑤ 犳（zhuó）：传说中的一种兽。

【译文】

向西走四百里水路，就到了流沙，再走二百里便到了蠃母山，天神长乘掌管着这座山，长乘禀有天所具备的九种德行。这位天神形貌像人，长着犳一样的尾巴。蠃母山上有很多玉，山下有很多青石，但没有水。

长乘

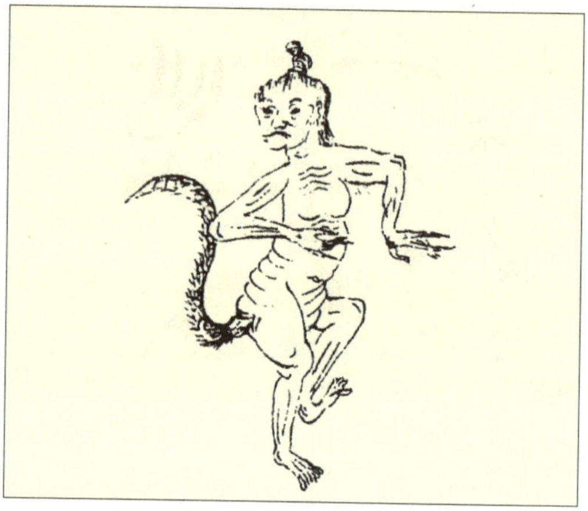

长乘　清　汪绂图本

【原文】

2.49 又西三百五十里，曰玉山[①]，是西王母所居也[②]。西王母其状如人，豹尾虎齿而善啸，蓬发戴胜[③]，是司天之厉及五残[④]。有兽焉，其状如犬而豹文，其角如牛，其名曰狡，其音如吠犬，见则其国大穰[⑤]。有鸟焉，其状如翟而赤[⑥]，名曰胜遇，是食鱼，其音如录[⑦]，见则其国大水。

【注释】

① 玉山：山名，此山中多玉，故叫玉山，在今新疆和田市。② 西王母：传说中的女神，亦称金母、瑶池金母、瑶池圣母，住在昆仑山的瑶池中。③ 胜：古代妇女首饰。④ 厉：灾疫。五残：五刑残杀。⑤ 穰（ráng）：丰收。⑥ 翟（dí）：长尾的野鸡。⑦ 录：动物名。一说可能为“鹿”。

【译文】

再向西三百五十里有座山，名叫玉山，这是西王母居住的地方。西王母形貌像人，长着豹一样的尾巴、老虎一样的牙齿，善于长啸，蓬散着头发，头上戴着首饰，它掌管天上的灾疫和五刑残杀。玉山中有一种兽，它的形状像狗，身上有豹一样的斑纹，长着牛一样的角，它被叫作狡，发出的声音跟狗的吠叫声相像，它出现在哪个国家，哪个国家就会获得大丰收。山中有一种鸟，形状像长尾的野鸡，红色，名字叫作胜遇，它以鱼类为食，发出的声音像录的叫声，它出现在哪个国家，哪个国家就会发生水灾。

西王母

西王母　清　汪绂图本

狡

狡　清　汪绂图本

【原文】

2.50 又西四百八十里，曰轩辕之丘，无草木。洵水出焉，南流注于黑水，其中多丹粟，多青、雄黄[①]。

【注释】

①青：石青。

【译文】

再往西四百八十里有座山丘，名叫轩辕丘，这里不长草木。洵水发源于此，向南流入黑水，水中有很多丹砂，还有许多石青和雄黄。

【原文】

2.51 又西三百里，曰积石之山[①]，其下有石门[②]，河水冒以西流[③]。是山也，万物无不有焉。

【注释】

①积石之山：积石山，今青海省东南部的阿尼玛卿山。

②石门：这里指大石洞。③冒：向外透。

【译文】

再往西三百里有座山，名叫积石山，山下有一个巨大的石洞，黄河水从石洞中涌出，向西奔流而去。在这座积石山上，各种各样的东西俱全。

【原文】

2.52 又西二百里，曰长留之山[①]，其神白帝少昊居之[②]。其兽皆文尾，其鸟皆文首。是多文玉石。实惟员神磈氏之宫[③]。是神也，主司反景[④]。

【注释】

① 长留之山：长留山，今新疆布尔汗布达山东北的山脉。② 白帝：古神话中五天帝之一，主西方之神。少（shào）昊（hào）：相传是黄帝之子，是远古时羲和部落的后裔，为华夏部落联盟的首领，同时也是东夷族的首领。③ 员神磈（wěi）氏：一说指少昊；一说“员”即“圆”，员神指日神。④ 反景：指太阳西落时的景象。景：通“影”。

【译文】

再向西二百里有座山，名叫长留山，此山的山神白帝少昊就居住在这里。山中的野兽尾巴上都有花纹，山中的鸟类脑袋上都有斑纹。山中还有很多带彩色花纹的玉石。这座山其实是员神磈氏的宫殿。这位神掌管太阳落山时光线射向东方的反影。

【原文】

2.53 又西二百八十里，曰章莪之山[①]，无草木，多瑶、碧[②]。所为甚怪。有兽焉，其状如赤豹，五尾一角，其音如击石，其名如狰[③]。有鸟焉，其状如鹤，一足，赤文青质而白喙[④]，名曰毕方，其鸣自叫也，见则其邑有讹火[⑤]。

【注释】

① 章莪（é）之山：章莪山。在今青海湖境内。② 瑶：美玉。碧：青绿色的玉石。③ 如：“如”应作“曰”。狰：怪兽名。④ 喙：鸟兽的嘴。⑤ 讹火：野火。

【译文】

再往西二百八十里有座山，名叫章莪山，山中不长草木，有很多美玉和青绿色的玉石。山里的东西十分怪异。山中有一种兽，它的形状像红色的豹，长着五条尾巴、一只角，叫声像是敲击石头发出的响声，它的名字叫作狰。山中有一种鸟，它的形状像鹤，只有一只脚，青色的羽毛之上有红色的斑纹，长着白色的嘴巴，这种鸟名叫毕方，它鸣叫起来就好像是在呼喊自己的名字，它在哪里出现，哪里就会有大片的野火。

毕方

狰

【原文】

2.54 又西三百里，曰阴山[①]。浊浴之水出焉[②]，而南流注于蕃泽[③]，其中多文贝。有兽焉，其状如狸而白首[④]，名曰天狗，其音如榴榴，可以御凶。

【注释】

① 阴山：山名，今塔塔河和巴嘎柴达木湖南的山脉。② 浊浴之水：浊浴水，今青海的塔塔凌河。③ 蕃泽：水名，可能是今青海的巴嘎柴达木湖。④ 狸：山猫。

【译文】

再向西三百里有座山，名叫阴山。浊浴水发源于阴山，向南注入蕃泽，水中有很多带花纹的贝壳。山中有一种野兽，形状像山猫，长着白色的脑袋，名叫天狗，它发出的声音像是猫叫一样，人们可用它来防御凶险。

天狗

天狗　清　汪绂图本

山猫

天狗　明　蒋应镐绘图本

【原文】

2.55 又西二百里，曰符惕之山[①]，其上多棕、枏，下多金、玉。神江疑居之[②]。是山也，多怪雨，风云之所出也。

【注释】

① 符惕（dàng）之山：符惕山，当为祁连山中的一个山岭。② 江疑：传说中的神名。

【译文】

再往西二百里有座山，名叫符惕山，山上生长着许多棕树和楠木，山下有很多金和玉。天神江疑就居住在这座山上。此山中，常常会下怪雨，风和云就是从这里兴起的。

江疑

楠木

【原文】

2.56 又西二百二十里，曰三危之山①，三青鸟居之②。是山也，广员百里。其上有兽焉，其状如牛，白身四角，其豪如披蓑③，其名曰傲㑚④，是食人。有鸟焉，一首而三身，其状如𪀩⑤，其名曰鴟⑥。

【注释】

①三危之山：三危山，在今甘肃敦煌市。②三青鸟：传说中为西王母取食的鸟。③豪：通“毫”，细而尖的毛。④傲（ào）㑚（yē）：传说中的兽。⑤𪀩（luò）：鸟名，形状像雕。⑥鴟（chī）：传说中的一种鸟。

【译文】

再往西二百二十里有座山，名叫三危山，三青鸟就栖居在这里。这座山，方圆百里。山上有一种野兽，形状像牛，身子为白色，头上长着四只角，身上的毛如披着的蓑衣一般，它名字叫傲㑚，能吃人。山中有一种鸟，长着一个脑袋、三个身子，形状与𪀩鸟相似，它的名字叫作鴟。

傲㑚

傲㑚　明　蒋应镐绘图本

三青鸟

三青鸟　清　汪绂图本

鸱

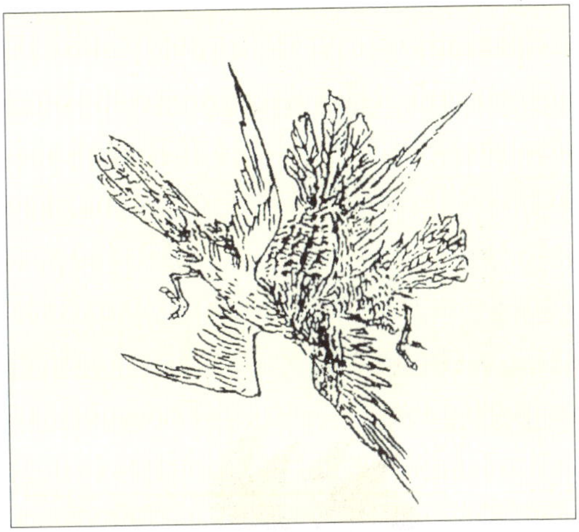

鸱　清　汪绂图本

【鸱鸟】

在民间传说中，鸱鸟不喝泉水和井水，只有遇到下雨沾湿了羽毛，才能喝到水。它的外形与猫头鹰相似，被认为是威猛和必胜的象征，因此大量出现在商周的礼器上。古人认为，它作为灵魂的引导者和守护者，身上具有某种神圣的性质，因此汉代一些与丧葬有关的绘画中，常出现这种鸟。但由于它外形丑陋、声音难听，逐渐被后代人视为不祥之鸟。据说，唐肃宗的张皇后为了篡权，常将鸱鸟的脑子和在酒中呈给肃宗，人喝了之后就会长时间醉酒并变得健忘。

【原文】

2.57 又西一百九十里，曰騩山[①]，其上多玉而无石。神耆童居之[②]，其音常如钟磬。其下多积蛇[③]。

【注释】

① 騩（guī）山：山名，今甘肃、青海、新疆三省（区）交界处的当金山。② 耆（qí）童：也称老童，古代神话中的神名，颛顼之子。③ 积蛇：堆在一起的蛇。

【译文】

再往西一百九十里有座山，名叫騩山，山上有很多玉，没有石头。名叫耆童的神就居住在此山中，他发出的声音像是敲击钟磬发出的声响。山下有很多堆积在一起的蛇。

山海经地理古今考	《山海经》中名称	今　考
	章莪之山	青海省都兰县汗布达山区中的山脉
	阴　山	塔塔河和巴嘎柴达木湖南的山脉
	符惕之山	祁连山中的一个山岭
	三危之山	甘肃省敦煌市的三危山
	骢　山	当金山，位于甘肃、青海、新疆三省（区）的交界处

【原文】

2.58 又西三百五十里，曰天山[①]，多金、玉，有青、雄黄[②]。英水出焉，而西南流注于汤谷[③]。有神焉，其状如黄囊，赤如丹火，六足四翼，浑敦无面目，是识歌舞，实为帝江也[④]。

【注释】

① 天山：山名。一说是天山山脉东段；一说在今甘肃境内；一说在昆仑山脉北面。② 青：石青。③ 汤（yáng）谷：今吐鲁番盆地。④ 帝江：传说中的神名。

【译文】

再往西三百五十里有座山，名叫天山，山上有很多金和玉，还有石青和雄黄。英水发源于天山，向西南流入汤谷。山中有一位神，他的形状像黄色的皮囊，红如火焰，长着六只脚、四只翅膀，脑袋部位浑沌一团，分不清面目，却会唱歌跳舞，它其实就是帝江。

帝江

帝江　清　汪绂图本

【帝江混沌】

帝江就是上古神兽之一的浑沌，是中央的天帝，浑沌的皮肤红如丹火，但没有面部。倏和忽常去他那儿玩耍，每次去浑沌都会殷勤周到地招待他们。倏和忽很感激，便在一块儿商量怎么报答浑沌的友情。他们说："每个人都有耳鼻口眼七窍，方便视听饮食，唯独浑沌什么都没有，我们不妨帮他凿出七窍来吧。"于是，他们找来了斧头、凿子之类的工具给浑沌凿七窍。他们一日一凿，七天后终于把七窍凿成了，而浑沌也一命呜呼了。

【原文】

2.59 又西二百九十里，曰泑山[①]，神蓐收居之[②]。其上多婴短之玉[③]，其阳多瑾、瑜之玉[④]，其阴多青、雄黄。是山也，西望日之所入，其气员，神红光之所司也[⑤]。

【注释】

①泑（yōu）山：山名。一说是阿尔金山南段；一说是吐鲁番盆地北缘的火焰山。②蓐（rù）收：古代传说中的西方神名，司秋。③婴短：玉石名。④瑾：美玉。瑜：美玉。⑤红光：传说中的神名。

【译文】

再往西二百九十里有座山，名叫泑山，名叫蓐收的神就居住在这里。山上有很多婴短玉，山的南面有很多美玉，北面有很多石青和雄黄。从此山向西望去，可以看见太阳落山时的浑圆气象，这种景象，正是由名叫红光的神掌管的。

【原文】

2.60 西水行百里，至于翼望之山[①]，无草木，多金、玉。有兽焉，其状如狸[②]，一目而三尾，名曰讙[③]，其音如奪百声[④]，是可以御凶，服之已瘅[⑤]。有鸟焉，其状如乌，三首六尾而善笑，名曰鵸鵌[⑥]，服之使人不厌[⑦]，又可以御凶。

【注释】

①翼望之山：翼望山，在库尔汗山西南面。②狸：山猫。③讙（huān）：传说中的一种兽。④奪：同“夺”，这里指压倒、胜过。⑤已：治愈。瘅：通“疸”，黄疸病。⑥鵸（qí）鵌（yú）：传说中的一种鸟。⑦厌：梦魇。

【译文】

往西走一百里水路，就到了翼望山，山中不长草木，有很多金和玉。山中有一种兽，它的形状与山猫相似，长着一只眼睛，且有三条尾巴，名字叫讙，它的叫声仿佛能盖过各种声音，可以用它来防御凶险，人们食用它可以治疗黄疸病。山中有一种鸟，形状似乌鸦一般，长着三个脑袋、六条尾巴，经常发出笑声，它的名字叫鵸鵌，人吃了它的肉就不会梦魇，还可以防御凶险。

讙

讙 清 毕沅图本

<table>
<tr><td rowspan="4">山海经
地 理
古今考</td><td>《山海经》中名称</td><td>今 考</td></tr>
<tr><td>天 山</td><td>一说是甘肃省的祁连山；一说是新疆天山山脉东部的博格罗山；一说是昆仑山脉北面的帖尔斯克伊山</td></tr>
<tr><td>汤 谷</td><td>吐鲁番盆地</td></tr>
<tr><td>泑 山</td><td>一说是阿尔金山南段；一说为新疆的火焰山</td></tr>
</table>

鵸鵌

鵸鵌　清　汪绂图本

【原文】

2.61 凡西次三经之首，崇吾之山至于翼望之山，凡二十三山，六千七百四十四里。其神状皆羊身人面。其祠之礼，用一吉玉瘗[①]，糈用稷米[②]。

【注释】

① 吉玉：彩色的玉。瘗（yì）：埋葬。② 稷：古代一种粮食作物，指粟或黍。

【译文】

总计西次三经中的山，从首座崇吾山起到翼望山为止，共有二十三座山，距离为六千七百四十四里。这些山的山神的形象，都是羊身人面。祭祀这些山神的方法是：把一块吉玉埋入地下，将稷米作为祀神用的精米。

羊身人面神

羊身人面神　清　汪绂图本

山海经地理古今考	《山海经》中名称	今　考
	崇吾之山	一说在青海省茶卡盐湖附近；一说为昆仑山系中的祁曼山
	翼望之山	在库尔汗山西南面

四、西次四经

【导读】

《西次四经》记载了从阴山到崦嵫山共计十九座山的地理位置和山川风貌。这些山大致分布在今陕西、甘肃、宁夏、内蒙古境内。

这列山系中多怪兽，如独手独脚的神䰠，形态似虎、背生双翼的穷奇，人脸蛇尾、背生翅膀的孰湖。

【原文】

2.62 西次四经之首，曰阴山[①]，上多穀[②]，无石，其草多茆蕃[③]。阴水出焉[④]，西流注于洛[⑤]。

【注释】

①阴山：山名，在今陕西境内。②穀（gǔ）：疑应作"榖"，构树。③茆（máo）：通"茅"，茅草。蕃：通"薠"，即青薠，一种草。④阴水：水名，今石门河。⑤洛：洛河。

【译文】

西次四经中的首座山，名叫阴山，山上生长着很多构树，没有石头，山中的草多是茅草、青薠。阴水发源于阴山，向西流入洛河。

【原文】

2.63 北五十里，曰劳山[①]，多茈草[②]。弱水出焉[③]，而西流注于洛[④]。

【注释】

① 劳山：山名，在今陕西境内。② 茈（zǐ）草：紫草。③ 弱水：水名，一说是今黄连河；一说是今甘泉河、介子河，流经陕西甘泉县。④ 洛：洛河。

【译文】

往北五十里有座山，名叫劳山，山上长着很多紫草。弱水发源于此山，向西流入洛河。

劳山

茈草

【原文】

2.64 西五十里，曰罢父之山[①]，洱水出焉[②]，而西流注于洛[③]，其中多茈、碧[④]。

【注释】

① 罢父之山：罢父山，在今陕西境内。② 洱水：水名，一说今仙宫河；一说今周河。③ 洛：洛河。④ 茈：紫石。碧：青绿色的玉石。

【译文】

向西五十里有座山，名叫罢父山，洱水发源于此山，向西流入洛河，山中有许多紫石及青绿色的玉石。

【原文】

2.65 北百七十里，曰申山[①]，其上多穀、柞[②]，其下多杻、橿[③]，其阳多金、玉。区水出焉[④]，而东流注于河。

【注释】

① 申山：山名，一说在今陕西境内；一说是今黄龙山。② 穀：疑应作“榖”，即构树。柞（zuò）：柞树。③ 杻（niǔ）：即檍树。橿（jiāng）：木名，古时用作造车的材料。④ 区（ōu）水：水名，可能为位于延安的延河。

【译文】

向北一百七十里有座山，名叫申山，山上有很多构树和柞树，山下生长着许多杻树和橿树，山的南面有很多金和玉。区水发源于此山，向东流入黄河。

【原文】

2.66 北二百里，曰鸟山[①]，其上多桑，其下多楮，其阴多铁，其阳多玉。辱水出焉[②]，而东流注于河。

【注释】

① 鸟山：山名，今大盘山。② 辱水：水名，可能为今陕西的清涧河，又名秀延河。

【译文】

向北二百里有座山，名叫鸟山，山上长着很多桑树，山下长着很多构树，山的北面有很多铁，南面有很多玉石。辱水发源于此山，向东流入黄河。

【原文】

2.67 又北百二十里，曰上申之山①，上无草木，而多硌石②，下多榛、楛③，兽多白鹿。其鸟多当扈④，其状如雉，以其髯飞⑤，食之不眴目⑥。汤水出焉⑦，东流注于河。

【注释】

① 上申之山：上申山，今崆峒山。② 硌（luò）：山上的大石。③ 榛（zhēn）：落叶灌木或小乔木，叶子为圆形或倒卵形，坚果为球形。楛（hù）：古书上指荆一类的植物。④ 当扈：传说中的一种鸟。⑤ 髯：两颊上的胡须。⑥ 眴（xuàn）：通“眩”，眼睛昏花。⑦ 汤水：水名，即今云岩河，在延河南面。

【译文】

再向北二十里有座山，名叫上申山，山上不长草木，却有很多大的石头，山下长着很多榛和楛，山里的野兽多是白鹿。山里的鸟多为当扈，这种鸟的形状像野鸡，它借助自己长长的胡子飞翔，人们吃了它的肉，可以使眼睛不昏花。汤水发源于申山，向东流入黄河。

当扈

当扈　清　汪绂图本

山海经地理古今考	《山海经》中名称	今　考
	阴　山	陕西省境内的将军山
	劳　山	陕西省甘泉县境内的一座山
	罢父之山	在陕西省境内
	申　山	一说是陕西省安塞县北部的芦关岭；一说是黄龙山

【原文】

2.68 又北百八十里，曰诸次之山①，诸次之水出焉②，而东流注于河。是山也，多木无草，鸟兽莫居，是多众蛇。

【注释】

① 诸次之山：诸次山，一说在今陕西榆林北；一说为梁山。② 诸次之水：诸次水，一说为延河；一说是流经陕西佳县的佳芦河。

【译文】

再往北一百八十里有座山，名叫诸次山，诸次水发源于此山，向东流入黄河。在这座山上，长着很多树，不长草，也没有鸟兽栖居，但有很多不同种类的蛇。

【原文】

2.69 又北百八十里，曰号山[①]，其木多漆、棕[②]，其草多药、虈、芎䓖[③]。多汵石[④]。端水出焉[⑤]，而东流注于河。

【注释】

① 号山：山名，在今陕西境内。② 漆：漆树。棕：棕榈。③ 药（yuè）：即白芷。虈（xiāo）：白芷。芎（xiōng）䓖（qióng）：川芎。④ 汵（gàn）石：矿石名，一说在古时用作黑色染料。⑤ 端水：水名，一说是今陕西境内的秃尾河。

【译文】

再向北一百八十里有座山，名叫号山，山里生长的树木多是漆树、棕榈，生长的草多为白芷草、川芎。山中有很多汵石。端水由此山发源，向东流入黄河。

药

芎䓖

【原文】

2.70 又北二百二十里，曰盂山[①]，其阴多铁，其阳多铜，其兽多白狼、白虎，其鸟多白雉、白翟[②]。生水出焉[③]，而东流注于河。

【注释】

① 盂山：山名，在今陕西境内。② 雉：野鸡。翟（dí）：长尾野鸡。③ 生水：水名，今黄河支流无定河。

【译文】

再往北二百二十里有座山，名叫盂山，山的北面有很多铁，南面有很多铜，山中的野兽多为白狼和白虎，鸟类多为白雉和白色的长尾野鸡。生水发源于盂山，向东流入黄河。

【原文】

2.71 西二百五十里，曰白于之山[①]，上多松、柏，下多栎、檀[②]，其兽多㸲牛、羬羊[③]，其鸟多鸮[④]。洛水出于其阳[⑤]，而东流注于渭；夹水出于其阴[⑥]，东流注于生水[⑦]。

【注释】

①白于之山：白于山，在今陕西境内。②栎（lì）：栎树。檀：檀树。③㸲（zuó）牛：野牛。羬（qián）羊：野生的大尾羊。④鸮（xiāo）：猫头鹰一类的鸟。⑤洛水：洛河。⑥夹水：水名。一说即今陕西的红柳河。⑦生水：水名，今黄河支流无定河。

【译文】

向西二百五十里有座山，名叫白于山，山上长着很多松树和柏树，山下长着很多栎树和檀树，山中的野兽多为㸲牛、羬羊，鸟多为鸮。洛水发源于这座山的南面，向东注入渭河；夹水发源于此山的北面，向东流入生水。

【原文】

2.72 西北三百里，曰申首之山①，无草木，冬夏有雪。申水出于其上②，潜于其下，是多白玉。

【注释】

①申首之山：申首山。一说在今陕西境内；一说在今宁夏境内。②申水：水名，今蒲河。

【译文】

向西北三百里有座山，名叫申首山，山上不长草木，冬夏两季都会下雪。申水由这座山的上面发源，流到山下后潜入地下，这一带有很多白玉。

【原文】

2.73 又西五十五里，曰泾谷之山①。泾水出焉②，东南流注于渭，是多白金、白玉。

【注释】

①泾谷之山：泾谷山。一说在今陕西境内；一说在今宁夏境内。②泾水：水名，一说是今泾河。

【译文】

再往西五十五里有座山，名叫泾谷山。泾水发源于泾谷山，向东南流入渭水，这一带有很多白金和白玉。

山海经地理古今考	《山海经》中名称	今　考
	诸次之山	一说在陕西省榆林市北部的毛乌素沙漠中；一说为梁山
	号　山	陕西省北部的高柏山
	盂　山	陕西省北部的横山
	白于之山	在陕西省志丹县的北部

【原文】

2.74 又西百二十里，曰刚山①，多柒木②，多㻬琈之玉③。刚水出焉，北流注于渭。是多神䰠④，其状人面兽身，一足一手，其音如钦⑤。

【注释】

①刚山：山名，今祁连山东延余脉屈吴山。②柒木：漆树。③㻬（tū）琈（fú）：美玉名。④神䰠（chì）：传说中的一种兽。⑤钦：通“吟”，呻吟。

【译文】

再向西一百二十里有座山，名叫刚山，山中长有很多漆树，还有很多㻬琈玉。刚水发源于此山，向北流入渭河。山中有很多神䰠，形状为人面兽身，只有一只手、一只脚，叫声如人的呻吟声一般。

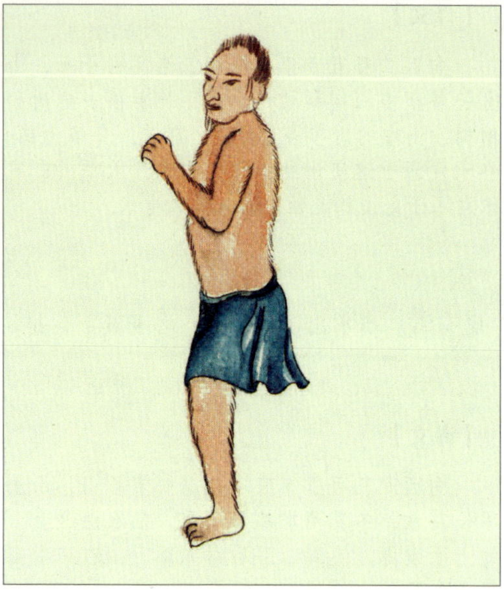

神䰠

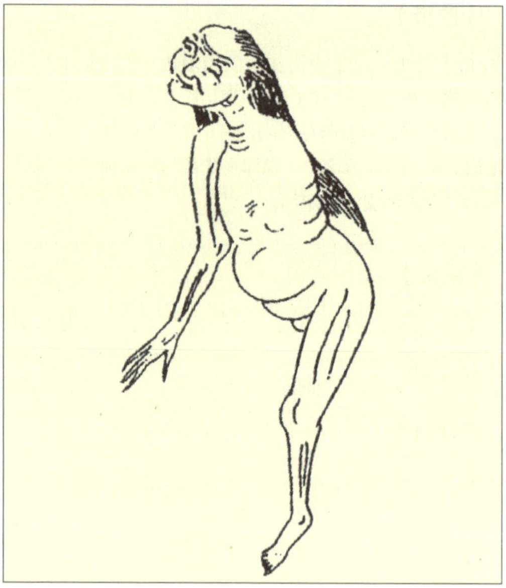

神䰠　清　汪绂图本

【原文】

2.75 又西二百里，至刚山之尾[①]。洛水出焉[②]，而北流注于河。其中多蛮蛮[③]，其状鼠身而鳖首，其音如吠犬。

【注释】

① 刚山：山名，今祁连山东延余脉屈吴山。② 洛水：水名，不是现在的洛河。一说是甘肃境内的祖厉河；一说是宁夏境内的清水河。③ 蛮蛮：兽名，一说指水獭。

【译文】

再往西二百里，便到了刚山的尾端。洛水发源于这一带，向北流入黄河。洛水中有很多蛮蛮，长着鼠一样的身子、鳖一样的脑袋，发出的声音如狗吠声一般。

蛮蛮

蛮蛮　明　蒋应镐绘图本

山海经动物古今考	《山海经》中名称	今　考
	雉	野　鸡
	羬　羊	野生的大尾羊

【原文】

2.76 又西三百五十里，曰英鞮之山[①]，上多漆木，下多金、玉，鸟兽尽白。涴水出焉[②]，而北流注于陵羊之泽[③]。是多冉遗之鱼[④]，鱼身、蛇首、六足，其目如马耳，食之使人不眯[⑤]，可以御凶。

【注释】

①英鞮（dī）之山：英鞮山，在今甘肃境内。②涴（yuān）水：水名，今甘肃河西走廊东端的石羊河。③陵羊之泽：陵羊泽，水名，今甘肃省白亭海。④冉遗之鱼：冉遗鱼，传说中的一种鱼。⑤眯（mì）：梦魇。

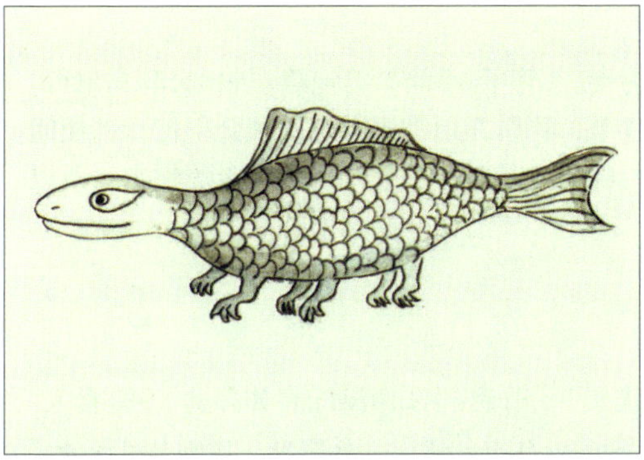

冉遗鱼

【译文】

再往西三百五十里有座山，名叫英鞮山，山上长着很多漆树，山下有很多金和玉，山中鸟兽都是白色的。涴水发源于此山，向北流入陵羊泽。涴水中有很多冉遗鱼，长着鱼一样的身子、蛇一样的脑袋，有六只脚，眼睛的形状如马的耳朵一般，人吃了这种鱼的肉就不会梦魇，还可以用它来防御凶险。

冉遗鱼　清　汪绂图本

【原文】

2.77 又西三百里，曰中曲之山[①]，其阳多玉，其阴多雄黄、白玉及金。有兽焉，其状如马而白身黑尾，一角，虎牙爪，音如鼓音，其名曰驳，是食虎豹，可以御兵[②]。有木焉，其状如棠而员叶赤实[③]，实大如木瓜，名曰櫰木[④]，食之多力。

【注释】

①中曲之山：中曲山。一说是今甘肃境内的天梯山；一说在今内蒙古境内。②兵：武器。③棠：棠梨。④櫰（huái）木：櫰槐，一种落叶乔木。

棠梨

【译文】

再往西三百里有座山，名叫中曲山，中曲山南面有很多玉石，北面有很多雄黄、白玉和金。山中有一种兽，它的形状像马，长着白色的身子、黑色的尾巴、一只角，有老虎一样的牙齿和爪子，发出的叫声如击鼓声音一般，这种兽的名字叫驳，它能吃老虎和豹子，人们可用它来抵御兵器的伤害。山中有一种树，它的形状像棠梨，长着圆圆的叶子，结红色的果实，果实的大小如木瓜一般，这种树的名字叫櫰木，人吃了它的果实能增添力气。

驳

驳　清　汪绂图本

【驳马】

传说中的一种猛兽，外形像马，以老虎、豹子为食。《管子·小问》篇记载，齐桓公骑马出行，途中遇见老虎，然而奇怪的是，老虎不但没有扑过来，还趴在地上不敢动。桓公很惊奇，便问旁边的管仲："这是什么缘故？"管仲回答说："您所骑的马是驳马，它吃虎豹，老虎怕它，所以不敢动啊。"

【原文】

2.78 又西二百六十里，曰邽山[①]，其上有兽焉，其状如牛，猬毛，名曰穷奇，音如獆狗[②]，是食人。濛水出焉[③]，南流注于洋水[④]，其中多黄贝、蠃鱼[⑤]，鱼身而鸟翼，音如鸳鸯，见则其邑大水。

【注释】

① 邽（guī）山：山名，在今甘肃省境内。② 獆（háo）：野兽吼叫。③ 濛水：今甘肃天水市的来谷河。④ 洋水：今湟水河，流经西宁城北，是黄河的重要支流。⑤ 蠃（luó）鱼：传说中的一种鱼。

【译文】

再往西二百六十里有座山，名叫邽山。山上有一种兽，形状像牛，身上的毛如刺猬身上的刺一般，它的名字叫穷奇，发出的声音如同狗吠声，能吃人。濛水发源于此山，向南流入洋水，水中有很多黄色的贝和蠃鱼，蠃鱼长着鱼身，有鸟一样的翅膀，叫声像鸳鸯的鸣叫声，它只要一出现就会发生水灾。

穷奇

穷奇　明　胡文焕图本

【穷奇兽】

中国神话传说中的恶神，专门奖恶惩善，包庇奸人。它能听懂人话，听到有人打架就过去，并将有理的一方的鼻子咬掉；听说谁忠信诚实，就吃掉谁；如果有人犯下恶行，穷奇就会捕捉野兽送给他，以鼓励他多做坏事。于是古人就把性情凶恶行为邪僻的人称为穷奇。穷奇也并非一无是处，在古代一种名为“大傩”的驱鬼仪式中，有十二兽，是十二种吞食恶鬼的猛兽，穷奇正是其中之一，众邪神见了它，无不仓皇逃走，再也不敢危害人间。

鳋鱼

鳋鱼　清　汪绂图本

【原文】

2.79 又西二百二十里，曰鸟鼠同穴之山[①]，其上多白虎、白玉。渭水出焉，而东流注于河，其中多鳋鱼[②]，其状如鳣鱼[③]，动则其邑有大兵。滥水出于其西[④]，西流注于汉水[⑤]，多䰽魮之鱼[⑥]，其状如覆铫[⑦]，鸟首而鱼翼鱼尾，音如磬石之声[⑧]，是生珠玉。

【注释】

① 鸟鼠同穴之山：今鸟鼠山，在今甘肃渭源县西南。② 鳋（sāo）鱼：传说中的一种鱼。③ 鳣（zhān）：鲇，即鳇。④ 滥水：北陇水，在今甘肃临潭县。⑤ 汉水：一说应作“洮水”，即今洮河。⑥ 䰽（rú）魮（pí）：传说中的一种鱼。⑦ 铫（yáo）：一种带柄有嘴的小锅。⑧ 磬石：适宜制磬的美石。

【译文】

再往西二百二十里有座山，名叫鸟鼠同穴山，山上有很多白虎和白玉。渭水发源于此山，向东流入黄河。渭水中有许多鳋鱼，它的形状像鳇鱼，它在哪个地方出现，那里就会发生大的战争。滥水发源于此山的西面，向西注入汉水，水中有很多䰽魮鱼，形状像倒扣着的铫，长着鸟一样脑袋、鱼一样的鳍和尾巴，叫声像敲击磬石的响声，它能从体内排出珠玉。

鳋鱼

鳋鱼　清　汪绂图本

絮魮鱼

絮魮鱼　明　蒋应镐绘图本

山海经地理古今考	《山海经》中名称	今　考
	英鞮之山	甘肃省境内的乌鞘岭
	中曲之山	一说是甘肃省境内的天梯山；一说在内蒙古自治区境内
	邽　山	甘肃省的燕麦山
	鸟鼠同穴之山	甘肃省渭源县西南部的鸟鼠山

【原文】

2.80 西南三百六十里，曰崦嵫之山[①]，其上多丹木[②]，其叶如穀[③]，其实大如瓜，赤符而黑理[④]，食之已瘅[⑤]，可以御火。其阳多龟，其阴多玉。苕水出焉[⑥]，而西流注于海[⑦]，其中多砥砺[⑧]。有兽焉，其状马身而鸟翼，人面蛇尾，是好举人，名曰孰湖。有鸟焉，其状如鸮而人面[⑨]，蜼身犬尾[⑩]，其名自号也，见则其邑大旱。

【注释】

①崦（yān）嵫（zī）之山：崦嵫山。传说是日落的地方，在今甘肃天水市西部。②丹木：植物名，一说是槭树。③穀：应作"榖"，构树。④符：通"柎"，花萼，花瓣外部的一圈叶状绿色小片。⑤已：治愈。瘅：通"疸"，黄疸病。⑥苕水：水名，今青海省境内的哈伦乌苏河。⑦海：一说指青海湖；一说疑为甘肃、青海、四川边境的沼泽地。⑧砥砺：磨刀石。⑨鸮（xiāo）：猫头鹰一类的鸟。⑩蜼（wèi）：一种长尾猿。

【译文】

向西南三百六十里有座山，名叫崦嵫山，山上长着很多丹树，它的叶子像构树叶，结出的果实如瓜一般大，长着红色的花萼、黑色的纹理，吃了它可以治疗黄疸病，还可以用它来防火。山的南面有很多龟，北面有很多玉石。苕水发源于崦嵫山，向西流入大海，水中有很多磨刀石。山里有一种兽，长着马一样的身子、鸟一样的翅膀、人一样的脸、蛇一样的尾巴，它喜欢把人举起来，这种兽的名字叫作孰湖。山中有一种鸟，形状像猫头鹰，长着人一样的脸、长尾猿一样的身子、狗一样的尾巴，它的叫声像是在喊自己的名字，它在哪里出现，哪里就会有大的旱灾发生。

孰湖

孰湖　明　蒋应镐绘图本

人面鸮

人面鸮　明　胡文焕图本

【原文】

2.81 凡西次四经自阴山以下，至于崦嵫之山，凡十九山，三千六百八十里。其神祠礼，皆用一白鸡祈，糈以稻米，白菅为席[①]。

【注释】

①菅：菅茅。

阴山

【译文】

总计西次四经中的山，从第一座阴山以下，一直到崦嵫山，共有十九座山，距离为三千六百八十里。祭祀这些山的山神的仪式为：都用一只白鸡为祭品来祈祷，以稻米作为祭神用的精米，以白茅作为山神的坐席。

山神庙

崦嵫山

山海经地理古今考	《山海经》中名称	今考
	崦嵫之山	甘肃省天水市的大通雪山，传说中认为这是日落的地方
	海	一说指青海湖；一说疑为甘肃、青海、四川边境的沼泽地

【原文】

2.82 右西经之山，凡七十七山，一万七千五百一十七里。

山岳连绵

【译文】

以上是西山经中记载的山，总共有七十七座，距离为一万七千五百一十七里。

◎第三卷◎

北山经

《北山经》包括《北山一经》和《北次二经》、《北次三经》三篇，记载了中国北部的一系列山和发源于这些山的河流，在这些山上生长的植物、动物及其形状、特点，山中出产的矿物，还有相关的神话传说，掌管这些山的山神的形状、祭祀这些山神的方法等。《北山经》共记述了八十八座山，位于今宁夏、新疆、山西、河南、河北、内蒙古自治区及蒙古国境内，其中近四分之一的山的具体位置可以确定。

北山一经路线示意图

俄
哈萨克斯坦
楚河
伊犁河
塔城
艾比湖
克拉玛依
阿勒泰
伊宁
虢山尾
虢山
丹熏山
涿光山
边春山
单张山
潘侯山
乌鲁木齐
吐鲁番
库车
库尔勒
嚣水
伊水
杠水
帕米尔
西域都护
乌垒城
塔里木河
新
疆
石者山
河
叶城
若羌
且末
民丰
油沙山
敦薨山
昆仑山
苏格特
日土
西藏
印度

罗
斯
伊尔库茨克
泰
泽
隄山
乌兰乌德
赤塔
北鲜山
狱法山
温都尔汗
乔巴山
车车尔勒格
乌兰巴托
阿尔泰
巴彦洪戈尔
蔓联山
罴差山
蒙
古
达兰扎达加德
二连
北单山
少咸山
呼和浩特
北岳山
大同
包头
敦煌
嘉峪关
内
蒙
古
敦煌郡
玉门
酒泉郡
张掖郡
银川
宁
榆林
陕
浑河
石家庄
浑夕山
太原
上郡
太原郡
大柴旦
德另哈
武威郡
夏
汾河
河水
山
西
邯郸
青海湖
格尔木
西宁
兰州
安阳
海
渭河
会宁
宝鸡
陕县
洛阳
开封
玛多
风陵渡
郑州
河
西
西安
安康
十堰
南

一、北山一经

【导读】

《北山一经》记录了从单狐山到隄山共计二十五座山的地理位置和山川风貌，它们大致分布在今新疆、宁夏、蒙古一带，有的可能在今西伯利亚、蒙古国境内。

山中栖息有“沙漠之舟”橐驼、人首牛耳的诸犍、人面蛇身的鰞瘗等各种怪兽；水中生活着一首十身的何罗鱼、长着十只翅膀的鳛鳛鱼以及有毒的江豚等。

【原文】

3.1 北山经之首，曰单狐之山①，多机木②，其上多华草③。逢水出焉，而西流注于泑水，其中多茈石、文石④。

【注释】

① 单狐之山：单狐山。一说为今贺兰山一部分，一说在今新疆境内。② 机木：木名，桤木。③ 华草：一说指草名；一说指多花之草。④ 茈（zǐ）石：疑为“此”，紫色的石头。

【译文】

北山经中的第一座山，名叫单狐山，山中长着许多桤木，山上长有许多华草。逢水发源于此山，向西流入泑水，水中有很紫色的和带花纹的石头。

【原文】

3.2 又北二百五十里，曰求如之山[①]，其上多铜，其下多玉，无草木。滑水出焉[②]，而西流注于诸毗之水。其中多滑鱼[③]，其状如鳝，赤背，其音如梧[④]，食之已疣[⑤]。其中多水马[⑥]，其状如马，文臂牛尾，其音如呼[⑦]。

【注释】

①求如之山：求如山。一说是天主山脉的一部分；一说是苏浑山。②滑水：水名。③滑鱼：鱼名，疑作“鲋鱼”。④梧：琴。⑤已：治愈。疣（yóu）：俗称瘊子。⑥水马：动物名，一说指河马。⑦呼：人呼叫。

【译文】

再向北二百五十里有座山，名叫求如山，山上有很多铜，山下有很多玉，不长草木。滑水发源于此山，向西流入诸毗水。滑水中有很多滑鱼，形状如鳝鱼一般，背部呈现红色，发出的声音如琴声一般，人吃了它可以治疗瘊子。水中有很多水马，形状与马相似，前肢上有花纹，长着牛一样的尾巴，叫声像人的呼喊声。

滑鱼

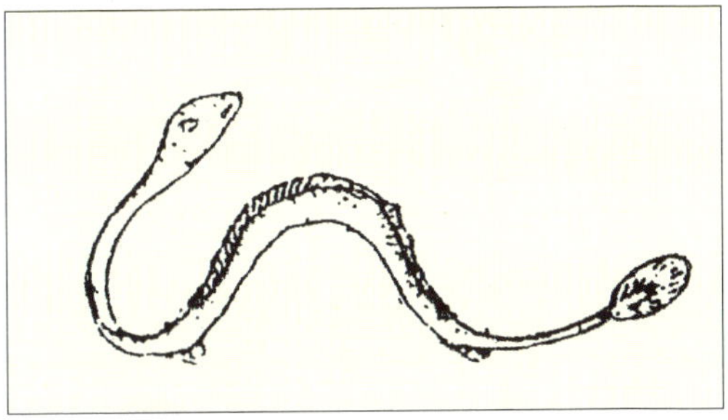

滑鱼　清　汪绂图本

水马

水马　清　汪绂图本

【原文】

3.3 又北二百里，曰带山[①]，其上多玉，其下多青碧[②]。有兽焉，其状如马，一角有错[③]，其名曰臛疏[④]，可以辟火。有鸟焉，其状如乌，五采而赤文，名曰鹌鸰[⑤]，是自为牝牡[⑥]，食之不疽[⑦]。彭水出焉，而西流注于芘湖之水，其中多儵鱼[⑧]，其状如鸡而赤毛，三尾、六足、四首，其音如鹊，食之可以已忧。

【注释】

① 带山：山名。一说是哈拉钱客套山；一说是贺兰山的一部分。② 青碧：青色的玉石。③ 错：用来打磨玉石的石头。④ 臛（huān）疏：传说中的一种兽。⑤ 鵸（qí）鵌（yú）：传说中的一种鸟。⑥ 牝牡：动物的雌性和雄性。⑦ 疽（jū）：中医指一种毒疮。⑧ 儵（tiáo）鱼：传说中的怪鱼。

【译文】

再往北二百里有座山，名叫带山，山上有很多玉，山下有很多青色的玉石。山中有一种野兽，形状似马，长着一只角，角上有磨刀石般坚硬的角质层，这种兽的名字叫臛疏，人们可以用它来避火。山中有一种鸟，形状像乌鸦，身上五彩斑斓，有红色斑纹，这种鸟名叫鵸鵌，此鸟雌雄同体，吃了它的肉，人就不会患痈疽。彭水发源于这座山，向西流入芘湖水，水中有很多儵鱼，它的形状像鸡，长着红色的羽毛，有三条尾巴，六只脚，四个脑袋，它的叫声像喜鹊，人吃了它的肉就不再忧愁。

儵鱼

儵鱼　明　郝懿行图本

臛疏

臛疏　清　汪绂图本

山海经地理古今考	《山海经》中名称	今　考
	单狐之山	可能指今宁夏、内蒙古自治区交界处贺兰山的一部分
	求如之山	一说是天山主脉的天可汗岭；一说是天可汗岭及其西之青砂岭的总称苏浑山
	滑　水	可能指今汉中的湑水河
	带　山	一说是哈拉钱客套山；一说是今宁夏、内蒙古自治区交界处贺兰山的一部分

【原文】

3.4 又北四百里，曰谯明之山[①]。谯水出焉，西流注于河。其中多何罗之鱼[②]，一首而十身，其音如吠犬，食之已痈[③]。有兽焉，其状如貆而赤豪[④]，其音如榴榴，名曰孟槐，可以御凶。是山也，无草木，多青、雄黄[⑤]。

【注释】

①谯（qiáo）明之山：谯明山。一说在今新疆境内②何罗之鱼：何罗鱼，传说的一种鱼。③痈（yōng）：一种毒疮。④貆（huán）：豪猪。豪：通“毫”，指细而尖的毛。⑤青：石青。

何罗鱼

孟槐

【译文】

再往北四百里有座山，名叫谯明山。谯明水发源于谯明山，向西流入黄河。水中有很多何罗鱼，它们长着一个鱼头，十个身子，发出的声音像狗吠声，人们吃了何罗鱼的肉可以治疗痈肿病。山中有一种野兽，形状像豪猪，长着红色的毛，发出的声音像是猫的叫声，这种兽名叫孟槐，人们可用它来抵御凶险。谯明山上不长草木，有很多石青、雄黄。

何罗鱼 明 蒋应镐绘图本

孟槐 明 胡文焕图本

【原文】

3.5 又北三百五十里，曰涿光之山[①]。嚣水出焉[②]，而西流注于河。其中多鳛鳛之鱼[③]，其状如鹊而十翼，鳞皆在羽端，其音如鹊，可以御火，食之不瘅[④]。其上多松柏，其下多棕橿[⑤]，其兽多羚羊，其鸟多蕃[⑥]。

【注释】

①涿光之山：涿光山，可能是天可汗岭西南及其以下

【译文】

再向北三百五十里有座山，名叫涿光山。

南行各分支山岭的总称。② 嚣水：水名，今阿克苏河。③ 鳛鳛（xí）之鱼：鳛鳛鱼，传说中的一种鱼。④ 瘅：同“疸”，黄疸病。⑤ 棕：棕榈。橿（jiāng）：木名。古时用作造车的材料。⑥ 蕃：鸟名。

嚣水发源于这座山，向西流入黄河。水中有许多鳛鳛鱼，形状像喜鹊，长着十只翅膀，鱼鳞均长在翅膀的前端，这种鱼发出的声音与喜鹊的叫声相似，人们可以用它来防火，吃了它的肉就不会患黄疸病。山上长着很多松柏，山下有许多棕榈和橿树，山中的野兽多是羚羊，鸟类多是蕃鸟。

鳛鳛鱼

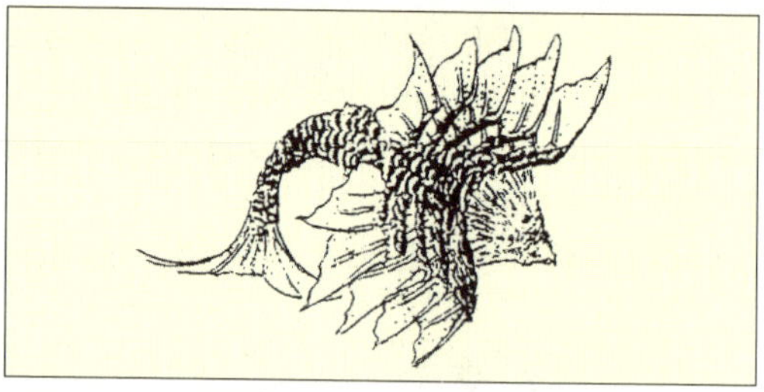

鳛鳛鱼　清　汪绂图本

【原文】

3.6 又北三百八十里，曰虢山[①]，其上多漆[②]，其下多桐椐[③]。其阳多玉，其阴多铁。伊水出焉，西流注于河。其兽多橐驼[④]，其鸟多寓，状如鼠而鸟翼，其音如羊，可以御兵[⑤]。

【注释】

① 虢（guó）山：山名。一说在今新疆境内；一说在今内蒙古境内。② 漆：漆树。③ 桐：桐树。椐（jū）：古书上说的一种树，又叫灵寿木。④ 橐（tuó）驼：骆驼。⑤ 兵：兵器。

【译文】

再往北三百八十里有座山，名叫虢山，山上长着很多漆树，山下长有许多桐树和椐树，山的南面有许多玉，北面有许多铁。伊水发源于虢山，向西流入黄河。山中的野兽多是骆驼，鸟类多是寓鸟，这种鸟的形状与老鼠相似，长着鸟一样的翅膀，发出的声音像羊的叫声，人们可用它来防御兵器的伤害。

寓鸟

寓鸟　明　蒋应镐绘图本

【原文】

3.7 又北四百里，至于虢山之尾，其上多玉而无石。鱼水出焉[①]，西流注于河，其中多文贝。

【注释】

① 鱼水：水名，今伯什克勒克河。

【译文】

再向北四百里，就到了虢山的尾端，山上有很多玉，没有石头。鱼水发源于此，向西流入黄河，水中有很多带有纹理的贝。

【原文】

3.8 又北二百里，曰丹熏之山[①]，其上多樗柏[②]，其草多韭薤[③]，多丹雘[④]。熏水出焉[⑤]，而西流注于棠水[⑥]。有兽焉，其状如鼠，而菟首麋身[⑦]，其音如獆犬[⑧]，以其尾飞，名曰耳鼠[⑨]，食之不脎[⑩]，又可以御百毒。

【注释】

①丹熏之山：丹熏山。一说在今内蒙古境内；一说在今新疆境内。②樗（chū）：臭椿树。③薤（xiè）：一种野菜，草本植物。④丹雘（huò）：可做颜料，红色的矿物。⑤熏水：水名，注入今新疆草湖的河流。⑥棠水：水名，今新疆境内库尔楚草湖或哈拉里克草湖。⑦菟（tù）：通"兔"，兔子。麋身：一作"麋耳"。⑧獆（háo）：野兽吼叫。⑨耳鼠：鼯鼠。⑩脎（cǎi）：大腹，这里指肚子胀大的病。

【译文】

再往北二百里有座山，名叫丹熏山，山上有很多臭椿树和柏树，山中的草多为韭菜和薤菜，山中还有很多可用作颜料的丹雘。熏水发源于此，向西流入棠水。山中有一种野兽，它的形状似老鼠，长着兔子一样的脑袋，麋鹿一样的身体，发出的声音与狗的吠声相似，凭借（自己的）尾巴飞行，这种兽名叫耳鼠，人吃了它的肉，可以治疗肚子胀大的病，还可以抵御百毒侵害。

耳鼠

耳鼠　清　汪绂图本

【原文】

3.9 又北二百八十里，曰石者之山[①]，其上无草木，多瑶、碧[②]。泚水出焉[③]，西流注于河。有兽焉，其状如豹而文题白身[④]，名曰孟极，是善伏，其鸣自呼。

【注释】

①石者之山：石者山，今库尔泰山。②瑶：美玉。碧：青绿色的玉石。③泚（zǐ）水：水名，今新疆库尔勒市的孔雀河。④题：额头。

【译文】

再往北二百八十里有座山，名叫石者山，山上不长草木，有很多美玉和青绿色的石头。泚水发源于此，向西流入黄河。山中有一种野兽，形状如豹，额头上有花纹，周身都是白色的，它的名字叫孟极，这种兽善于潜伏隐藏，它发出的叫声像是在喊自己的名字。

孟极

孟极　清　汪绂图本

【原文】

3.10 又北百一十里，曰边春之山[①]，多葱、葵、韭、桃、李。杠水出焉，而西流注于泑泽。有兽焉，其状如禺而文身[②]，善笑，见人则卧，名曰幽鴳[③]，其鸣自呼。

【注释】

① 边春之山：边春山，属葱岭的一部分。② 禺：猴类，似猕猴而较大。③ 幽鴳（è）：传说中的一种兽。

幽鴳

【译文】

再往北一百一十里有座山，名叫边春山，山上有很多葱、葵、韭菜、桃树、李树。杠水发源于边春山，向西流入泑泽。山中有一种野兽，形状与猕猴相似，身上有花纹，常常发出笑声，看见人就卧倒在地，这种兽名叫幽鴳，它的叫声像是在自呼其名。

幽鴳　清　汪绂图本

【原文】

3.11 又北二百里，曰蔓联之山[①]，其上无草木。有兽焉，其状如禺而有鬣[②]，牛尾、文臂、马蹄，见人则呼，名曰足訾[③]，其鸣自呼。有鸟焉，群居而朋飞[④]，其毛如雌雉[⑤]，名曰䴔[⑥]，其鸣自呼，食之已风[⑦]。

【注释】

① 蔓联之山：蔓联山。一说在今内蒙古境内；一说是珠勒都斯山。② 鬣（liè）：兽类颈上的长毛。③ 足訾（zī）：传说中的一种兽。④ 朋：并列、并排。⑤ 毛：一作“尾”。雉：野鸡。⑥ 䴔（jiāo）：鸟名。一说是鸬鹚的一种。⑦ 已：治愈。风：指中风、痛风等。

足訾

【译文】

再往北二百里有座山，名叫蔓联山，山上不长草木。山中有一种野兽，形状像猕猴，颈部长有长毛，有牛一样的尾巴，前肢有花纹，（还）有马一样的蹄子，它看见人就会呼叫，这种兽名字叫足訾，它的叫声像是在喊自己的名字。山中有一种鸟，（它们）成群栖息、结队飞行，身上的毛与雌野鸡相似，这种鸟名为䴔。它的叫声像是在自呼其名，人吃了它的肉可以治疗中风、痛风等病症。

足訾

<table>
<tr><td rowspan="6">山海经地理古今考</td><td>《山海经》中名称</td><td>今考</td></tr>
<tr><td>涿光之山</td><td>可能指天可汗岭西南及以下南行各分支山岭的总称</td></tr>
<tr><td>虢 山</td><td>一说在今内蒙古境内；一说在今新疆境内，为拜城的北山</td></tr>
<tr><td>丹熏之山</td><td>一说在今内蒙古境内；一说指今新疆境内的红石磊山</td></tr>
<tr><td>边春之山</td><td>今葱岭的一部分</td></tr>
<tr><td>蔓联之山</td><td>一说是珠勒都斯山；一说在今内蒙古自治区境内</td></tr>
</table>

【原文】

3.12 又北百八十里，曰单张之山[①]，其上无草木。有兽焉，其状如豹而长尾，人首而牛耳，一目，名曰诸犍[②]，善咤[③]，行则衔其尾，居则蟠其尾[④]。有鸟焉，其状如雉[⑤]，而文首、白翼、黄足，名曰白鵺[⑥]，食之已嗌痛[⑦]，可以已痸[⑧]。栎水出焉[⑨]，而南流注于杠水。

【注释】

① 单张之山：单张山。一说在今内蒙古境内；一说在今新疆境内。② 诸犍（jiān）：传说中的一种兽。③ 咤（zhà）：发怒时大声叫喊。④ 蟠（pán）：环绕。⑤ 雉：野鸡。⑥ 白鵺（yè）：传说中的一种鸟。⑦ 已：治愈。嗌（ài）：咽喉阻塞。⑧ 痸（chì）：癫狂病。⑨ 栎（lì）水：水名。

【译文】

再往北一百八十里有座山，名叫单张山，山上不长草木。山中有一种野兽，身形似豹，长着长长的尾巴，人一样的脑袋，牛一样的耳朵，只有一只眼睛，名字叫作诸犍，它常常大声吼叫。它行走时用嘴衔着尾巴，睡觉时就将尾巴盘曲起来。山中有一种鸟，形状似野鸡，头上有花纹，长着白色的翅膀、黄色的脚，这种鸟名叫白鵺，人吃了它的肉，可以治疗咽喉肿痛，还可以治疗癫狂症。栎水发源于此，向南流入杠水。

诸犍

诸犍 明 胡文焕图本

【原文】

3.13 又北三百二十里，曰灌题之山[①]，其上多樗柘[②]，其下多流沙，多砥[③]。有兽焉，其状如牛而白尾，其音如訆[④]，名曰那父。有鸟焉，其状如雌雉而人面[⑤]，见人则跃，名曰竦斯，其鸣自呼也。匠韩之水出焉[⑥]，而西流注于泑泽[⑦]，其中多磁石。

【注释】

① 灌题之山：灌题山，今天格尔山。② 樗（chū）：臭椿树。柘（zhè）：柘树。③ 砥：细的磨刀石。④ 訆（jiào）：大声呼唤。⑤ 雉：野鸡。⑥ 匠韩之水：匠韩水，今巴伦哈布齐垓河。⑦ 泑（yōu）泽：水名。一说指今新疆的罗布泊。

【译文】

再往北三百二十里有座山，名叫灌题山，山上生长着许多臭椿树和柘树，山下有很多流沙，还有很多细磨刀石。山中有一种野兽，形状似牛，长着白色的尾巴，它的叫声如同人在大喊，这种兽名叫那父。山中有一种鸟，形状似雌野鸡，长着人一样的脸，见到人就跳跃，它的名字叫作竦斯，它的叫声像是在自呼其名。匠韩水发源于此，向西流入泑泽，水中有很多磁石。

柘木

竦斯

【原文】

3.14 又北二百里，曰潘侯之山[①]，其上多松柏，其下多榛楛[②]，其阳多玉，其阴多铁。有兽焉，其状如牛，而四节生毛[③]，名曰旄牛[④]。边水出焉[⑤]，而南流注于栎泽[⑥]。

【注释】

① 潘侯之山：潘侯山。一说是今新疆境内的罗格多山。② 榛（zhēn）：落叶灌木或小乔木，结球形坚果，称“榛子”。楛（hù）：古书上指荆一类的植物。③ 四节：四肢关节。④ 旄（máo）牛：牦牛。⑤ 边水：水名，今新疆哈密的白杨河。⑥ 栎（lì）泽：水名，今吐鲁番觉罗浣。

【译文】

再往北二百里有座山，名叫潘侯山，山上生长着许多松柏，山下生长着许多榛树和楛树，山的南面有许多玉，北面有许多铁。山中有一种野兽，形状似牛，四条腿的关节部位均长着毛，这种兽名叫牦牛。边水发源于这座山，向南流入栎泽。

【原文】

3.15 又北二百三十里，曰小咸之山[①]，无草木，冬夏有雪。

【注释】

① 小咸之山：小咸山，在今新疆境内。

【译文】

再往北二百三十里有座山，名叫小咸山，山上不长草木，冬天、夏天都会下雪。

【原文】

3.16 北二百八十里，曰大咸之山[①]，无草木，其下多玉。是山也，四方，不可以上。有蛇名曰长蛇，其毛如彘豪[②]，其音如鼓柝[③]。

【注释】

① 大咸之山：大咸山。一说在今新疆哈密附近。② 彘：猪。豪：毛。③ 鼓：敲击。柝（tuò）：打更用的梆子。

【译文】

向北二百八十里有座山，名叫大咸山，山上不长草木，山下有很多玉。此山呈四方形，人不能攀登上去。山中有一种名叫长蛇的蛇，它身上的毛像猪毛一样，叫声像是在敲击打更用的梆子。

长蛇

长蛇　明　蒋应镐绘图本

【原文】

3.17 又北三百二十里，曰敦薨之山[①]，其上多棕、枏，其下多茈草[②]。敦薨之水出焉[③]，而西流注于泑泽。出于昆仑之东北隅[④]，实惟河原[⑤]。其中多赤鲑[⑥]。其兽多兕[⑦]、旄牛[⑧]，其鸟多鸤鸠[⑨]。

【注释】

① 敦薨（hōng）之山：敦薨山，在今新疆境内。② 茈草：紫草。③ 敦薨之水：敦薨水，今弱水。④ 昆仑：古代的昆仑山，在今甘肃境内。⑤ 河原：河水的源头。⑥ 鲑（guī）：鱼名。一说即河豚。⑦ 兕：一种类似犀牛的动物。⑧ 旄牛：牦牛。⑨ 鸤（shī）鸠：指布谷鸟。

【译文】

再往北三百二十里有座山，名叫敦薨山，山上长着很多棕榈和楠木，山下长着许多紫草。敦薨水发源于此山，向西流入泑泽。（敦薨水）由昆仑山的东北角流出，它其实是河水的源头。水中有很多红色的鲑鱼。山中的野兽多为兕、牦牛，鸟类大多为鸤鸠。

【原文】

3.18 又北二百里，曰少咸之山①，无草木，多青碧②。有兽焉，其状如牛而赤身、人面、马足，名曰窫窳③，其音如婴儿，是食人。敦水出焉④，东流注于雁门之水⑤，其中多䱻䱻之鱼⑥，食之杀人。

【注释】

①少咸之山：少咸山，山名。一说是库库推穆尔河；一说是今山西大同、阳高二县界上的采凉山。②青碧：青色的玉石。③窫（yà）窳（yǔ）：猰貐。传说中的一种兽。④敦水：水名，为注入居延海的河流。⑤雁门之水：今山西代县的南洋河。⑥䱻（pèi）䱻：江豚。

【译文】

再向北二百里有座山，名叫少咸山，山中不长草木，有很多青色的玉石。山中有一种野兽，它形状似牛，长着红色的身子，人一样的脸，马一样的脚，这种兽名叫猰貐，叫声像婴儿的啼哭声，能吃人。敦水发源于少咸山，向东流入雁门水，水中有很多江豚，人吃了它的肉就会被毒死。

窫窳

窫窳　清　汪绂图本

【窫窳】

窫窳原本是天神，是烛龙的儿子，性情老实善良，后来被天神贰负所杀。天帝不忍看烛龙伤心，就用不死药将窫窳救活了。岂料，它复活后变成了一个性格凶残、专吃人类的恶兽，后来帝尧便命令后羿用箭将它射死了。

【原文】

3.19 又北二百里，曰狱法之山①。瀤泽之水出焉②，而东北流注于泰泽③。其中多鱳鱼④，其状如鲤而鸡足，食之已疣⑤。有兽焉，其状如犬而人面，善投，见人则笑，其名山辉⑥，其行如风，见则天下大风。

【注释】

①狱法之山：狱法山。一说在今内蒙古境内 。②瀤（huái）泽之水：瀤泽水。一说是今注入贝加尔湖的色楞格河；一说是今注入内蒙古岱海的一条河。③泰泽：水名。一说指今内蒙古凉城县东的岱海；一说是今贝加尔湖。④鱳（zǎo）鱼：传说中的一种鱼。⑤疣（yóu）：瘊子。⑥山辉（huī）：传说中的一种兽。

【译文】

再往北二百里有座山，名叫狱法山。瀤泽发源于此，向东北流入泰泽。水中有很多鱳鱼，这种鱼形状像鲤鱼，却长着鸡一样的爪子，人们吃了它的肉可以治疗瘊子。山中有一种野兽，形状似狗，长着人一样的脸，擅长投掷，一看

山獐

见人就会笑，名字叫山獐，这种兽行动迅捷如风。它只要一出现，天下就会起刮大风。

鱳鱼

山海经动物古今考	《山海经》中名称	今　考
	鲑	河　豚
	鸤　鸠	布谷鸟

【原文】

3.20 又北二百里，曰北岳之山①，多枳、棘、刚木②。有兽焉，其状如牛而四角、人目、彘耳，其名曰诸怀，其音如鸣雁，是食人。诸怀之水出焉，而西流注于嚣水③，其中多鮨鱼④，鱼身而犬首，其音如婴儿，食之已狂⑤。

【注释】

①北岳之山：北岳山。一说在今内蒙古境内；一说是阿尔泰山中的山峰。②枳（zhǐ）：枸橘。棘：即酸枣树。刚木：木质坚硬的树，如柘、橝等。③嚣水：水名，所指待考。④鮨（yì）鱼：鱼名，外形与娃娃鱼相似。⑤狂：癫狂病。

诸怀

【译文】

再往北二百里有座山，名叫北岳山。山上长着很多枳木、棘木和木质坚硬的树木。山中有一种野兽，形状似牛，长着四只角、人一样的眼睛、猪一样的耳朵，这种兽名叫诸怀，它发出的声音像大雁的鸣叫声，会吃人。诸怀水发源于此，向西流入嚣水，水中有很多鮨鱼，这种鱼长着鱼的身子，狗一样的脑袋，发出的声音如婴儿的啼哭声，吃了它的肉可以治疗癫狂症。

鮨鱼

山海经地理古今考	《山海经》中名称	今考
	少咸之山	一说是今库库推穆山；一说是今大同、阳高二县界上的采凉山
	狱法之山	指今蒙古国中部的杭爱山
	北岳之山	一说指今内蒙古四子王旗西南的大青山；一说是阿尔泰山中的山峰

【原文】

3.21 又北百八十里，曰浑夕之山[①]，无草木，多铜玉。嚣水出焉，而西北流注于海[②]。有蛇一首两身，名曰肥遗，见则其国大旱。

【注释】

① 浑夕之山：浑夕山。今阿尔泰山中的布鲁哈山。② 海：指今北冰洋的喀拉海。

【译文】

再往北一百八十里有座山，名叫浑夕山，山中不长草木，有很多铜和玉。嚣水发源于此，向西北流入大海。山里有一种蛇，长着一个脑袋两个身子，名字叫作肥遗，它在哪个国家出现，哪个国家就会发生旱灾。

肥遗

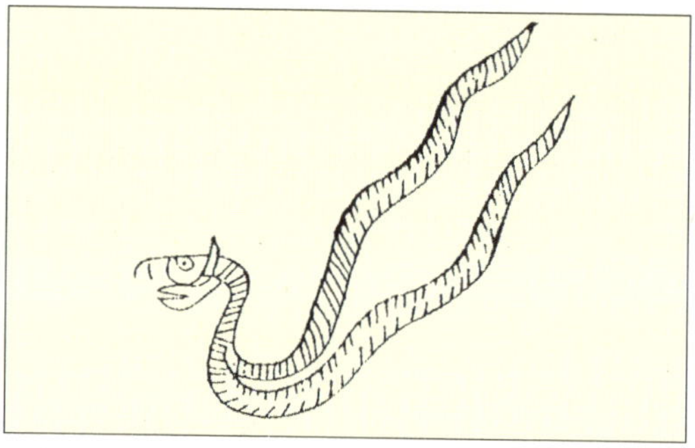

肥遗

【原文】

3.22 又北五十里，曰北单之山[①]，无草木，多葱韭。

【注释】

① 北单之山：北单山。一说在今内蒙古境内。

【译文】

再往北五十里有座山，名叫北单山，山中不长草木，长着很多葱和韭菜。

【原文】

3.23 又北百里，曰罴差之山[①]，无草木，多马。

【注释】

① 罴差之山：罴差山。在今内蒙古境内。

【译文】

再往北一百里有座山，名叫罴差山，山里不长草木，有许多马。

山海经地理古今考	《山海经》中名称	今 考
	浑夕之山	今阿尔泰山中的布鲁哈山，是伊尔齐河的源头
	北单之山	今蒙古境内的赛留格穆山
	罴差之山	今内蒙古境内的唐努乌梁拉山

【原文】

3.24 又北百八十里，曰北鲜之山[①]，是多马。鲜水出焉[②]，而西北流注于涂吾之水[③]。

【注释】

① 北鲜之山：北鲜山，在今内蒙古境内。② 鲜水：水名，今乌鲁克穆河或喀孜尔河。③ 涂吾之水：涂吾水，今中西伯利亚高原西侧的叶尼塞河。

【译文】

再往北一百八十里有座山，名叫北鲜山，山中有很多马。鲜水由此处发源，向西北流入涂吾水。

【原文】

3.25 又北百七十里，曰隄山[①]，多马。有兽焉，其状如豹而文首，名曰狕[②]。隄水出焉[③]，而东流注于泰泽[④]，其中多龙龟[⑤]。

【注释】

① 隄山：山名。一说指今西伯利亚的屯金山。② 狕：兽名。③ 隄水：水名。④ 泰泽：水名。一说今贝加尔湖。⑤ 龙龟：一说指龙和龟；一说指一种大龟。

【译文】

再往北一百七十里有座山，名叫隄山，山里有很多马。山中有一种野兽，形状似豹，脑袋上长有花纹，这种兽名叫狕。隄水发源于此山，向东流入泰泽，水中有很多龙龟。

狕

狕 明 蒋应镐绘图本

狕 清 汪绂图本

山海经地理古今考	《山海经》中名称	今　考
	北鲜之山	今内蒙古境内的萨彦岭
	隄　山	指今西伯利亚的屯金山
	泰　泽	今贝加尔湖

【原文】

3.26 凡北山经之首，自单狐之山至于隄山，凡二十五山，五千四百九十里。其神皆人面蛇身。其祠之：毛用一雄鸡、彘瘗①，吉玉用一珪②，瘗而不糈。其山北人皆生食不火之物。

【注释】

① 毛：用于祭祀的带毛的动物。彘：猪。瘗（yì）：埋葬。

② 吉玉：彩色的玉。珪：古代祭祀时用的条状玉器，上尖下方。

【译文】

总计北山一经中的山，从首座山单狐山起到隄山止，总共二十五座山，距离为五千四百九十里。这些山的山神都是人面蛇身。祭祀这些山神的仪式为：把一只雄鸡和一头猪当作祭祀用的带毛的动物，把它们和一块彩色的玉埋入地下，祭祀时不用精米。住在山北面的人，都生吃未经用火烧煮过的食物。

人面蛇身神

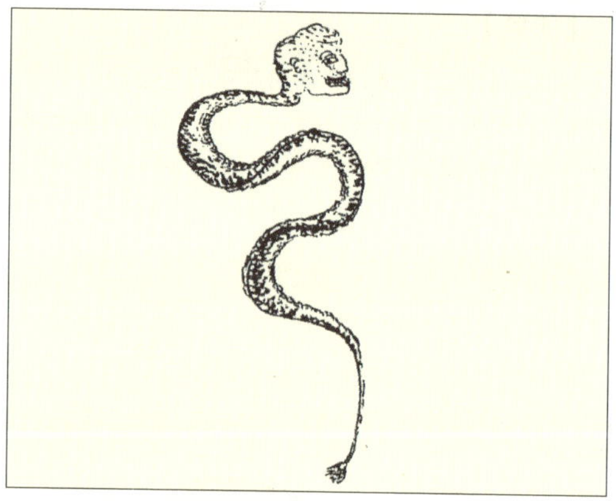

人面蛇身神　清　汪绂图本

隄山

二、北次二经

【导读】

《北次二经》中记载了从管涔山到敦题山共计十七座山的地理位置。它们大致位于今山西、河北、内蒙古自治区以及蒙古国境内。

这些山中生活着无数的怪兽，有独角的勃马、虎齿人爪的狍鸮、马尾猪鬃的独狢等。这列山系中还盛产各种各样的玉石及矿物。

【原文】

3.27 北次二经之首，在河之东，其首枕汾[①]，其名曰管涔之山[②]。其上无木而多草，其下多玉。汾水出焉，而西流注于河。

【注释】

①汾：汾河。②管涔（cén）之山：管涔山，在今山西宁武县境内。

【译文】

北次二经中的首座山，位于黄河的东面，起始于汾河边上，名叫管涔山。山上没有树木，长着很多草，山下有很多玉。汾水发源于此山，向西流入黄河。

【原文】

3.28 又西二百五十里，曰少阳之山[①]，其上多玉，其下多赤银。酸水出焉[②]，而东流注于汾水[③]，其中多美赭[④]。

【注释】

① 少阳之山：少阳山。一说即今山西关帝山。② 酸水：水名，今山西的文峪河。③ 汾水：汾河。④ 赭（zhě）：红土。

【译文】

再往北二百五十里有座山，名叫少阳山，山上有很多玉，山下有很多赤银。酸水由此山发源，向东流入汾河，水中有很多优质红土。

【原文】

3.29 又北五十里，曰县雍之山[①]，其上多玉，其下多铜，其兽多闾麋[②]，其鸟多白翟、白鹌[③]。晋水出焉[④]，而东南流注于汾水[⑤]。其中多鮆鱼[⑥]，其状如儵而赤鳞[⑦]，其音如叱[⑧]，食之不骄[⑨]。

【注释】

① 县雍之山：县雍山，今山西晋祠西山。② 闾（lú）：兽名。一说即羭，指黑色母羊。麋：麋鹿。③ 翟（dí）：长尾的野鸡。白鹌（yǒu）：鸟名，白翰。④ 晋水：水名，在今山西境内。⑤ 汾水：汾河。⑥ 鮆（jì）鱼：刀鱼。⑦ 儵（tiáo）：鱼名，白鲦。⑧ 叱：大声呵斥。⑨ 骄：一作“骚”，指狐臭。

【译文】

再往北五十里有座山，名叫县雍山，山上有很多玉，山下有很多铜，山中的野兽多为闾和麋鹿，鸟类多为白色长尾野鸡和白翰。晋水发源于此，向东南流入汾河。水中有很多鮆鱼，形状像儵鱼，它的鳞片是红色的，发出的声音如人的呵斥声，吃了这种鱼的肉，可以消除狐臭。

闾

闾　清　汪绂图本

儵鱼

儵鱼　清　汪绂图本

【原文】

3.30 又北二百里，曰狐岐之山[①]，无草木，多青碧[②]。胜水出焉[③]，而东北流注于汾水[④]，其中多苍玉[⑤]。

【注释】

① 狐岐之山：狐岐山，在今山西孝义市西南。② 青碧：青色的玉石。③ 胜水：水名，在今山西省境内。④ 汾水：汾河。⑤ 苍玉：灰白色的玉。

【译文】

再往北二百里有座山，名叫狐岐山，山中不长草木，有很多青色的玉石。胜水由此处发源，向东北流入汾河，水中有很多灰白色的玉。

【原文】

3.31 又北三百五十里，曰白沙山[①]，广员三百里，尽沙也，无草木鸟兽。鲔水出于其上[②]，潜于其下，是多白玉。

【注释】

① 白沙山：山名。一说在今山西境内；一说在今河北境内。② 鲔（wěi）水：水名。

【译文】

再往北三百五十里有座山，名叫白沙山，这座山方圆三百里，四处都是沙子，不长草木，也没有鸟兽。鲔水由白沙山的上面发源，在山下潜流，水中有很多白玉。

山海经地理古今考	《山海经》中名称	今考
	管涔之山	山西宁武县境内的管涔山
	少阳之山	山西古交市、静乐县的界上的关帝山，又名南阳山
	县雍之山	山西太原市西南晋祠西山
	狐岐之山	大体在今山西孝义市西南
	白沙山	在河北、内蒙古自治区、山西的交界处

山海经动物古今考	《山海经》中名称	今考
	麋	麋鹿
	白鸻	白翰
	翟	长尾的野鸡
	鯈	白鲦
	鮆	刀鱼

【原文】

3.32 又北四百里，曰尔是之山[①]，无草木，无水。

【注释】

① 尔是之山：尔是山。一说是今山西高阳县的老爷岭。

【译文】

再向北四百里有座山，名叫尔是山，山中没有草木，也没有水。

【原文】

3.33 又北三百八十里，曰狂山[①]，无草木。是山也，冬夏有雪。狂水出焉[②]，而西流注于浮水[③]，其中多美玉。

【注释】

① 狂山：山名，在今大兴安岭南端。② 狂水：水名，今公吉尔河。③ 浮水：水名，今内蒙古境内的达里河。

【译文】

再往北三百八十里有座山，名叫狂山，山中不长草木。这座山，冬、夏两季都会下雪。狂水发源于此，向西流入浮水，水中多有很多美玉。

【原文】

3.34 又北三百八十里，曰诸余之山[①]，其上多铜玉，其下多松柏。诸余之水出焉[②]，而东流注于旄水[③]。

【注释】

① 诸余之山：诸余山。今都图伦群山。② 诸余之水：诸余水。③ 旄（máo）水：水名，今克鲁伦河。

【译文】

再往北三百八十里有座山，名叫诸余山，山上有很多铜和玉，山下长着很多松柏。诸余水发源于此，向东流入旄水。

【原文】

3.35 又北三百五十里，曰敦头之山[①]，其上多金玉，无草木。旄水出焉，而东流注于印泽[②]。其中多䮬马[③]，牛尾而白身，一角，其音如呼。

【注释】

① 敦头之山：敦头山。一说在今内蒙古境内；一说在今山西省境内。② 印泽：水名。③ 䮬（bó）马：水兽名。

【译文】

再往北三百五十里有座山，名叫敦头山，山上有许多金和玉，山中不长草木。旄水发源于敦头山，向东流入印泽。山中有许多䮬马，长着牛一样的尾巴，全身白色，有一只角，发出的声音如同人在呼叫。

䮬马

䮬马　明　蒋应镐绘图本

【原文】

3.36 又北三百五十里，曰钩吾之山①，其上多玉，其下多铜。有兽焉，其状如羊身人面②，其目在腋下，虎齿人爪，其音如婴儿，名曰狍鸮③，是食人。

【注释】

① 钩吾之山：钩吾山。一说在今山西省境内。② 如：疑为衍文。③ 狍（páo）鸮（xiāo）：传说中的一种兽。

【译文】

再往北三百五十里有座山，名叫钩吾山，山上有很多美玉，山下有很多铜。山中有一种野兽，形状是羊身人面，眼睛长在腋窝下面，有老虎一样的牙齿、人一样的指掌，发出的声音似婴儿的哭啼声，它的名字叫狍鸮，能吃人。

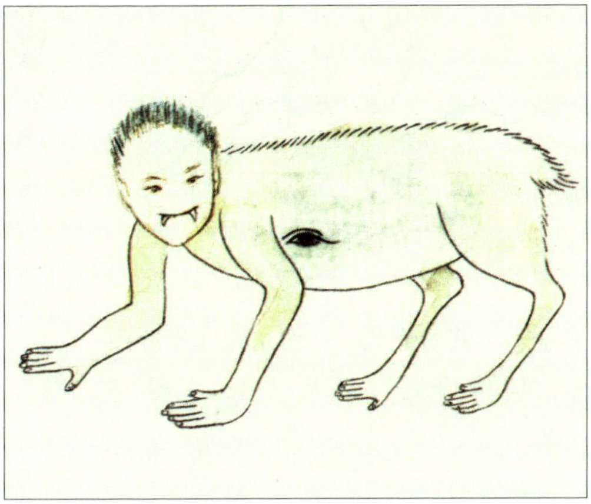

狍鸮

狍鸮　清　毕沅图本

【狍鸮】

狍鸮就是饕餮，是一种食人怪兽。传说它特别贪吃，最后竟然把自己的身体也吃掉了，只剩下一个脑袋。所以在商周的青铜鼎上，只刻有它狰狞的头部：虎口大张，龇牙裂嘴，双目圆瞪。鼎最初是用来盛食物的，上面铸的饕餮纹是为了让人们引以为戒。后来几经变迁，饕餮图案所具有的凝重、神秘、恐怖的气氛，增加了它驱邪避祸的功能，符合人们求福避祸的心态；而它庄严肃穆、冷淡狰狞的表情，更是一种权力和地位的象征。所以，后来刻有饕餮的青铜器主要用于祭祀，是商周时期最重要的礼器之一，饕餮的形象也逐渐演变成一种祛邪的神物。如今，在民间仍可看到有些人家的大门上有饕餮饰物，用来惊吓其他鬼神。

【原文】

3.37 又北三百里，曰北嚣之山①，无石，其阳多碧②，其阴多玉。有兽焉，其状如虎，而白身犬首，马尾彘鬣③，名曰独狢④。有鸟焉，其状如乌，人面，名曰鹭鹛⑤，宵飞而昼伏，食之已暍⑥。涔水出焉⑦，而东流注于邛泽⑧。

【注释】

① 北嚣之山：北嚣山。一说在今山西省境内。② 碧：青绿色的玉石。③ 鬣（liè）：兽类颈上的长毛。④ 独狢（yù）：传说中的一种兽。⑤ 鹭（pán）鹛（mào）：传说中的一种鸟。⑥ 暍（yē）：中暑。⑦ 涔（cén）水：水名。⑧ 邛（qióng）泽：水名。

【译文】

再往北三百里，是北嚣山，山上没有石头，山的南坡多出产碧玉，山北面遍布玉石。山中有一种野兽，形状像普通的老虎，长着白色身子，狗的脑袋，马的尾巴，身上的毛像猪鬃，名叫独狢。还有一种禽鸟，体形像乌鸦，长着一副

鵹鶘

人脸，名称是鵹鶘，它夜里飞行白天隐伏，吃了它的肉能防止中暑。涔水发源于此，向东流入邛泽。

独　狢

【原文】

3.38 又北三百五十里，曰梁渠之山①，无草木，多金玉。修水出焉②，而东流注于雁门③。其兽多居暨④，其状如猬而赤毛，其音如豚⑤。有鸟焉，其状如夸父⑥，四翼、一目、犬尾，名曰嚻，其音如鹊，食之已腹痛，可以止衕⑦。

【注释】

①梁渠之山：梁渠山，在今内蒙古兴和县。②修水：今内蒙古的东洋河。③雁门：水名，今南洋河。④居暨（jì）：短棘猬。⑤豚：小猪。也泛指猪。⑥夸父：鸟名，具体所指不详。⑦衕（dòng）：腹泻。

【译文】

再往北三百五十里有座山，名叫梁渠山，山中不长草木，有很多金和玉，修水发源于此山，向东流入雁门水。山中的野兽多是居暨，它形状与刺猬相似，长着红色的毛，发出的声音如猪叫一般。山中有一种鸟，形状像夸父，长着四只翅膀、一只眼睛、狗一样的尾巴，这种鸟名叫嚻，它的叫声好似喜鹊的鸣叫，人们吃了它的肉可以治疗腹痛，还可以治疗腹泻。

嚻

嚻　清　汪绂图本

居暨

居暨　明　蒋应镐绘图本

【原文】

3.39 又北四百里，曰姑灌之山[①]，无草木。是山也，冬夏有雪。

【注释】

① 姑灌之山：姑灌山。一说在今河北省境内。

【译文】

再往北四百里有座山，名叫姑灌山，山中不长草木。这座山上不管冬夏都会下雪。

【原文】

3.40 又北三百八十里，曰湖灌之山[①]，其阳多玉，其阴多碧[②]，多马。湖灌之水出焉[③]，而东流注于海[④]，其中多䱻[⑤]。有木焉，其叶如柳而赤理。

【注释】

① 湖灌之山：湖灌山。今河北沽源县境内的大马群山。② 碧：青绿色的玉石。③ 湖灌之水：湖灌水，上游即今白河，下游叫北运河。④ 海：这里指渤海。⑤ 䱻：同"鳝"，指鳝鱼。

【译文】

再向北三百八十里有座山，名叫湖灌山，山的南面有很多玉，北面有许多青绿色的玉石，山中有很多马。湖灌水发源于此山，向东流入渤海，水中有许多鳝鱼。山中长着一种树，叶子像柳树叶，（树上）有红色的纹理。

山海经地理古今考	《山海经》中名称	今　考
	梁渠之山	位于内蒙古境内兴和县
	湖灌之山	河北省境内的大马群山

山海经动物古今考	《山海经》中名称	今　考
	豚	小猪，也泛指猪
	䱻	鳝　鱼

【原文】

3.41 又北水行五百里，流沙三百里，至于洹山[①]，其上多金玉。三桑生之[②]，其树皆无枝，其高百仞[③]。百果树生之。其下多怪蛇。

【注释】

①洹（huán）山：山名。一说在今内蒙古境内。②三桑：三棵桑树。③仞：古代以七尺或八尺为一仞。

【译文】

再往北行五百里水路，经过三百里流沙，便到了洹山，山上有很多金和玉。山中长着三棵桑树，树干上没有枝条，高达百仞。山上还生长着各种果树。山下有很多怪蛇。

【原文】

3.42 又北三百里，曰敦题之山[①]，无草木，多金玉。是錞于北海[②]。

【注释】

①敦题之山：敦题山。一说在今俄罗斯境内。②錞（chún）：这里指蹲踞。北海：水名。一说这里指贝加尔湖。

【译文】

再往北三百里有座山，名叫敦题山，山中不长草木，有很多金和玉。这座山蹲踞于北海的岸边。

【原文】

3.43 凡北次二经之首，自管涔之山至于敦题之山，凡十七山，五千六百九十里。其神皆蛇身人面。其祠：毛用一雄鸡、彘瘗[①]；用一璧一珪[②]，投而不糈。

【注释】

①毛：祭祀用的带毛的动物。②璧：平圆形中间有孔的玉，古代在典礼时用作礼器，亦可作饰物。珪：古代祭祀时用的条状玉器，上尖下方。

【译文】

总计北次二经中的山，自第一座管涔山起到敦题山止，总共十七座山，距离为五千六百九十里。这些山的山神都是蛇身人面。祭祀这些山神的仪式为：带毛的动物用一只雄鸡和一头猪，把它们作为祭品埋入地下；用一块璧和一块珪，将它们投向山中，祭祀时不用精米。

蛇身人面神

蛇身人面神　清　汪绂图本

山海经地理古今考	《山海经》中名称	今　考
	洹　山	一说在今蒙古境内，具体所指待考
	敦题之山	一说在今俄罗斯境内，具体所指待考

三、北次三经

【导读】

《北次三经》中记载了从太行山到无逢山共计四十六座山的地理分布、山川物产。这些山大致分布在今天的山西、河北、河南、内蒙古境内。其中为大家所熟知的有太行山、王屋山、燕山等。

经中提到了“精卫填海”的神话，并且记载了各种飞禽走兽。如能飞翔的天马、健壮威武的领胡、一身兼具雌雄二性的象蛇、四翅六眼三只脚的酸与、歌声美妙的黄莺等。

【原文】

3.44 北次三经之首，曰太行之山[①]。其首曰归山[②]，其上有金玉，其下有碧[③]。有兽焉，其状如羚羊而四角，马尾而有距[④]，其名曰䮝[⑤]，善还[⑥]，其鸣自训[⑦]。有鸟焉，其状如鹊，白身、赤尾、六足，其名曰鷶[⑧]，是善惊，其鸣自诐。

【注释】

①太行之山：山西高原和河北平原之间的太行山。②归山：山名。③碧：青绿色的玉石。④距：雄鸡爪后面突出像脚趾的部分。⑤䮝(hún)：传说中的一种兽。

【译文】

北次三经中的首列山系，名叫太行山。太行山中的第一座山名叫归山，山上有金和玉，山下有青绿色的玉石。山中有一种野兽，形状

⑥ 还（xuán）：旋转。⑦ 讠（jiào）：同“叫”，大声叫唤。⑧ 鵬（bēn）：传说中的一种鸟。

驿

像羚羊，头上有四只角，长着马一样的尾巴、鸡一样的爪子，它的名字叫驿，这种兽善于旋转起舞，发出的声音像是在自呼其名。山中有一种鸟，它的形状像喜鹊，身上有白色的羽毛，长着红色的尾巴，六只脚，它的名字叫鵬，这种鸟十分容易受惊，发出的叫声像是在喊自己的名字。

鵬鸟

【原文】

3.45 又东北二百里，曰龙侯之山[①]，无草木，多金玉。决决之水出焉[②]，而东流注于河。其中多人鱼[③]，其状如鯑鱼[④]，四足，其音如婴儿，食之无痴疾。

【注释】

① 龙侯之山：龙侯山今刑台五指山。② 决决之水：决决水。一说指今河南济源市的淇河，俗称白涧河。③ 人鱼：指大鲵。④ 鯑（tí）鱼：指鲇鱼。

鯑鱼

【译文】

再往东北二百里有座山，名叫龙侯山，山上不长草木，有很多金和玉。决决水发源于此山，向东流入黄河。水中有很多大鲵，它的形状像鲇鱼，身上长着四只脚，发出的声音就像婴儿的哭啼声，人吃了它的肉就不会得痴呆病。

大鲵

山海经地理古今考	《山海经》中名称	今考
	太行之山	山西高原和河北平原之间的太行山
	归山	指陕西阳城与河南济源的分界山——大乐岭
	龙侯之山	今位于邢台沙河市最西端的五指山

【原文】

3.46 又东北二百里，曰马成之山①，其上多文石，其阴多金玉。有兽焉，其状如白犬而黑头，见人则飞，其名曰天马，其鸣自训②。有鸟焉，其状如乌，首白而身青、足黄，是名曰鶌鶋③，其鸣自设④，食之不饥，可以已寓⑤。

【注释】

① 马成之山：马成山。一说在今山西境内；一说在今河南境内。② 训（jiào）：同“叫”，大声叫唤。③ 鶌（jū）鶋（jū）：斑鸠。④ 设：呼叫。⑤ 已：治愈。寓：一说指老年健忘症；一说指疣病。

天马

【译文】

再往东北二百里有座山，名叫马成山，山上有很多带有花纹的石头，山的北面有很多金和玉。山中有一种野兽，它的形状像白色的狗，长着黑色的脑袋，见到人就腾空飞起，它的名字是天马，它的叫声像是在自呼其名。山里有一种鸟，它的外形像乌鸦，脑袋是白色的，身子是青色的、脚爪是黄色的，这种鸟名叫鶌鶋，它叫起来像是在喊自己的名字，人们吃了它的肉就不会再感到饥饿，还可以治疗疣子。

【原文】

3.47 又东北七十里，曰咸山①，其上有玉，其下多铜，是多松柏，草多茈草②。条菅之水出焉③，而西南流注于长泽④。其中多器酸⑤，三岁一成，食之已疠⑥。

【注释】

① 咸山：山名。一说是河南张岭山；一说在今山西省南部。② 茈（zǐ）草：紫草。③ 条菅之水：条菅水。一说在今山西省南部解州附近的水流。④ 长泽：水名。一说指今山西省南部解池周围的盐沼泽地。⑤ 器酸：一说可能是一种味酸的食物；一说可能是一种植物。⑥ 疠：恶疮；瘟疫。

【译文】

再往东北七十里有座山，名叫咸山，山上有很多玉，山下有很多铜，山里长着许多松柏，山中的草多为紫草。条菅水发源于此山，向西南流入长泽。水中有很多器酸，它三年才成熟一次，吃了它能治疗恶疮。

【鲚鱼】

就是大鲵，因其叫声如婴儿啼哭，所以俗称娃娃鱼，是一种珍贵的两栖类动物。

相传东汉末年，一位五十多岁的老人为逃避战乱，带着妻子来到了荒无人烟的武陵山区。老两口身体虚弱、饥寒交迫，眼看已经走投无路了，就在他们准备投水自尽之际，忽然发现澧水尽头的深渊中有一群长着四条腿的鱼，于是钓来几尾充饥。没想到，这种鱼不但肉味鲜美，而且两人吃完之后，如同枯木逢春，白发变黑发，脱落的牙齿又重新长出。之后，他们一直居住在这里，还生下了几个孩子。一天，道教创教人张道陵寻药来此，向这位老者讨要一碗汤喝，喝下之后顿感体轻气爽。忽然一道光闪过，道士眼前浮现出两条鱼头尾相交的景象。之后，老者向他讲述了自己的离奇经历。道士听后到深渊中察看，顿悟了阴阳变化的玄机，由此创建了太极图，并给这种鱼起名为大鲵，意思是送儿的鱼。

【原文】

3.48 又东北二百里，曰天池之山[①]，其上无草木，多文石。有兽焉，其状如兔而鼠首，以其背飞，其名曰飞鼠。渑水出焉[②]，潜于其下，其中多黄垩[③]。

【注释】

① 天池之山：天池山，在今山西南部。② 渑（shéng）水：水名，在今山西南部。③ 垩（è）：可用来涂饰的有色土。

【译文】

再向东北二百里有座山，名叫天池山，山上不长草木，有许多带有花纹的石头。山中有一种兽，形状似兔子，头部像老鼠，它能借助（自己的）背部飞行，这种兽名叫飞鼠。渑水发源于此，在山底下潜流，水中有很多可做涂料的黄色土。

飞鼠

飞鼠　明　蒋应镐绘图本

【原文】

3.49 又东三百里，曰阳山[①]，其上多玉，其下多金铜。有兽焉，其状如牛而赤尾，其颈腎[②]，其状如句瞿[③]，其名曰领胡，其鸣自詨[④]，食之已狂[⑤]。有鸟焉，其状如雌雉而五采以文，是自为牝牡[⑥]，名曰象蛇，其鸣自詨。留水出焉[⑦]，而南流注于河。其中有䱂父之鱼[⑧]，其状如鲋鱼[⑨]，鱼首而彘身[⑩]，食之已呕。

【注释】

① 阳山：山名。一说在今江苏省常熟市内；一说在今山西省南部。② 腎（shèn）：肉隆起的样子。③ 句瞿：所指待考。一说指斗。④ 詨：呼叫。⑤ 已：治愈。狂：癫狂病。⑥ 牝牡：雌性和雄性。⑦ 留水：水名。一说指今沙涧河。⑧ 䱂（xiàn）父之鱼：䱂父鱼。⑨ 鲋（fù）鱼：鲫鱼。⑩ 彘：猪。

【译文】

再往东三百里有座山，名叫阳山。山上有很多玉，山下有很多金和铜。山中有一种野兽，形状似牛，长着红色的尾巴，颈部有块隆起的肉，形状如斗一般，这种兽名叫领胡，它发出的叫声像是在自呼其名，吃了它的肉可以治疗癫狂症。山中有一种鸟，形状与雌野鸡相似，身上花纹五彩斑斓，这种鸟雌雄同体，名叫象蛇，它叫起来像在叫自己的名字。留水发源于此山，向南流入黄河。水中有䱂父鱼，它的形状像鲫鱼，长着鱼一样的头，猪一样的身子，吃了它的肉可以治疗呕吐。

领胡

䱻父鱼　清　汪绂图本

象蛇

象蛇　明　蒋应镐绘图本

【原文】

3.50 又东三百五十里，曰贲闻之山①，其上多苍玉②，其下多黄垩③，多涅石④。

【注释】

①贲（fèn）闻之山：贲闻山，在今河南省境内。②苍玉：灰白色的玉。③垩（è）：可用来涂饰的有色土。④涅石：黑矾石。

【译文】

再向东三百五十里有座山，名叫贲闻山。山上有很多灰白色的玉，山下有很多可做涂料的黄色土，还有许多黑色矾石。

山海经地理古今考	《山海经》中名称	今　考
	天池之山	今山西析城山
	阳　山	一说是今江苏省常熟市的虞山；一说在今山西南部
	贲闻之山	河南省济源市的岱嵋山

山海经动物古今考	《山海经》中名称	今　考
	鯑　鱼	鲇　鱼
	鲋　鱼	鲫　鱼

【原文】

3.51 又北百里，曰王屋之山①，是多石。𬇙水出焉②，而西北流于泰泽。

【注释】

①王屋之山：王屋山，在今山西垣县和河南济源市之间。②𬇙（lián）水：水名。

【译文】

再往北一百里有座山，名叫王屋山，山中有许多石头。𬇙水发源于此，向西北流入泰泽。

【原文】

3.52 又东北三百里，曰教山①，其上多玉而无石。教水出焉②，西流注于河，是水冬干而夏流，实惟干河。其中有两山，是山也，广员三百步，其名曰发丸之山③，其上有金玉。

【注释】

①教山：今山西历山。②教水：水名，在今山西垣曲县。③发丸之山：发丸山。此山应该是一座产铜的山。

【译文】

再往东北三百里有座山，名叫教山，山上有很多玉，没有石头。教水发源于此山，向西流入黄河，教水冬季干枯，夏季才有水流，其实可以说是一条干河。教水流经两座山，方圆为三百步，山名叫作发丸山，山上有金和玉。

【原文】

3.53 又南三百里，曰景山①，南望盐贩之泽②，北望少泽③。其上多草、薯萸④，其草多秦椒⑤；其阴多赭⑥，其阳多玉。有鸟焉，其状如蛇而四翼、六目、三足，名曰酸与，其鸣自詨，见则其邑有恐。

【注释】

①景山：山名，在今山西闻喜县。②盐贩之泽：盐贩泽，今山西南部的解池。③少泽：水名，在今山西南部。④薯萸（yù）：山药。⑤秦椒：这里指辣椒。⑥赭（zhě）：红土。

薯萸

【译文】

再往南三百里有座山，名叫景山。（在景山上）向南可以望见盐贩泽，向北可以看到少泽。山上生长着很多草和山药，所长的草多为辣椒；山的北面有很多红土，南面有很多玉。山里有一种鸟，形状与蛇相似，长有四只翅膀，六只眼睛，三只脚，名字叫酸与，它发出的叫声像是在喊自己名字，它在哪里出现，哪里就会有使人惊恐的事情发生。

酸与　清　毕沅图本

酸与

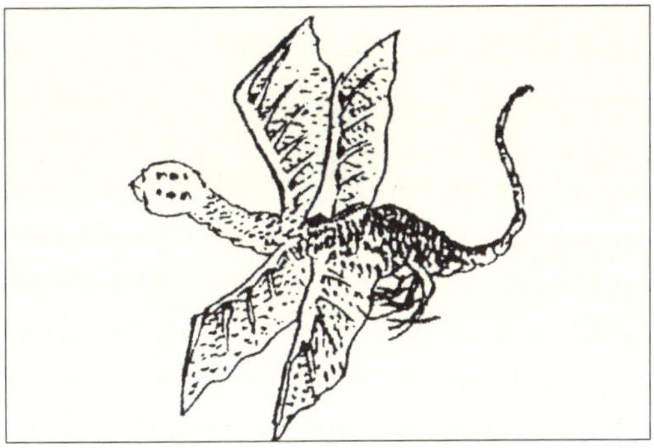

酸与 清 汪绂图本

【原文】

3.54 又东南三百二十里，曰孟门之山①，其上多苍玉②，多金；其下多黄垩，多涅石。

【注释】

① 孟门之山：孟门山，在今山西省长治市。② 苍玉：灰白色的玉。

【译文】

再向东南三百二十里有座山，名叫孟门山。山上有许多灰白色的玉，还有很多黄金；山下有很多可做涂料的黄色土，还有许多黑色矾石。

【原文】

3.55 又东南三百二十里，曰平山①。平水出于其上②，潜于其下，是多美玉。

【注释】

① 平山：山名，今山西姑射山。② 平水：水名，发源于姑射山，向东流入汾河。

【译文】

再往东南三百二十里有座山，名叫平山。平水发源于平山的上面，在山下潜流，这一带有很多美玉。

【原文】

3.56 又东二百里，曰京山①，有美玉，多漆木，多竹。其阳有赤铜，其阴有玄礵②。高水出焉③，南流注于河。

【注释】

① 京山：山名，在今山西省境内。② 玄：黑色。礵（sù）：磨刀石。③ 高水：水名。一说应作“京水”，指浍河。

【译文】

再往东二百里有座山，名叫京山。山中有美玉，长有许多漆树，还长着许多竹子。山的南面有赤铜，北面有黑色磨刀石。高水由此山发源，向南注入黄河。

山海经地理古今考	《山海经》中名称	今考
	孟门之山	山西省长治市东南部地区的壶山，又名壶口山
	平山	山西省临汾市西部的姑射山
	京山	山西省翼城县的霍山

【原文】

3.57 又东二百里，曰虫尾之山①，其上多金玉，其下多竹，多青碧②。丹水出焉③，南流注于河；薄水出焉④，而东南流注于黄泽⑤。

【注释】

①虫尾之山：虫尾山。一说在今山西晋城市北。②青碧：青色的玉石。③丹水：水名，流经山西高平市、晋城市，在河南泌阳流入沁河。④薄水：水名。一说是今波河。⑤黄泽：水名。

【译文】

再往东二百里有座山，名叫虫尾山。山上有很多金和玉，山下有很多竹子，还有很多青色的玉石。丹水发源于虫尾山，向南流入黄河；薄水也由此处发源，向东南流入黄泽。

【原文】

3.58 又东三百里，曰彭魮之山①，其上无草木，多金玉，其下多水。蚤林之水出焉，东南流注于河。肥水出焉，而南流注于床水②，其中多肥遗之蛇③。

【注释】

①彭魮（pí）之山：彭魮山。一说在今山西省境内；一说在今河南省境内。②床水：水名。一说指今河南淇水。③肥遗之蛇：肥遗蛇。传说中的蛇，一首二身。

【译文】

再向东三百有座山，名叫彭魮山。山上不长草木，有许多金和玉，山下有许多水。蚤林水发源于此，向东南流入黄河。肥水也从由此处发源，向南流入床水，水中有很多名叫肥遗的蛇。

【原文】

3.59 又东百八十里，曰小侯之山①。明漳之水出焉②，南流注于黄泽。有鸟焉，其状如乌而白文，名曰鸪鸐③，食之不灂④。

【注释】

①小侯之山：小侯山，在今河南北部。②明漳之水：明漳水。一说指今河南汤河；一说指鹤壁河。③鸪（gū）鸐（xí）：鹧鸪。④灂（jiào）：眼睛昏蒙。

【译文】

再往东一百八十里有座山，名叫小侯山。明漳水发源于这座山，向南流入黄泽。山中有一种鸟，形状似乌鸦，身上有白色花纹，这种鸟名叫鸪鸐，吃了它的肉，人的眼睛就不会昏花。

鸪鸐

汤河

【原文】

3.60 又东三百七十里，曰泰头之山。共水出焉①，南注于虖沱②。其上多金玉，其下多竹箭③。

【注释】

①泰头之山：泰头山。一说在今河南省境内；一说在今山西省境内。②虖沱：今河北省北部的滹沱河。③竹箭：细竹。

【译文】

再往东三百七十里有座山，名叫泰头山。共水发源于此山，向南流入虖沱河。山上有很多金和玉，山下长着很多小竹子。

【原文】

3.61 又东北二百里，曰轩辕之山①，其上多铜，其下多竹。有鸟焉，其状如枭而白首②，其名曰黄鸟，其鸣自詨，食之不妒。

【注释】

①轩辕之山：轩辕山。一说在今河北省境内；一说在今山西省境内。②枭：猫头鹰一类的鸟。

【译文】

再往东北二百里有座山，名叫轩辕山。山上有很多铜，山下长着许多竹子。山中有一种鸟，它形状似猫头鹰，长着白色的脑袋，名字叫作黄鸟，它的叫声像是在喊自己的名字，吃了它的肉，人们就不会再生妒嫉之心。

【原文】

3.62 又北二百里，曰谒戾之山①，其上多松柏，有金玉。沁水出焉②，南流注于河。其东有林焉，名曰丹林。丹林之水出焉③，南流注于河。婴侯之水出焉④，北流注于汜水⑤。

【注释】

①谒戾（lì）之山：谒戾山。一说在今河北省境内；一说在今山西省境内。②沁水：今沁河。③丹林之水：今丹河。④婴侯之水：婴侯水。一说是今山西平遥县东南的中都山。⑤汜（sì）水：水名。一说是今山西平遥县东部的贺河。

【译文】

再向北二百里有座山，名叫谒戾山，山上长着很多松柏，还有金和玉。沁水发源于此，向南流入黄河。这座山的东面有一片树林，叫作丹林。丹林水便由这一带发源，向南流入黄河。婴侯水也由此处发源，向北流入汜水。

山海经地理古今考	《山海经》中名称	今考
	彭毗之山	一说是今山西省灵川县东部的三雍山；一说在今河南境内
	泰头之山	山西省五台山的北台山
	轩辕之山	一说在今河北省献县；一说是今山西省王屋山中的一座山
	谒戾之山	一说是今河北省的羊头山；一说是今山西省的太岳山

山海经动物古今考	《山海经》中名称	今考
	枭	猫头鹰一类的鸟
	鸪鹨	鹧鸪

【原文】

3.63 东三百里，曰沮洳之山[①]，无草木，有金玉。濝水出焉[②]，南流注于河。

【注释】

①沮（jù）洳（rù）之山：沮洳山。一说是今河南北部的大号山；一说是今山西陵川县东北的棋子山。②濝（qí）水：今河南北部的淇水。

【译文】

往东三百里有座山，名叫沮洳山。山上不长草木，有金和玉。濝水发源于此，向南流入黄河。

【原文】

3.64 又北三百里，曰神囷之山[①]，其上有文石，其下有白蛇，有飞虫。黄水出焉[②]，而东流注于洹[③]。滏水出焉[④]，而东流注于欧水[⑤]。

【注释】

①神囷（qūn）之山：神囷山，今河南省临渭区的石鼓山。②黄水：今河南安阳河的上源。③洹（huán）：今河南安阳河的一部分。④滏（fǔ）水：今河南安阳河的一部分。⑤欧水：水名，今河北西部的滏阳河。

【译文】

再向北三百里有座山，名叫神囷山。山上有带花纹的石头，山下有白蛇，还有飞虫。黄水发源于此，向东流入洹水。滏水也由此处发源，向东流入欧水。

【原文】

3.65 又北二百里，曰发鸠之山[①]，其上多柘木[②]。有鸟焉，其状如乌，文首、白喙、赤足[③]，名曰精卫，其鸣自詨。是炎帝之少女[④]，名曰女娃。女娃游于东海，溺而不返，故为精卫，常衔西山之木石，以堙于东海[⑤]。漳水出焉[⑥]，东流注于河。

【注释】

①发鸠之山：发鸠山，在今山西长子县。②柘（zhè）木：柘树。③喙：鸟兽的嘴。④炎帝：上古姜姓部落的首领，号烈山氏。⑤堙（yīn）：填塞。⑥漳水：今河南、河北交界处的漳河。

精卫

【译文】

再向北二百里有座山，名叫发鸠山，山上有很多柘树。山中有一种鸟，形状似乌鸦，长着带有花纹的脑袋、白色的嘴、红色的足爪，名字叫精卫，它的叫声像是在喊自己的名字。精卫原是炎帝的小女儿，名叫女娃。有一次女娃去东海游玩，不慎溺入海里，再也没有返回，所以她（死后）化身为精卫鸟，常常衔来西山的树枝和石子，想把东海填平。漳水发源于发鸠山，向东流入黄河。

精卫　明　蒋应镐绘图本

【精卫填海】

精卫原是炎帝最宠爱的小女儿，名叫女娃。有一天，炎帝不在家，女娃想到太阳升起的地方——东海去看一看，于是她自己驾着一只小船向东海划去。不幸的是，海上突然起了风暴，山一样的海浪吞没了女娃的小船，女娃不幸遇难。女娃死后，她的精魂化作一只鸟，长着花脑袋、白嘴壳、红爪子，叫声像是在喊“精卫、精卫”，所以人们就把这种鸟叫精卫。精卫痛恨大海夺去了自己年轻的生命，为了阻止大海再淹死人，她不停地从发鸠山上衔来小石子和树枝投入海中，长年累月，从不停息，决心要把东海填平。后来，一只海燕飞过东海，为精卫的精神所感动，便与她结为夫妻，生了许多小鸟，雌鸟像精卫，雄鸟像海燕。小精卫们跟随妈妈一起衔石填海，直到今日依然如此。

精卫宏伟的志向、锲而不舍的精神以及她的善良无不受到人们的尊敬。晋陶渊明在诗中写道“精卫衔微木，将以填沧海”，赞扬了精卫鸟敢于同大海抗争的悲壮精神。后世也常用“精卫填海”赞美人不畏艰难，意志坚定。

女娃落水

精卫填海

【原文】

3.66 又东北百二十里，曰少山[①]，其上有金玉，其下有铜。清漳之水出焉[②]，东流于浊漳之水[③]。

【注释】

①少山：山名，在今山西省境内。②清漳之水：清漳水，漳河的源头之一。③浊漳之水：浊漳水，漳河的源头之一。

【译文】

再向东北一百二十里有座山，名叫少山，山上有金和玉，山下有铜。清漳水发源于此山，向东流入浊漳水。

【原文】

3.67 又东北二百里，曰锡山[①]，其上多玉，其下有砥[②]。牛首之水出焉[③]，而东流注于滏水[④]。

【注释】

①锡山：山名，在今河北省境内。②砥：较细的磨刀石。③牛首之水：牛首水。④滏（fǔ）水：今河南安阳河的一部分。

【译文】

再往东北二百里有座山，名叫锡山，山上有很多玉，山下有细的磨刀石。牛首水发源于锡山，向东流入滏水。

【原文】

3.68 又北二百里，曰景山[①]，有美玉。景水出焉[②]，东南流注于海泽。

【注释】

① 景山：山名，在今河北境内。② 景水：今洺河。

【译文】

再向北二百里有座山，名叫景山，山上有很多玉。景水发源于此山，向东南流入海泽。

【原文】

3.69 又北百里，曰题首之山[①]，有玉焉，多石，无水。

【注释】

① 题首之山：题首山，在今河北省境内。

【译文】

再往北一百里有座山，名叫题首山，山中有玉，有很多石头，没有水。

【原文】

3.70 又北百里，曰绣山[①]，其上有玉、青碧[②]，其木多栒[③]，其草多芍药、芎䓖[④]。洧水出焉[⑤]，而东流注于河，其中有鳠、黾[⑥]。

【注释】

① 绣山：山名。在今河北境内。② 青碧：青色的玉石。③ 栒（xún）：栒子木。④ 芎（xiōng）䓖（qióng）：川芎。⑤ 洧（wěi）水：水名。⑥ 鳠（hù）：鱼名。一说指绵河，源出山西省境内。黾：蛙的一种。

【译文】

再往北一百里有座山，名叫绣山，山上有玉以及青色的玉石，山中生长的树木多是栒子木，生长的草多为芍药、芎䓖。洧水发源于此处，向东流入黄河，水中有鳠鱼和黾。

鳠

黾

山海经地理古今考	《山海经》中名称	今　考
	锡　山	在今河北省邯郸市内
	景　山	在今河北省武安市内
	发鸠之山	在今山西省境内

山海经动物古今考	《山海经》中名称	今　考
	鳠	鱼名，似鲇，体较细长，无鳞
	黾	蛙的一种

【原文】

3.71　又北百二十里，曰松山①。阳水出焉，东北流注于河。

【注释】

①松山：山名，在今河北境内。

【译文】

再往北一百二十里有座山，名叫松山。阳水发源于此山，向东北流入黄河。

松山

【原文】

3.72　又北百二十里，曰敦与之山①，其上无草木，有金玉。溹水出于其阳②，而东流注于泰陆之水③；泜水出于其阴④，而东流注于彭水⑤；槐水出焉⑥，而东流注于泜泽⑦。

【注释】

①敦与之山：敦与山，在今河北省西部。②溹（suò）水：水名，在今河北省内丘县境内。一说即今河北内丘县的柳林河。③泰陆之水：泰陆水，今大陆泽。④泜（zhǐ）水：今河北泜河。⑤彭水：水名，在今河北省西南部的沙沟水。⑥槐水：水名，在今河北省赞皇县境内。⑦泜泽：水名，在今河北省境内。

【译文】

再向北一百二十里有座山，名叫敦与山，山上不长草木，有金和玉。溹水发源于敦与山的南面，向东注入泰陆水；泜水由敦与山的北面发源，向东流入彭水；槐水也发源于此山，向东流入泜泽。

【原文】

3.73　又北百七十里，曰柘山①，其阳有金玉，其阴有铁。历聚之水出焉②，而北流注于洧水③。

【注释】

①柘（zhè）山：山名，在今河北省境内。②历聚之水：

【译文】

再往北一百七十里有座山，名叫柘山，山

水名，今拒马河。③ 洧（wěi）水：水名，一说指绵河，源出山西省境内。

的南面有金和玉，山的北面有铁。历聚水发源于柘山，向北流入洧水。

【原文】

3.74 又北三百里，曰维龙之山[①]，其上有碧玉，其阳有金，其阴有铁。肥水出焉[②]，而东流注于皋泽[③]，其中多礨石[④]。敞铁之水出焉，而北流注于大泽。

【注释】

① 维龙之山：维龙山，在今河北省境内。② 肥水：今河北藁城市洨河。③ 皋泽：水名，可能是明清时宁晋泊的西北部。④ 礨（lěi）石：巨石。

【译文】

再往北三百里有座山，名叫维龙山，山上有碧玉，山的南面有金，北面有铁。肥水发源于此山，向东流入皋泽，水中有很多巨石。敞铁水也由此处发源，向北流入大泽。

【原文】

3.75 又北百八十里，曰白马之山[①]，其阳多石玉，其阴多铁，多赤铜。木马之水出焉[②]，而东北流注于虖沱[③]。

【注释】

① 白马之山：白马山，在今河北盂县境内。② 木马之水：今牧马河。③ 虖（hū）沱：今滹沱河。

【译文】

再往北一百八十里有座山，名叫白马山，山的南面有很多石头和玉，北面有很多铁，还有很多赤铜。木马水发源于此山，向东北流入滹沱。

【原文】

3.76 又北二百里，曰空桑之山[①]，无草木，冬夏有雪。空桑之水出焉[②]，东流注于虖沱。

【注释】

① 空桑之山：今山西省的云中山。② 空桑之水：今山西省的云中水。

【译文】

再往北二百里有座山，名叫空桑山，山中不长草木，不管冬季、夏季都会下雪。空桑水由此山发源，向东流入滹沱。

【原文】

3.77 又北三百里，曰泰戏之山[①]，无草木，多金玉。有兽焉，其状如羊，一角一目，目在耳后，其名曰㻴㻴[②]，其鸣自訆。虖沱之水出焉，而东流注于溇水[③]。液女之水出于其阳，南流注于沁水。

【注释】

① 泰戏之山：泰戏山，在今山西省境内。② 㻴（dōng）㻴：传说中的一种兽。③ 溇（lóu）水：水名。一说是今河北省西部的鹿泉河。

【译文】

再向北三百里有座山，名叫泰戏山，山中不长草木，有很多金和玉。山中有一种野兽，形状似羊，长着一只角、一只眼睛，眼睛还长在耳朵后面，名叫㻴㻴，它发出的叫声就像是在喊自己的名字。滹沱水发源于此，向东流入溇水。液女水发源于此山的南面，向南流入沁水。

𤟤𤟤

𤟤𤟤　明　蒋应镐绘图本

【原文】

3.78 又北三百里，曰石山，多藏金玉。濩濩之水出焉[①]，而东流注于虖沱；鲜于之水出焉[②]，而南流注于虖沱。

【注释】

①濩(huò)濩之水：濩濩水。一说在今河北省西部的大沙河。②鲜于之水：鲜于水。一说即今源出于五台山西南的清水河。

【译文】

再向北三百里有座山，名叫石山，山中有很多优质的金和玉。濩濩水发源于石山，向东流入虖沱；鲜于水也由此处发源，向南流入滹沱。

【原文】

3.79 又北二百里，曰童戎之山。皋涂之水出焉，而东流注于溇液水[①]。

【注释】

①溇(lóu)液水：水名。一说可能指溇水和液水。

【译文】

再往北二百里有座山，名叫童戎山。皋涂水发源于此山，向东流入溇液水。

【原文】

3.80 又北三百里，曰高是之山[①]。滋水出焉[②]，而南流注于虖沱。其木多棕[③]，其草多条[④]。滱水出焉[⑤]，东流注于河。

【注释】

①高是之山：高是山。一说在今山西灵丘县西北。②滋水：今滋河。③棕：棕榈。④条：草名，蜀葵。⑤滱(kòu)水：水名，上游即今河北定州市以上唐河。

【译文】

再向北三百里有座山，名叫高是山。滋水发源于此，向南流入滹沱。山中的树木多是棕树，山中生长的草多为条草。滱水由此处发源，向东流入黄河。

【原文】

3.81 又北三百里，曰陆山[①]，多美玉。郯水出焉[②]，而东流注于河。

【注释】

①陆山：山名。一说在今河北省境内。②郯（jiāng）水：水名，今南洋河。

【译文】

再往北三百里有座山，名叫陆山，山中有很多美玉。郯水发源于陆山，向东流入黄河。

【原文】

3.82 又北二百里，曰沂山[①]。般水出焉[②]，而东流注于河。

【注释】

①沂山：山名。一说在今河北唐县东北。②般水：水名。一说即今河北唐县东北的望都河。

【译文】

再往北二百里有座山，名叫沂山。般水由沂山发源，向东流入黄河。

【原文】

3.83 北百二十里，曰燕山[①]，多婴石[②]。燕水出焉[③]，东流注于河。

【注释】

①燕山：山名。一说在今蒙古高原；一说在今河北平原县。②婴石：一种似玉的石头。③燕水：水名。一说指易水；一说指今潮白河。

【译文】

再往北一百二十里有座山，名叫燕山，山中有许多像玉一样的石头。燕水发源于此山，向东流入黄河。

【原文】

3.84 又北山行五百里，水行五百里，至于饶山[①]。是无草木，多瑶、碧[②]，其兽多橐驼，其鸟多鹠[③]。历虢之水出焉[④]，而东流注于河，其中有师鱼[⑤]，食之杀人。

【注释】

①饶山：山名，在今河北省境内。②瑶碧：美玉和青绿色的玉。③鹠（liú）：鸺鹠，也叫作横纹小鸮。④历虢（guó）之水：历虢水。一说指濡水，今名祁水，源出河北唐县。⑤师鱼：鲵鱼。

【译文】

再往北走五百里山路，五百里水路，便到了饶山。此山中不长草木，（而是）有很多美玉以及青绿色的玉石，山中的野兽多为骆驼，鸟类多为鸺鹠。历虢水发源于此，向东流入黄河，水中有一种名叫师鱼的鱼，人吃了它的肉就会中毒而亡。

山海经地理古今考	《山海经》中名称	今考
	沂山	今河北省的虎窝山
	燕山	可能在河北省平原县北部，由潮白河河谷至山海关
	饶山	河北省唐县的一座山

【原文】

3.85 又北四百里，曰乾山[①]，无草木，其阳有金玉，其阴有铁而无水。有兽焉，其状如牛而三足，其名曰獂[②]，其鸣自詨。

【注释】

① 乾山：山名，在今河北省境内。② 獂（huán）：传说中的一种兽。

獂

【译文】

再往北四百里有座山，名叫乾山，山中不长草木，山的南面有金和玉，北面有铁，但是没有水。山中有一种野兽，形状似牛，长着三只脚，名字叫作獂，它发出的叫声像是在喊自己的名字。

獂　清　汪绂图本

【原文】

3.86 又北五百里，曰伦山[①]。伦水出焉[②]，而东流注于河。有兽焉，其状如麋[③]，其川在尾上[④]，其名曰罴。

【注释】

① 伦山：山名。一说可能指涞山，在今涞源县西部。② 伦水：水名。一说即涞水，也叫拒马河，源出今河北涞源县。③ 麋：麋鹿。④ 川：这里指“窍”，肛门。

罴

【译文】

再往北五百里有座山，名叫伦山。伦水发源于此，向东流入黄河。山中有一种野兽，它的形状与麋鹿相似，肛门长在尾巴上，这种兽名叫罴。

罴　明　蒋应镐绘图本

【原文】

3.87 又北五百里，曰碣石之山[①]。绳水出焉[②]，而东流注于河，其中多蒲夷之鱼[③]。其上有玉，其下多青碧[④]。

【注释】

①碣（jié）石之山：碣石山。一说在今河北昌黎县北。②绳水：水名。一说指今河北省昌黎县蒲河。③蒲夷之鱼：蒲夷鱼。④青碧：青色的玉石。

【译文】

再向北五百里有座山，名叫碣石山。绳水发源于此山，向东流入黄河，水中生长着许多蒲夷鱼。山上有玉，山下有很多青绿色的玉石。

【原文】

3.88 又北水行五百里，至于雁门之山[①]，无草木。

【注释】

①雁门之山：雁门山，在今山西省阳高县境内。

【译文】

再往北走五百里水路，便到了雁门山，山中不长草木。

【原文】

3.89 又北水行四百里，至于泰泽[①]。其中有山焉，曰帝都之山，广员百里，无草木，有金玉。

【注释】

①泰泽：水名，今蒙古高原的岱海。

【译文】

再向北走四百里水路，便到了泰泽。泰泽之中有一座山，名叫帝都山，（这座山）方圆达一百里，山中不长草木，有金和玉。

山海经地理古今考	《山海经》中名称	今　考
	乾　山	一说在今河北省境内；一说在今内蒙古自治区境内
	伦　山	河北省涞源县西部的涞山
	碣石之山	河北省昌黎县北部的碣石山
	雁门之山	一说在今山西省阳高县境内； 一说在辽东半岛南端

山海经动物古今考	《山海经》中名称	今　考
	橐　驼	骆　驼
	鹠	鸺　鹠
	麋	麋　鹿

【原文】

3.90 又北五百里，曰錞于毋逢之山[①]，北望鸡号之山[②]，其风如飈[③]。西望幽都之山[④]，浴水出焉[⑤]。是有大蛇，赤首白身，其音如牛，见则其邑大旱。

【注释】

①錞（chún）于毋逢之山：錞于毋逢山。一说在今内蒙古境内；一说在今山西省境内。②鸡号之山：鸡号山，在今内蒙古境内。③飚（lì）：急风吹动的样子。④幽都之山：幽都山，今内蒙古的阴山。⑤浴水：水名，今内蒙古四王子旗的塔布河。

【译文】

再向北五百里有座山，名叫錞于毋逢山，(从这座山的）北面可以望见鸡号山，从（鸡号山）那里吹来迅疾的风。山的西面可以望见幽都山，浴水就从那里发源。山中有一种大蛇，长着红色的脑袋、白色的身子，发出的声音像牛的叫声，它在哪里出现，哪里就会发生大的旱灾。

【原文】

3.91 凡北次三经之首，自太行之山以至于无逢之山，凡四十六山，万二千三百五十里。其神状皆马身而人面者廿神。其祠之：皆用一藻茝瘗之[①]。其十四神状皆彘身而载玉[②]。其祠之：皆玉，不瘗。其十神状皆彘身而八足蛇尾。其祠之：皆用一璧瘗之[③]。大凡四十四神，皆用稌糈米祠之[④]。此皆不火食。

【注释】

①藻：系有五彩丝绳的玉。茝（chǎi）：一种香草。瘗（yì）：埋葬。②彘：猪。③璧：平圆形中间有孔的玉。④稌（tú）：稻子，特指糯稻。

【译文】

总计北次三经中的山，自首列太行山起到錞于毋逢山止，总共有四十六座山，距离为一万二千三百五十里。这些山中有二十座山的山神的形状都是马身人面。祭祀这些山神的仪式是：把一块系着五彩丝绳的玉与茝一起埋入地下。另外十四位山神都是长着猪一样的身子，身上佩戴着玉。祭祀这些山神的仪式为：用玉作祭品，但不埋入地下。还有十座山的山神都长着猪一样的身子、八条腿、蛇一样的尾巴。祭祀这些山神的仪式为：用一块璧玉作祭品，将其埋入地下。祭祀这四十四位山神时，都要用糯米作祭祀用的精米，且都不需要用火将其烧煮。

錞于毋逢山

【原文】

3.92 右北经之山志，凡八十七山，二万三千二百三十里。

【译文】

以上就是北山经中记载的山（的概况），总共有八十七座山，这些山距离为二万三千二百三十里。

◎第四卷◎

东山经

《东山经》包括《东山一经》、《东次二经》、《东次三经》、《东次四经》四篇，记载了主要位于中国东部的一系列山，以及发源于这些山的河流和在这些山上生长的植物、动物及其形状、特点，出产的矿物，还有掌管这些山的山神的形状、祭祀这些山神的方法（东次四经除外）等。《东山经》共记载了四十六座山，除了极少数山，绝大部分山的具体位置都难以考定，但它们大致位于今山东、安徽、江苏、河北境内及东部海域中。

东山一经路线示意图

渤海
黄海
威海
成山
烟台
青岛
即墨
姑儿山
番条山
藟山
枸状山
济南
泰山
连云港
曲阜
薛
任
济宁
黄河
天津
平原
武城
保定
易
石家庄
柏人
邢台
邯郸
中牟
卫

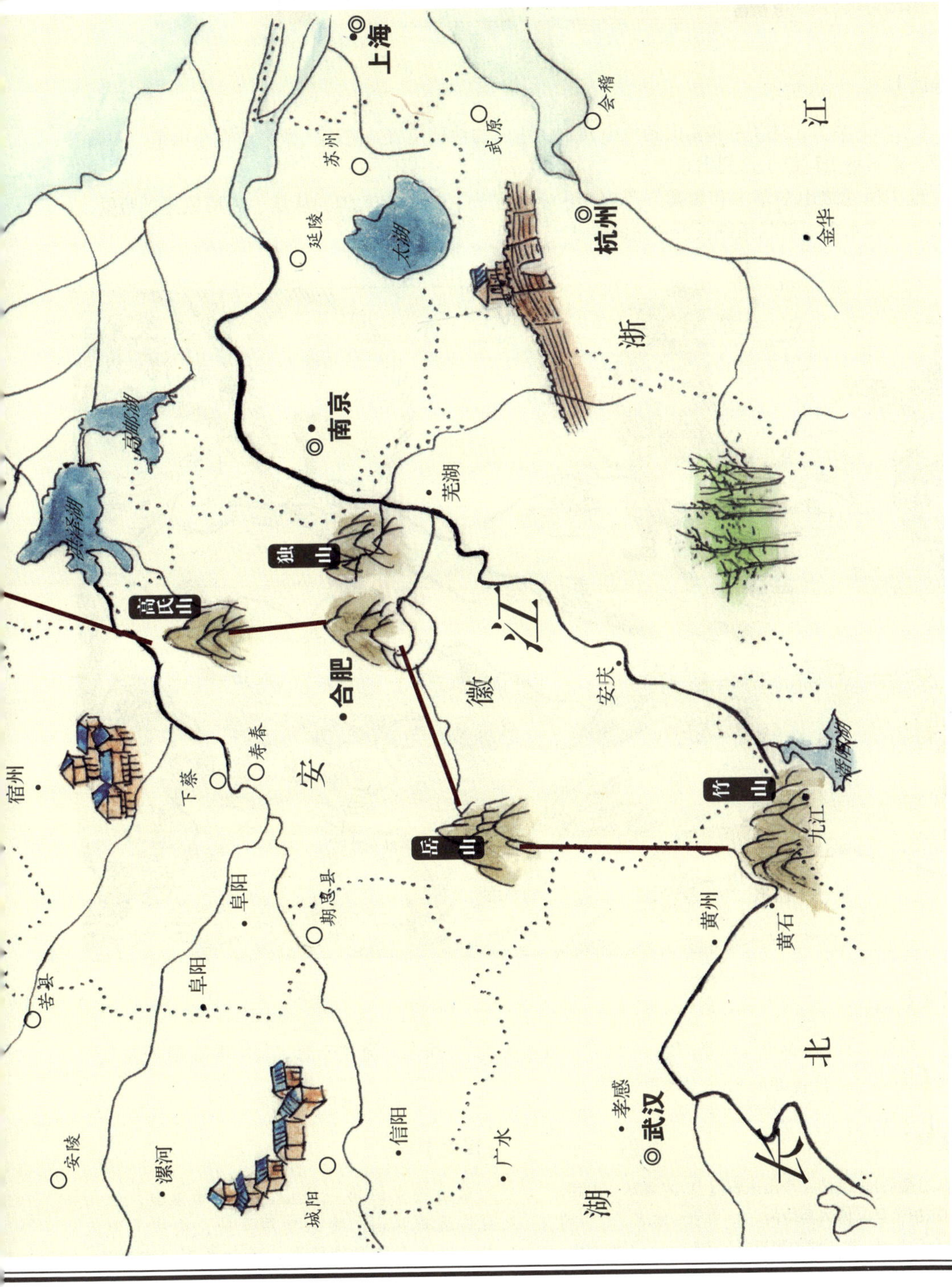
上海
苏州
武原
会稽
江
太湖
延陵
杭州
金华
浙
南京
高邮湖
洪泽湖
芜湖
独山
高氏山
合肥
江
徽
安庆
安
竹山
九江
岳山
黄州
黄石
寿春
下蔡
宿州
阜阳
期思县
莒县
阜阳
北
孝感
武汉
长
湖
信阳
广水
安陵
漯河
城阳

一、东山一经

【导读】

《东山一经》记述了从樕螽山到竹山共十二座山的地理位置。它们大致分布在今山东、安徽一带。东岳泰山就位于这列山系中。

经中所述之山多草木和鱼类，还出产丰富的矿物。怪兽有六脚的从从、鸡形鼠尾的蚩鼠，还有生活在水中，形状像蛇长着鱼鳍的偹蟰。

【原文】

4.1 东山经之首，曰樕螽之山[①]，北临乾昧[②]。食水出焉[③]，而东北流注于海。其中多鳙鳙之鱼[④]，其状如犁牛[⑤]，其音如彘鸣。

【注释】

①樕（sù）螽（zhū）之山：今山东石门山。②乾昧：山名，在今山东桓台县、博兴县境内。③食水：水名。一说即时水，今名淄河，在淄博市附近。④鳙（yōng）鳙之鱼：鳙鳙鱼。传说中的一种鱼。⑤犁牛：杂色的牛。

【译文】

东山经中的第一座山，名叫樕螽山，此山北面临近乾昧山。食水发源于此，向东北流入大海。水中有很多鳙鳙鱼，这种鱼形状像犁牛，发出的声音像猪的叫声。

鳙鳙鱼

鳙鳙鱼 清 汪绂图本

【原文】

4.2 又南三百里，曰藟山[①]，其上有玉，其下有金。湖水出焉[②]，东流注于食水[③]，其中多活师[④]。

【注释】

① 藟（lěi）山：山名，在今山东境内。② 湖水：水名，今山东清水泊。③ 食水：水名。一说即时水，今名淄河，在淄博市附近。④ 活师：蝌蚪。

【译文】

再向南三百里有座山，名叫藟山，山上有玉，山下有金。湖水由此处发源，向东流入食水，水中有很多蝌蚪。

山海经地理古今考	《山海经》中名称	今 考
	樕螽之山	山东中部石门山的南山
	藟 山	山东省中部，具体所指待考

【原文】

4.3 又南三百里，曰栒状之山[①]，其上多金玉，其下多青碧石[②]。有兽焉，其状如犬，六足，其名曰从从，其鸣自詨。有鸟焉，其状如鸡而鼠毛[③]，其名曰蚩鼠[④]，见则其邑大旱。沢水出焉[⑤]，而北流注于湖水。其中多箴鱼[⑥]，其状如儵，其喙如箴[⑦]，食之无疫疾。

【注释】

① 栒（xún）状之山：栒状山，在今山东境内。② 青碧石：青绿色的石头。③ 毛：一说应作“尾”。④ 蚩（zī）鼠：传说中的一种鸟。⑤ 沢（zhǐ）水：水名。一说指淄水，发源于今山东淄博市。⑥ 箴鱼：鲐，指针鱼。⑦ 喙：鸟兽的嘴。箴：同“针”。

【译文】

再往南三百里有座山，名叫栒状山，山上有很多金和玉，山下有很多青绿色的玉石。山中有一种野兽，形状像狗，长着六条腿，名叫从从，它发出的叫声像是在呼喊自己的名字。山里有一种鸟，体形像鸡，长着老鼠一样的尾巴，名字叫蚩鼠，它在哪个地方出现，哪个地方就会发生大旱灾。沢水发源于这座山，向北流入湖水。水中有很多箴鱼，它们的形状像儵鱼，嘴巴像长针，人吃了它的肉就不会染瘟疫。

从从

从从　清　毕沅图本

鲎鼠

鲎鼠　明　胡文焕图本

【原文】

4.4 又南三百里，曰勃亝之山①，无草木，无水。

【注释】

① 勃亝（qì）之山：勃齐山，今山东莱芜西北的新甫山。

【译文】

再往南三百里有座山，名叫勃亝山，山中不长草木，也没有水。

【原文】

4.5 又南三百里，曰番条之山①，无草木，多沙。减水出焉②，北流注于海，其中多鳡鱼③。

【注释】

① 番条之山：番条山。一说指今山东的沂山；一说指今山东淄博市博山区西南的凤凰山。② 减水：水名。一说即今博山的孝妇河。③ 鳡（gǎn）鱼：竿鱼。

【译文】

再向南三百里有座山，名叫番条山，山中不长草木，有很多沙。减水发源于此，向北流入大海，水中有很多鳡鱼。

【原文】

4.6 又南四百里，曰姑儿之山①，其上多漆②，其下多桑、柘③。姑儿之水出焉④，北流注于海，其中多鳡鱼。

【注释】

①姑儿之山：姑儿山。一说指今山东章丘市、邹平县界上的长白山；一说在今山东诸城市东南。②漆：漆树。③柘（zhè）：柘树。④姑儿之水：姑儿水，今獭河。

【译文】

再向南四百里有座山，名叫姑儿山，山上有许多漆树，山下有很多桑树、柘树。姑儿水发源于此，向北流入大海，水中有许多鳡鱼。

【原文】

4.7 又南四百里，曰高氏之山①，其上多玉，其下多箴石②。诸绳之水出焉，东流注于泽，其中多金玉。

【注释】

①高氏之山：高氏山，在今山东境内。②箴石：可用以制针的石头。

【译文】

再往南四百里有座山，名叫高氏山。山上有很多玉，山下有很多可用来制针的石头。诸绳水发源于此，向东流入湖泽，水中有许多金和玉。

【原文】

4.8 又南三百里，曰岳山①，其上多桑，其下多樗②。泺水出焉③，东流注于泽，其中多金玉。

【注释】

①岳山：山名。一说指文峰山，在今山东泰山的北面。②樗（chū）：臭椿树。③泺（luò）水：水名。源出今山东济南市西南，向北流入古济水。

【译文】

再往南三百里有座山，名叫岳山。山上长有很多桑树，山下长着许多臭椿树。泺水发源于此，向东流入湖泽，水中有很多金和玉。

【原文】

4.9 又南三百里，曰犲山①，其上无草木，其下多水，其中多堪孖之鱼②。有兽焉，其状如夸父而彘毛③，其音如呼，见则天下大水。

【注释】

①犲山：山名。一说在今山东济南市附近。②堪孖（xù）：鱼名。③夸父：一种兽，属猴类。

【译文】

再向南三百里有座山，名叫犲山，山上不长草木，山下有很多水，水中有许多堪孖鱼。山中有一种野兽，形状像夸父，长着猪一样的毛，发出的声音像人的呼喊声，只要它一出现，天下就会发生水灾。

【原文】

4.10 又南三百里，曰独山[①]，其上多金玉，其下多美石。末涂之水出焉[②]，而东南流注于沔[③]，其中多偹蟰[④]，其状如黄蛇，鱼翼，出入有光，见则其邑大旱。

【注释】

①独山：山名。一说在今山东省境内。②末涂之水：末涂水。一说指源于今济南市长清区的长清河。③沔（miǎn）：水名，今大汶河。④偹（tiáo）蟰（róng）：传说中的一种动物。

【译文】

再往南三百里有座山，名叫独山。山上有很多金和玉，山下有许多美丽的石头。末涂水发源于此，向东南流入沔水，水中有许多偹蟰，它们形状似黄色的蛇，长着鱼一样的鳍，从水中穿梭出入时，身上闪闪发光，它在哪里出现，哪里就会有大旱灾发生。

偹蟰

偹蟰　明　蒋应镐绘图本

【原文】

4.11 又南三百里，曰泰山[①]，其上多玉，其下多金。有兽焉，其状如豚而有珠[②]，名曰狪狪[③]，其鸣自讠。环水出焉[④]，东流注于江[⑤]，其中多水玉[⑥]。

【注释】

①泰山：今泰山。②豚：小猪。③狪（tóng）狪：传说中的一种兽。④环水：水名，发源于泰山。⑤江：应作“汶”，水名。一说指大汶河，源于今山东莱芜市北。⑥水玉：水晶。

【译文】

再向南三百里有座山，名叫泰山，山上有许多玉，山下有许多金。山中有一种野兽，它形状与猪相似，体内有珠子，这种兽名叫狪狪，它发出的叫声像是在喊自己的名字。环水发源于此，向东流入汶水，水中有很多水晶。

【原文】

4.12 又南三百里，曰竹山[①]，錞于江[②]，无草木，多瑶碧[③]。激水出焉[④]，而东南流注于娶檀之水[⑤]，其中多茈蠃[⑥]。

【注释】

①竹山：山名。一说在今山东大汶河南岸。②錞（chún）：蹲踞。江：应作“汶”，水名。③瑶碧：美玉和青绿色的玉石。④激水：水名。一说即接水，今大清河。⑤娶檀之水：娶檀水。⑥茈（zǐ）蠃：紫螺。

【译文】

再往南三百里有座山，名叫竹山，此山蹲踞于汶水之畔，山中不长草木，有许多美玉和青绿色的玉石。激水发源于此，向东南流入娶檀水，水中有很多紫色螺。

【泰山】

泰山，又称岱山、岱宗、东岳、泰岳等，为五岳之首，坐落在山东省中部。它雄伟壮丽、景色秀美，自古以来便备受文人墨客的赞美。唐代诗圣杜甫有诗云“会当凌绝顶，一览众山小”，说的是泰山的高大雄姿。远古时期，人们已经开始用祭祀的方式表示对泰山的崇拜。泰山封禅，就是古代帝王在泰山举行祭祀天地的典礼，仪式包括封和禅两部分。所谓“封”，就是在泰山顶上用土筑起一个圆坛来祭天帝，感谢上天的恩惠。所谓“禅”，就是在泰山下的小山上用土筑起一个方坛来祭地神，报答大地的功劳。封禅表示帝王受命于天，向天祷告太平，并对护佑之功表示答谢，还要向天报告帝王的显赫政绩。而且封禅还有更为深潜的意识：沟通天人之际，协调天、地、神、人之间的关系，使之达到精神意志与外在行为的和谐统一。正因为如此，古代帝王无不热衷封禅，早在秦代以前，就有七十二帝王封禅泰山了。自秦汉以后，历代封建王朝都把封禅作为国家大典。昔日秦始皇、汉武帝、唐高宗、唐玄宗等都曾在泰山举行封禅。到宋真宗以后，帝王来泰山就只是举行祭祀仪式，不再封禅。

【原文】

4.13 凡东山经之首，自樕螽之山以至于竹山，凡十二山，三千六百里。其神状皆人身龙首。祠：毛用一犬祈①，衈用鱼②。

【注释】

①毛：祭祀用的带毛的动物。②衈（èr）：用牲血涂器祭神。

【译文】

总计东山经首经中的山，自樕螽山起到竹山止，总共十二座山，距离为三千六百里。这些山的山神的形状都是人身龙头。祭祀山神的仪式为：取一只狗作为祭祀用的有毛动物进行祈祷，并且取鱼血涂抹在祭器上。

人身龙首神

人身龙首神　明　蒋应镐绘图本

东次二经路线示意图

威海
烟台
青岛
东
山
潍坊
临淄郡
淄博
食水
连云港
东海郡
曹夕山
卢其山
空桑山
峄皋山
杜父山
缑氏山
徐州
宿迁
清江
江
高邮湖
洪泽湖
蚌埠
九江郡
宿州
安
阜阳
陈县
漯河
颍
南
天津
德州
保定
石家庄
恒山郡
河
北
巨鹿
邯郸郡
邯郸
濮阳
开封
郑州
河
山
西
太原郡
晋阳
长子
三川郡
洛阳

北姑射山
姑射山
南姑射山
宁波
杭州
阴山
浙
江
金华
温州
凫丽山
耿山
碧山
䃌山
闽中郡
福州
姑逢山
余峨山
葛山首
尾
南平
福
建
龙岩
徽
安庆
鄱阳湖
九江
南昌
江
西
赣
江
吉安
赣州
武汉
岳阳
洞庭湖
湘阴
长沙郡
长沙
株洲
湘
江
衡阳
郴州
湖
南
益阳
常德
零陵
汉
江

二、东次二经

【导读】

《东次二经》记述了从空桑山到硾山共计十七座山的地理位置、山川风貌。它们大致位于今山东、江苏、安徽、浙江、福建一带。

这列山系中多石头山，山中有许多怪兽和怪鱼。如体形像牛、全身虎纹的軨軨；六脚体内产珠的珠蟞鱼；样子像狐狸背上生鱼鳍的朱獳；形状像鸳鸯、长着人脚的鵹鶘鸟；九头九尾的蠪侄；以及能预测旱灾的獙獙等。

【原文】

4.14 东次二经之首，曰空桑之山①，北临食水，东望沮吴②，南望沙陵③，西望涽泽④。有兽焉，其状如牛而虎文，其音如钦⑤，其名曰軨軨⑥，其鸣自叫，见则天下大水。

【注释】

①空桑之山：空桑山。一说在今山东曲阜市北。②沮（jū）吴：山名，今蓬莱附近的蛆岛、虎岛。③沙陵：沙丘。④涽（mǐn）泽：水名，一说当指大小汶河汇合处的水泽。⑤钦：通“吟”，呻吟。⑥軨（líng）軨：传说中的一种兽。

【译文】

东次二经中的第一座山，名叫空桑山，此山北面临近食水，东面可以望见沮吴，南面可以看到沙陵，西面可以望到涽泽。山中有一种野兽，形状像牛，身上长着老虎一样的斑纹，

軨軨

发出的声音如人的呻吟声，这种兽名叫軨軨，它的叫声像是在自呼其名，只要它一出现，天下就会发生大水灾。

軨軨　清　汪绂图本

【原文】

4.15 又南六百里，曰曹夕之山①，其下多穀而无水②，多鸟兽。

【注释】

①曹夕之山：曹夕山，在今山东境内。②穀：应作"榖"，构树。

【译文】

再往南六百里有座山，名叫曹夕山。山下长着很多构树，没有水，有许多鸟兽。

【原文】

4.16 又西南四百里，曰峄皋之山①，其上多金玉，其下多白垩。峄皋之水出焉②，东流注于激女之水③，其中多蜃珧④。

【注释】

①峄（yì）皋（gāo）之山：峄皋山。一说指今峄山，在山东省境内。②峄皋之水：峄皋水。③激女之水：激女水。④蜃：大蛤蜊。珧（yáo）：江珧。

【译文】

再向西南四百里有座山，名叫峄皋山。山上有很多金和玉，山下有许多可用作涂料的白土。峄皋水发源于此，向东流入激女水，水中有很多大蛤蜊和江珧。

山海经地理古今考	《山海经》中名称	今　考
	曹夕之山	山东崂山
	峄皋之山	山东省邹城市东南的峄山

【原文】

4.17 又南水行五百里，流沙三百里，至于葛山之尾①，无草木，多砥砺②。

【注释】

①葛山：山名。一说今江苏邳州市西南的葛峄山。②砥砺：磨刀石。

【译文】

再往南走五百里水路，经过三百里流沙，便到了葛山的尾端。山中不长草木，有许多磨刀石。

【原文】

4.18 又南三百八十里，曰葛山之首[①]，无草木。澧水出焉[②]，东流注于余泽[③]，其中多珠鳖鱼[④]，其状如肺而有目，六足，有珠，其味酸甘，食之无疠[⑤]。

【注释】

① 葛山：山名，在今朝鲜半岛。② 澧（lǐ）水：水名，在今朝鲜半岛。③ 余泽：水名。一说即徐泽，在今江苏邳州市内，现已湮。④ 珠鳖（biē）鱼：传说中的一种鱼。⑤ 疠：瘟疫；恶疮。

【译文】

再向南三百八十里，便是葛山的首端，山中不长草木。澧水由此地发源，向东流入余泽，水中有很多珠鳖鱼，它形状如肺，长着四只眼睛，六只脚，体内有珠子，这种鱼味道酸甜，人吃了它就不会感染瘟疫。

珠鳖鱼

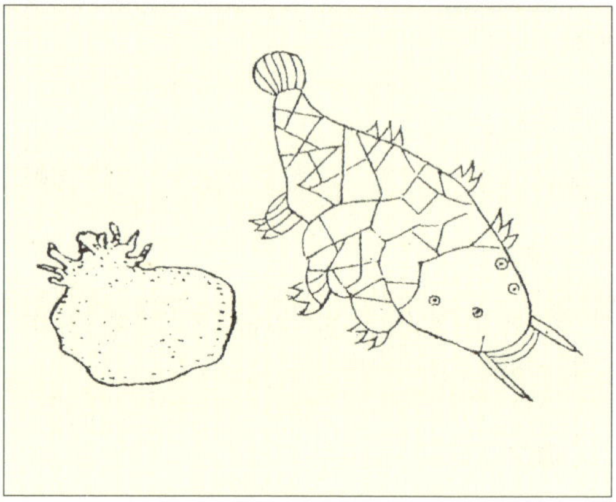

珠鳖鱼　清　吴任臣康熙图本

山海经地理古今考	《山海经》中名称	今　考
	葛山之首	朝鲜半岛狼林山中的东白山
	澧　水	今朝鲜半岛的城川江

【原文】

4.19 又南三百八十里，日余峨之山[①]，其上多梓楠[②]，其下多荆芑[③]。杂余之水出焉[④]，东流注于黄水[⑤]。有兽焉，其状如菟而鸟喙[⑥]，鸱目蛇尾[⑦]，见人则眠，名曰犰狳[⑧]，其鸣自讠，见则螽、蝗为败[⑨]。

【注释】

① 余峨之山：余峨山，今江苏徐州附近。② 梓：梓树。楠：楠木。③ 芑（qǐ）：枸杞。④ 杂余之水：杂余水。⑤ 黄水：水名，在今朝鲜半岛的松田湾。⑥ 菟（tù）：通“兔”，兔子。喙：鸟兽的嘴。⑦ 鸱（chī）：鹞鹰。⑧ 犰（qiú）狳（yú）：传说中的一种兽。⑨ 螽（zhōng）：螽斯，一种昆虫，对农作物有害。

【译文】

再往南三百八十里有座山，名叫余峨山。山上长着许多梓树和楠木，山下长着许多荆和枸杞。杂余水发源于此，向东流入黄水。山中有一种兽，形状像兔子，长着鸟一样的嘴，鹞鹰一样的眼睛，蛇一样的尾巴，它一见到人就躺下装死，这种兽名叫犰狳。它发出的叫声像是在自呼其名，只要它一出现，就会使螽斯、蝗虫成灾，危害庄稼。

犰狳

犰狳　明　蒋应镐绘图本

【原文】

4.20 又南三百里，曰杜父之山[①]，无草木，多水。

【注释】

① 杜父之山：杜父山，今杜雾山。

【译文】

再往南三百里有座山，名叫杜父山，山中不长草木，有很多水。

【原文】

4.21 又南三百里，曰耿山，无草木，多水碧[①]，多大蛇。有兽焉，其状如狐而鱼翼，其名曰朱獳[②]，其鸣自训，见则其国有恐。

【注释】

① 水碧：水晶。② 朱獳（rú）：传说中的一种兽。

【译文】

再向南三百里有座山，名叫耿山，山中不长草木，有许多水晶，还有很多大蛇。山中有一种兽，形状与狐狸相似，身上有鱼一样的鳍，这种兽名叫朱獳，发出的叫声像是在自呼其名。它在哪个国家出现，那个国家就会有令人恐慌的事情发生。

朱獳

朱獳　清　汪绂图本

【原文】

4.22 又南三百里，曰卢其之山[①]，无草木，多沙石。沙水出焉[②]，南流注于涔水，其中多鹙鹕[③]，其状如鸳鸯而人足，其鸣自训，见则其国多土功[④]。

【注释】

① 卢其之山：卢其山。一说在今江苏境内。② 沙水：水名。一说指今江苏灌云县大沙河。③ 鴛（lí）鹕（hú）：鸟名。一说是鹈鹕。④ 土功：指治水、筑城、建造宫殿等工程。

【译文】

再往南三百里有座山，名叫卢其山，山中不长草木，有很多沙子和石头。沙水发源于此，向南流入涔水，水中有很多鴛鹕，这种鸟形状与鸳鸯相似，长着人一样的脚，发出的叫声像是在自呼其名。这种鸟在哪个国家出现，哪个国家就会大兴土木。

鴛鹕

鴛鹕　清　汪绂图本

【原文】

4.23 又南三百八十里，曰姑射之山[①]，无草木，多水。

【注释】

① 姑射（yè）之山：姑射山，在山西省临汾县西。

【译文】

再向南三百八十里有座山，名叫姑射山，山中不长草木，有很多水。

【原文】

4.24 又南水行三百里，流沙百里，曰北姑射之山[①]，无草木，多石。

【注释】

① 北姑射（yè）之山：北姑射山。所指待考。

【译文】

再往南走三百里水路，经过一百里流沙，便到了北姑射山，山中不长草木，有很多石头。

【犰狳】

犰狳是哺乳动物，分布于亚热带和热带地区，是美洲特产的穴居动物。它的身躯粗壮，全身覆盖着坚硬的鳞片，腿很短，脚上爪子坚硬锋利，善于挖土。犰狳的身体分为前、中、后三段，每段之间有筋肉相连，可以伸缩。一旦遇到危险，它变把身体蜷缩起来，只把坚硬的鳞片露在外面，借以躲避别的动物的攻击。它还善于游泳，能吸足空气，使身体浮在水面上。犰狳居住在洞里，昼伏夜出，吃白蚁等昆虫，也吃植物和一些小动物的腐肉。它肉质鲜美，可以食用。

【原文】

4.25 又南三百里，曰南姑射之山[①]，无草木，多水。

【注释】

①南姑射（yè）之山：南姑射山，在今福建省境内。

【译文】

再往南三百里有座山，名叫南姑射山。山中不长草木，有很多水。

【原文】

4.26 又南三百里，曰碧山[①]，无草木，多大蛇，多碧、水玉[②]。

【注释】

①碧山：山名，位于今福建中北部。②碧：青绿色的玉石。水玉：水晶。

【译文】

再往南三百里有座山，名叫碧山，山中不长草木，有很多大蛇，还有许多青绿色的玉石、水晶。

【原文】

4.27 又南五百里，曰缑氏之山[①]，无草木，多金玉。原水出焉[②]，东流注于沙泽[③]。

【注释】

①缑（gōu）氏之山：缑氏山，今德裕山。②原水：今南江。③沙泽：今东江三角洲。

【译文】

再往南五百里有座山，名叫缑氏山，山中不长草木，有很多金和玉。原水发源于此，向东流入沙泽。

【原文】

4.28 又南三百里，曰姑逢之山[①]，无草木，多金玉。有兽焉，其状如狐而有翼，其音如鸿雁，其名曰獙獙[②]，见则天下大旱。

【注释】

①姑逢之山：姑逢山。一说在今浙江境内。②獙（bì）獙：传说中的一种兽。

【译文】

再向南三百里有座山，名叫姑逢山，山中不长草木，有很多金和玉。山中有一种兽，它的形状像狐狸，身上生有翅膀，叫声似大雁的鸣叫声，这种兽名叫獙獙，只要它一出现，天下就会发生大旱灾。

獙獙

獙獙 清 汪绂图本

【原文】

4.29 又南五百里，曰凫丽之山①，其上多金玉，其下多箴石②。有兽焉，其状如狐而九尾、九首、虎爪，名曰蛮侄③，其音如婴儿，是食人。

【注释】

①凫丽之山：凫丽山。一说在今浙江、福建交界处。②箴石：可用以制针的石头。③蛮（lóng）侄：传说中的一种兽。

蛮侄

【译文】

再往南五百里有座山，名叫凫丽山，山上有很多金和玉，山下有许多可用来制针的石头。山中有一种兽，体形与狐狸相似，生有九条尾巴，九个脑袋，长着老虎一样的爪子，这种兽名叫蛮侄，它的叫声像是婴儿的啼哭声，能吃人。

蛮侄　清　汪绂图本

【原文】

4.30 又南五百里，曰硜山①，南临硜水②，东望湖泽。有兽焉，其状如马而羊目、四角、牛尾，其音如嗥狗③，其名曰峳峳④，见则其国多狡客⑤。有鸟焉，其状如凫而鼠尾⑥，善登木，其名曰絜钩⑦，见则其国多疫。

【注释】

①硜（yīn）山：山名。一说在今福建省中部；一说是今安徽的睢阳山。②硜水：水名。一说可能指今濉河，在睢阳山南面。③嗥（háo）：野兽吼叫。④峳（yóu）峳：传说中的一种兽。⑤狡客：狡猾的人。⑥凫：野鸭。⑦絜（xié）钩：传说中的一种鸟。

峳峳

【译文】

再往南五百里有座山，名叫硜山，此山南面临近硜水，东面可看到湖泽。山中有一种兽，形状与马相似，长着羊一样的眼睛，四只角，牛一样的尾巴，发出的声音像是狗吠声，这种兽名叫峳峳，它出现在哪个国家，哪个国家就会有很多奸猾的人。山中有一种鸟，形状与野鸭相似，长着老鼠一样的尾巴，擅长爬树，它的名字叫絜钩。它出现在哪个国家，哪个国家就会有瘟疫。

峳峳　清　汪绂图本

絜钩

絜钩　明　胡文焕图本

【原文】

4.31 凡东次二经之首，自空桑之山至于䃌山，凡十七山，六千六百四十里。其神状皆兽身人面载觡①。其祠：毛用一鸡祈②，婴用一璧，瘗③。

【注释】

① 载：同“戴”。觡（gé）：有蹄兽类的骨质实心的角。② 毛：祭祀用的带毛的动物。③ 婴：颈上的饰物。璧：平圆形中间有孔的玉。

【译文】

总计东次二经中的山，自首座山空桑山起到䃌山止，总共有十七座山，距离为六千六百四十里。诸山山神的形状都是兽身人面，头上的角与麋鹿的角一样。祭祀山神的仪式为：用一只鸡作为祭祀用的有毛动物（即祭品）进行祈祷，用一块玉璧作为系在山神颈部的饰物，祭祀完毕后将其埋入地下。

兽身人面神

兽身人面神　清　汪绂图本

山海经地理古今考

《山海经》中名称	今　考
皃丽之山	在今浙江、福建交界处
䃌　山	在今福建中部，或是安徽宿州市西北的睢阳山
䃌　水	可能指今濉河，在睢阳山南面

东次三经路线示意图

河
集宁
张家口
尸胡山
狐竹
秦皇岛
诸钩山
锦州
旅顺
大连
北京
大同
山
武阳
保定
渤
海
烟台
威海
太原
石家庄
北
德州
东
晋阳
山
潍坊
青岛
邯郸
西
济南
邯郸
黄
安阳
济宁
黄
连云港
河
徐州
西周
洛阳
开封
江
宿迁
郑州
清江
宿州
安
漯河
河
南
蚌埠
阜阳
南阳
城阳
柜山
南京
信阳
徽
苏
宿州
芜湖
上海
武汉
湖
北
安庆
杭州
宁
宜昌
沙美
浙
江
九江
金华
岳阳
江
西
上饶
常德

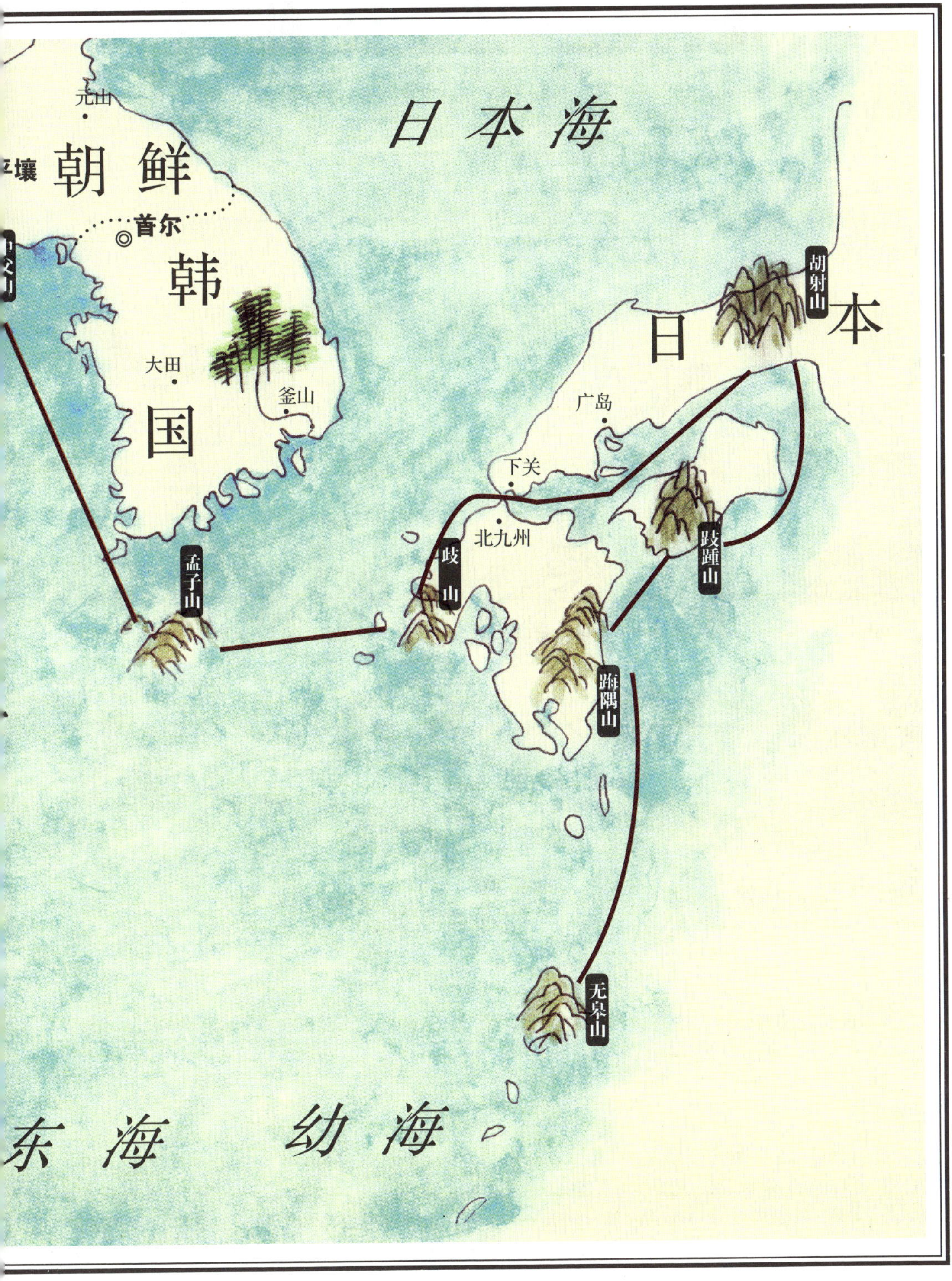

日本海
元山
朝鲜
首尔
韩
大田
釜山
国
孟子山
日
本
胡射山
广岛
下关
北九州
岐山
跂踵山
踇隅山
无皋山
东海
幼海

三、东次三经

【导读】

《东次三经》记述了从尸胡山到无皋山共计九座山的位置分布。这些山分布在今渤海之滨，以及日本、韩国等国境内。

因其山附近多水，所以野兽较少而多鱼类，如䲃鱼、鳣鱼、鲔鱼、神兽蠵龟和长有六只脚的鮯鮯鱼等。

【原文】

4.32 又东次三经之首，曰尸胡之山[①]，北望𡼲山[②]，其上多金玉，其下多棘[③]。有兽焉，其状如麋而鱼目，名曰妴胡[④]，其鸣自训。

【注释】

① 尸胡之山：尸胡山。一说在今河北境内；一说在今韩国境内。② 𡼲（xiáng）山：山名，疑为今山东蓬莱市北面的长岛。③ 棘：酸枣树。④ 妴（wǎn）胡：指白唇鹿。

【译文】

东次三经中的第一座山，名叫尸胡山。（从这座山的）北面可以望见𡼲山，山上有很多金和玉，山下长着很多酸枣树。山中有一种野兽，形状与麋鹿相似，长着鱼一样的眼睛，这种兽名叫妴胡，它发出的叫声像是在自呼其名。

婴胡

婴胡 明 蒋应镐绘图本

【原文】

4.33 又南水行八百里，曰岐山[①]，其木多桃李，其兽多虎。

【注释】

① 岐山：山名，一说在今日本九州岛。

【译文】

再往南行八百里水路，便到了岐山，山中的树木多为桃树和李树，野兽多为老虎。

【原文】

4.34 又南水行五百里，曰诸钩之山[①]，无草木，多沙石。是山也，广员百里，多寐鱼[②]。

【注释】

① 诸钩（gōu）之山：诸钩山，今日本九州岛西北部港湾附近的高山的总称。② 寐鱼：鮇鱼，形状与鲤鱼相似。

【译文】

再往南行五百里水路，便到了诸钩山，山中不长草木，有很多沙子和石头。这座山方圆百里，水中有很多寐鱼。

【原文】

4.35 又南水行七百里，曰中父之山[①]，无草木，多沙。

【注释】

① 中父之山：中父山，今日本雾岛山。

【译文】

再向南走七百里水路，便到了中父山，山中不长草木，有很多沙子。

山海经地理古今考	《山海经》中名称	今考
	尸胡之山	一说是今山东烟台市西北的芝罘山；一说在今河北境内
	岐 山	在今日本九州岛

【原文】

4.36 又东水行千里，曰胡射之山[①]，无草木，多沙石。

【注释】

① 胡射之山：胡射山。一说在今日本境内。

【译文】

再往东走一千里水路，便到了胡射山，山中不长草木，有很多沙子和石头。

【原文】

4.37 又南水行七百里，曰孟子之山[①]，其木多梓桐[②]，多桃李，其草多菌蒲[③]，其兽多麋鹿。是山也，广员百里。其上有水出焉，名曰碧阳[④]，其中多鳣鲔[⑤]。

【注释】

① 孟子之山：孟子山，在今日本境内。② 梓：梓树。桐：桐树。③ 菌：真菌。蒲：香蒲。④ 碧阳：水名，具体所指代考。⑤ 鳣（zhān）：鳇。鲔（wěi）：白鲟。

【译文】

再往南走七百里水路，便到了孟子山，山中生长的树木多为梓树和桐树，还有很多桃树和李树，草类多为菌类和香蒲，野兽多是麋鹿。这座山方圆百里。山上有条河由此发源，名叫碧阳，水中有很多鳇鱼和白鲟。

蒲

鲔

山海经地理古今考	《山海经》中名称	今考
	胡射之山	今日本的富士山
	孟子之山	今日本富士山向南七百里的木会山

山海经动物古今考	《山海经》中名称	今考
	鳣	鳇
	鲔	白鲟

【原文】

4.38 又南水行五百里，曰流沙，行五百里，有山焉，曰跂踵之山[①]，广员二百里，无草木，有大蛇，其上多玉。有水焉，广员四十里皆涌，其名曰深泽[②]，其中多蠵龟[③]。有鱼焉，其状如鲤而六足鸟尾，名曰鲐鲐之鱼[④]，其名自训。

【注释】

①跂（qǐ）踵之山：跂踵山。一说在今日本境内。②深泽：水名。③蠵（xī）龟：赤海龟。④鲐（gé）鲐之鱼：鲐鲐鱼，传说中的一种鱼。

鲐鲐鱼

【译文】

再往南走五百里水路，有一片流沙，再走五百里路，便到了一座山，此山名叫跂踵山。这座山方圆二百里，山中不长草木，有大蛇，山上有很多玉。山中有一个水泽，方圆达四十里，泽中之水向上喷涌而成，这个水泽名叫深泽，水中有很多蠵龟。水中还有一种鱼，它的形状与鲤鱼相似，长着六只脚，鸟一样的尾巴，这种鱼名叫鲐鲐鱼，它叫起来像是在自呼其名。

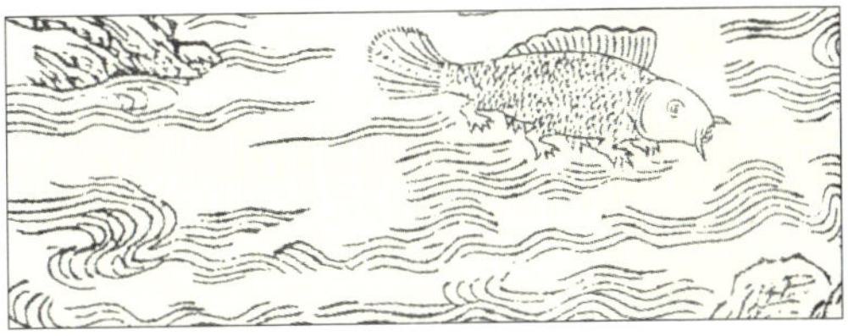

鲐鲐鱼 明 蒋应镐绘图本

【原文】

4.39 又南水行九百里，曰踇隅之山[①]，其上多草木，多金玉，多赭[②]。有兽焉，其状如牛而马尾，名曰精精，其鸣自训。

【注释】

①踇（mǔ）隅之山：踇隅山，在今日本境内。②赭（zhě）：红土。

精精

【译文】

再往南走九百里水路，便到了踇隅山。山上长着很多草木，有很多金和玉，还有许多红土。山中有一种兽，它的形状与牛相似，却长着马一样的尾巴，这种兽名叫精精，它发出的叫声像是在自呼其名。

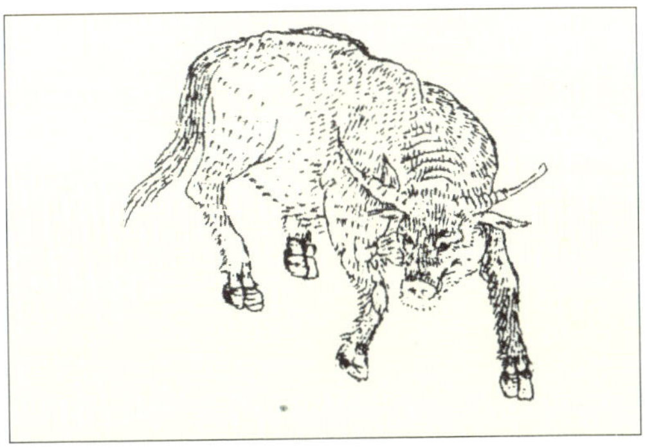

精精 清 汪绂图本

【原文】

4.40 又南水行五百里，流沙三百里，至于无皋之山①，南望幼海②，东望榑木③，无草木，多风。是山也，广员百里。

【注释】

①无皋之山：无皋山。一说在今日本境内；一说可能是今山东青岛崂山。②幼海：水名。一说指崂山西南的胶州湾。③榑（fú）木：扶桑，传说中的一种树。

【译文】

再向南行五百里水路，经过三百里流沙，便到了无皋山。（从此山的）南面可以望到幼海，东面可以看到扶桑，山中不长草木，经常刮风。这座山方圆百里。

山海经地理古今考	《山海经》中名称	今考
	跂踵之山	今日本纪伊半岛的山脉
	踇隅之山	在今日本九州岛附近
	无皋之山	可能是今山东青岛的崂山

山海经动物古今考	《山海经》中名称	今考
	蠵龟	赤海龟
	鲐鲐之鱼	传说中的一种鱼，类似鲤鱼

【原文】

4.41 凡东次三经之首，自尸胡之山至于无皋之山，凡九山，六千九百里。其神状皆人身而羊角。其祠：用一牡羊①，米用黍②。是神也，见则风雨水为败。

【注释】

①牡羊：公羊。②米：一说应作“糈”，祭神用的精米。

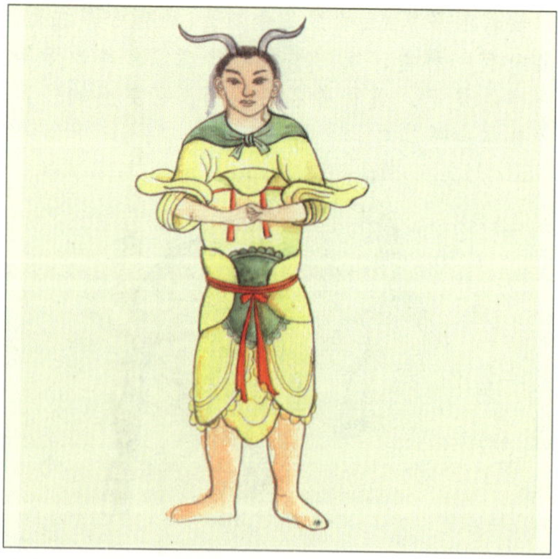

人身羊角神

【译文】

总计东次三经山系的首尾，自首座山尸胡山起到无皋山止，共有九座山，绵延六千九百里。诸山山神的形貌都是人身，头上长着羊角。祭祀山神的礼仪是：在带毛的牲畜中选一只公羊作祭品，用黄米做祀神的米。这些山神代表凶兆，只要他们一出现，天下就会刮大风、下大雨、发大水，而使庄稼颗粒无收。

人身羊角神　清　汪绂图本

四、东次四经

【导读】

《东次四经》记述了从北号山至太山共计八座山的地理位置分布情况。它们座落在今山东、河北、江苏境内。这些山和附近水域中有许多怪兽，如东始山中一首十身的茈鱼、女烝山中能预测大旱的鱃鱼、钦山中形状像猪长着獠牙的当康兽、太山中形状像牛独眼的蜚兽。

【原文】

4.42 又东次四经之首，曰北号之山[①]，临于北海[②]。有木焉，其状如杨，赤华，其实如枣而无核，其味酸甘，食之不疟[③]。食水出焉[④]，而东北流注于海。有兽焉，其状如狼，赤首鼠目，其音如豚[⑤]，名曰猲狚[⑥]，是食人。有鸟焉，其状如鸡而白首，鼠足而虎爪，其名曰鬿雀[⑦]，亦食人。

【注释】

①北号之山：北号山，在今山东省境内。②北海：水名，今莱州湾。③疟：疟疾。④食水：水名。一说指小清河。⑤豚：小猪，也泛指猪。⑥猲（gé）狚（jū）：传说中的一种兽。⑦鬿（qí）雀：传说中的一种鸟。

【译文】

东次四经中的首座山，名叫北号山，此山临近北海。山中有一种树木，形状像杨树，开红色花朵，果实与枣相似，但里面没有核，味道酸甜，人们食用它就不会患疟疾。食水发源

猲狙

于此，向东北流入大海。山中有一种野兽，形状与狼相似，长着红色的脑袋，老鼠一样的眼睛，发出的声音与猪的叫声相似，这种兽名叫猲狙，能吃人。山中有一种鸟，它形状像鸡，长着白色的脑袋，老鼠一样的脚，老虎一样的爪子，这种鸟名叫鬿雀，也能吃人。

猲狙　清　汪绂图本

【原文】

4.43 又南三百里，曰旄山[①]，无草木。苍体之水出焉[②]，而西流注于展水[③]，其中多鱃鱼[④]，其状如鲤而大首，食者不疣。

【注释】

①旄（máo）山：山名。一说在今河北张家口北。②苍体之水：苍体水。一说是今河北洋河的支流。③展水：水名，一说即今结雅河，注入黑龙江。④鱃（qiū）鱼：鱼名。一说指海鲇。

【译文】

再往南三百里有座山，名叫旄山，山中不长草木。苍体水发源于此，向西流入展水，水中有很多鱃鱼，形状与鲤鱼相似，头很大，食用这种鱼后就不会长瘊子。

鱃鱼

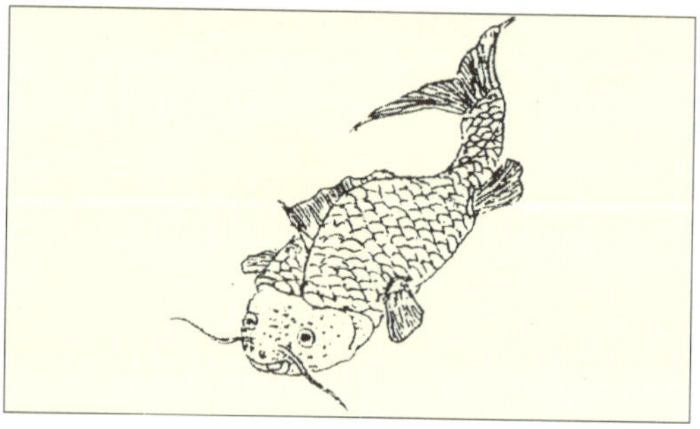

鱃鱼　清　汪绂图本

山海经地理古今考	《山海经》中名称	今　考
	北号之山	可能是位于山东北面的莱州湾小清河畔的一丘阜
	旄　山	一说在今张家口北；一说在今外兴安岭南

山海经动物古今考	《山海经》中名称	今　考
	鱃　鱼	海　鲇
	猲　狙	传说中的一种兽

【原文】

4.44 又南三百二十里，曰东始之山[①]，上多苍玉[②]。有木焉，其状如杨而赤理，其汁如血，不实，其名曰芑[③]，可以服马[④]。泚水出焉[⑤]，而东北流注于海，其中多美贝，多茈鱼[⑥]，其状如鲋[⑦]，一首而十身，其臭如麋芜[⑧]，食之不糒[⑨]。

【注释】

①东始之山：东始山。一说在今河北境内；一说在今山东境内。②苍玉：灰白色的玉。③芑（qǐ）：植物名，指杞柳。④服马：使马驯服。⑤泚（zǐ）水：水名。一说指今河北的滋水。⑥茈（zǐ）鱼：传说中的一种鱼。⑦鲋（fù）：鲫鱼。⑧臭（xiù）：气味。麋芜：蘼芜。⑨糒（pì）：同"屁"，放屁。

杞柳

【译文】

再往南三百二十里有座山，名叫东始山，山上有很多灰白色的玉。山中有一种树，形状与杨树相似，长着红色的纹理，树的汁液像血，（这种树）不结果实，它的名字叫芑，可以用它的汁液来使马驯服。泚水发源于此，向东北流入大海，水中有很多美丽的贝类生物，还有许多茈鱼，这种鱼形状像鲫鱼，有一个脑袋，十个身子，能发出蘼芜一样的气味，人吃了它就能不放屁。

茈鱼 清 汪绂图本

【原文】

4.45 又东南三百里，曰女烝之山[①]，其上无草木。石膏水出焉[②]，而西注于鬲水[③]，其中多薄鱼[④]，其状如鳣鱼而一目[⑤]，其音如欧[⑥]，见则天下大旱。

【注释】

①女烝（zhēng）之山：女烝山。一说在今河北大名县一带；一说可能是今山东省境内的石膏山。②石膏水：水名，一说是今布列亚河。③鬲（gé）水：水名，今黑龙江。④薄鱼：传说中的一种鱼。⑤鳣：通"鳝"，黄鳝。⑥欧：通"呕"，呕吐。

薄鱼

【译文】

再往东南三百里有座山，名叫女烝山，山上不长草木。石膏水由此处发源，向西流入鬲水，水中有许多薄鱼，这种鱼形状与鳝鱼相似，只长着一只眼睛，发出的声音像人的呕吐声。只要它一出现，天下就会发生大旱灾。

薄鱼 明 蒋应镐绘图本

【原文】

4.46 又东南二百里，曰钦山[①]，多金玉而无石。师水出焉[②]，而北流注于皋泽[③]，其中多鱃鱼[④]，多文贝。有兽焉，其状如豚而有牙[⑤]，其名曰当康，其鸣自训，见则天下大穰[⑥]。

【注释】

① 钦山：山名，一说在今山东境内。② 师水：一说指今饶河。③ 皋泽：水名。④ 鱃（qiū）鱼：鱼名。⑤ 豚：小猪，也泛指猪。⑥ 穰（ráng）：丰收。

【译文】

再往东南二百里有座山，名叫钦山，山中有许多金和玉，没有石头。师水发源于此，向北流入皋泽，水中有许多鱃鱼，还有许多带花纹的贝。山中有一种野兽，形状与猪相似，长着长长的獠牙，这种兽名叫当康，它发出的叫声像是在自呼其名，只要它一出现，天下就会获得大丰收。

当康

当康　明　胡文焕图本

【原文】

4.47 又东南二百里，曰子桐之山[①]。子桐之水出焉[②]，而西流注于余如之泽[③]。其中多䱻鱼[④]，其状如鱼而鸟翼，出入有光，其音如鸳鸯，见则天下大旱。

【注释】

① 子桐之山：子桐山。一说在今山东境内；一说在今山西境内。② 子桐之水：子桐水。一说是今山西的潇河；一说是今山东的潍河。③ 余如之泽：余如泽。④ 䱻（huá）鱼：传说中的一种鱼。

【译文】

再往东南走二百里有座山，名叫子桐山。子桐水由此处发源，向西注入余如泽。水中有很多䱻鱼，它形状与鱼相似，但长着鸟一样的翅膀，在水中出入时身体会闪闪发光，发出的声音与鸳鸯的叫声相似。只要它一出现，天下就会有大旱灾发生。

䱻鱼

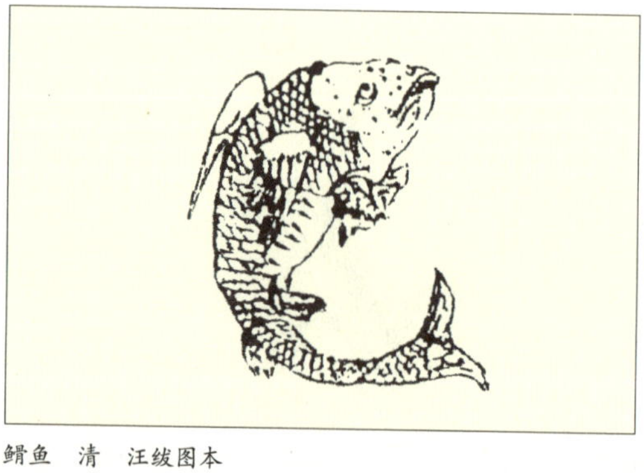

䱻鱼　清　汪绂图本

山海经地理古今考	《山海经》中名称	今　考
	钦　山	在今山东省境内
	师　水	一说指饶河
	子桐之山	一说在今山东境内；一说在今山西境内

【原文】

4.48 又东北二百里，曰剡山[①]，多金玉。有兽焉，其状如彘而人面，黄身而赤尾，其名曰合窳[②]，其音如婴儿，是兽也，食人，亦食虫蛇，见则天下大水。

【注释】

① 剡（yǎn）山：山名。一说在今山东境内；一说是今巴士古山脉。② 合窳（yá）：传说中的一种兽。

【译文】

再往东北二百里有座山，名叫剡山，山中有很多金和玉。山中有一种野兽，它的形状像猪，长着人一样的脸，黄色的身子，红色的尾巴，这种兽名叫合窳，它发出的声音如同婴儿的啼哭声，这种兽能吃人，也能吃昆虫和蛇。只要它一出现，天下就会发生大水灾。

合窳

合窳　清　汪绂图本

【原文】

4.49 又东二百里，曰太山[①]，上多金玉、桢木[②]。有兽焉，其状如牛而白首，一目而蛇尾，其名曰蜚，行水则竭，行草则死，见则天下大疫。钩水出焉[③]，而北流注于涝水[④]，其中多鱃鱼[⑤]。

【注释】

① 太山：山名。一说指东泰山，在今山东临朐境内。② 桢（zhēn）木：女贞。③ 钩水：水名，在今山东境内。④ 涝水：水名。一说是今尧河；一说是今乌苏里江。⑤ 鱃（qiū）鱼：鱼名。一说指海鲇。

【译文】

再往东二百里有座山，名叫太山，山上有很多金和玉，还长有许多女贞树。山中有一种兽，形状似牛，脑袋是白色的，长着一只眼睛，蛇一样的尾巴，它的名字叫作蜚，它在水中行走，河水就会干涸，它在草丛中行走，草就会枯死，只要它一出现，天下就会有大的瘟疫。钩水发源于此，向北流入涝水，水中长着很多鱃鱼。

蜚

蜚　清　汪绂图本

【蜚】

传说蜚是灾难之兽，它的出现，就像死神来临一样，预示着死亡和灾难。凡是它行经的地方，遇水水会干涸，遇草草会枯死。传说春秋时期，曾经有蜚兽出现，当时天下大旱，河水干涸，草木枯萎，大地上瘟疫横行，无数百姓病死，天昏地暗，了无生机。

【原文】

4.50 凡东次四经之首，自北号之山至于太山①，凡八山，一千七百二十里。

【注释】

① 北号之山：即北号山，山名，可能是今小清河畔一丘阜，靠近山东背面的莱州湾。

【译文】

总计东次四经中的山，自首座山北号山起到太山止，共有八座山，距离为一千七百二十里。

【原文】

4.51 右东经之山志①，凡四十六山，万八千八百六十里。

【注释】

① 右：古籍通常是从右到左的竖排格式，这里“右”，相当于现在的“以上”。志：记载的文字。

【译文】

以上是东山经中记载的山，总共有四十六座山，距离为一万八千八百六十里。

◎第五卷◎

中山经

《中山经》自中山一经至中次十二经，共十二篇，记载了位于中国中部的一系列山，发源于这些山的河流和在这些山上生长的动物、植物及其形状、特点，出产的矿物，以及与这些山和水有关的神、历史人物，掌管这些山的山神的形状、祭祀这些山神的方法等。《中山经》是《山海经》的五篇山经中内容最多的一篇，共记载了一百九十七座山，它们位于今河南、山西、陕西、四川、重庆、安徽、湖北、湖南、江西境内，其中三分之一左右的山的具体位置可以确定。

中山一经路线示意图

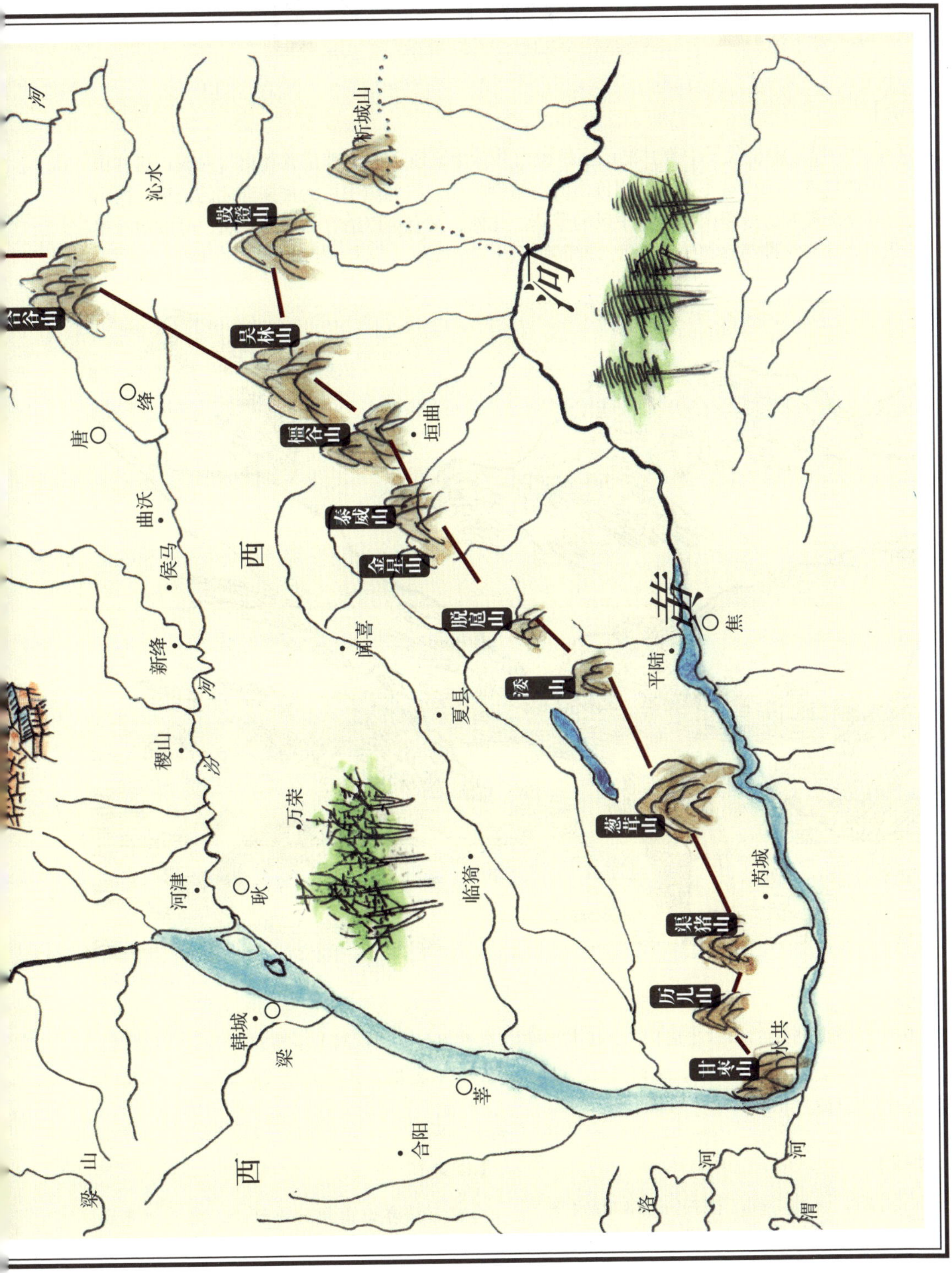

析城山
沁水
鼓镫山
吴林山
橿谷山
垣曲
泰威山
金星山
脱扈山
涹山
葱聋山
渠猪山
历儿山
甘枣山
共水
芮城
平陆
焦
唐
绛
曲沃
侯马
新绛
稷山
河津
耿
韩城
梁
莘
合阳
西
梁山
闻喜
夏县
临猗
万荣
汾
河
洛
渭

一、中山一经

【导读】

《中山一经》中记载了中部甘枣山至鼓镫山共计十五座山的地理位置和山川风貌。这些山位于今山西境内。山中有不少有药用价值的动植物。如：脱扈山中可治疗抑郁症的植楮，阴山中治疗耳聋的雕棠，鼓镫山中治疗中风的荣草。此外，又有可以治疗白癣的豪鱼、可以治疗痔疮的飞鱼，还有一种叫朏朏的兽能医治抑郁症。

【原文】

5.1 中山经薄山之首[①]，曰甘枣之山[②]。共水出焉[③]，而西流注于河。其上多杻木[④]。其下有草焉，葵本而杏叶[⑤]，黄华而荚实[⑥]，名曰箨[⑦]，可以已瞢[⑧]。有兽焉，其状如鼣鼠而文题[⑨]，其名曰䑏[⑩]，食之已瘿[⑪]。

【注释】

① 薄山：山系名。一说指蒲山，位于今山西南部的中条山脉中。② 甘枣之山：甘枣山。一说指今山西芮城县；一说在今山西永济市南。③ 共水：水名。一说指今山西

【译文】

中山经薄山山系的首座山，名叫甘枣山。共水发源于甘枣山，向西流入黄河。山上生长着很多杻树，山下长着一种草，这种草的茎干

芮城县东北的朱石河。④ 杻（niǔ）：檍树。⑤ 本：草木的根干。⑥ 荚：豆科植物的长形果实，亦指狭长无隔膜的其他草木的果实。⑦ 箨（tuò）：草名。⑧ 已：治愈。瞢（méng）：目不明。⑨ 鼣（huī）鼠：大型的灰色鼠。题：额头。⑩ 難（nài）：兽名，指马来熊，也叫狗熊、太阳熊。⑪ 瘿：长在颈上的瘤子。

与葵的相似，叶子如杏叶，开黄色的花，结荚果，这种草名叫箨，它能治疗眼睛昏花的病。山中有一种野兽，形状与鼣鼠相似，额头上有花纹，这种兽名叫難，吃了它的肉能治疗颈部长大瘤子的病症。

難

難　明　蒋应镐绘图本

【原文】

5.2 又东二十里，曰历儿之山①，其上多橿②，多栃木③，是木也，方茎而员叶，黄华而毛，其实如拣④，服之不忘。

【注释】

① 历儿之山：历儿山。一说指历山，在今山西省永济市境内。② 橿（jiāng）：木名，古时用作制车的材料。③ 栃（lì）木：木名。④ 拣：应作“楝”，即楝树。

【译文】

再往东二十里有座山，名叫历儿山，山上长着很多橿树，还有很多栃木，这种树的茎干是方形的，叶子是圆形的，开黄色花，花瓣上有绒毛，结出的果实与楝树结的果实相似，人吃了它可以增强记忆力。

山海经地理古今考	《山海经》中名称	今　考
	历儿之山	山西省永济市境内中条山脉中的历山
	渠猪之山	在今山西芮城县境内

【原文】

5.3 又东十五里，曰渠猪之山①，其上多竹。渠猪之水出焉②，而南流注于河。其中是多豪鱼③，状如鲔，赤喙尾赤羽④，可以已白癣。

【注释】

① 渠猪之山：渠猪山。在今山西省境内。② 渠猪之水：渠猪水。水名。一说指今山西芮城县西地永乐河。③ 豪鱼：鱼名。一说指鲟鱼。④ 尾：一说“尾”前应有“赤”字。

【译文】

再往东十五里有座山，名叫渠猪山。山上长着许多竹子。渠猪水发源于此，向南流入黄河。水中有很多豪鱼，这种鱼形状像白鲟，长着红色的嘴，红色的尾巴，红色的鳍，食用这种鱼可以治疗白癣。

豪鱼

豪鱼　清　汪绂图本

【原文】

5.4 又东三十五里，曰葱聋之山[①]，其中多大谷，是多白垩，黑、青、黄垩。

【注释】

① 葱聋之山：葱聋山，在今山西芮城县北。

【译文】

再向东三十五里有座山，名叫葱聋山。山中有许多大的山谷，还有很多白垩、黑垩、青垩、黄垩（这些土可做涂料）。

【原文】

5.5 又东十五里，曰涹山[①]，其上多赤铜，其阴多铁。

【注释】

① 涹（wō）山：山名，在今山西芮城县北。

【译文】

再往东十五里有座山，名叫涹山。山上有许多赤铜，山的北面有很多铁。

【原文】

5.6 又东七十里，曰脱扈之山[①]。有草焉，其状如葵叶而赤华，荚实[②]，实如棕荚[③]，名曰植楮[④]，可以已癙[⑤]，食之不眯[⑥]。

【注释】

① 脱扈（hù）之山：脱扈山，在今山西芮城县北。② 荚：豆科植物的长形果实，亦指狭长无隔膜的其他草木的果实。③ 棕：棕榈。④ 植楮（chǔ）：植物名。⑤ 癙（shǔ）：忧郁病。⑥ 眯（mì）：梦魇。

【译文】

再往东七十里有座山，名叫脱扈山。山中生着一种草，其形状如葵叶一般，开红色的花，结荚果，果实像棕树的荚，这种草名叫植楮，它可以治疗抑郁症，吃了这种果实就不会梦魇。

山海经地理古今考	《山海经》中名称	今　考
	葱聋之山	今山西省芮城县北部的山岭
	涹　山	今山西省芮城县北部的山岭
	脱扈之山	今山西省芮城县北部的山岭

【原文】

5.7 又东二十里，曰金星之山①，多天婴②，其状如龙骨③，可以已痤④。

【注释】

①金星之山：金星山。一说在今山西省芮城县西。②天婴：植物名。③龙骨：一说指植物；一说指某些哺乳动物的化石。④痤（cuó）：痤疮，俗称粉刺。

【译文】

再往东二十里有座山，名叫金星山。山中有很多天婴，它的形状与龙骨相似，可以用来治疗痤疮。

【原文】

5.8 又东七十里，曰泰威之山①。其中有谷，曰枭谷，其中多铁。

【注释】

①泰威之山：泰威山，在今山西省平陆县西。

【译文】

再往东七十里有座山，名叫泰威山。山中有一道山谷，名叫枭谷，谷中有很多铁。

【原文】

5.9 又东十五里，曰橿谷之山①，其中多赤铜。

【注释】

①橿谷之山：橿谷山，在今山西省平陆县西北。

【译文】

再往东十五里有座山，名叫橿谷山。山中有很多赤铜。

【原文】

5.10 又东百二十里，曰吴林之山①，其中多葌草②。

【注释】

①吴林之山：吴林山，在今山西省平陆县境内。②葌（jiān）：同“菅”，菅茅。

【译文】

再向东一百二十里有座山，名叫吴林山。山中长着许多葌草。

山海经地理古今考	《山海经》中名称	今考
	金星之山	在今山西省平陆县西部
	泰威之山	在今山西平陆县西
	橿谷之山	在今山西平陆县西北
	吴林之山	今山西吴山

【原文】

5.11 又北三十里，曰牛首之山①。有草焉，名曰鬼草，其叶如葵而赤茎，其秀如禾②，服之不忧。劳水出焉③，而西流注于潏水④。是多飞鱼，其状如鲋鱼⑤，食之已痔衕⑥。

【注释】

①牛首之山：牛首山，在今山西临汾市境内。②秀：植物吐穗开花，多指庄稼。禾：古代指粟。③劳水：水名，在今山西浮山县北。④潏（jué）水：水名。一说即今响水河，在山西襄汾县境内。⑤鲋鱼：鲫鱼。⑥衕（dòng）：腹泻。

飞鱼

【译文】

再往北三十里有座山，名叫牛首山。山中生长着一种草，名叫鬼草，叶子与葵叶相似，茎是红色的，像粟一样抽穗开花，吃了它就能使人不忧愁。劳水发源于此，向西流入潏水。水中有许多飞鱼，形状与鲫鱼相似，食用这种鱼可以治疗痔疮和腹泻。

飞鱼　明　蒋应镐绘图本

【原文】

5.12 又北四十里，曰霍山[①]，其木多穀[②]。有兽焉，其状如狸而白尾有鬣[③]，名曰朏朏[④]，养之可以已忧。

【注释】

①霍山：山名，在今山西霍州市东南。②穀：构树。③狸：山猫。鬣（liè）：兽类颈上的长毛。④朏（fěi）朏：兽名。一说指白鼬。

朏朏

【译文】

再往北四十里有座山，名叫霍山。山中的树木多为构树。山中有一种兽，它的形状似山猫，长着白色尾巴，颈部长有长毛，这种兽名叫朏朏。人们饲养它可以治疗忧愁。

朏朏　清　汪绂图本

【原文】

5.13 又北五十二里，曰合谷之山[①]，是多薝棘[②]。

【注释】

① 合谷之山：合谷山，在今山西中南部。② 薝（zhān）：薝卜。棘：酸枣树。

【译文】

再向北五十二里有座山，名叫合谷山，山中长着很多薝卜和酸枣树。

【原文】

5.14 又北三十五里，曰阴山①，多砺石、文石②。少水出焉③，其中多雕棠④，其叶如榆叶而方，其实如赤菽⑤，食之已聋。

【注释】

① 阴山：山名。一说指绵山，在今山西灵石县、沁源县交界处。② 砺：粗磨刀石。③ 少水：水名，发源于山西沁河。④ 雕棠：植物名。一说疑是狗骨。⑤ 菽（shū）：豆类的总称。

【译文】

再往北三十五里有座山，名叫阴山，山中有很多磨刀石和带花纹的石头。少水由此处发源，这一带长着许多雕棠，它的叶子与榆树叶相似，呈四方形，所结的果实如红豆一般，吃了它可以治疗耳聋。

【原文】

5.15 又东北四百里，曰鼓镫之山①，多赤铜。有草焉，名曰荣草，其叶如柳，其本如鸡卵②，食之已风③。

【注释】

① 鼓镫（dēng）之山：鼓镫山，在今山西境内。② 本：草的茎或树的根。③ 风：指中风、痛风等。

【译文】

再往东北四百里有座山，名叫鼓镫山，山中有很多铜。山中生有一种草，它的名字叫荣草，它的叶子似柳叶，茎干如鸡蛋一般，吃了它能治疗中风、痛风等病症。

【原文】

5.16 凡薄山之首，自甘枣之山至于鼓镫之山，凡十五山，六千六百七十里。历儿①，冢也②，其祠礼：毛③，太牢之具④，县以吉玉⑤。其余十三山者，毛用一羊，县婴用桑封⑥，瘗而不糈。桑封者，桑主也⑦，方其下而锐其上，而中穿之加金。

【注释】

① 历儿：指历儿山。一说即历山，在今山西永济市境内。② 冢：大，这里指大的山神。③ 毛：用于祭祀的带毛的动物。④ 太牢：古代祭祀天地，以牛、羊、猪三牲具备为太牢。⑤ 县：同“悬”，悬挂。吉玉：彩色的玉。⑥ 婴：颈上的饰物。桑封：以桑为祭祀对象。⑦ 桑主：一说以桑为神主。

【译文】

总计薄山山系中的山，自第一座甘枣山起到鼓镫山止，共有十五座山，距离为六千六百七十里。历儿山是大的山神居住之地，祭祀这座山山神的仪式为：在毛物中，用猪、牛、羊齐全的三牲作祭品，上面悬挂吉玉献祭。祭祀余下的十三位山神的仪式为：用一只羊作为祭祀用的毛物，用带有彩色花纹的圭作为悬挂在山神颈上的饰品，祭礼完毕后，把它们一起埋入地下，（祭祀时）不用精米。所谓藻珪，就是指藻玉，它下端呈方形，上端呈尖状，中间穿孔后再用金加以装饰。

二、中次二经

【导读】

《中次二经》记载了从辉诸山到蔓渠山共计九座山的位置及物产。它们大致位于今河南境内。经中记载了各种让人难忘的奇兽。如：四翅能预测大旱的鸣蛇，豹身鸟翅能预测大水的化蛇，人面虎身的马腹兽。

【原文】

5.17 中次二经济山之首[①]，曰辉诸之山[②]，其上多桑，其兽多闾麋[③]，其鸟多鹖[④]。

【注释】

① 济山：山系名。一说指济水所出的山。② 辉诸之山：辉诸山。一说在今河南境内。③ 闾（lǘ）：兽名。一说即羭，指黑色的母羊。④ 鹖（hé）：鸟名，雉类。

【译文】

中次二经中济山山系的第一座山，名叫辉诸山，山上长着许多桑树，山中的野兽多为闾和麋鹿，鸟类多为鹖鸟。

【原文】

5.18 又西南二百里，曰发视之山[①]，其上多金玉，其下多砥砺[②]。即鱼之水出焉[③]，而西流注于伊水[④]。

【注释】

①发视之山：发视山。一说在今河南登封市西。②砥砺：磨刀石。③即鱼之水：鱼水，古称“大狂水”。④伊水：伊河，在今河南西部。

【译文】

再往西南二百里有座山，名叫发视山。山上有很多金和玉，山下有很多磨刀石。即鱼水发源于此山，向西流入伊河。

【原文】

5.19 又西三百里，曰豪山[①]，其上多金玉而无草木。

【注释】

①豪山：山名。一说指狼嗥山，在今河南登封市西。

【译文】

再往西三百里有座山，名叫豪山，山上有很多金和玉，不长花草。

【原文】

5.20 又西三百里，曰鲜山[①]，多金玉，无草木。鲜水出焉[②]，而北流注于伊水[③]。其中多鸣蛇，其状如蛇而四翼，其音如磬[④]，见则其邑大旱。

【注释】

①鲜山：山名，在今河南嵩县境内。②鲜水：水名，在今河南嵩县境内。③伊水：伊河。一说在今河南西部。④磬：这里指击磬。

【译文】

再往西三百里有座山，名叫鲜山。山上有很多金和玉，不长草木。鲜水发源于此山，向北流入伊河。水中有许多鸣蛇，它的形状似蛇，但长着四只翅膀，发出的声音与敲磬时发出的声音相似。它出现在哪个地方，哪个地方就会发生旱灾。

鸣蛇

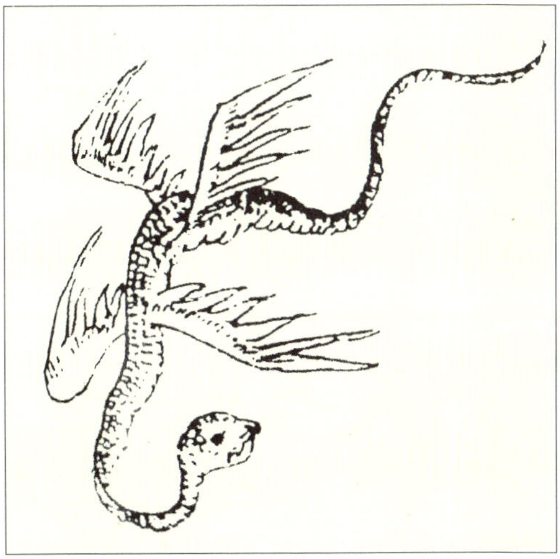

鸣蛇　清　汪绂图本

【原文】

5.21 又西三百里，曰阳山[①]，多石，无草木。阳水出焉[②]，而北流注于伊水。其中多化蛇，其状如人面而豺身，鸟翼而蛇行，其音如叱呼[③]，见则其邑大水。

【注释】

① 阳山：山名，在今河南嵩县境内。② 阳水：水名在今河南嵩县境内。③ 叱：大声呵斥。

化蛇

【译文】

再往西三百里有座山，名叫阳山，山中有许多石头，不长草木。阳水发源于此山，向北流入伊河。水中有许多化蛇，长着人一样的脸，豺一样的身子，鸟一样的翅膀，像蛇一般爬行游动，发出的声音像人在大声呵斥，它出现在哪个地方，哪个地方就会发生大水灾。

化蛇　明　蒋应镐绘图本

【原文】

5.22 又西二百里，曰昆吾之山[①]，其上多赤铜。有兽焉，其状如彘而有角，其音如号，名曰蛮蚳[②]，食之不眯。

【注释】

① 昆吾之山：昆吾山，在今河南西部。② 蛮（lóng）蚳（chí）：传说中的一种兽。

蛮蚳

【译文】

再往西二百里有座山，名叫昆吾山，山上有许多赤铜。山里有一种兽，形状与猪相似，头上长着角，发出的声音像是人的号哭声，这种兽名叫蛮蚳，吃了它的肉就不会梦魇。

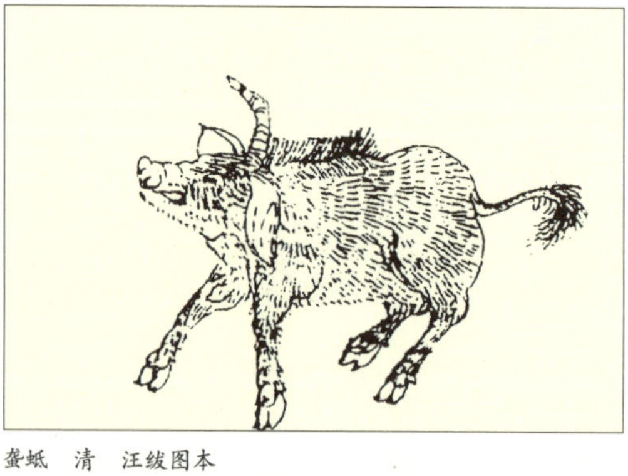

蛮蚳　清　汪绂图本

【昆吾山之铜】

昆吾山中出产一种铜，色彩鲜红，如赤火一般。用这种赤铜制成的刀剑锋利无比，削铁如泥。传说周穆王曾经攻打昆戎，昆戎便献了一把剑给穆王，这把剑锋利无比，据说就是用昆吾山的铜铸成的。

东晋王嘉的《拾遗名山记》中记载，越王勾践用白马白牛祭祀昆吾山的山神，然后采来山中的赤铜，混同八方之气，铸成了八把剑名。第一把叫掩日，用剑指着太阳，太阳也会黯然失色；第二把叫断水，用剑划水，水分开后不会再合拢；第三把叫转魄，用剑指着月亮，月亮也会翻个身；第四把叫悬剪，悬剑于空中，飞鸟碰到它，立即身为两段；第五把叫惊鲵，带着这把剑泛舟海上，鲸鱼也会躲着走；第六把叫灭魂，佩带它走夜路，不会碰到鬼魅；第七把叫却邪，妖精一看它到便动弹不得；最后一把叫真刚，用它削玉断金，就像削土木一样轻松。

【原文】

5.23 又西百二十里，曰蔞山[①]。蔞水出焉[②]，而北流注于伊水。其上多金玉，其下多青、雄黄[③]。有木焉，其状如棠而赤叶[④]，名曰芒草[⑤]，可以毒鱼。

【注释】

① 蔞（jiān）山：山名，在今河南栾川县。② 蔞水：水名。一说即今栾川县的栾川河。③ 青：石青。④ 棠：棠梨。⑤ 芒草：植物名，芒。

【译文】

再向西一百二十里有座山，名叫蔞山。蔞水发源于此山，向北流入伊河，山上有许多金和玉，山下有许多石青和雄黄。山中长着一种树，它形状似棠树，长着红色的叶子，名叫芒草，它可以毒杀鱼。

【原文】

5.24 又西一百五十里，曰独苏之山[①]，无草木而多水。

【注释】

① 独苏之山：独苏山。一说在今河南栾川县西北。

【译文】

再往西一百五十里有座山，名叫独苏山。山中不长草木，有很多水。

【原文】

5.25 又西二百里，曰蔓渠之山[①]，其上多金玉，其下多竹箭[②]。伊水出焉，而东流注于洛[③]。有兽焉，其名曰马腹，其状如人面虎身，其音如婴儿，是食人。

【注释】

① 蔓渠之山：蔓渠山，一说指今河南栾川县的闷顿岭。② 竹箭：小竹。③ 洛：洛河。

【译文】

再往西二百里有座山，名叫蔓渠山，山上有很多金和玉，山下生长着许多小竹。伊河发源于此，向东流入洛水。山中有一种兽，名叫马腹，这种兽长着人面虎身，发出的声音与婴儿啼哭声相似，能吃人。

马腹

马腹　明　胡文焕图本

【原文】

5.26 凡济山经之首[①]，自辉诸之山至于蔓渠之山，凡九山，一千六百七十里。其神皆人面而鸟身。祠用毛，用一吉玉[②]，投而不糈。

【注释】

①经：该字疑为衍文。②吉玉：彩色的玉。

【译文】

总计济山山系中的山，自首座山辉诸山起到蔓渠山止，共有九座山，距离为一千六百七十里。每座山的山神的形状都是人面鸟身。祭祀这些山神时都要用带毛的动物，并且用一块彩色的玉，把它投入山中，不用精米。

人面鸟身神

人面鸟身神　清　汪绂图本

<table>
<tr><td rowspan="6">山海经
地　理
古今考</td><th>《山海经》中名称</th><th>今　考</th></tr>
<tr><td>阳　山</td><td>河南嵩县境内，具体所指待考</td></tr>
<tr><td>昆吾之山</td><td>河南的西部地带，具体所指待考</td></tr>
<tr><td>葌　山</td><td>河南栾川县境内，具体所指待考</td></tr>
<tr><td>独苏之山</td><td>河南栾川县西北，是嵩山的一部分</td></tr>
<tr><td>蔓渠之山</td><td>河南栾川县的闷顿岭</td></tr>
</table>

三、中次三经

【导读】

《中次三经》记述了敖岸山到和山共计五座山的地理位置分布。它们座落在今河南省境内。山中生活着武罗、泰逢、熏池三位神人，经中描述了他们的相貌和祭祀这些神的礼仪。

【原文】

5.27 中次三经萯山之首①，曰敖岸之山②，其阳多㻬琈之玉③，其阴多赭④、黄金。神熏池居之⑤。是常出美玉。北望河林⑥，其状如茜如举⑦。有兽焉，其状如白鹿而四角，名曰夫诸，见则其邑大水。

【注释】

①萯（bèi）山：山系名。一说今河南新安县西北的东首阳山。②敖岸之山：敖岸山，在今河南渑池县西北。③㻬（tū）琈（fú）：美玉名。④赭（zhě）：红土。⑤熏池：

【译文】

中次三经中萯山山系的第一座山，名叫敖岸山，山的阳面有很多㻬琈玉，山的阴面有许多红土、黄金。有一位名叫熏池的神就住在这

传说中的神名。⑥河林：黄河边的树林。⑦茜（qiàn）：茜草。举：榉树。

夫诸

座山里。山中常常出产美玉。（从山的）北面可以望见黄河岸边的树林，远远望去，像是茜草或榉树。山中有一种兽，它的形状像白鹿，头上长有四只角，名叫夫诸。它在哪个地方出现，哪个地方就会发生水灾。

夫诸　清　汪绂图本

【原文】

5.28 又东十里，曰青要之山①，实惟帝之密都②。北望河曲③，是多驾鸟④。南望墠渚⑤，禹父之所化⑥，是多仆累、蒲卢⑦。魋武罗司之⑧，其状人面而豹文，小要而白齿⑨，而穿耳以鐻⑩，其鸣如鸣玉。是山也，宜女子。畛水出焉⑪，而北流注于河。其中有鸟焉，名曰鴢⑫，其状如凫⑬，青身而朱目赤尾，食之宜子。有草焉，其状如葌而方茎⑭、黄华、赤实，其本如藁本⑮，名曰荀草，服之美人色。

【注释】

①青要之山：青要山，在今河南境内。②帝：黄帝。密都：秘密居住的行宫。③河曲：黄河弯曲的地方。④驾鸟：鸟名。⑤墠（shàn）渚：地名。⑥禹父：大禹之父，即鲧。⑦仆累：蜗牛。蒲卢：田螺。⑧魋（shén）：山神。武罗：神名。⑨要：即“腰”。⑩鐻（qú）：金属制的耳饰。⑪畛（zhěn）水：水名，在今河南新安县境内。⑫鴢（yǎo）：鸟名。⑬凫：野鸭。⑭葌：兰草。⑮本：草的茎或树的根。

鴢　明　蒋应镐绘图本

【译文】

再往东十里有座山，名叫青要山，这里其实是黄帝的秘密行宫。（从山的）北面可以望见河流的弯曲处，那里有许多驾鸟。南面可以看到墠渚，那里是大禹之父鲧死后化身为黄熊的地方，有很多蜗牛和田螺。有一个名叫武罗的神掌管着这座山，武罗长着人一样的脸，身上有豹一样的斑纹，腰身细小，牙齿洁白，耳朵上戴着金属耳饰，发出像玉石碰撞一样（清脆）的声音。青要山对女子最为适宜。畛水发源于此山，向北流入黄河。山中有一种鸟，名字叫鴢，它的形状与野鸭相似，身子是青色的，眼睛是红色的，尾巴（也）是红色的，吃了它的肉有利于生育。山中有一种草，形状与兰草相似，茎干呈现方形状，开黄色的花，结红色的果实，这种草茎干像藁本，名叫荀草，人吃了它肤色就会变得美丽。

鸲

鸲 明 胡文焕图本

【原文】

5.29 又东十里，曰騩山[1]，其上有美枣，其阴有㻬琈之玉。正回之水出焉[2]，而北流注于河。其中多飞鱼[3]，其状如豚而赤文，服之不畏雷，可以御兵[4]。

【注释】

① 騩（guī）山：山名，在今河南新安县北。② 正回之水：正回水，在今河南孟津县西北。③ 飞鱼：鱼名。④ 兵：兵器。

【译文】

再往东十里有座山，名叫騩山，山上长着许多味道鲜美的野枣，山的阴面有很多㻬琈玉。正回水发源于此山，向北流入黄河。水中有许多飞鱼，形状与猪相似，身上长着红色的斑纹，食用它的肉就不怕惊雷，还能防止兵器的伤害。

【原文】

5.30 又东四十里，曰宜苏之山[1]，其上多金玉，其下多蔓居之木[2]。滽滽之水出焉[3]，而北流注于河，是多黄贝。

【注释】

① 宜苏之山：宜苏山，在今河南省境内。② 蔓居：木名。③ 滽（yōng）滽之水：滽滽水，在今河南孟津县界。

【译文】

再往东四十里有座山，名叫宜苏山，山上有很多金和玉，山下长着许多蔓居木。滽滽水发源于此山，向北流入黄河，水中有很多黄色的贝。

山海经地理古今考	《山海经》中名称	今 考
	青要之山	今河南新安县西北的东首阳山
	騩 山	河南省新安县北部
	宜苏之山	河南省孟津县境内

【原文】

5.31 又东二十里，曰和山[①]，其上无草木而多瑶、碧[②]，实惟河之九都[③]。是山也，五曲，九水出焉，合而北流注于河，其中多苍玉[④]。吉神泰逢司之[⑤]，其状如人而虎尾，是好居于萯山之阳，出入有光。泰逢神动天地气也[⑥]。

【注释】

①和山：山名，在今河南西北部。②瑶：美玉。碧：青绿色的玉石。③河之九都：黄河九条支流的发源地。④苍玉：灰白色的玉。⑤泰逢：神名。⑥动天地气：指改变天气。

【译文】

再往东二十里有座山，名叫和山，山上不长草木，有许多美玉和青绿色的玉石，这里其实是黄河九条支流的发源地。这座山有五个大的弯曲处，九条水流发源于此，汇聚一起后向北流入黄河，水中有许多灰白色的玉。一位名叫泰逢的吉祥之神掌管着这座山，他形状似人，长着老虎一样的尾巴，喜欢住在萯山的南面，出入时身上闪闪发光。泰逢神能兴云布雨，变换天地之气。

泰逢

泰逢　明　胡文焕图本

【原文】

5.32 凡萯山之首，自敖岸之山至于和山，凡五山，四百四十里。其祠：泰逢、熏池、武罗皆一牡羊副[①]，婴用吉玉[②]。其二神用一雄鸡瘗之，糈用稌[③]。

【注释】

①牡羊：公羊。副（pì）：剖开。②婴：颈上的饰物。③稌（tú）：糯米。

【译文】

总计萯山山系中的山，自首座山敖岸山起到和山止，共有五座山，距离为四百四十里。祭祀这些山的山神的仪式为：（祭祀）泰逢、熏池、武罗三位山神皆用一只剖开的公羊，用彩色的玉作为挂在山神颈部的饰物。（祭祀）其余两位山神用一只雄鸡，祭祀时将雄鸡埋入地下，用糯米作祭祀用的精米。

四、中次四经

【导读】

《中次四经》记述了自鹿蹄山至灌举山共计九座山的地理位置和山川风貌。这些山位于今河南、陕西一带。

这列山系中有很多奇异的野兽，其中有长着一双人眼叫麈的兽，还有貌似恶狗身、长鳞片、背有猪鬃的獭。此外，山中还盛产金、玉、石青、雄黄等矿物，生长着能消肿的梧桐和可用作手术麻醉的曼德拉草。

【原文】

5.33 中次四经厘山之首[①]，曰鹿蹄之山[②]，其上多玉，其下多金。甘水出焉[③]，而北流注于洛[④]，其中多泠石[⑤]。

【注释】

① 厘山：山系名。在今河南西北部。② 鹿蹄之山：鹿蹄山。在今河南宜阳县。③ 甘水：水名。发源于今河南宜阳县。④ 洛：即洛河。⑤ 泠（līng）石：一种柔软如泥的石头。

【译文】

中次四经中的厘山山系的首座山，名叫鹿蹄山，山上有许多玉，山下有许多金。甘水发源于此山，向北流入洛水，水中有许多泠石。

【原文】

5.34 西五十里，曰扶猪之山[①]，其上多礝石[②]。有兽焉，其状如貉而人目[③]，其名曰麐[④]。虢水出焉[⑤]，而北流注于洛，其中多瓀石[⑥]。

【注释】

① 扶猪之山：扶猪山。在今河南宜阳县。② 礝（ruǎn）石：即瓀石。③ 貉（hé）：兽名。形似狐狸。④ 麐（yín）：传说中的一种兽。⑤ 虢（guó）水：水名。⑥ 瓀（ruǎn）：像玉一样的美石。

麐

【译文】

向西五十里有座山，名叫扶猪山，山上有很多像玉一样的美石。山中有一种兽，它的形状与貉相似，长着人一样的眼睛，这种兽名叫麐。虢水发源于扶猪山，向北流入洛水，水中有很多似玉一般的美石。

麐　清　《禽虫典》本

【原文】

5.35 又西一百二十里，曰厘山[①]，其阳多玉，其阴多蒐[②]。有兽焉，其状如牛，苍身，其音如婴儿，是食人，其名曰犀渠。滽滽之水出焉[③]，而南流注于伊水[④]。有兽焉，名曰獭[⑤]，其状如獳犬而有鳞[⑥]，其毛如彘鬣。

【注释】

① 厘山：山名。在今河南熊耳山中。② 蒐（sōu）：即茜（qiàn）草。③ 滽（yōng）滽之水：滽滽水。在今河南孟津县境内。④ 伊水：即伊河，洛河的支流，在今河南西部。⑤ 獭（xié）：兽名。一说即獭，分为水獭和旱獭。⑥ 獳（nòu）：狗发怒的样子。

獭

【译文】

再向西一百二十里有座山，名叫厘山，山的南面有很多玉，北面有许多茜草。山中有一种野兽，它形状与牛相似，身子是青灰色的，发出的叫声如同婴儿的啼哭声，会吃人，这种兽名叫犀渠。滽滽水发源于此山，向南流入伊河。这一带有一种野兽，名叫獭，形状像发怒时的狗，长着鳞，身上的毛像猪颈部的长毛。

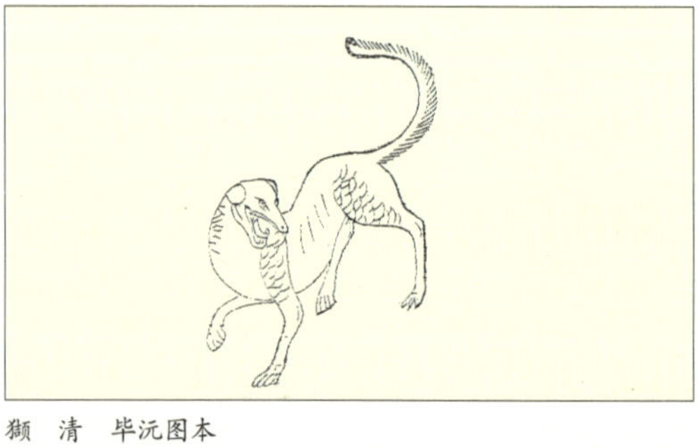

獭　清　毕沅图本

犀渠

犀渠　清　汪绂图本

【原文】

5.36 又西二百里，曰箕尾之山[①]，多穀[②]，多涂石[③]，其上多㻬琈之玉。

【注释】

①箕尾之山：箕尾山。在今河南嵩县西北，今名神灵寨山。②穀：应作"榖",构树。③涂石：石名。一说即冷石。

【译文】

再往西二百里有座山，名叫箕尾山，山中有许多构树，也有许多涂石，山上有许多㻬琈玉。

【原文】

5.37 又西二百五十里，曰柄山[①]，其上多玉，其下多铜。滔雕之水出焉[②]，而北流注于洛。其中多羬羊[③]。有木焉，其状如樗[④]，其叶如桐而荚实[⑤]，其名曰茇[⑥]，可以毒鱼。

【注释】

①柄山：今巧女寨山。在今河南西北部。②滔雕之水：滔雕水。在今河南宜阳、洛宁一带。③羬（qián）羊：一种野生的大尾羊。④樗（chū）：臭椿树。⑤荚：豆科植物的长形果实，亦指狭长无隔膜的其他草木的果实。⑥茇（bá）：木名。一说是"艾"字之误，指艾草。

【译文】

再往西二百五十里有座山，名叫柄山，山上有很多玉，山下有很多铜。滔雕水发源于此山，向北流入洛河。山中有许多羬羊。还长着一种树，其形状像臭椿树，叶子像梧桐叶，结荚果，此树名叫茇，可以用来毒杀鱼类。

山海经地理古今考	《山海经》中名称	今　考
	伊　水	河南西部洛河的支流，即伊河
	箕尾之山	河南嵩县西北的神灵寨山
	柄　山	河南西北部的巧女寨山

【原文】

5.38 又西二百里，曰白边之山[①]，其上多金玉，其下多青、雄黄[②]。

【注释】

①白边之山：白边山。在今河南卢氏县。②青：石青。

【译文】

再向西二百里有座山，名叫白边山。山上有许多金和玉，山下有许多石青和雄黄。

【原文】

5.39 又西二百里，曰熊耳之山[①]，其上多漆[②]，其下多棕[③]。浮濠之水出焉，而西流注于洛，其中多水玉[④]，多人鱼[⑤]。有草焉，其状如苏而赤华[⑥]，名曰葶薴[⑦]，可以毒鱼。

【注释】

①熊耳之山：熊耳山。在今河南西北部。②漆：漆树。③棕：棕榈。④水玉：水晶。⑤人鱼：指大鲵，俗称娃娃鱼。⑥苏：紫苏。⑦葶（dǐng）薴（nìng）：一种毒草，有可能是醉鱼草。

【译文】

再往西二百里有座山，名叫熊耳山，山上长着许多漆树，山下长着许多棕榈。浮濠水发源于此山，向西流入洛水，水中有很多水晶，还有许多娃娃鱼。山中长着一种草，形状像苏，开红色的花，名字叫葶薴，这种草能毒死鱼。

【原文】

5.40 又西三百里，曰牡山[①]，其上多文石，其下多竹箭、竹䉋[②]。其兽多㸲牛、羬羊[③]，鸟多赤鷩[④]。

【注释】

①牡山：山名。一说在今河南卢氏县西。②竹箭：小竹。竹䉋（mèi）：即䉋竹。③㸲（zuó）牛：野牛。羬（qián）羊：一种野生的大尾羊。④鷩（bì）：锦鸡。

【译文】

再向西三百里有座山，名叫牡山，山上有许多带有花纹的石头，山下长着许多小竹、䉋竹。山中的野兽多为㸲牛、羬羊，鸟类多为红色的锦鸟。

【原文】

5.41 又西三百五十里，曰讙举之山[①]。洛水出焉，而东北流注于玄扈之水[②]。其中多马肠之物[③]。此二山者，洛间也[④]。

【注释】

①讙（huān）举之山：讙举山。在今陕西洛南县西北。②玄扈之水：玄扈水。在今陕西洛南县。③马肠之物：一说即"马腹"，一说指蛙类所产成堆的呈带状的卵。④洛间：夹在洛水之间。

【译文】

再往西三百五十里有座山，名叫讙举山。洛水发源于此山，向东北流入玄扈水。山中有很多马腹之类的东西。这两座山夹在洛水之间。

【原文】

5.42 凡厘山之首，自鹿蹄之山至于玄扈之山，凡九山，千六百七十里。其神状皆人面兽身。其祠之：毛用一白鸡[①]，祈而不糈[②]，以采衣之[③]。

【注释】

①毛：祭祀用的带毛的动物。②祈：向神求福。③采：有彩色花纹的丝织物。衣（yì）：用作动词，意思是穿，这里可以解释为包裹。

【译文】

总计厘山山系的首尾，自（第一座）鹿蹄山起到玄扈山为止，共有九座山，距离为一千六百七十里。每座山的山神的形貌皆是人面兽身。祭祀这些山神的礼仪为：用一只白鸡作为毛物，祭祀时不用精米，须把彩色丝织物裹在鸡的身上。

五、中次五经

【导读】

《中次五经》记述了从苟床山至阳虚山的所处位置。经中说有十六座，实际只有十五座。它们大致分布在今陕西、山西、河南境内。

山中植物种类丰富，有今天常见的芫荽、白苿、芍药、槐树、椿树以及麦门冬、通草等植物。山中还有一种三只眼睛的怪兽，叫䳋鸟。

【原文】

5.43 中次五经薄山之首①，曰苟床之山②，无草木，多怪石。

【注释】

① 薄山：山系名。② 苟床之山：苟床山。山名，一说在今山西永济市西南。

【译文】

中次五经中的薄山山系的首座山，名叫苟床山，山中不长草木，有许多怪石。

【原文】

5.44 东三百里，曰首山[①]，其阴多榖、柞[②]，其草多茉、芫[③]；其阳多㻬琈之玉，木多槐。其阴有谷，曰机谷，多䳋鸟[④]，其状如枭而三目[⑤]，有耳，其音如录[⑥]，食之已垫[⑦]。

【注释】

①首山：山名。一说指今山西永济市的首阳山。②榖（gǔ）：构树。柞（zuò）：柞树，又叫冬青。③茉（zhú）：术（zhú）属植物如白术、苍术等的泛称。芫（yán）：芫荽（suī），香菜。④䳋（dì）鸟：传说中的一种鸟。⑤枭：猫头鹰一类的鸟。⑥录：可能指鹿。⑦垫：湿邪、湿病，一种因低下潮湿引起的疾病。

【译文】

向东三百里有座山，名叫首山。山的北面生长着许多构树和柞树，草类多为茉和芫荽；南面有许多㻬琈玉，树木多为槐树。山的北面有一条山谷，名叫机谷，谷中有许多䳋鸟，这种鸟形状与猫头鹰相似，有三只眼睛，有耳朵，声音像是鹿的鸣叫之声，食用它的肉可以治疗湿病。

䳋鸟

茉

【原文】

5.45 又东三百里，曰县㔸之山[①]，无草木，多文石。

【注释】

①县㔸（zhú）之山：县㔸山。一说在今山西绛县境内。

【译文】

再往东三百里有座山，名叫县㔸山，山中没有草木，有很多带有花纹的石头。

【原文】

5.46 又东三百里，曰葱聋之山[①]，无草木，多㻦石[②]。

【注释】

①葱聋之山：葱聋山。中山首经已经考证葱茸之山为中条山山脉中山岭，此处可能为上文的重复。②㻦（bàng）：通“玤”，一种次于玉的美石。

【译文】

再往东三百里有座山，名叫葱聋山，山中不长草木，有很多质地次于玉的美石。

【原文】

5.47 东北五百里，曰条谷之山[①]，其木多槐、桐，其草多芍药、虋冬[②]。

【注释】

①条谷之山：条谷山。在今山西境内。②虋（mén）冬：同“虋（mén）冬”，指天门冬和麦门冬。

【译文】

再向东北五百里有座山，名叫条谷山，山中的树木多为槐树和桐树，草类多为芍药、天门冬、麦门冬。

虋冬

天门冬

【原文】

5.48 又北十里，曰超山[①]，其阴多苍玉[②]，其阳有井[③]，冬有水而夏竭。

【注释】

①超山：山名，在今山西境内。②苍玉：灰白色的玉。③井：本书记载的山之所有皆为自然事物，而井是人工开挖的，所以这里的井应当指泉眼下陷而低于地面的水泉，因行似水井而得名。

【译文】

再往北十里有座山，名叫超山，山的北面有许多灰白色的玉，南面有一眼泉，冬天有水，夏季则干枯。

山海经地理古今考	《山海经》中名称	今考
	苟床之山	山西永济市西南部
	首　山	山西永济市的首阳山
	县斸之山	可能在山西绛县境内
	葱聋之山	山西省境内的中条山山脉中山岭
	超　山	山西省境内太行山和中条山之间的山川

【原文】

5.49 又东五百里，曰成侯之山[1]，其上多櫄木[2]，其草多芃[3]。

【注释】

① 成侯之山：成侯山。在今陕西省境内。② 櫄（chūn）：椿树。③ 芃（péng）：即秦艽（jiāo）。

【译文】

再往东五百里有座山，名叫成侯山，山上长着许多椿树，草类多是秦艽。

【原文】

5.50 又东五百里，曰朝歌之山[1]，谷多美垩。

【注释】

① 朝歌之山：朝歌山。今河南淇县。

【译文】

再往东五百里有座山，名叫朝歌山。山谷中有很多优质垩土。

朝歌之山

【原文】

5.51 又东五百里，曰槐山[1]，谷多金、锡。

【注释】

① 槐山：山名。在今山西稷山县南。

【译文】

再往东五百里有座山，名叫槐山，山谷中有很多金和锡。

【原文】

5.52 又东十里，曰历山[1]，其木多槐，其阳多玉。

【注释】

① 历山：山名。即为中山首经中的历儿之山，在今山西省阳城县和垣曲县交界处。

【译文】

再往东十里有座山，名叫历山，山中的树木多为槐树，山的南面有很多玉。

【原文】

5.53 又东十里，曰尸山①，多苍玉②，其兽多麖③。尸水出焉④，南流注于洛水，其中多美玉。

【注释】

① 尸山：山名。可能在今陕西洛南县北。② 苍玉：灰白色的玉。③ 麖（jīng）：马鹿。④ 尸水：水名。

【译文】

再往东十里有座山，名叫尸山，山中有许多灰白色的玉，山中的野兽多为水麖。尸水发源于此，向南流入洛水，水中有许多美玉。

【原文】

5.54 又东十里，曰良余之山①，其上多穀、柞②，无石。余水出于其阴，而北流注于河③；乳水出于其阳，而东南流注于洛④。

【注释】

① 良余之山：良余山。一说在今陕西华阴市西南；一说在今河南卢氏县境内。② 穀（gǔ）：构树。柞（zuò）：柞树。③ 河：黄河。④ 洛：洛河。

【译文】

再往东十里有座山，名叫良余山。山上有许多构树和柞树，没有石头。余水发源于此山的北面，向北流入黄河；乳水发源于此山的南面，向东南流入洛水。

【原文】

5.55 又东南十里，曰蛊尾之山①，多砺石、赤铜②。龙余之水出焉，而东南流注于洛。

【注释】

① 蛊尾之山：蛊尾山，可能在今陕西洛南县南。② 砺：粗的磨刀石。

【译文】

再向东南十里有座山，名叫蛊尾山，山中有许多磨刀石和赤铜。龙余水发源于此山，向东南流入洛水。

【原文】

5.56 又东北二十里，曰升山①，其木多穀、柞、棘②，其草多藷萸、蕙③，多寇脱④。黄酸之水出焉，而北流注于河，其中多璇玉⑤。

【注释】

① 升山：山名。一说在今陕西华阴市境内。② 棘：酸枣树。③ 藷萸（yù）：即"薯蓣"，山药。蕙：蕙兰。④ 寇脱：通脱木的别名，即通草。⑤ 璇玉：美玉。

【译文】

再往东北二十里有座山，名叫升山，山中的树木多为构树、柞树和酸枣树，草类多是山药和蕙草，还长着许多通脱木。黄酸水发源于此，向北流入黄河，水中有许多璇玉。

【原文】

5.57 又东十二里，曰阳虚之山①，多金，临于玄扈之水②。

【注释】

① 阳虚之山：阳虚山，在今河南洛宁县。② 玄扈之水：玄扈水，在今河南洛宁县。

【译文】

再向东二十里有座山，名叫阳虚山，山中有许多金，此山临近玄扈水。

【仓颉造字】

相传，在仓颉之前，人们一直结绳记事——大事就打一个大结，小事打一个小结，相关联的事就打一个连环结。后来又进一步发展为用刀子在木竹上刻符号记事。随着生产生活的发展，结绳和刻木的方法已经远远不能适应人们日常需要，迫切需要创造文字来传情达意。

当时，有一个人叫仓颉，是黄帝的史官。传说他四目重瞳，聪明异常。有一年他到南方巡狩，登上了阳虚山，在附近的扈水、洛水之畔，忽见一大龟出现，龟背上驮着丹甲青文的天书献给仓颉，仓颉便以此为基础，创造了文字。又传说，仓颉造字成功后发生了一件怪事，白日天上下粟如雨，晚上能听到鬼魂哭泣。原来，仓颉造字成功，可以记载历史，传达心意，人们变得更聪明，思维更开阔，生产和创造能力都有了极大的提高，鬼魅从此再也无法主宰人的命运，只能在黑夜中哀声哭泣。

当然这只是一个神话传说，大概是仓颉造字之初，看到龟背上的花纹，引发灵感，又观察了天上的星宿分布，地上鸟兽虫鱼的足迹、草木器具的形状以及山川脉络，根据自然事物的形状描摹绘写，造出了种种不同的符号，就是最初的文字。

山海经动物古今考	《山海经》中名称	今考
	枭	猫头鹰或与之相类似的鸟
	麈	马鹿

【原文】

5.58 凡薄山之首，自苟林之山至于阳虚之山，凡十六山，二千九百八十二里。升山，冢也[①]，其祠礼：太牢[②]，婴用吉玉[③]。首山，魋也[④]，其祠用稌、黑牺太牢之具、蘖酿[⑤]；干儛[⑥]，置鼓；婴用一璧[⑦]。尸水，合天也，肥牲祠之；用一黑犬于上，用一雌鸡于下，刉一牝羊[⑧]，献血。婴用吉玉，采之[⑨]，飨之[⑩]。

【注释】

①冢：大。这里指大的山神。②太牢：古代祭祀，牛、羊、猪三牲具备谓之太牢。③婴：颈上的饰物。吉玉：彩色的玉。④魋（shén）：神灵。⑤稌（tú）：糯米。牺：祭祀用的毛色纯一的动物。蘖（niè）：酒母，制酒时所用的发酵物。蘖酿就是用酒曲酿造的醴酒，泛指美酒。⑥干：盾牌。儛（wǔ）：跳舞。⑦璧：平圆形中间有孔的玉。⑧刉（jī）：割。牝羊：母羊。⑨采：有彩色花纹的丝织物。⑩飨（xiǎng）：用酒食招待客人；也指祭祀。

【译文】

总计薄山山系中的山，自首座山苟林山起到阳虚山止，共有十六座山，距离为二千九百八十二里。其中升山是大的山神居住的地方，祭祀其山神的典礼是：用猪、牛、羊三牲齐备的太牢之礼，用彩色的玉作为系在山神颈部的饰品。首山，是神灵所在的大山，祭祀山神时要用糯米，纯黑色的牛、羊、猪三牲齐备的太牢之礼，美酒；祭祀者手持盾牌起舞，摆上鼓并敲击应和，用一块璧作为挂在山神颈部的饰物。尸水，与上天合一，要用很肥的牲畜来祭祀，用一只黑狗供在上面，用一只母鸡供在下面，再宰杀一只雌羊用血来祭献。用彩色的玉作为系在山神颈部的饰品，并将带有彩色花纹的丝织物披在山神身上，请神享用。

六、中次六经

【导读】

《中次六经》记述了自平逢山至阳华山共十四座山的地理位置和山川风貌。它们多数分布在今河南省境内。

经中记载了一位长着两个脑袋名叫骄虫的神。此外还记述了许多有药用价值的动植物，如鸰鹦鸟、苦辛草及修辟鱼等。

【原文】

5.59 中次六经缟羝山之首①，曰平逢之山②，南望伊、洛③，东望谷城之山④，无草木，无水，多沙石。有神焉，其状如人而二首，名曰骄虫，是为螫虫⑤——实惟蜂、蜜之庐⑥。其祠之：用一雄鸡，禳而勿杀⑦。

【注释】

①缟（gǎo）羝（dī）山：山系名。在今河南西北部。

【译文】

中央第六列山系缟羝山山系的首座山，名

②平逢之山：即今北邙（máng）山，在今河南洛阳市北。③伊：即今伊河。洛：洛河。④谷城之山：谷城山。在今河南洛阳市西。⑤螫（shì）虫：尾部有毒针可刺人的虫。⑥蜜：指蜜蜂。庐：房舍。这里指蜜蜂的巢穴。⑦禳（ráng）：祈祷以消除灾殃。

叫平逢山，（从平逢山的）南面可以看见伊河和洛水，东面可以望见谷城山，山中不长草木，没有水，有很多沙子和石头。山中住着一位神，其形状与人相似，长着两个脑袋，名叫骄虫，是螫虫——其实就是各种蜂包括蜜蜂的巢穴所在。祭祀这位神的方法为：用一只雄鸡作为祭品，祈祷时不要把它杀死。

骄虫

骄虫　明　胡文焕图本

【原文】

5.60 西十里，曰缟羝之山[①]，无草木，多金玉。

【注释】

①缟（gǎo）羝（dī）之山：缟羝山，在今河南洛阳西。

【译文】

向西十里有座山，名叫缟羝山，山中不长草木，有很多金和玉。

【原文】

5.61 又西十里，曰廆山[①]，其阴多㻬琈之玉。其西有谷焉，名曰雚谷[②]，其木多柳、楮[③]，其中有鸟焉，状如山鸡而长尾，赤如丹火而青喙，名曰鸰鹦[④]，其鸣自呼，服之不眯。交觞之水出于其阳[⑤]，而南流注于洛；俞随之水出于其阴[⑥]，而北流注于谷水[⑦]。

【注释】

①廆（guī）山：山名。即今河南洛阳市西谷口山。②雚（guàn）谷：山谷名。③楮（chǔ）：即构树。④鸰（líng）鹦（yào）：鸟名。一说指鹡鸰。⑤交觞之水：交觞水，可能是今河南省洛阳市西的七里河。⑥俞随之水：俞随水。在今河南洛阳市西。⑦谷水：今河南渑池南渑水及其下游涧水。

【译文】

再向西十里有座山，名叫廆山，山的北面有很多㻬琈玉。西面有一条山谷，名叫雚谷，谷中生长的树木多为柳树和构树。山中有一种鸟，形状与山鸡相似，尾巴长长的，浑身红如丹火，嘴呈青色，这种鸟名叫鸰鹦，它叫起来像是在喊自己的名字，吃了它的肉就不会梦魇。交觞水发源于此山的南面，向南流入洛水；俞随水发源于此山的北面，向北流入谷水。

鸰鹩

鸰鹩 清 汪绂图本

【原文】

5.62 又西三十里，曰瞻诸之山①，其阳多金，其阴多文石。谢水出焉②，而东南流注于洛③；少水出其阴④，而东流注于谷水。

【注释】

①瞻诸之山：瞻诸山。在今河南新安县境内。②谢（xié）水：水名，源出今河南新安县。③洛：洛河。④少水：今磁涧河。

【译文】

再往西三十里有座山，名叫瞻诸山，山的南面有许多金，北面有许多带有花纹的石头。谢水发源于此山，向东南流入洛水；少水发源于此山的北面，向东流入谷水。

山海经地理古今考	《山海经》中名称	今考
	平逢之山	今河南洛阳市北部的北邙山
	缟羝之山	今河南洛阳西部平逢山西北的小山
	瞻诸之山	在今河南新安县境内

【原文】

5.63 又西三十里，曰娄涿之山①，无草木，多金玉。瞻水出于其阳，而东流注于洛；陂水出于其阴②，而北流注于谷水，其中多茈石、文石③。

【注释】

①娄涿（zhuō）之山：娄涿山，在今河南洛宁县和新安县之间。②陂（pí）水：一作“波水”。③茈：通“紫”，紫色。

【译文】

再往西三十里有座山，名叫娄涿山，山中不长草木，有许多金和玉。瞻水发源于此山的南面，向东流入洛水；陂水发源于此山的北面，向北流入谷水，水中有许多紫色的石头和带花纹的石头。

山海经动物古今考	《山海经》中名称	今考
	蜂蜜	蜜蜂
	螫虫	尾部有毒针可刺人的虫

【原文】

5.64 又西四十里，曰白石之山[①]。惠水出于其阳[②]，而南流注于洛[③]，其中多水玉[④]。涧水出于其阴[⑤]，西北流注于谷水，其中多麋石、栌丹[⑥]。

【注释】

①白石之山：白石山，也叫广阳山、渑池山，在今河南新安县境内。②惠水：水名，在今河南新安县东北。③洛：洛河。④水玉：水晶。⑤涧水：水名，在今河南新安县境内。⑥麋（méi）石：画眉石。麋：通“眉”，眉毛。栌（lú）丹：一说指黑丹砂，一种黑色矿物；一说是红栌，现名黄栌。

【译文】

再往西四十里有座山，名叫白石山。惠水发源于此山的南面，向南流入洛水，水中有许多水晶。涧水发源于此山的北面，向西北流入谷水，水中有很多画眉石和栌丹。

【原文】

5.65 又西五十里，曰穀山[①]，其上多穀[②]，其下多桑。爽水出焉[③]，而西北流注于谷水，其中多碧绿[④]。

【注释】

①穀山：山名，在今河南渑池县境内。②穀（gǔ）：构树。③爽水：水名，在今河南渑池县。④碧绿：碧玉。

【译文】

再向西五十里有座山，名叫穀山，山上长有许多构树，山下有许多桑树。爽水发源于此山，向西北流入谷水，水中有很多碧玉。

爽水

【原文】

5.66 又西七十二里，曰密山[①]，其阳多玉，其阴多铁。豪水出焉[②]，而南流注于洛，其中多旋龟，其状鸟首而鳖尾，其音如判木[③]。无草木。

【注释】

①密山：山名，在今河南新安县。②豪水：水名，在今河南新安县。③判：分开，这里指劈开木头。

【译文】

再往西七十二里有座山，名叫密山，山的南面有很多玉，北面有很多铁。豪水发源于此，向南流入洛水，水中有很多旋龟，长着鸟一样的头、鳖一样的尾巴，发出的叫声像劈木头的声音。山中不长草木。

旋龟

旋龟 清 汪绂图本

【原文】

5.67 又西百里，曰长石之山[①]，无草木，多金玉。其西有谷焉，名曰共谷，多竹。共水出焉，西南流注于洛，其中多鸣石[②]。

【注释】

① 长石之山：长石山。一说即今河南渑池县天池山；一说在今河南新安县。② 鸣石：撞击后能传声很远的石头。

【译文】

再向西一百里有座山，名叫长石山，山中不长草木，有很多金和玉。山的西面有条山谷，名叫共谷，谷中长着许多竹子。共水发源于此山，向西南注入洛水，水中有许多鸣石。

共谷

共谷

【原文】

5.68 又西一百四十里，曰傅山[①]，无草木，多瑶、碧[②]。厌染之水出于其阳[③]，而南流注于洛，其中多人鱼[④]。其西有林焉，名曰墦冢。谷水出焉，而东流注于洛，其中多珚玉[⑤]。

【注释】

①傅山：山名。在今河南渑池县西。②瑶、碧：美玉和青绿色的玉石。③厌染之水：厌染水。即今河南宜阳县北的厌染河。④人鱼：指大鲵，即娃娃鱼。⑤珚（yān）玉：玉的一种。

【译文】

再往西一百四十里有座山，名叫傅山，山中不长草木，有许多美玉和青绿色的玉石。厌染水发源于此山的南面，向南流入洛水，水中有很多娃娃鱼。山的西面有一片树林，名叫墦冢。谷水发源于此山，向东流入洛水，水中有很多珚玉。

【原文】

5.69 又西五十里，曰槖山[①]，其木多樗[②]，多構木[③]，其阳多金玉，其阴多铁，多萧[④]。槖水出焉，而北流注于河，其中多修辟之鱼，状如黾而白喙[⑤]，其音如鸱[⑥]，食之已白癣[⑦]。

【注释】

①槖（tuó）山：今河南陕县东的积草山。②樗（chū）：臭椿树。③構（bèi）木：木名。一说指五倍子。④萧：艾蒿。⑤黾（měng）：蛙的一种。⑥鸱（chī）：鹞鹰。⑦已：治愈。

【译文】

再向西五十里有座山，名叫槖山，山中树木多为臭椿树和構树，山的南面有很多金和玉，北面有很多铁，还长着很多艾蒿。槖水发源于这座山，向北流入黄河。水中有许多修辟鱼，这种鱼形状像蛙，长着白色的嘴，发出的叫声像是鹞鹰的鸣叫之声，吃了它的肉可以治疗白癣。

修辟鱼

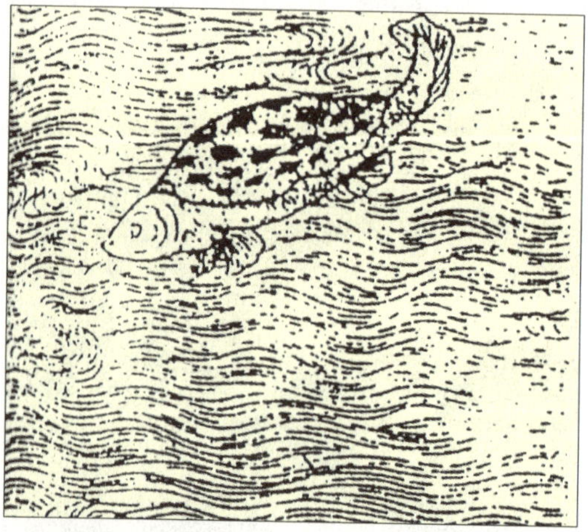

修辟鱼 清 《禽虫典》本

【原文】

5.70 又西九十里，曰常烝之山[①]，无草木，多垩[②]。潐水出焉[③]，而东北流注于河，其中多苍玉[④]。菑水出焉[⑤]，而北流注于河。

【注释】

① 常烝（zhēng）之山：常烝山。在今河南陕县。② 垩（è）：可用来涂饰的有色土。③ 潐（jiǎo）水：今名干头河。④ 苍玉：灰白色的玉。⑤ 菑（zī）水：水名。可能今名好阳涧。

【译文】

再往西九十里有座山，名叫常烝山，山中不长草木，有很多有色土。潐水发源于此山，向东北流入黄河，水中有许多灰白色的玉。菑水发源于此山，向北流入黄河。

【原文】

5.71 又西九十里，曰夸父之山①，其木多棕、枏②，多竹箭③，其兽多㸲牛、羬羊④，其鸟多鷩⑤，其阳多玉，其阴多铁。其北有林焉，名曰桃林⑥，是广员三百里，其中多马。湖水出焉⑦，而北流注于河，其中多珚玉。

【注释】

① 夸父之山：夸父山。在今河南西北部。② 棕：棕榈。枏：同"楠"，楠木。③ 竹箭：小竹。④ 㸲（zuó）牛：野牛。羬（qián）羊：一种野生的大尾羊。⑤ 鷩（bì）：锦鸡。⑥ 桃林：地名，在今河南灵宝境内的虢略河。⑦ 湖水：水名。

【译文】

再向西九十里有座山，名叫夸父山。山中的树木多为棕榈和楠木，还长着很多小竹子。山中的野兽多是㸲牛和羬羊，鸟类多为锦鸡。山的南面有许多玉，北面有许多铁。山的北面有一片树林，名叫桃林，这片桃林方圆三百里，林中有许多马。湖水发源于此山，向北流入黄河，水中有很多珚玉。

夸父山

【原文】

5.72 又西九十里，曰阳华之山①，其阳多金玉，其阴多青、雄黄②，其草多薯萸③，多苦辛④，其状如橚⑤，其实如瓜，其味酸甘，食之已疟⑥。杨水出焉⑦，而西南流注于洛⑧。其中多人鱼⑨。门水出焉⑩，而东北流注于河，其中多玄礵⑪。缗姑之水出于其阴⑫，而东流注于门水，其上多铜。门水出于河⑬，七百九十里入洛水。

【注释】

① 阳华之山：阳华山，在今陕西洛南县和华山之间。

【译文】

再往西九十里有座山，名叫阳华山，山的

②青：石青。③薯芎（yù）：山药。④苦辛：细辛，草名。⑤椒（qiū）：同"楸"，楸树。⑥已：治愈。疟：疟疾。⑦杨水：水名，可能为措姑之水的支流。⑧洛：洛河。⑨人鱼：指大鲵。⑩门水：今宏农涧，在今河南灵宝市西南。⑪玄礵（sù）：黑色的磨刀石。⑫措（jí）姑之水：措姑水，即今宏农县的右涧。⑬出：一说应作"至"。

南面有很多金和玉，北面有许多石青和雄黄，山中生长的草多为山药，还有许多苦辛，形状与楸木相似，结的果实像瓜，味道酸甜，食用后可治疗疟疾。杨水发源于阳华山，向西南流入洛水，水中有很多娃娃鱼。门水（也）发源于此山，向东北流入黄河，水中有许多黑色的磨刀石。措姑水发源于此山的北面，向东流入门水，岸上有许多铜。门水从这里发源后流入黄河，经七百九十里流入洛水。

阳华山

阳华山

【原文】

5.73 凡缟羝山之首，自平逢之山至于阳华之山，凡十四山，七百九十里。岳在其中①。以六月祭之，如诸岳之祠法，则天下安宁。

【注释】

①岳：指西岳华山。

【译文】

总计缟羝山山系中的山，自第一座山平逢山起到阳华山止，共有十四座山，距离为七百九十里。西岳华山就在这列山系中。每年的六月要祭祀山神，方法与祭祀其它山岳的山神相同，这样天下就会安宁太平了。

山海经地理古今考	《山海经》中名称	今 考
	常烝之山	今河南省陕县的于山
	夸父之山	今河南省西北部的秦山
	阳华之山	在今陕西省洛南县至华山之间
	岳	今西岳的华山

七、中次七经

【导读】

《中次七经》记录了休与山到大騩山的地理位置和山川风貌。它们大致位于今河南省境内。

这列山中有许多奇草怪兽，如用来制箭的夙条、可疗毒的焉酸、吃了不生瘤子的无条，以及牛伤、嘉荣草等，还有三只脚的龟，舌头反生、尾巴分叉的文文兽栖息在山中。此外，经中还记录了天帝之女死后化身为䔄草、天愚神呼风唤雨的神话故事。

【原文】

5.74 中次七经苦山之首[①]，曰休与之山[②]。其上有石焉，名曰帝台之棋[③]，五色而文，其状如鹑卵[④]。帝台之石，所以祷百神者也，服之不蛊[⑤]。有草焉，其状如蓍[⑥]，赤叶而本丛生[⑦]，名曰夙条，可以为簳[⑧]。

【注释】

①苦山：山系名。一说自今河南伊川县绵延至中牟县。②休与之山：休与山。一说在河南灵宝市。③帝台：神名。棋：棋子；棋石。④鹑：鹌鹑。⑤蛊：毒热恶气。⑥蓍（shī）：蓍草，俗名锯齿草、蚰蜒草，古人多用它的茎来占卜。⑦本：草木的根或茎。⑧簳（gǎn）：小竹子，可做箭杆。

【译文】

中次七经山系苦山山系的首座山，名叫休与山。山上有一种石子，名叫帝台的棋子，它们五彩斑斓，并带有花纹，形状与鹌鹑蛋相似。帝台的石头是用来向百神祈祷的，服食它可以不受毒热恶气的侵袭。山上长着一种草，形状像蓍草，叶子是红色的，且茎干丛生，这种草名叫夙条，可以用来制作箭杆。

蓍草

鹌鹑

【原文】

5.75 东三百里，曰鼓钟之山[①]，帝台之所以觞百神也[②]。有草焉，方茎而黄华，员叶而三成[③]，其名曰焉酸[④]，可以为毒。其上多砺[⑤]，其下多砥[⑥]。

【注释】

①鼓钟之山：鼓钟山。一说在今河南嵩县境内。②觞（shāng）：向人敬酒，这里是设酒席招待的意思。③三成：三重（叶子）。成：重叠。④焉酸：草名。一作“乌酸”。⑤砺：粗的磨刀石。⑥砥：细的磨刀石。

【译文】

向东三百里有座山，名叫鼓钟山，这是天神帝台宴请百神的场所。山中有一种草，茎干为方形，开黄色的花朵，叶子呈圆形，有三重，名字叫作焉酸，可用来疗毒。山上有许多粗磨刀石，山下则有许多细磨刀石。

【原文】

5.76 又东二百里，曰姑媱之山[①]。帝女死焉，其名曰女尸，化为䔄草[②]，其叶胥成[③]，其华黄，其实如菟丘[④]，服之媚于人。

【注释】

①姑媱（yáo）之山：姑媱山，在今河南西北部。②䔄（yáo）草：草名。一说指香蒲。③胥（xū）成：相互重叠。④菟（tù）丘：即菟丝子。

【译文】

再往东二百里有座山，名叫姑媱山。天帝的女儿就死在这座山上，她名叫女尸，死后化为䔄草，这种草的叶子都是相互重叠的，花朵为黄色，结出的果实与菟丝子的果实相似，服食这种植物会使人变得妩媚而讨人喜爱。

【女尸】

传说女尸就是天帝的小女儿媱姬。媱姬尚未出嫁就不幸身亡，死后葬在巫山上，成为巫山神女，就是中国古代传说中的爱神。

相传战国时，巫山神女爱慕楚襄王，便私自下凡与其相会。襄王见她容貌美丽，气质非凡，想要和她结为秦晋之好，却因仙凡相隔，未能如愿以偿。回宫后仍对神女朝思夜想。巫山神女见他一片痴心，就在梦中与襄王相见，告诉他说："我就住在巫山的南面，早上化为云，晚上变成雨，朝朝暮暮，都能看到我。"襄王醒来后，踏遍巫山，寻访佳人，却始终没能再续前缘，于是在巫山上为神女建了一座道观，寄托思念，称为"朝云观"。

【原文】

5.77 又东二十里，曰苦山①。有兽焉，名曰山膏，其状如逐②，赤若丹火，善詈③。其上有木焉，名曰黄棘，黄华而员叶，其实如兰，服之不字④。有草焉，员叶而无茎，赤华而不实，名曰无条，服之不瘿⑤。

【注释】

① 苦山：山名。一说在今河南省伊川县北。② 逐：同"豚"，小猪，也泛指猪。③ 詈（lì）：骂。④ 字：生育。⑤ 瘿（yǐng）：长在颈上的大瘤子。

山膏

【译文】

再向东二十里有座山，名叫苦山。山中有一种野兽，名字叫山膏，它的形状与猪相似，周身通红如火，喜欢骂人。山上长着一种树木，名叫黄棘，开黄色的花，叶子圆圆的，结出的果实与兰的果实相像，服食了它就不能生育。山中有一种草，叶子圆圆的，没有茎干，开红色的花，不结果实，名叫无条，服食了它颈部就不会长大瘤子。

山膏　清　汪绂图本

【原文】

5.78 又东二十七里，曰堵山①，神天愚居之，是多怪风雨。其上有木焉，名曰天楄②，方茎而葵状，服者不哽③。

【注释】

① 堵山：山名，可能是河南洛阳市东南的伏堵岭。② 天楄（pián）：木名。③ 哽（yē）：噎食。

【译文】

再向东二十七里有座山，名叫堵山，天愚神就在此居住，山里常常会刮怪风、下怪雨。山上长着一种树，名叫天楄，它的茎干是方形的，形状像葵，服食它就不会噎食。

【原文】

5.79 又东五十二里，曰放皋之山①。明水出焉②，南流注于伊水③，其中多苍玉④。有木焉，其叶如槐，黄华而不实，其名曰蒙木，服之不惑。有兽焉，其状如蜂，枝尾而反舌⑤，善呼，其名曰文文。

【注释】

① 放皋之山：放皋山，在今河南伊川县境内。② 明水：水名，俗称名水，源出广成泽。③ 伊水：伊河。④ 苍玉：灰白色的玉。⑤ 枝尾：尾巴有分叉。反舌：舌头倒生。

【译文】

再往东五十二里有座山，名叫放皋山。明水发源于此山，向南流入伊河，水中有许多灰白色的玉。山中生长着一种树，它的叶子与槐树叶相似，开黄色的花，不结果实，名叫蒙木，服食了它就不会疑惑。山中有一种野兽，它的形状像蜂，尾巴有分叉，舌头倒生，喜欢呼叫，名字叫文文。

文文

文文　清　《禽虫典》本

【原文】

5.80 又东五十七里，曰大𦳣之山①，多㻬琈之玉②，多麋玉③。有草焉，其状叶如榆，方茎而苍伤④，其名曰牛伤⑤，其根苍文，服者不厥⑥，可以御兵⑦。其阳狂水出焉⑧，西南流注于伊水，其中多三足龟，食者无大疾，可以已肿⑨。

【注释】

① 大𦳣（kǔ）之山：今大熊山，在河南登封市境内。② 㻬（tū）琈（fú）：美玉名。③ 麋玉：一说"麋"通"眉"，指眉石；一说可能为瑂玉，一种像玉的石头。④ 苍伤：苍刺，青色的棘刺。⑤ 牛伤：牛棘。⑥ 厥：气闭，昏倒。⑦ 兵：兵器。⑧ 狂水：水名，可能是今白降河。⑨ 已：治愈。肿：毒疮。

【译文】

再往东五十七里有座山，名叫大𦳣山，山中有很多㻬琈玉，还有许多麋玉。山中有一种草，叶子似榆树叶，茎是方形的，且长着青色的刺，名叫牛伤，它根上有青色的纹理，服食了它就不会昏厥，还能抵御兵器的伤害。狂水发源于此山的南面，向西南流入伊河，水中有许多三足龟，吃了它的肉就不会生大病，还能治疗毒疮。

三足龟

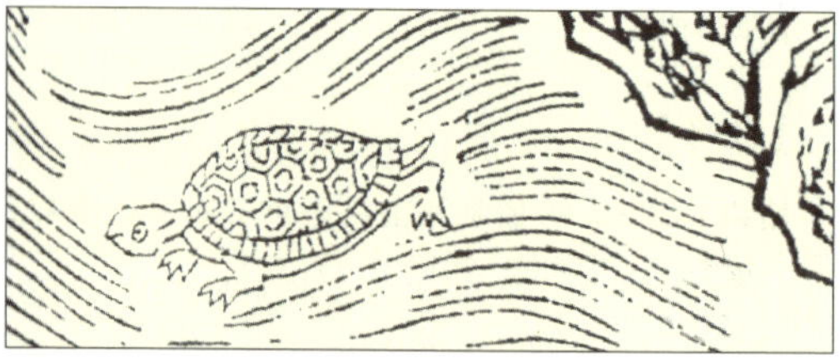
三足龟　明　蒋应镐绘图本

【原文】

5.81 又东七十里，曰半石之山①。其上有草焉，生而秀②，其高丈余，赤叶赤华，华而不实，其名曰嘉荣，服之者不霆③。来需之水出于其阳④，而西流注于伊水⑤，其中多鲶鱼⑥，黑文，其状如鲋⑦，食者不睡。合水出于其阴⑧，而北流注于洛⑨，多螣鱼⑩，状如鳜⑪，居逵⑫，苍文赤尾，食者不痈⑬，可以为瘘⑭。

【注释】

①半石之山：半石山，在今河南登封市西。②秀：植物吐穗开花，多指庄稼。③不霆："不"后应有"畏"。霆：疾雷，霹雳。④来需之水：来需水，在今河南登封市西。⑤伊水：伊河。⑥鲶（lún）鱼：传说中的一种鱼。一说指鳊（biān）鱼。⑦鲋：鲫鱼。⑧合水：水名，在今河南洛阳市东南。⑨洛：洛河。⑩螣（téng）鱼：即瞻星鱼。⑪鳜（guì）：即鳜鱼。⑫逵：四通八达的路。这里指水里相互连通的空穴。⑬痈（yōng）：毒疮。⑭瘘（lòu）：即瘰（luǒ）疬（lì），疾病名，多发生在颈部。

【译文】

再往东七十里有座山，名叫半石山。山上长着一种草，刚长出来就吐穗开花，它高达一丈多，长着红色的叶子，开红色的花，不结果实，这种草名叫嘉荣，人吃了它就不怕雷霆。来需水发源于此山的南面，向西流入伊河，水中有很多鲶鱼，这种鱼身上有黑色的斑纹，形状与鲫鱼相似，吃了它的肉就可以不睡觉。合水发源于这座山的北面，向北流入洛水，水中有许多螣鱼，形状像鳜鱼，居住在水底相互连通的孔穴中，身上有青色的斑纹，长着红色的尾巴，人吃了它的肉就不会长毒疮，还能治疗瘰疬。

鲶鱼

鲶鱼　明　蒋应镐绘图本

【原文】

5.82 又东五十里，曰少室之山①，百草木成囷②。其上有木焉，其名曰帝休，叶状如杨，其枝五衢③，黄华黑实，服者不怒。其上多玉，其下多铁。休水出焉④，而北流注于洛⑤，其中多鯑鱼⑥，状如盩蜼而长距⑦，足白而对，食者无蛊疾⑧，可以御兵⑨。

【注释】

①少室之山：少室山，在今河南登封市西北，是中岳嵩山中的山。②囷（qūn）：古代一种圆形谷仓。③衢：树枝交错分叉。④休水：水名，发源于少室山北麓，注入洛河。⑤洛：洛河。⑥鯑（tí）鱼：鲇鱼的别名。⑦盩（zhōu）蜼（wèi）：一种形似猕猴的动物。距：雄鸡爪后面突出像脚趾的部分。⑧蛊：毒热恶气。⑨兵：兵器。

【译文】

再往东五十里有座山，名叫少室山。山中各种草木繁密茂盛，像圆形的谷仓。山上长着一种树，名叫帝休，叶子形状与杨树叶相似，树枝交错伸展，开黄色的花，结黑色的果实，吃了它的果实就不会发怒。山上有很多玉，山下有很多铁。休水发源于此山，向北流入洛水，水中有很多鲇鱼，形状与猕猴相似，长着像公鸡一样长长的足爪、白色的脚，脚趾相对，吃了它的肉就能不受毒热恶气的侵袭，还能抵御兵器的伤害。

【原文】

5.83 又东三十里，曰泰室之山[①]。其上有木焉，叶状如梨而赤理，其名曰栯木[②]，服者不妒。有草焉，其状如茱[③]，白华黑实，泽如蘡薁[④]，其名曰䔄草，服之不昧[⑤]。上多美石。

【注释】

① 泰室之山：太室山，在今河南登封市。② 栯（yǒu）：木名。一说指郁李，又称白棣（dì）。③ 茱（zhú）：术属植物白术、苍术等的泛称。④ 蘡（yīng）薁（yù）：山葡萄。⑤ 昧：昏暗，引申为眼目不明。一作"眯（mì）"，梦魇。

栯李

【译文】

再往东三十里有座山，名叫泰室山。山上生长着一种树，树叶的形状与梨树叶相似，有红色的纹理，这种树名叫栯木，人吃了它就不会嫉妒。山中长着一种草，形状与茱相似，开白色的花，结黑色的果实，果实有光泽，如野葡萄一般，这种草名叫䔄草，人吃了它就能明目。山上有许多美丽的石头。

太室山

山海经地理古今考	《山海经》中名称	今考
	半石之山	在河南登封市西部
	少室之山	河南省登封市西北中岳嵩山中的山，主峰是御寨山
	泰室之山	太室山，在今河南省登封市

【原文】

5.84 又北三十里，曰讲山[①]，其上多玉，多柘[②]，多柏。有木焉，名曰帝屋，叶状如椒[③]，反伤[④]，赤实，可以御凶。

【注释】

① 讲山：山名，在今河南西北部。② 柘（zhè）：柘树。③ 椒：这里指胡椒或花椒。④ 反伤：倒长着刺。

【译文】

再向北三十里有座山，名叫讲山，山上有很多玉，还长着很多柘树和柏树。山中长着一种树，名叫帝屋，叶子形状与椒叶相似，长有倒刺，结红色的果实，它可以用来防御凶险。

【原文】

5.85 又北三十里，曰婴梁之山[1]，上多苍玉[2]，錞于玄石[3]。

【注释】

① 婴梁之山：婴梁山，在今河南巩义市。② 苍玉：灰白色的玉。③ 錞（chún）：这里指依附。玄：黑色。

【译文】

再往北三十里有座山，名叫婴梁山。山上面有很多灰白色的玉，这种玉附着在黑色的石头上。

【原文】

5.86 又东三十里，曰浮戏之山[1]。有木焉，叶状如樗而赤实[2]，名曰亢木，食之不蛊[3]。汜水出焉[4]，而北流注于河。其东有谷，因名曰蛇谷，上多少辛[5]。

【注释】

①浮戏之山：浮戏山。一说在今河南巩义市。②樗（chū）：臭椿树。③ 蛊：毒热恶气。④ 汜（sì）水：发源于今河南巩义市东南，向北流经河南荥（xíng）阳市汜水镇，注入黄河。⑤ 少辛：即细辛。

【译文】

再向东三十里有座山，名叫浮戏山。山中长着一种树，树叶形状与臭椿树的叶子相似，果实是红色的，名叫亢木，吃了它就能免受毒热恶气的侵袭。汜水发源于此山，向北流入黄河。山的东面有一条山谷，因为谷中多蛇，所以取名为蛇谷，谷的上面生长着许多细辛。

【原文】

5.87 又东四十里，曰少陉之山[1]。有草焉，名曰䓘草[2]，叶状如葵而赤茎白华，实如蘡薁[3]，食之不愚。器难之水出焉[4]，而北流注于役水[5]。

【注释】

① 少陉（xíng）之山：今少陉山，在河南荥阳市。② 䓘（gāng）草：草名。一说䓘草生长在水田中，苗似小麦，但体形比小麦更小。③ 蘡（yīng）薁（yù）：即山葡萄。④ 器难之水：器难水，在今河南荥阳市。⑤ 役水：今河南索河。

【译文】

再向东四十里有座山，名叫少陉山。山中长有一种草，名叫䓘草，这种草的叶子与葵的叶子相似，茎干是红色的，开白色的花，结出的果实与野葡萄相似，吃了它就会使人变得聪明。器难水发源于此山，向北流入役水。

【原文】

5.88 又东南十里，曰太山[1]。有草焉，名曰梨[2]，其叶状如荻而赤华[3]，可以已疽[4]。太水出于其阳[5]，而东南流注于役水[6]；承水出于其阴[7]，而东北流注于役。

【注释】

① 太山：山名，在今河南北部。② 梨：此处梨为一种草。③ 荻（dí）：多年生草本植物，生在水边，似芦苇，秋天开紫花。④ 已：治愈。疽（jū）：一种毒疮。⑤ 太水：水名，为索河东南的支流。⑥ 役水：今河南索河。⑦ 承水：水名，为索河西北石坡口的支流。

【译文】

再向东南十里有座山，名叫太山。山中长着一种草，名叫梨，它叶子的形状与荻叶相似，开红色的花，可以治疗痈疽。太水发源于这座山的南面，向东南流入役水；承水发源于这座山的北面，向东北流入役水。

【原文】

5.89 又东二十里，曰末山[①]，上多赤金。末水出焉，北流注于役。

【注释】

① 末山：山名，可能在河南新密市西南。

【译文】

再往东二十里有座山，名叫末山，山上有很多赤金。末水发源于此山，向北流入役水。

【原文】

5.90 又东二十五里，曰役山[①]，上多白金，多铁。役水出焉，北注于河。

【注释】

① 役山：山名。一说在今河南中牟县；一说在今河南新密市。

【译文】

再往东二十五里有座山，名叫役山，山上有很多白金，还有很多铁。役水发源于役山，向北流入黄河。

【原文】

5.91 又东三十五里，曰敏山[①]。上有木焉，其状如荆，白华而赤实，名曰葪柏[②]，服者不寒。其阳多瑀琈之玉。

【注释】

① 敏山：山名，即今河南新郑市的梅山。② 葪（jì）柏：即蓟柏，也叫翠柏，丛生灌木，叶子多为鳞片状，果实球形、红褐色。

【译文】

再向东三十五里有座山，名叫敏山。山上有一种树，树的形状与荆相似，开白色的花，结红色的果实，这种树名叫葪柏，吃了它的果实就不怕寒冷。山的南面有很多瑀琈玉。

山海经地理古今考	《山海经》中名称	今考
	末山	可能是河南省新密市西南部的王家坡山
	役山	一说在河南省中牟县；一说在河南省新密市
	敏山	河南省新郑市的梅山

【原文】

5.92 又东三十里，曰大騩之山[①]，其阴多铁、美玉、青垩[②]。有草焉，其状如蓍而毛[③]，青华而白实，其名曰蒗[④]，服之不夭，可以为腹病。

【注释】

① 大騩（guī）之山：大騩山。在今河南新密市。② 垩（è）：可用来涂饰的有色土。③ 蓍（shī）：蓍草，古人多用它的茎来占卜。④蒗（láng）：草名。

【译文】

再向东三十里有座山，名叫大騩山，山的北面有很多铁、美玉和青垩。山中生有一种草，它的形状与蓍草相似，叶子上有毛，开青色的花，结白色的果实，它的名字叫蒗，人吃了它就不会夭折而亡，还可以治疗腹部的疾病。

【原文】

5.93 凡苦山之首，自休与之山至于大騩之山，凡十有九山，千一百八十四里。其十六神者，皆豕身而人面[①]。其祠：毛牷用一羊羞[②]，婴用一藻玉瘗[③]。苦山、少室、太室皆冢也[④]。其祠之：太牢之具[⑤]，婴以吉玉[⑥]。其神状皆人面而三首，其余属皆豕身人面也。

【注释】

①豕（shǐ）：猪。②毛牷：带毛的纯色的全牲。牷（quán）：纯色的全牲。羞：进献食品。这里指贡献的祀品。③婴：颈上的饰物。藻玉：有彩纹的玉。瘗（yì）：埋葬。④冢：大。这里指大的山神。⑤太牢：古代祭祀，牛、羊、猪三牲齐备谓之太牢。⑥吉玉：彩色的玉。

人面三首神

人面三首神　清　汪绂图本

【译文】

总计苦山山系中的山，自第一座休与山起到大騩山止，共有十九座山，距离为一千一百八十四里。其中有十六座山的山神均是猪身人面。祭祀这些山神的仪式为：用一只纯色的羊作为毛物献祭，用一块带有彩色花纹的玉作为悬挂在山神颈部的饰物，将其埋入地下。苦山、少室山、太室山均是大的山神的居住之所。祭祀这三座山的山神的仪式为：用牛、羊、猪三牲齐备的太牢之礼，以彩色的玉作为悬挂在山神颈部的饰物。这三位山神都长着人一样的脸，有三个脑袋，其余十六位山神皆是猪身人面。

豕身人面十六神

八、中次八经

【导读】

《中次八经》中记载了景山至琴鼓山共计二十三座山的地理位置和山川风貌。这些山大致位于今湖北和安徽境内。

这列山系物产丰富，盛产黄金、玉石、铁、青雘、垩土、白珉等矿物，还栖息着许多野兽，如牦牛、虎豹、闾、麋、麢、麂、兕、牛等，还生长着各种植物。经中详细描述了蟲围、计蒙、涉蟲三位神的相貌。

【原文】

5.94 中次八经荆山之首[①]，曰景山[②]，其上多金、玉，其木多杼、檀[③]。雎水出焉[④]，东南流注于江[⑤]，其中多丹粟[⑥]，多文鱼[⑦]。

【注释】

①荆山：山系名，在今湖北北部。②景山：山名。一说即今湖北房县的聚龙山；一说即今湖北保康县的往佛山。③杼（zhù）：栎木。檀：檀树。④雎（jū）水：即沮水，发源于今湖北保康县。⑤江：指长江。⑥丹粟：丹砂。⑦文鱼：即石斑鱼。

【译文】

中次八经荆山山系中的首座山，名叫景山，山上有很多金和玉，山中的树木多为栎树和檀树。雎水发源于此山，向东南注入长江，水中有很多丹砂，还有许多石斑鱼。

【原文】

5.95 东北百里，曰荆山[①]，其阴多铁，其阳多赤金，其中多牦牛，多豹、虎，其木多松、柏，其草多竹，多橘、櫾[②]。漳水出焉[③]，而东南流注于雎[④]，其中多黄金，多鲛鱼[⑤]。其兽多闾、麋[⑥]。

【注释】

①荆山：山名，在今湖北南漳县西。②櫾（yòu）：同"柚"。③漳水：水名，发源于荆山，向东注入沮水。④雎：雎水，沮水，发源于今湖北保康县。⑤鲛（jiāo）鱼：鲨鱼。⑥闾（lú）：兽名。一说即羭（yú），指黑色的母羊。麋：麋鹿。

【译文】

再向东北一百里有座山，名叫荆山，山的北面有很多铁，南面有许多赤金，山中有很多牦牛、豹子、老虎，山中生长的树木多为松、柏，草类多是丛生的小竹子，还有许多橘树和柚树。漳水发源于此山，向东南流入雎水，水中有很多黄金，还有很多鲛鱼。山中的野兽多为闾和麋鹿。

鲛鱼

鲛鱼　明　蒋应镐绘图本

【原文】

5.96 又东北百五十里，曰骄山[①]，其上多玉，其下多青雘[②]，其木多松、柏，多桃枝、钩端[③]。神蟲围处之[④]，其状如人面，羊角虎爪，恒游于雎、漳之渊[⑤]，出入有光。

【注释】

①骄山：山名，在今湖北境内。②青雘（huò）：青色的可做颜料的矿物。③桃枝：矮竹。钩端：刺竹。④蟲（tuó）围：传说中的神名。⑤漳：漳水。

【译文】

再向东北一百五十里有座山，名叫骄山，山上有很多玉，山下有许多可做颜料的青色矿物，山中的树木多为松树和柏树，还长着许多桃枝和钩端。名叫蟲围的神就住在此山中，这位神的脸与人脸相似，头上的角像羊角，爪子跟虎爪相似，常常在雎水和漳水的深潭中巡游，出入时身上闪闪发光。

蟲围

蟲围　清　汪绂图本

山海经地理古今考	《山海经》中名称	今　考
	景　山	一说是湖北省房县的聚龙山；一说是湖北省保康县的望佛山
	荆　山	在湖北省南漳县的西部
	骄　山	湖北省境内的紫山

【原文】

5.97 又东北百二十里，曰女几之山①，其上多玉，其下多黄金，其兽多豹、虎，多闾、麋、麖、麂②，其鸟多白鷮③，多翟④，多鸩⑤。

【注释】

① 女几之山：女几山，在今湖北荆门市西北。② 闾（lǘ）：兽名。一说指黑色的母羊。麖（jīng）：水鹿。麂（jǐ）：一种小型鹿，善跳跃。③ 白鷮（jiāo）：鷮雉，雉的一种。④ 翟（dí）：长尾的野鸡。⑤ 鸩（zhèn）：传说中的一种毒鸟。

【译文】

再往东北一百二十里有座山，名叫女几山，山上有很多玉，山下有很多黄金，山中的野兽多为豹子和老虎，还有许多闾、麋鹿、麖、麂，鸟类多为白鷮、长尾的野鸡和鸩鸟。

麂

麂　清　汪绂图本

【原文】

5.98 又东北二百里，曰宜诸之山①，其上多金、玉，其下多青雘②。洈水出焉③，而南流注于漳④，其中多白玉。

【注释】

①宜诸之山：宜诸山，在今湖北当阳县境内。②青雘（huò）：青色的可做颜料的矿物。③洈（wéi）水：水名，在今湖北境内。④漳：漳水。

【译文】

再向东北二百里有座山，名叫宜诸山。山上有许多金和玉，山下有许多可做颜料的青色矿物。洈水发源于此山，向南流入漳水，水中有许多白玉。

【原文】

5.99 又东北三百五十里，曰纶山①，其木多梓、枏②，多桃枝③，多柤、栗、橘、櫾④，其兽多闾、麈、羚、㚟⑤。

【注释】

①纶山：山名，今湖北大洪山。②梓：梓树。枏：同“楠”楠木。③桃枝：矮竹。④柤（zhā）：同“楂”，指山楂。櫾（yòu）：同“柚”。⑤闾（lǘ）：兽名。麈（zhǔ）：鹿一类的动物。㚟（chuò）：兽名。一说指雪豹。

【译文】

再向东北二百里有座山，名叫纶山，山中生长的树多为梓树和楠木，也有许多桃枝，还有很多山楂、栗树、橘树、柚树，山中的野兽多是闾、麈、羚羊和㚟。

麈

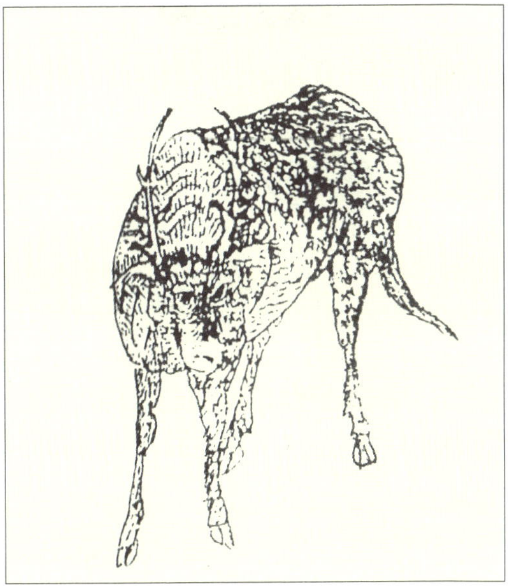

麈　清　汪绂图本

山海经地理古今考	《山海经》中名称	今　考
	女儿之山	湖北省荆门市西北部的圣境山
	宜诸之山	在湖北省当阳县境内
	纶　山	湖北省境内的大洪山

【原文】

5.100 又东二百里，曰陆鄃之山①，其上多瑶琈之玉②，其下多垩③，其木多杻、橿④。

【注释】

①陆鄃（guǐ）之山：陆鄃山，山名，今湖北孝感市的大悟山。②瑶（tū）琈（fú）：美玉名。③垩（è）：可用来涂饰的有色土。④杻（niǔ）：即檍树。橿（jiāng）：木名。古时用作造车的材料。

【译文】

再向东二百里有座山，名叫陆鄃山，山上有许多瑶琈玉，山下有许多可做涂料的有色土，山中的树木多为杻树和橿树。

【原文】

5.101 又东百三十里，曰光山①，其上多碧②，其下多木。神计蒙处之，其状人身而龙首，恒游于漳渊③，出入必有飘风暴雨④。

【注释】

①光山：山名，在今河南光山县。②碧：青绿色的玉石。③漳：漳水。④飘风：旋风，暴风。

计蒙

【译文】

再向东一百三十里有座山，名叫光山，山上有很多青绿色的玉石，山下有许多树木。有位名叫计蒙的神就居住在这里，他的形状为人身龙首，经常在漳水的深潭中巡游，出入时一定会伴有旋风和暴雨。

计蒙　明　蒋应镐绘图本

【原文】

5.102 又东百五十里，曰岐山①，其阳多赤金，其阴多白珉②，其上多金、玉，其下多青雘③，其木多樗④。神涉䖘处之⑤，其状人身而方面，三足。

【注释】

①岐山：山名。一说为湖北红安县境内的天台山；一说在安徽境内。②珉（mín）：一种像玉的美石。③青雘（huò）：青色的可做颜料的矿物。④樗（chū）：臭椿树。⑤涉䖘（tuó）：神名。

【译文】

再向东一百五十里有座山，名叫岐山。山的南面有很多赤金，北面有许多似玉的白色美石，山上有许多金和玉，山下有许多可做颜料的矿物，山中生长的树木多为臭椿树。有个名

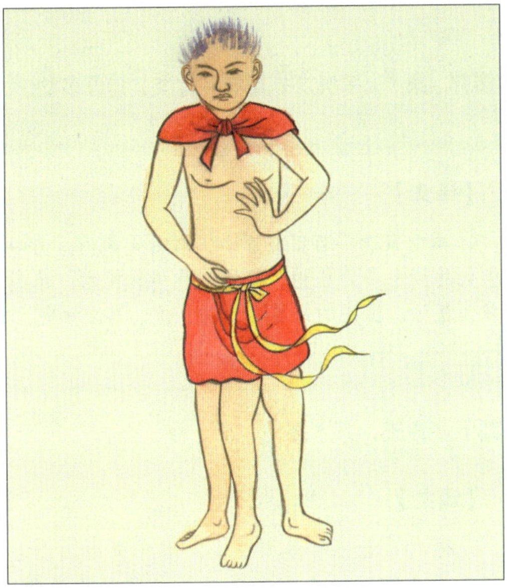

涉蟲

叫涉蟲的神就住在这座山上，这位神长着人的身子，脸部为方形，有三只脚。

涉蟲　清　汪绂图本

山海经地理古今考	《山海经》中名称	今　考
	陆郈之山	湖北省孝感市的大悟山
	光　山	在河南省光山县
	岐　山	一说是湖北省红安县境内的天台山；一说在安徽省境内

【原文】

5.103 又东百三十里，曰铜山①，其上多金、银、铁，其木多榖、柞、柤、栗、橘、櫾②，其兽多犳③。

【注释】

①铜山：山名，即石门山。②榖（gǔ）：构树。柞（zuò）：柞树。柤：同“楂”，指山楂。櫾：同“柚”。③犳（zhuó）：传说中的一种兽。一说即豹。

【译文】

再向东一百三十里有座山，名叫铜山，山上有很多金、银、铁，山中生长的树木多为构树、柞树、山楂树、栗树、橘树、柚树，山中的野兽多是犳。

【原文】

5.104 又东北一百里，曰美山①，其兽多兕、牛②，多闾、麈③，多豕、鹿④，其上多金，其下多青雘⑤。

【注释】

①美山：山名。一说为大别山中的大同尖山；一说在安徽境内。②兕：犀牛一类的兽。③闾（lǘ）：兽名。麈（zhǔ）：鹿一类的动物。④豕（shǐ）：猪。⑤青雘（huò）：青色的可做颜料的矿物。

【译文】

再向东北一百里有座山，名叫美山。山中野兽多为兕和牛，也有很多闾、麈、猪、鹿，山上有许多金，山下有很多可做颜料的青色矿物。

【原文】

5.105 又东北百里，曰大尧之山[①]，其木多松、柏，多梓、桑[②]，多机[③]；其草多竹[④]；其兽多豹、虎、羚、麋[⑤]。

【注释】

①大尧之山：大尧山，即今安徽省西部的天柱山。②梓：梓树。③机：机木。④竹：这里指萹竹。⑤麋（chuò）：兽名。一说指雪豹。

【译文】

再向东北一百里有座山，名叫大尧山，山中生长的树木多为松柏、梓树、桑树和机木；草类多为萹竹；山中的野兽多为豹、虎、羚羊和麋。

【原文】

5.106 又东北三百里，曰灵山[①]，其上多金、玉，其下多青雘，其木多桃、李、梅、杏。

【注释】

①灵山：山名。一说在今湖北境内；一说在今安徽境内。

【译文】

再向东北三百里有座山，名叫灵山，山上有很多金和玉，山下有很多可做颜料的青雘，山中生长的树木多是桃树、李树、梅树和杏树。

【原文】

5.107 又东北七十里，曰龙山[①]，上多寓木[②]，其上多碧[③]，其下多赤锡[④]，其草多桃枝、钩端[⑤]。

【注释】

①龙山：山名，在今安徽境内。②寓木：即寄生树，寄生在树木上的植物。③碧：青绿色的玉石。④赤锡：一说应作"赤铜"，因为没有红色的锡。⑤桃枝：矮竹。钩端：即刺竹。

【译文】

再向东北七十里有座山，名叫龙山，山上有许多寄生在别的树上的树，还有许多青绿色玉石，山下有许多赤锡，山中的草类多为桃枝竹、钩端竹。

龙山

【原文】

5.108 又东南五十里，曰衡山[①]，上多寓木、榖、柞[②]，多黄垩、白垩[③]。

【注释】

①衡山：山名，在今安徽境内。②榖（gǔ）：构树。柞（zuò）：柞树。③垩（è）：可用来涂饰的有色土。

【译文】

再向东南五十里有座山，名叫衡山，山上有许多寄生在别的树上的树，以及构树和柞树，还有很多可做涂料的黄垩和白垩。

【原文】

5.109 又东南七十里，曰石山[①]，其上多金，其下多青雘，多寓木。

【注释】

① 石山：山名，在今安徽境内。

【译文】

再往东南七十里有座山，名叫石山，山上有很多金，山下有很多可做颜料的青色矿物，还生长着许多长在别的树上的树。

【原文】

5.110 又南百二十里，曰若山[①]，其上多㻌琈之玉[②]，多赭[③]，多邽石[④]，多寓木，多柘[⑤]。

【注释】

① 若山：山名，即今安徽省青阳县的九华山。② 㻌（tū）琈（fú）：美玉名。③ 赭（zhě）：红土。④ 邽（guī）：通“圭”，宝玉名。一说应作“封”。⑤ 柘（zhè）：柘树。

【译文】

再向南一百二十里有座山，名叫若山，山上有许多㻌琈玉，也有许多红土，还有许多邽石，山中生长着很多寄生在别的树上的树，也有很多柘树。

【原文】

5.111 又东南一百二十里，曰彘山[①]，多美石，多柘。

【注释】

① 彘山：山名，即今安徽黄山。

【译文】

再向东南一百二十里有座山，名叫彘山，山中有许多美丽的石头，有许多柘树。

【原文】

5.112 又东南一百五十里，曰玉山[①]，其上多金玉，其下多碧、铁[②]，其木多柏。

【注释】

① 玉山：山名，在今安徽绩溪县东。② 碧：青绿色的玉石。

【译文】

再向东南一百五十里有座山，名叫玉山，山上有许多金和玉，山下有许多青绿色的玉石和铁，山中生长的树多为柏树。

【原文】

5.113 又东南七十里，曰讙山[①]，其木多檀[②]，多邽石，多白锡。郁水出于其上[③]，潜于其下，其中多砥砺[④]。

【注释】

① 讙（huān）山：山名，即今浙江湖田山。② 檀：檀树。③ 郁水：水名，今浙江的新安江。④ 砥砺：磨刀石。

【译文】

再往东南七十里有座山，名叫讙山，山中生长的树多为檀树，山里还有许多邽石、白锡。郁水发源于此山的上面，在山下潜流，水中有许多磨刀石。

【原文】

5.114 又东北百五十里，曰仁举之山[①]，其木多榖、柞[②]，其阳多赤金，其阴多赭[③]。

【注释】

① 仁举之山：仁举山，在今安徽省绩溪县。② 榖（gǔ）：构树。柞（zuò）：柞树。③ 赭（zhě）：红土。

【译文】

再向东北一百五十里有座山，名叫仁举山，山中的树木多是构树和柞树，山的南面有许多赤金，北面有许多红土。

山海经地理古今考	《山海经》中名称	今　考
	㚟　山	安徽省黄山市的黄山
	玉　山	在安徽省绩溪县东部
	讙　山	浙江省的湖田山
	郁　水	浙江省的新安江

山海经动物古今考	《山海经》中名称	今　考
	豕	猪
	兕	犀牛一类的兽
	臭	可能指雪豹

【原文】

5.115 又东五十里，曰师每之山[①]，其阳多砥砺，其阴多青雘[②]。其木多柏，多檀[③]，多柘[④]；其草多竹[⑤]。

【注释】

① 师每之山：师每山，在今安徽省境内。② 青雘（huò）：青色的可做颜料的矿物。③ 檀：檀树。④ 柘（zhè）：柘树。⑤ 竹：这里指萹竹。

【译文】

再往东五十里有座山，名叫师每山，山的南面有许多磨刀石，北面有许多可做颜料的青雘。山中的树木多为柏树、檀树、柘树；草类多是萹竹。

【原文】

5.116 又东南二百里，曰琴鼓之山[①]，其木多榖、柞、椒、柘[②]；其上多白珉[③]，其下多洗石[④]；其兽多豕、鹿[⑤]，多白犀；其鸟多鸩[⑥]。

【注释】

① 琴鼓之山：琴鼓山。一说在今浙江境内；一说在今安徽境内。② 榖（gǔ）：构树。柞（zuò）：柞树。椒：这里指胡椒或花椒。③ 珉：像玉的美石。④ 洗石：含碱之石，能溶解污垢。⑤ 豕（shǐ）：猪。⑥ 鸩：传说中的一种毒鸟。

【译文】

再向东南二百里有座山，名叫琴鼓山，山中的树木多为构树、柞树、椒树和柘树；山上有许多似玉的白石，山下有许多洗石；山中的野兽多为猪、鹿、白色的犀牛；鸟类多为鸩鸟。

琴鼓山

【原文】

5.117 凡荆山之首，自景山至琴鼓之山，凡二十三山，二千八百九十里。其神状皆鸟身而人面。其祠：用一雄鸡祈瘗①，用一藻圭②，糈用稌③。骄山，冢也④。其祠：用羞酒少牢祈瘗⑤，婴毛一璧⑥。

【注释】

①祈：向神求福。瘗（yì）：埋葬。②藻圭：有彩纹的圭玉。③糈（xǔ）：祭神用的精米。稌（tú）：稻子，特指糯稻。④冢：大。这里指大的山神。⑤羞：进献食品。这里指贡献祭品。少牢：古代祭祀用羊和猪作为祭品称少牢。⑥婴：颈上的饰物。毛：应作“用”。璧：平圆形中间有孔的玉。

【译文】

总计荆山山系中的山，自首座山景山起到琴鼓山止，共有二十三座山，距离为二千八百九十里。这些山的山神的形状皆是鸟身人面。祭祀山神的仪式为：以一只雄鸡作为祭品，祈祷完毕后埋入地下，用一块带彩色花纹的圭，祭神时的精米要用糯米。骄山，是大的山神居住之地。祭祀该山神的仪式为：以酒、猪、羊为祭品，祈祷后埋入地下，以一块璧作为饰物悬挂在山神的颈部。

鸟身人面神

鸟身人面神 清 汪绂图本

山海经地理古今考	《山海经》中名称	今 考
	师每之山	安徽省绩溪县一带的山川
	琴鼓之山	安徽省徽州大鄣山
	荆 山	湖北省北部的一座山

九、中次九经

【导读】

《中次九经》记述了从女几山到贾超山共计十六座山的地理位置和山川风貌。他们大致分布在今四川、重庆、湖北一带。

这列山系中草木繁盛，而怪异的鸟兽罕见，多是猪、鹿、羚羊之类的寻常兽类。出产的矿物多为铁和白金。

【原文】

5.118 中次九经岷山之首①，曰女几之山②，其上多石涅③，其木多杻、橿④，其草多菊、茱⑤。洛水出焉⑥，东注于江。其中多雄黄，其兽多虎、豹。

【注释】

① 岷山：山系名，位于甘肃省西南、四川省北部，为西北——东南走向。② 女几之山：女几山。可能为今四川什邡（fāng）市的九顶山。③ 石涅：即石墨。④ 杻（niǔ）：檍树。橿（jiāng）：木名。古时用作造车的材料。⑤ 茱：术属植物如白术、苍术等的泛称。⑥ 洛水：水名。可能为四川沱江的源头之一石亭江。

【译文】

中次九经岷山山系的首座山，名叫女几山，山上有许多石墨，山中的树木多为杻树、橿树，草类多为菊、茱。洛水发源于此山，向东流入长江。山中有许多雄黄，兽类多是虎和豹。

【原文】

5.119 又东北三百里，曰岷山①。江水出焉②，东北流注于海，其中多良龟③，多鼍④。其上多金玉，其下多白珉⑤。其木多梅、棠⑥，其兽多犀、象，多夔牛，其鸟多翰、鷩⑦。

【注释】

①岷山：山名。在今四川松潘县北。②江水：指长江。③良龟：品种优良的龟。④鼍（tuó）：即扬子鳄。⑤珉：像玉的石。⑥棠：即棠梨。⑦翰：即白翰，白雉。鷩（bì）：即锦鸡。

【译文】

再往东北三百里有座山，名叫岷山。长江发源于此，向东北流入大海，水中有很多品种优良的龟，还有许多扬子鳄。山上有许多金和玉，山下有许多似玉的白石。山中的树木多为梅树和棠树，兽类多是犀牛、象、夔牛，鸟类多是白翰和锦鸡。

良龟

鼍　清　汪绂图本

【鼍】

鼍的形状像蜥蜴，长两丈，四足而有爪，鳞片光鲜艳丽，其实就是现在的扬子鳄。它是水陆两栖动物，卵生，冬天会在洞穴中冬眠，性情凶猛，栖息于河湖浅滩上，白天浮水晒太阳睡觉，晚上出来捕食兽类、鱼虾等。

古人认为，鼍是一种神鱼，能横向飞翔，吞云吐雾。一些考古学家经过研究认为，鼍就是中国龙的原型。河南仰韶文化出土的用蚌壳摆成的龙的图案中，龙的前脚是五爪，后脚是四爪，跟鼍一模一样。而鼍的出没，常常与云、雨、雷、电等天象密切相关，与传说中龙呼云唤雨的能力一致。还有一说，古人常以动物发出的声音为其命名，鼍能发出像打雷一样“隆隆”的声音，因此，龙这个名字很可能取自其音“隆”。

【原文】

5.120 又东北一百四十里，曰崃山①。江水出焉②，东流注于大江③。其阳多黄金，其阴多麋、麈④，其木多檀、柘⑤，其草多䪥、韭⑥，多药⑦，空夺⑧。

【注释】

①崃（lái）山：即今邛（qióng）崃山。②江水：这里指长江的支流。③大江：指长江。④麈（zhǔ）：鹿一类的动物。⑤檀：檀树。柘（zhè）：柘树。⑥䪥（xiè）：同“薤”。⑦药：即白芷。⑧空夺：一说指寇脱；一说指蛇蜕。

【译文】

再往东北一百四十里有座山，名叫崃山。江水发源于此，向东流入长江。山的南面有许多黄金，北面有许多麋鹿、麈。山中的树多为檀树、柘树，草类多是薤、韭菜、白芷和空夺。

山海经地理古今考	《山海经》中名称	今考
	岷山	在甘肃省的西南部和四川北部
	洛水	可能是石亭江，为四川沱江的源头之一
	崃山	四川省阿坝藏族羌族自治州的邛崃山

【原文】

5.121 又东一百五十里，曰崌山[①]。江水出焉[②]，东流注于大江[③]，其中多怪蛇，多鰲鱼[④]。其木多楢、杻[⑤]，多梅、梓[⑥]，其兽多夔牛、羚、㚟、犀、兕[⑦]。有鸟焉，状如鸮而赤身白首[⑧]，其名曰窃脂，可以御火。

【注释】

①崌（jū）山：山名，在今西川西部、邛（qióng）崃山以东。②江水：这里指长江的支流。③大江：指长江。④鰲（zhì）鱼：鱼名，一说指鲥鱼。⑤楢（yóu）：木名。材料刚硬，可以用来制造车子。杻（niǔ）：檍树。⑥梓：梓树。⑦㚟（chuò）：兽名，一说指雪豹。兕：一种类似犀牛的动物。⑧鸮（xiāo）：猫头鹰一类的鸟。

【译文】

再向东一百五十里有座山，名叫崌山。江水发源于此，向东流入长江，水中有许多怪蛇，也有许多鰲鱼。山中的树木多是楢树、杻树、梅树和梓树，野兽多是夔牛、羚羊、㚟、犀牛。山中有一种鸟，形状与猫头鹰相似，身子是红色的，脑袋是白色的，这种鸟名叫窃脂，可以用来防御火灾。

窃脂

窃脂　清　汪绂图本

【原文】

5.122 又东三百里，曰高梁之山[①]，其上多垩[②]，其下多砥砺[③]，其木多桃枝、钩端[④]。有草焉，状如葵而赤华、荚实、白柎[⑤]，可以走马[⑥]。

【注释】

①高梁之山：今四川大剑山。②垩（è）：可用来涂饰的有色土。③砥砺：磨刀石。④桃枝：矮竹。钩端：刺竹。⑤荚：豆科植物的长形果实，亦指狭长无隔膜的其他草木的果实。柎（fū）：花萼，花瓣外部的一圈叶状绿色小片。⑥走马：使马跑得快。

【译文】

再往东三百里有座山，名叫高梁山，山上有许多可做涂料的有色土，山下有许多磨刀石，山里的树木多是桃枝和钩端。山中有一种草，形状与葵相似，开红色的花，结荚果，长着白色的花萼，可使马儿跑得快。

【原文】

5.123 又东四百里，曰蛇山[①]，其上多黄金，其下多垩[②]，其木多栒[③]，多豫章[④]，其草多嘉荣、少辛[⑤]。有兽焉，其状如狐而白尾长耳，名𤝞狼[⑥]，见则国内有兵。

【注释】

①蛇山：山名，可能是四川江水县的光雾山。②垩（è）：可用来涂饰的有色土。③栒（xún）：栒子木，叶子卵形，果实球形，多为红色。④豫章：樟树。⑤少辛：细辛。⑥𤝞（shì）狼：传说中的一种兽。一说指狼的一种。

【译文】

再向东四百里有座山，名叫蛇山，山上有许多黄金，山下有许多可做涂料的有色土，山中的树木多为栒树、樟树，草类多为嘉荣、细辛。山中有一种兽，它的形状与狐狸相似，尾巴是白色的，耳朵长长的，这种兽名叫𤝞狼，它只要一出现，国内就会爆发战争。

𤝞狼

𤝞狼　清　汪绂图本

【原文】

5.124 又东五百里，曰鬲山[①]，其阳多金，其阴多白珉[②]。蒲鸏之水出焉[③]，而东流注于江，其中多白玉。其兽多犀、象、熊、罴[④]，多猿、蜼[⑤]。

【注释】

①鬲（gé）山：山名，可能为重庆开县与宣汉县的界山观面山。②珉：像玉的美石。③蒲鸏（hōng）之水：蒲鸏水，水名，观面山附近临江小河。④罴（pí）：棕熊。⑤蜼（wèi）：一种长尾猿。

【译文】

再向东五百里有座山，名叫鬲山，山的南面有很多金，北面有许多似玉的白石。蒲鸏水发源于此山，向东流入长江，水中有许多白玉。山中的野兽多是犀牛、象、熊和罴，山中有许多猿和蜼。

蜼

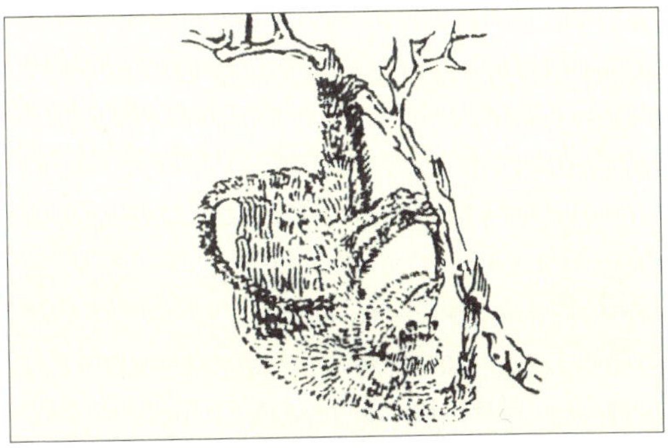

蜼　清　汪绂图本

山海经动物古今考	《山海经》中名称	今考
	蜼	一种长尾猿
	臭	一说指雪豹

【原文】

5.125 又东北三百里，曰隅阳之山[①]，其上多金、玉，其下多青雘[②]，其木多梓、桑[③]，其草多茈[④]。徐之水出焉[⑤]，东流注于江，其中多丹粟[⑥]。

【注释】

①隅阳之山：隅阳山，在今重庆市东北部云阳县境内。②青雘（huò）：青色的可做颜料的矿物。③梓：梓树。④茈（zǐ）：即紫草。⑤徐之水：徐水，可能为长滩河。⑥丹粟：丹砂。

【译文】

再向东北三百里有座山，名叫隅阳山，山上有许多金和玉，山下有许多可做颜料的青雘，山中的树木多是梓树、桑树，草类多是紫草。徐水发源于此山，向东流入长江，水中有许多丹砂。

隅阳之山

【原文】

5.126 又东二百五十里，曰岐山[①]，其上多白金，其下多铁，其木多梅、梓，多杻、楢[②]。减水出焉[③]，东南流注于江。

【注释】

①岐山：山名，今重庆奉节县横段山。②杻（niǔ）：檍树。楢（yóu）：木名，木质刚硬，可以用来造车。③减水：水名。重庆巫溪县分水河。

【译文】

再往东二百五十里有座山，名叫岐山，山上有许多白金，山下有许多铁，山中的树木多是梅树、梓树、杻树、楢树。减水发源于此，向东南流入长江。

【原文】

5.127 又东三百里，曰勾檷之山[①]，其上多玉，其下多黄金，其木多栎、柘[②]，其草多芍药。

【注释】

①勾檷（mí）之山：勾檷山，今重庆奉节县白帝山。②栎（lì）：栎树。柘（zhè）：柘树。

【译文】

再往东三百里有座山，名叫勾檷山，山上有许多玉，山下有许多黄金，山里的树木多是栎树和柘树，草类多是芍药。

【原文】

5.128 又东一百五十里，曰风雨之山[①]，其上多白金，其下多石涅[②]，其木多棷、椫[③]，多杨。宣余之水出焉[④]，东流注于江，其中多蛇。其兽多闾、麋[⑤]，多麈、豹、虎[⑥]，其鸟多白鵁[⑦]。

【注释】

①风雨之山：风雨山，今重庆巫山。②石涅：即石墨。③棷（zōu）：木名。椫（shàn）：白理木，木纹结白。④宣余之水：宣余水，可能为今重庆巫山县的大宁河。⑤闾（lú）：兽名。⑥麈（zhǔ）：鹿一类的动物。⑦鵁（jiāo）：鵁雉。

【译文】

再往东一百五十里有座山，名叫风雨山，山上有许多白金，山下有许多石墨，山中的树木多是棷树、椫树，也有许多杨树。宣余水发源于此山，向东流入长江，水中有很多水蛇。山中的兽类多是闾、麋鹿，也有很多麈、豹、虎，鸟类多是鵁雉。

【原文】

5.129 又东北二百里，曰玉山[①]，其阳多铜，其阴多赤金，其木多豫章、楢、杻[②]，其兽多豕、鹿、羚、㚟[③]，其鸟多鸩[④]。

【注释】

①玉山：山名，今重庆巫溪县凤凰岭。②豫章：樟树。楢（yóu）：木名。豕（shǐ）：猪。③㚟（chuò）：兽名。④鸩（zhèn）：传说中的一种毒鸟。

【译文】

再向东二百里有座山，名叫玉山，山的南面有许多铜，北面有许多赤金，山中的树木多是樟树、楢树和杻树，兽类多为猪、鹿、羚羊和㚟，鸟类多是鸩鸟。

【原文】

5.130 又东一百五十里，曰熊山[①]。有穴焉，熊之穴，恒出入神人，夏启而冬闭。是穴也，冬启乃必有兵。其上多白玉，其下多白金。其木多樗、柳[②]，其草多寇脱[③]。

【注释】

①熊山：山名，今湖北巴东县珍珠岭。②樗（chū）：臭椿树。③寇脱：通脱木的别名，俗称通草。

【译文】

再往东一百五十里有座山，名叫熊山。山中有一洞穴，是熊的居住之所，经常有神人出入，（这个洞）夏天开启，冬天关闭。这个洞如果在冬天开启，就一定会有战争发生。山上有许多白玉，山下有许多白金。山中生长的树多是臭椿树和柳树，草类多是通草。

【原文】

5.131 又东一百四十里，曰騩山[①]，其阳多美玉、赤金，其阴多铁，其木多桃枝、荆、芭[②]。

【注释】

①騩山：山名，今湖北秭归县将军山。②桃枝：矮竹。芭：芭蕉。

【译文】

再往东一百四十里有座山，名叫騩山，山的南面有许多美玉和赤金，北面有许多铁，山中生长的树木多为桃枝、荆以及芭蕉。

山海经地理古今考	《山海经》中名称	今考
	风雨之山	重庆市巫山县的巫山
	玉山	重庆市巫溪县的凤凰岭
	熊山	湖北省巴东县的珍珠岭
	騩山	湖北省秭归县的将军山

山海经动物古今考	《山海经》中名称	今考
	麈	鹿一类的动物
	鸦	鸦雉
	鸩	传说中的一种毒鸟

【原文】

5.132 又东二百里，曰葛山[①]，其上多赤金，其下多瑊石[②]，其木多柤、栗、橘、櫾、楢、杻[③]，其兽多羚、㚟，其草多嘉荣。

【注释】

①葛山：山名，在今湖北兴山县。②瑊（jiān）石：似玉的美石。③柤（zhā）：同"楂"，指山楂。櫾（yòu）：同"柚"。

【译文】

再向东二百里有座山，名叫葛山，山上有许多赤金，山下有许多瑊石，山中的树木多是山楂树、栗树、橘树、柚树、楢树、杻树，兽类多为羚羊、㚟，草类多为嘉荣。

葛山

【原文】

5.133 又东一百七十里，曰贾超之山[①]，其阳多黄垩[②]，其阴多美赭[③]，其木多柤、栗、橘、櫾，其中多龙修[④]。

【注释】

①贾超之山：贾超山，在今湖北远安县。②垩（è）：可用来涂饰的有色土。③赭（zhě）：红土。④龙修：龙须草。

【译文】

再往东一百七十里有座山，名叫贾超山，山的南面有许多可做涂料的黄色土，北面有许多优质的红土，山中的树木多为山楂树、栗树、橘树和柚树，山中还长着许多龙须草。

【原文】

5.134 凡岷山之首，自女几山至于贾超之山，凡十六山，三千五百里。其神状皆马身而龙首。其祠：毛用一雄鸡瘗[①]，糈用稌[②]。文山、勾梂、风雨、䰠之山[③]，是皆冢也[④]。其祠之：羞酒[⑤]，少牢具[⑥]，婴毛一吉玉[⑦]。熊山，席也[⑧]。其祠：羞酒，太牢具[⑨]，婴毛一璧[⑩]。干儛[⑪]，用兵以禳[⑫]；祈[⑬]，璆冕舞[⑭]。

【注释】

①毛：祭祀用的带毛的动物。瘗（yì）：埋葬。②糈（xǔ）：祭神用的精米。稌（tú）：稻子，特指糯稻。③文山：岷山。④冢：大。这里指大的山神。⑤羞：进献食品。这里是贡献祭品的意思。⑥少牢：古代祭祀用羊和猪做祭品，称少牢。⑦婴：颈上的饰物。毛：应作“用”。吉玉：彩色的玉。⑧席：一说应作“帝”，这里是首领的意思。⑨太牢：古代祭祀，牛、羊、猪三牲俱备谓之太牢。⑩璧：平圆形、中间有孔的玉。⑪干：盾牌。儛：跳舞。⑫禳（ráng）：祈祷消除灾殃。⑬祈：向神求福。⑭璆（qiú）：同“球”，美玉。冕：是古代帝王、诸侯及卿大夫的礼帽。这里泛指礼帽。

马身龙首神

【译文】

总计岷山山系的首尾，自女几山起到贾超山止，总共有十六座山，距离为三千五百里。这些山神的形状都是马身龙头。祭祀这些山神的方法为：以一只雄鸡作为毛物，埋入地下作为祭品，以糯米作为祭祀用的精米。文山、勾梂山、风雨山、䰠山，皆是大的山神的居住之所。祭祀这几位山神的仪式为：向他们敬献美酒，用猪、羊二牲齐备的少牢之礼，以一块彩色的玉作为悬挂在山神颈部的饰物。熊山山神，是诸山神的首领。祭祀这位山神的仪式为：向其敬酒，用猪、羊、牛三牲齐备的太牢之礼，以一块玉璧作为悬挂在山神颈部的饰物。祭祀时，手拿盾牌起舞，以求消除战争灾祸；祈祷时，手持美玉、头戴礼帽跳舞。

马身龙首神　清　汪绂图本

山海经地理古今考	《山海经》中名称	今考
	葛山	湖北省兴山县的香炉山
	贾超之山	湖北省远安县的凤阳山

十、中次十经

【导读】

《中次十经》记述了从首阳山到丙山共计九座山的地理位置和山川风貌。它们大致分布在今河南、湖北一带。

这列山系中的山草木繁盛，出产黄金、玉石、铁等矿物。还有一种怪鸟能预测瘟疫，名字叫作跂踵。

【原文】

5.135 中次十经之首，曰首阳之山①，其上多金玉，无草木。

【注释】

①首阳之山：首阳山。一说在今河南偃师市；一说在今湖北黄石市。

【译文】

中次十经中的首座山，名叫首阳山，山上有许多金和玉，山中不长草木。

【原文】

5.136 又西五十里，曰虎尾之山，其木多椒、椐[①]，多封石[②]，其阳多赤金，其阴多铁。

【注释】

① 椒：这里指胡椒或花椒。椐（jū）：又叫灵寿木，古人用作手杖。② 封石：一种可作药用的矿物，味甜，无毒。

【译文】

再向西五十里有座山，名叫虎尾山，山中的树木多为椒树和椐树，也有许多封石，山的南面有许多赤金，北面有许多铁。

【原文】

5.137 又西南五十里，曰繁缋之山[①]，其木多楢、杻，其草多枝勾[②]。

【注释】

① 繁缋（huì）之山：繁缋山。一说在今湖北鄂州市；一说在今河南洛阳东北。② 枝勾：草名。可能指桃枝和钩端。

【译文】

再向西南五十里有座山，名叫繁缋山，山中的树木多为楢树和杻树，草类多为枝勾。

【原文】

5.138 又西南二十里，曰勇石之山[①]，无草木，多白金，多水。

【注释】

① 勇石之山：勇石山，山名。

【译文】

再向西南二十里有座山，名叫勇石山，山中不长草木，有许多白金，还有许多水。

【原文】

5.139 又西二十里，曰复州之山，其木多檀[①]，其阳多黄金。有鸟焉，其状如鸮而一足、彘尾[②]，其名曰跂踵，见则其国大疫。

【注释】

①檀：檀树。②鸮（xiāo）：猫头鹰一类的鸟。彘（zhì）：猪。

跂踵

【译文】

再往西二十里有座山，名叫复州山，山中的树木多是檀树，山的南面有许多黄金。山中有一种鸟，它的形状与猫头鹰相似，长着一只脚、猪一样的尾巴，这种鸟名叫跂踵，它出现在哪个国家，哪个国家就会有大的瘟疫发生。

跂踵　清　吴任臣康熙图本

【原文】

5.140 又西三十里，曰楮山[①]，多寓木[②]，多椒、椐[③]，多柘[④]，多垩[⑤]。

【注释】

① 楮（chǔ）山：山名，可能在今河南孟津县。② 寓木：寄生在树木上的植物。③ 椒：这里指花椒和胡椒。椐（jū）：又叫灵寿木。④ 柘（zhè）：柘树。⑤ 垩（è）：可用来涂饰的有色土。

【译文】

再往西三十里有座山，名叫楮山，山中有许多寄生在别的树上的树，也有许多椒树、椐树和柘树，还有许多可做涂料的有色土。

山海经地理古今考	《山海经》中名称	今　考
	首阳之山	一说在湖北省黄石市；一说在河南省偃师市
	繁缋之山	一说在湖北省鄂州市；一说在河南省洛阳市的东北部
	楮　山	可能在今河南省孟津县

【原文】

5.141 又西二十里，曰又原之山，其阳多青雘[①]，其阴多铁，其鸟多鸜鹆[②]。

【注释】

① 青雘（huò）：青色的可做颜料的矿物。② 鸜（qú）鹆（yù）：即八哥。

【译文】

再向西二十里有座山，名叫又原山。山的南面有许多可做颜料的青色矿物，北面有许多铁，山中的鸟多是八哥。

鸜鹆

鸜鹆　清　《禽虫典》本

【原文】

5.142 又西五十里，曰涿山[①]，其木多榖、柞、杻[②]，其阳多㻬琈之玉[③]。

【注释】

① 涿山：山名。一说即蜀山，在今甘肃境内。② 榖（gǔ）：构树。柞（zuò）：柞树。杻（niǔ）：檍树。③ 㻬（tū）琈（fú）：美玉名。

【译文】

再往西五十里有座山，名叫涿山，山中生长的树多为构树、柞树和杻树，山的南面有许多㻬琈玉。

【原文】

5.143 又西七十里，曰丙山，其木多梓、檀[①]，多弞杻[②]。

【注释】

① 梓：梓树。檀：檀树。② 弞（shěn）杻：杻树的树干多是弯曲的，而弞杻不同于一般杻树，其树干长得比较直。

【译文】

再向西七十里有座山，名叫丙山，山中的树木多为梓树和檀树，也有许多弞杻树。

【原文】

5.144 凡首阳山之首，自首山至于丙山，凡九山，二百六十七里。其神状皆龙身而人面。其祠之：毛用一雄鸡瘗[①]，糈用五种之糈[②]。堵山，冢也[③]，其祠之：少牢具[④]，羞酒祠[⑤]，婴毛一璧瘗[⑥]。騩山，帝也，其祠：羞酒，太牢具[⑦]；合巫、祝二人儛[⑧]，婴一璧。

【注释】

① 毛：祭祀时用的带毛的动物。瘗（yì）：埋葬。② 糈（xǔ）：祭神用的精米。五种之糈：指去过皮的黍、稷、稻、粱、麦。③ 冢：大。这里指大的山神。④ 少牢：古代祭祀用羊和猪作为祭品称少牢。⑤ 羞：进献食品。这里指贡献祭品。⑥ 婴：颈上的饰物。毛：应作“用”。璧：平圆形、中间有孔的玉。⑦ 太牢：古代祭祀，牛、羊、猪三牲俱备谓之太牢。⑧ 巫：古代以求神、占卜为职业的人。祝：祭祀时主持祭礼的人。儛：跳舞。

【译文】

总计首阳山山系中的山，自第一座山首阳山起到丙山止，总共有九座山，距离为二百六十七里。这些山的山神形状都是龙身人面。祭祀这些山神的仪式为：用一只雄鸡作为毛物，埋入地下作为祭品，用去壳的黍、稻、稷、麦、粱五种米作为祭祀用的精米。堵山，是大的山神的居住之所，祭祀这位山神的仪式为：用猪、羊二牲齐备的少牢之礼，并向其敬献美酒来祭祀，以一块璧作为悬挂在山神颈部的饰物，并将其埋入地下。騩山山神，是诸山神的首领，祭祀这位山神的方法为：向其敬献美酒，用猪、牛、羊三牲齐备的太牢之礼，让巫和祝二人一起跳舞，以一块璧作为挂在山神颈部的饰物。

龙身人面神　清　汪绂图本

蜀山

中次十一经路线示意图

1. 高前山　2. 游戏山　3.倚帝山　4. 鲵山　5. 丰山　6. 雅山　7.兔床山　8. 皮山　9. 章山　10. 瑶碧山　11. 袂筒山
山　22.前山　23. 历石山　24. 皋山　25. 虎首山　26. 婴山　27. 婴侯山　28. 从山　29. 毕山　30. 妪山　31. 鲜山

12. 堇理山 13. 帝囷山 14. 罗山 15. 依轱山 16. 大騩山 17. 白山 18. 朝歌山 19. 大孰山 20. 视山 21. 宣

32. 区吴山 33. 大支山 34. 声匈山 35. 服山 36. 杳山

十一、中次十一经

【导读】

《中次十一经》记述了自翼望山至凡山共计四十八座山的地理位置和山川风貌。这些山大致分布在今河南、湖北、安徽境内。

这列山系中记录的山众多，但山中的植物和禽鸟兽类却多是常见的生物。怪兽只有为数不多的几种，如黄色毛皮、红嘴红眼，貌似猿猴的灾兽雍和；形状似狗、全身长满鳞甲的獜等。此外，经中还记录了现在的国家一级保护动物——扬子鳄。

【原文】

5.145 中次一十一山经荆山之首[①]，曰翼望之山[②]。湍水出焉[③]，东流注于济[④]；贶水出焉[⑤]，东南流注于汉[⑥]，其中多蛟[⑦]。其上多松、柏，其下多漆、梓[⑧]，其阳多赤金，其阴多珉[⑨]。

【注释】

① 山：是衍文。荆山：山系名，在今河南西部，是熊

【译文】

中次十一经荆山山系的第一座山，名叫翼

耳山和伏牛山的总称。②翼望之山：翼望山，在今河南内乡县北。③湍水：即今湍河，源于伏牛山之老君山。④济：济水，可能为今河南洛阳的白河。⑤贶（kuàng）水：水名，可能为今淅河，发源于熊耳山。⑥汉：今汉江。⑦蛟：蛟龙。⑧漆：漆树。梓：梓树。⑨珉：像玉的石。

望山。湍水发源于此山，向东流入济水；贶水也发源于此山，向东南流入汉水，水中有许多蛟龙。山上有许多松柏，山下有许多漆树、梓树，山的南面有许多赤金，北面有许多像玉一样的美石。

【原文】

5.146 又东北一百五十里，曰朝歌之山[①]。沅水出焉[②]，东南流注于荥[③]，其中多人鱼[④]。其上多梓、枏[⑤]，其兽多羚、麋。有草焉，名曰莽草[⑥]，可以毒鱼。

【注释】

①朝歌之山：朝歌山，在今河南泌阳县西北。②沅（wǔ）水：水名，今舞阳河，注入汝河。③荥（xíng）：汝河。④人鱼：大鲵，俗称娃娃鱼。⑤枏：同“楠”，楠木。⑥莽草：芒草，又叫芒。一说为水莽，有剧毒。

【译文】

再向东北一百五十里有座山，名叫朝歌山。沅水发源于此山，向东南流入荥水，水中有许多娃娃鱼。山上长着许多梓树、楠树，山中的野兽多是羚羊、麋鹿。山中有一种草，名叫莽草，能够毒死鱼类。

【原文】

5.147 又东南二百里，曰帝囷之山[①]，其阳多㻬琈之玉[②]，其阴多铁。帝囷之水出于其上，潜于其下，多鸣蛇。[③]

【注释】

①帝囷之山：帝囷山，在今河南舞阳县。②㻬（tū）琈（fú）：美玉名。③鸣蛇：传说中的一种动物，形似蛇而长着四只翅膀。

【译文】

再往东南二百里有座山，名叫帝囷山，山的南面有许多㻬琈玉，北面有许多铁。帝囷水发源于此山的上面，在山下潜流，水中有许多鸣蛇。

【原文】

5.148 又东南五十里，曰视山[①]，其上多韭。有井焉，名曰天井[②]，夏有水，冬竭。其上多桑，多美垩、金、玉[③]。

【注释】

①视山：山名。一说即今河南桐柏县西的太白顶。②天井：这里指处在低洼地的水泉。③垩（è）：可用来涂饰的有色土。

【译文】

再往东南五十里有座山，名叫视山，山上有许多韭菜。山中有一口低洼的水泉，叫作天井，夏天有水，冬天枯竭。山上长着许多桑树，也有很多优质的垩土，还有许多金和玉。

【原文】

5.149 又东南二百里，曰前山[①]，其木多槠[②]，多柏，其阳多金，其阴多赭[③]。

【注释】

①前山：山名。一说为今河南信阳市西的坚山。②槠

【译文】

再向东南二百里有座山，名叫前山，山上

（zhū）：常绿乔木，木材坚硬，可以用来制作器具。③ 赭（zhě）：红土。

的树木多为槠树、柏树，山的南面有许多金，北面有许多红土。

【原文】

5.150 又东南三百里，曰丰山[①]。有兽焉，其状如猿，赤目、赤喙、黄身[②]，名曰雍和，见则国有大恐。神耕父处之，常游清泠之渊[③]，出入有光，见则其国为败。有九钟焉，是知霜鸣[④]。其上多金，其下多榖、柞、杻、橿[⑤]。

【注释】

① 丰山：山名。一说在今河南南阳市东北。② 喙（huì）：鸟兽的嘴。③ 清泠（líng）之渊：清泠渊，在今河南南阳市。④ 知：一作"和"。⑤ 榖（gǔ）：构树。柞（zuò）：柞树。杻（niǔ）：檍树。橿（jiāng）：木名，古时用作造车的材料。

耕父

【译文】

再向东南走三百里有座山，名叫丰山。山中有一种野兽，形状与猿相似，长着红色的眼睛、红色的嘴、黄色的身子，名叫雍和，它出现在哪个国家，哪个国家就会有令人恐慌的事发生。神仙耕父就住在这座山里，他常常到清泠渊巡游，出入时发出闪闪的光亮，他出现在哪个国家，哪个国家就会衰亡。山中有九口钟，只要有霜降落，这九口钟就会发出鸣响。山上有许多金，山下长着许多构树、柞树、杻树和橿树。

雍和

【原文】

5.151 又东北八百里，曰兔床之山[①]，其阳多铁，其木多藷萸[②]，其草多鸡榖[③]，其本如鸡卵[④]，其味酸甘，食者利于人。

【注释】

① 兔床之山：兔床山，在今嵩山山区。② 藷萸（yù）：即山药。③ 鸡榖（gǔ）：草名。一说指蒲公英。④ 本：草木的根茎。

【译文】

再向东北八百里有座山，名叫兔床山，山的南面有许多铁，山中的树木多为藷萸，草类多为鸡榖，这种草的根与鸡蛋相似，味道酸甜，食用后对健康有助。

【原文】

5.152 又东六十里，曰皮山①，多垩，多赭②，其木多松、柏。

【注释】

① 皮山：山名，在今河南境内。② 赭（zhě）：红土。

【译文】

再向东六十里有座山，名叫皮山，山中有许多可做涂料的有色土，也有许多红土，山里的树木多为松、柏。

【原文】

5.153 又东六十里，曰瑶碧之山①，其木多梓、枏②，其阴多青雘③，其阳多白金。有鸟焉，其状如雉，恒食蜚④，名曰鸩⑤。

【注释】

① 瑶碧之山：瑶碧山，在今河南境内。② 梓：梓树。枏：同"楠"，楠木。③ 青雘（huò）：青色的可做颜料的矿物。④ 蜚：一种有害的小昆虫。⑤ 鸩（zhèn）：鸟名。一说指夜鹰。

【译文】

再往东六十里有座山，名叫瑶碧山，山中的树木多为梓树和楠木，山的北面有许多可做颜料的青色矿物，山的南面有许多白金。山中有一种鸟，它的形状与野鸡相似，常常吃蜚虫，这种鸟名叫鸩。

【原文】

5.154 又东四十里，曰支离之山①。济水出焉②，南流注于汉③。有鸟焉，其名曰婴勺，其状如鹊，赤目、赤喙、白身④，其尾若勺，其鸣自呼。多㸲牛⑤，多羬羊⑥。

【注释】

① 支离之山：支离山，在今河南境内。② 济水：水名，今发源于伏牛山玉皇顶的白河。③ 汉：今汉江。④ 喙：鸟兽的嘴。⑤ 㸲（zuó）牛：野牛。⑥ 羬（qián）羊：一种野生的大尾羊。

【译文】

再向东四十里有座山，名叫支离山。济水发源于此，向南流入汉江。山中有一种鸟，名叫婴勺，它的形状与喜鹊相似，长着红色的眼睛、红色的嘴巴、白色的身子，尾巴形状像勺子，它的鸣叫声就像是在呼叫自己的名字。山中还有许多㸲牛和羬羊。

婴勺

婴勺　清　汪绂图本

【原文】

5.155 又东北五十里，曰袟篙之山[①]，其上多松、柏、机、桓[②]。

【注释】

① 袟（zhì）篙（diāo）之山：袟篙山，可能在今河南方城县。② 机：机木。桤（qī）树。桓：桓树，又叫无患子。

【译文】

再向东北五十里有座山，名叫袟篙山，山上生长着许多松树、柏树、桤树、无患子树。

【原文】

5.156 又西北一百里，曰堇理之山[①]，其上多松、柏，多美梓[②]，其阴多丹雘[③]，多金，其兽多豹、虎。有鸟焉，其状如鹊，青身白喙，白目白尾，名曰青耕，可以御疫，其鸣自叫。

【注释】

① 堇（jǐn）理之山：堇理山。一说在今河南内乡县。② 梓：梓树。③ 丹雘（huò）：红色的可做颜料的矿物。

【译文】

再向西北一百里有座山，名叫堇理山，山上有许多松、柏，还有许多美丽的梓树，山的北面有许多可做颜料的红色矿物，也有许多金，山中的兽类多是豹、虎。山中有一种鸟，形状与喜鹊相似，身子是青色的，长着白色的嘴、白色的眼睛和白色的尾巴，这种鸟名叫青耕，可以用来抵御瘟疫，它的叫声像是在喊自己的名字。

青耕

青耕　清　汪绂图本

山海经地理古今考	《山海经》中名称	今考
	支离之山	河南省外方山山脉的杨树岭、跑马岭、龙池曼一带的高山
	袟篙之山	可能在河南省方城县
	堇理之山	可能在河南省内乡县

山海经动物古今考	《山海经》中名称	今考
	牫牛	野牛
	羬羊	一种野生的大尾羊

【原文】

5.157 又东南三十里，曰依轱之山[①]，其上多杻、橿[②]，多苴[③]。有兽焉，其状如犬，虎爪有甲，其名曰獜[④]，善驶坌[⑤]，食者不风[⑥]。

【注释】

①依轱之山：依轱山，在今河南西南部。②杻（niǔ）：檍树。橿（jiāng）：木名，古时用作造车的材料。③苴（zhā）：通“柤”。④獜（lìn）：传说中的一种兽。⑤驶（yǎng）坌（fèn）：跳跃扑击。⑥风：指中风、痛风等。

【译文】

再向东南三十里有座山，名叫依轱山，山上有许多杻树、橿树，也有许多山楂树。山中有一种野兽，它的形状与狗相似，长着老虎一样的爪子，身上长着鳞甲，这种兽名叫獜，它擅长跳跃腾扑，吃了这种兽的肉就不会患中风、痛风之类的病。

【原文】

5.158 又东南三十五里，曰即谷之山[①]，多美玉，多玄豹[②]，多闾、麈[③]，多羚、奠[④]。其阳多珉[⑤]，其阴多青雘[⑥]。

【注释】

①即谷之山：即谷山，可能在今河南信阳。②玄：黑色。③闾（lǘ）：兽名。麈（zhǔ）：鹿一类的动物。④奠（chuò）：兽名。一说指雪豹。⑤珉：像玉的石头。⑥青雘（huò）：青色的可做颜料的矿物。

【译文】

再往东南三十五里有座山，名叫即谷山，山中有许多美玉，也有许多黑豹、闾、麈、羚羊、奠。山的南面有许多像玉一样的美石，北面有许多可做颜料的青色矿物。

【原文】

5.159 又东南四十里，曰鸡山[①]，其上多美梓[②]，多桑，其草多韭。

【注释】

①鸡山：今河南信阳市与湖北交界处的鸡公山。②梓：梓树。

【译文】

再往东南四十里有座山，名叫鸡山，山上有许多美丽的梓树，也有许多桑树，山中的草类多是韭菜。

【原文】

5.160 又东南五十里，曰高前之山[①]。其上有水焉，甚寒而清，帝台之浆也[②]，饮之者不心痛。其上有金，其下有赭[③]。

【注释】

①高前之山：高前山。所指待考。②帝台：传说中的神名。浆：这里指水。③赭（zhě）：红土。

【译文】

再往东南五十里有座山，名叫高前山。山上有一处泉水，水冰凉而清澈，这是帝台神饮用的水，喝了它就不会得心痛的病。山上有许多金，山下有许多红土。

【原文】

5.161 又东南三十里，曰游戏之山[①]，多杻、橿、榖[②]，多玉，多封石。

【注释】

① 游戏之山：游戏山，可能在今河南内乡县南部。② 杻（niǔ）：橿树。橿（jiāng）：木名，古时用作造车的材料。榖（gǔ）：构树。

【译文】

再向东南三十里有座山，名叫游戏山，山中长着许多杻树、橿树、构树，也有许多玉以及封石。

【原文】

5.162 又东南三十五里，曰从山[①]，其上多松、柏，其下多竹。从水出于其上，潜于其下，其中多三足鳖[②]，枝尾[③]，食之无蛊疫[④]。

【注释】

① 从山：山名。一说在河南；一说在湖北。② 三足鳖：三只脚的甲鱼。③ 枝尾：动物分叉的尾巴。④ 蛊：毒热恶气。

【译文】

再向东南三十五里有座山，名叫从山，山上有许多松、柏，山下有许多竹。从水发源于这座山的上面，在山下潜流，水中有许多三只脚的鳖，尾巴上有分叉，吃了它的肉就不会受毒恶热气的侵害，也不会得瘟疫。

三足鳖

三足鳖　清　汪绂图本

【原文】

5.163 又东南三十里，曰婴硜之山[①]，其上多松、柏，其下多梓、櫄[②]。

【注释】

① 婴硜（yīn）之山：婴硜山。一说在今河南信阳市西南；一说在今河南与湖北交界的大别山北麓。② 梓：梓树。櫄（chūn）：通“椿”，即椿树。

【译文】

再往东南三十里有座山，名叫婴硜山，山上长着许多松柏，山下有许多梓树及椿树。

【原文】

5.164 又东南三十里，曰毕山[①]。帝苑之水出焉[②]，东北流注于潧[③]，其中多水玉[④]，多蛟[⑤]。其上多瑶琈之玉[⑥]。

【注释】

①毕山：山名。可能指今河南泌阳县的旱山。②帝苑之水：帝苑水，水名。③潧（qìn）：指今河南泌阳、遂平县境内的沙河。④水玉：水晶。⑤蛟：即蛟龙。⑥瑶（tū）琈（fú）：美玉名。

【译文】

再向东南三十里有座山，名叫毕山。帝苑水发源于这座山，向东北流入潧水，水中有许多水晶，也有许多蛟龙。山上还有很多瑶琈玉。

【原文】

5.165 又东南二十里，曰乐马之山[①]。有兽焉，其状如汇[②]，赤如丹火，其名曰㻏[③]，见则其国大疫。

【注释】

①乐马之山：乐马山，在今河南中南部。②汇：指刺猬。③㻏（lì）：传说中的一种兽。

【译文】

再往东南二十里有座山，名叫乐马山。山中有一种兽，形状与刺猬相似，全身通红如火，这种兽名叫㻏，它出现在哪个国家，哪个国家就会发生大瘟疫。

㻏

㻏 清 《禽虫典》本

【原文】

5.166 又东南二十五里，曰葴山[①]，潧水出焉，东南流注于汝水[②]，其中多人鱼[③]，多蛟[④]，多颉[⑤]。

【注释】

①葴（zhēn）山：山名。一说指今河南与湖北交界处的桐柏山。②汝水：水名，源出今河南鲁山县大盂山，注入淮河。③人鱼：大鲵俗称娃娃鱼。④蛟：蛟龙。⑤颉（xié）：即"獬"，兽名。一说为獭。

【译文】

再往东南二十五里有座山，名叫葴山，潧水发源于此山，向东南流入汝水，水中有许多娃娃鱼，还有许多蛟龙和獭。

【原文】

5.167 又东四十里，曰婴山[①]，其下多青雘[②]，其上多金、玉。

【注释】

① 婴山：山名。一说在湖北境内；一说在河南境内。
② 青雘（huò）：青色的可做颜料的矿物。

【译文】

再向东四十里有座山，名叫婴山，山下有许多可做颜料的青色矿物，山上有许多金和玉。

【原文】

5.168 又东三十里，曰虎首之山[①]，多苴、椆、椐[②]。

【注释】

① 虎首之山：可能在今河南境内。② 苴（zhā）：通“柤”，山楂。椆（chóu）：木名。椐（jū）：又叫灵寿木。

【译文】

再往东三十里有座山，名叫虎首山，山中长着许多山楂树、椆树、椐树。

【原文】

5.169 又东二十里，曰婴侯之山[①]，其上多封石[②]，其下多赤锡[③]。

【注释】

① 婴侯（hóu）之山：婴侯山，山名。② 封石：一种可作药用的矿石，味甜，无毒。③ 赤锡：一说应作“赤铜”。

【译文】

再往东二十里有座山，名叫婴侯山，山上有许多封石，山下有许多赤锡。

【原文】

5.170 又东五十里，曰大孰之山[①]。杀水出焉[②]，东北流注于溱水[③]，其中多白垩[④]。

【注释】

① 大孰之山：大孰山，今河南确山县驻马店的大乐山。
② 杀水：水名。一说指沙河，源出今河南泌阳县；一说指浉河。③ 溱水：指今河南泌阳、遂平县境内的沙河。
④ 垩（è）：可用来涂饰的有色土。

【译文】

再往东五十里有座山，名叫大孰山。杀水发源于这座山，向东北流入溱水，水中有许多可做涂料的白色土。

【原文】

5.171 又东四十里，曰卑山[①]，其上多桃、李、苴、梓，多累[②]。

【注释】

① 卑山：山名，在今河南东南部。② 累：即紫藤。

【译文】

再向东四十里有座山，名叫卑山，山上有许多桃树、李树、山楂树、梓树，也有许多紫藤。

山海经地理古今考	《山海经》中名称	今　考
	大孰之山	河南省确山县驻马店的大乐山
	卑　山	在河南省的东南部

【原文】

5.172 又东三十里，曰倚帝之山①，其上多玉，其下多金。有兽焉，其状如鼣鼠②，白耳白喙③，名曰狙如，见则其国有大兵。

【注释】

① 倚帝之山：倚帝山，在今河南镇平县。② 鼣（fèi）：鼠的一种。③ 喙：鸟兽的嘴。

【译文】

再向东三十里有座山，名叫倚帝山。山上有许多玉，山下有许多金。山中有一种兽，它形状与鼣鼠相似，有白色的耳朵和白色的嘴，这种兽名叫狙如。它出现在哪个国家，哪个国家就会有大的战争发生。

狙如

狙如 清 《禽虫典》本

【原文】

5.173 又东三十里，曰鲵山①。鲵水出于其上②，潜于其下，其中多美垩③。其上多金，其下多青雘④。

【注释】

① 鲵山：山名，在今河南镇平县。② 鲵水：水名，在今河南镇平县。③ 垩（è）：可用来涂饰的有色土。④ 青雘（huò）：青色的可做颜料的矿物。

【译文】

再往东三十里有座山，名叫鲵山。鲵水发源于此山的上面，在山下潜流，水中有许多优质的可做涂料的有色土。山上有许多金，山下有许多可做颜料的青色矿物。

【原文】

5.174 又东三十里，曰雅山①。澧水出焉②，东流注于滶水③，其中多大鱼④。其上多美桑，其下多苴，多赤金。

【注释】

① 雅山：山名，今河南南阳雉衡山。② 澧（lǐ）水：水名，即澧河，发源和流经邢台市。③ 滶水：指今河南泌阳、遂平县境内的沙河。④ 大鱼：大鲵。

【译文】

再往东三十里有座山，名叫雅山。澧水发源于此山，向东流入滶水，水中有许多大鲵。山上有许多美丽的桑树，山下有许多山楂树，还有许多赤金。

【原文】

5.175 又东五十五里，曰宣山[①]。沦水出焉[②]，东南流注于涞水[③]，其中多蛟[④]。其上有桑焉，大五十尺，其枝四衢[⑤]，其叶大尺余，赤理、黄华、青柎[⑥]，名曰帝女之桑。

【注释】

①宣山：山名，今河南东南部的老君山。②沦水：水名。一说指今舞钢东河。③涞水：指今河南泌阳、遂平县境内的沙河。④蛟：蛟龙。⑤衢：树枝交错分岔。⑥柎（fū）：花萼，花瓣外部的一圈叶状绿色小片。

【译文】

再往东五十五里有座山，名叫宣山。沦水发源于此山，向东南流入涞水，水中有许多蛟龙。山上有一棵桑树，树围有五丈宽，树枝向四方交错伸展，它的树叶有一尺多长，为红色的纹理、黄色的花、青色的花萼，名叫帝女桑。

老君山

舞钢东河

【原文】

5.176 又东四十五里，曰衡山[①]，其上多青雘[②]，多桑，其鸟多鸜鹆[③]。

【注释】

①衡山：山名，一说即今安徽霍山县南的霍山。②青雘（huò）：青色的可做颜料的矿物。③鸜（qú）鹆（yù）：即八哥。

【译文】

再往东四十五里有座山，名叫衡山，山上有很多可做颜料的青色矿物，也有许多桑树，山中的鸟多为八哥。

【原文】

5.177 又东四十里，曰丰山[①]，其上多封石[②]，其木多桑，多羊桃，状如桃而方茎，可以为皮张[③]。

【注释】

①丰山：山名，可能是指大别山北麓。②封石：一种可作药用的矿物，味甜，无毒。③皮张：皮肤肿起。张：通“胀”，浮肿。

【译文】

再向东四十里有座山，名叫丰山，山上有许多封石，山中的树木多是桑树，也有许多羊桃树，这种树形状与桃树相似，茎干是方形的，可以治愈皮肤肿起的病症。

山海经地理古今考	《山海经》中名称	今考
	雅山	河南省南阳市的雉衡山
	宣山	河南省东南部的老君山
	衡山	可能是今安徽省霍山县南部的霍山
	丰山	可能是大别山的北麓

山海经动物古今考	《山海经》中名称	今考
	人鱼	大鲵，俗称娃娃鱼
	蛟	蛟龙

【原文】

5.178 又东七十里，曰妪山[①]，其上多美玉，其下多金，其草多鸡谷[②]。

【注释】

①妪（kōu）山：山名，在今河南南阳市。②鸡谷：同"鸡榖"，草名。

【译文】

再往东七十里有座山，名叫妪山，山上有许多美玉，山下有许多金，山中的草类多是鸡谷。

【原文】

5.179 又东三十里，曰鲜山[①]，其木多楢、杻、苴[②]，其草多亹冬[③]，其阳多金，其阴多铁。有兽焉，其状如膜大[④]，赤喙、赤目、白尾[⑤]，见则其邑有火，名曰狢即[⑥]。

【注释】

①鲜山：山名。一说在今河南南部；一说在今安徽霍山县。②楢（yóu）：木名。杻（niǔ）：檍树。苴：通"柤"，山楂。③亹（mén）冬：同"虋冬"，指天门冬和麦门冬。④膜大：兽名。一说应作"膜犬"，西膜之犬，体形高大，长着浓密的毛，性情凶悍，力量极大。⑤喙：鸟兽的嘴。⑥狢（yí）即：传说中的一种兽。一说指小熊猫。

【译文】

再向东三十里有座山，名叫鲜山，山中的树木多为楢树、杻树、山楂树，草类多为天门冬和麦门冬，山的南面有许多金，北面有许多铁。山中有一种野兽，它的形状与膜大相似，长着红色的嘴、红色的眼睛、白色的尾巴，它在哪里出现，哪里就会有火灾发生，这种兽名叫狢即。

狢即

狢即　明　蒋应镐绘图本

【原文】

5.180 又东三十里，曰章山[①]，其阳多金，其阴多美石。皋水出焉[②]，东流注于澧水[③]，其中多脆石[④]。

【注释】

① 章山：一说应作“皋山”。② 皋水：水名，在今河南境内。③ 澧（lǐ）水：澧河，发源和流经邢台市。④ 脆石：一种松软易碎的石头。

【译文】

再往东三十里有座山，名叫章山，山的南面有许多金，北面有许多美丽的石头。皋水发源于此山，向东流入澧水，水中有许多脆石。

【原文】

5.181 又东二十五里，曰大支之山，其阳多金，其木多榖、柞[①]，无草木。

【注释】

① 榖（gǔ）：即构树。柞（zuò）：柞树。

【译文】

再向东二十五里有座山，名叫大支山，山的南面有很多金，山中的树多是构树和柞树，不长草木。

【原文】

5.182 又东五十里，曰区吴之山[①]，其木多苴[②]。

【注释】

① 区（oū）吴之山：区吴山，山名。② 苴（zhā）：通“柤”，山楂。

【译文】

再往东五十里有座山，名叫区吴山，山中的树多是山楂树。

【原文】

5.183 又东五十里，曰声匈之山[①]，其木多榖，多玉，上多封石。

【注释】

① 声匈之山：声匈山。一说在今河南西平县；一说在今安徽岳西县。

【译文】

再往东五十里有座山，名叫声匈山，山中的树多是构树，还有许多玉，山上有许多封石。

山海经地理古今考	《山海经》中名称	今考
	章山	在河南省境内，是羊头山一带的山岭
	声匈之山	一说在今河南省的西平县；一说在安徽省的岳西县

山海经动物古今考	《山海经》中名称	今考
	狢即	可能为小熊猫

【原文】

5.184 又东五十里，曰大騩之山[①]，其阳多赤金，其阴多砥石[②]。

【注释】

① 大騩（guī）之山：大騩山，可能在今河南泌阳县。
② 砥：细的磨刀石。

【译文】

再往东五十里有座山，名叫大騩山，山的南面有很多赤金，北面有很多细磨刀石。

【原文】

5.185 又东十里，曰踵臼之山[①]，无草木。

【注释】

① 踵臼之山：踵臼山，在今河南境内。

【译文】

再往东十里有座山，名叫踵臼山，山中不长草木。

【原文】

5.186 又东北七十里，曰历石之山，其木多荆、芑[①]，其阳多黄金，其阴多砥石。有兽焉，其状如狸而白首虎爪[②]，名曰梁渠，见则其国有大兵。

【注释】

① 芑：应作“杞”，枸杞。② 狸：山猫。

【译文】

再往东北七十里有座山，名叫历石山，山中的树多为荆和枸杞，山的南面有许多黄金，北面有许多细磨刀石。山中有一种兽，它的形状与山猫相似，脑袋是白色的，长着老虎一样的爪子，这种兽名叫梁渠，它出现在哪个国家，哪个国家就会有大的战事发生。

梁渠

梁渠　明　胡文焕图本

【原文】

5.187 又东南一百里，曰求山①。求水出于其上②，潜于其下，中有美赭③。其木多苴④，多䉋⑤。其阳多金，其阴多铁。

【注释】

①求山：山名，今湖北武汉市北部的木兰山。②求水：即木兰川。③赭（zhě）：红土。④苴（zhā）：这里指山楂。⑤䉋（mèi）：竹名。

【译文】

再向东南一百里有座山，名叫求山。求水发源于此山的上面，在山下潜流，水中有许多优质的红土。山中的树多是山楂树，另外还有许多䉋竹。山的南面有许多金，北面有许多铁。

【原文】

5.188 又东二百里，曰丑阳之山①，其上多椆、椐②。有鸟焉，其状如乌而赤足，名曰鴖鵌③，可以御火。

【注释】

①丑阳之山：丑阳山。可能在河南光山县。②椆（chóu）：木名，性耐寒。椐（jū）：即灵寿木。③鴖（zhǐ）鵌（tú）：传说中的一种鸟。

【译文】

再向东二百里有座山，名叫丑阳山，山上有许多椆树和椐树。山中有一种鸟，它的形状与乌鸦相似，长着红色的脚，这种鸟名叫鴖鵌，可以用来防御火灾。

鴖鵌

鴖鵌　明　胡文焕图本

【原文】

5.189 又东三百里，曰奥山①，其上多柏、杻、橿②，其阳多㻬琈之玉③。奥水出焉④，东流注于滐水⑤。

【注释】

①奥山：山名，在今河南或安徽境内。②杻（niǔ）：檍树。橿（jiāng）：木名。古时用作造车的材料。③㻬（tū）琈（fú）：美玉名。④奥水：水名，即史河，发源于安徽省金寨县南部大别山区北麓。⑤滐水：指今河南泌阳、遂平县境内的沙河。

【译文】

再向东三百里有座山，名叫奥山，山上有许多柏树、杻树、橿树。山的南面有许多㻬琈玉。奥水发源于此山，向东流入滐水。

山海经动物古今考	《山海经》中名称	今　考
	狸	山　猫

【原文】

5.190 又东三十五里，曰服山[①]，其木多苴[②]，其上多封石[③]，其下多赤锡[④]。

【注释】

① 服山：山名，在今安徽西部。② 苴：这里指山楂。③ 封石：一种可作药用的矿物。④ 赤锡：一说应作“赤铜”。

【译文】

再向东三十五里有座山，名叫服山，山中生长的树多是山楂树，山上有许多封石，山下有许多赤锡。

【原文】

5.191 又东百十里，曰杳山[①]，其上多嘉荣草，多金玉。

【注释】

① 杳山：山名，今安徽霍山县的北山。

【译文】

再往东一百一十里有座山，名叫杳山，山上长着许多嘉荣草，还有许多金和玉。

【原文】

5.192 又东三百五十里，曰凡山[①]，其木多楢、檀、杻[②]，其草多香[③]。有兽焉，其状如彘[④]，黄身、白头、白尾，名曰闻豨[⑤]，见则天下大风。

【注释】

① 凡山：一作“几山”，今安徽庐江县小关山。② 楢（yóu）：木名。檀：檀树。杻（niǔ）：檍树。③ 香：指香草。④ 彘（zhì）：猪。⑤ 闻豨（lín）：传说中的一种兽。

【译文】

再往东三百五十里有座山，名叫凡山，山中的树多是楢树、檀树和杻树，草类多是香草。山中有一种野兽，形状与猪相似，长着黄色的身子、白色的脑袋、白色的尾巴，这种兽名叫闻豨。只要它一出现，天下就会刮起大风。

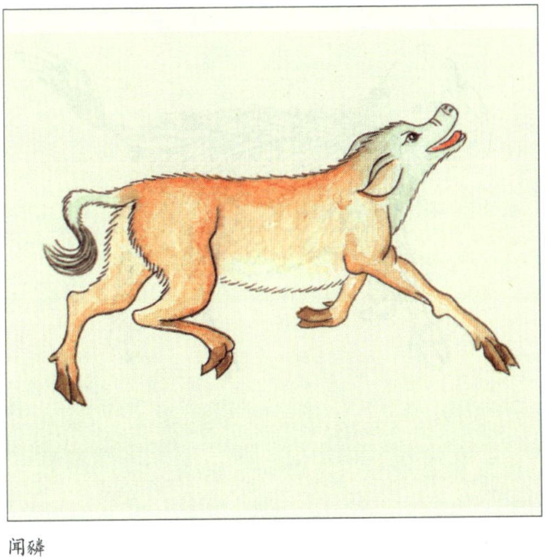

闻豨

闻豨　清　汪绂图本

山海经地理古今考	《山海经》中名称	今考
	服山	安徽省西部的冤枉岭
	杳山	安徽省霍山县的北山
	凡山	安徽省庐江县的小关山

【原文】

5.193 凡荆山之首，自翼望之山至于凡山，凡四十八山，三千七百三十二里。其神状皆彘身人首。其祠：毛用一雄鸡祈瘗①，用一珪②，糈用五种之精③。禾山，帝也，其祠：太牢之具④，羞瘗⑤，倒毛⑥；用一璧⑦，牛无常⑧。堵山、玉山，冢也⑨，皆倒祠⑩，羞毛少牢⑪，婴毛吉玉⑫。

【注释】

①毛：用于祭祀的带毛的动物。祈：向神明祈福。瘗（yì）：埋葬。②用：前面应有"婴"字。珪：古代祭祀时用的条状玉器，上尖下方。③糈（xǔ）：祭神用的精米。五种之精：去皮后的黍、稷、稻、粱、麦。④太牢：古代祭祀，牛、羊、猪三牲俱备谓之太牢。⑤羞：进献食品，这里是贡献祭品的意思。⑥倒毛：在祭礼举行完毕后，把毛物倒转着身体埋掉。⑦璧：平而圆、中心有孔的玉。⑧牛无常：这里指不一定用牛作为祭品。无常：变化不定。⑨冢：大。这里指大的山神。⑩倒祠：倒毛的意思。⑪毛：应作"用"，下文同。少牢：古代祭祀用羊和猪作祭品，称少牢。⑫婴：颈上的饰物。吉玉：彩色的玉。

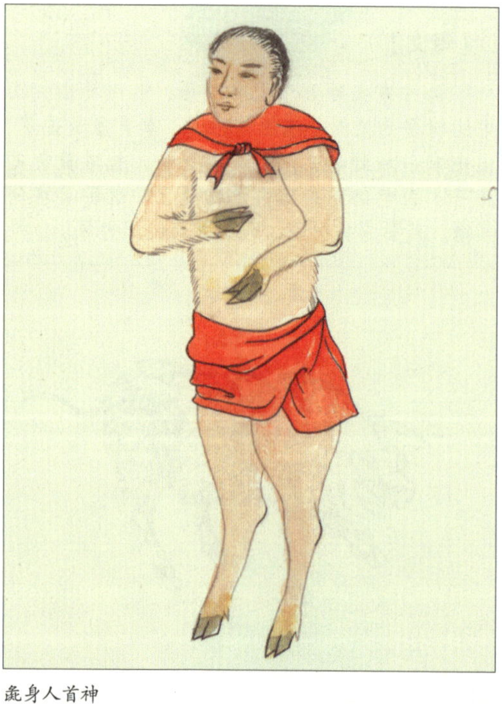

彘身人首神

【译文】

总计荆山山系中的山，自第一座山翼望山起到凡山止，共有四十八座山，距离为三千七百三十二里。这些山的山神的形状皆是猪身人首。祭祀诸山神的仪式为：毛物用一只雄鸡作为毛物，将它埋入地下作为祭品，用一块珪作为悬挂在山神颈上的饰物，以去皮后的黍、稷、稻、粱、麦作为祭祀时的精米。禾山山神，乃是诸山神的首领，祭祀这位山神的仪式为：用猪、牛、羊三牲齐备的太牢之礼，敬献完毕后将太牢倒着身子埋入地下；（或是）用一块璧玉，不一定非要用牛作祭品。堵山、玉山，乃是大山神的居住之所，祭祀完毕后都要将毛物的身子倒转过来埋入地下，用猪和羊齐备的少牢之礼，以彩色的玉作为挂在山神颈上的饰物。

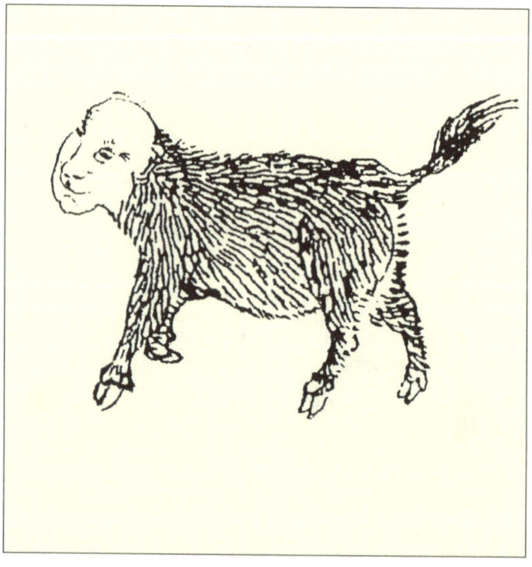

彘身人首神　清　汪绂图本

十二、中次十二经

【导读】

《中次十二经》记录了篇遇山至荣余山共计十五座山的地理位置和山川风貌。它们大致分布在今湖南、湖北及江西境内。

经中记叙了于儿神的形貌及舜帝的两位妻子娥皇、女英的故事，还记载了不少动植物和矿物。本篇是五篇山经的结束篇，在篇末对天下名山作了大概的总结。

【原文】

5.194 中次十二经洞庭山之首①，曰篇遇之山②，无草木，多黄金。

【注释】

①洞庭山：山系名，在今湖南岳阳市。②篇遇之山：篇遇山，今壶瓶山，位于湖南西北部。

【译文】

中次十二经洞庭山山系的第一座山，名叫篇遇山，山上不长草木，有许多黄金。

【原文】

5.195 又东南五十里，曰云山[①]，无草木。有桂竹[②]，甚毒，伤人必死。其上多黄金，其下多瑻琈之玉[③]。

【注释】

①云山：山名，今湖南省石门县的大同山。②桂竹：竹名。形状像甘竹，高四五丈，叶大节长，皮是红色的。③瑻（tū）琈（fú）：美玉名。

【译文】

再向东南五十里有座山，名叫云山，山中不长草木。山里有一种桂竹，有很强的毒性，人一旦被它弄伤，就必死无疑。山上有许多黄金，山下有许多瑻琈玉。

【原文】

5.196 又东南一百三十里，曰龟山[①]，其木多穀、柞、椆、椐[②]，其上多黄金，其下多青、雄黄[③]，多扶竹[④]。

【注释】

①龟山：山名，今湖南慈利县城东的五雷山。②穀（gǔ）：构树。柞（zuò）：柞树。椆：木名。椐（jū）：灵寿木。③青：石青。④扶竹：邛（qióng）竹，又叫扶老竹。

【译文】

再往东南一百三十里有座山，名叫龟山，山中生长的树多是构树、柞树、椆树、椐树，山上有许多黄金，山下有许多石青、雄黄，还有许多扶竹。

【原文】

5.197 又东七十里，曰丙山[①]，多筀竹[②]，多黄金、铜、铁，无木。

【注释】

①丙山：山名，今湖南澧县的大基山。②筀（guì）竹：桂竹。

【译文】

再向东七十里有座山，名叫丙山，山中有许多桂竹，还有许多黄金、铜、铁，没有树木。

山海经地理古今考	《山海经》中名称	今考
	洞庭山	湖南省岳阳市的君山
	云山	湖南省石门县的大同山
	龟山	湖南省慈利县城东部的五雷山

【原文】

5.198 又东南五十里，曰风伯之山[①]，其上多金、玉，其下多痠石、文石[②]，多铁，其木多柳、杻、檀、楮[③]。其东有林焉，名曰莽浮之林，多美木鸟兽。

【注释】

①风伯之山：风伯山，今湖北石首市与湖南安乡县之间的长右岭。②痠（suān）石：石名。一说是砭石的一种，可以用来治病。③杻（niǔ）：檍树。檀：檀树。楮（chǔ）：

【译文】

再向东南五十里有座山，名叫风伯山，山上有许多金和玉，山下有许多痠石和带花纹的石头，还有许多铁，山中的树木多是柳树、杻树、

构树。

檀树和构树。山的东面有一片树林，叫做莽浮林，林中有许多美丽的树木以及鸟兽。

【原文】

5.199 又东一百五十里，曰夫夫之山①，其上多黄金，其下多青、雄黄②，其木多桑、楮，其草多竹、鸡鼓③。神于儿居之，其状人身而身操两蛇④，常游于江渊，出入有光。

【注释】

①夫夫之山：夫夫山，今湖南华容县的东山。②青：石青。③竹：这里指萹竹。鸡鼓：同“鸡榖”，草名。④身：应作“手”。

【译文】

再向东一百五十里有座山，名叫夫夫山，山上有许多黄金，山下有许多石青、雄黄，山中生长的树木多是桑树、构树，草类多是萹竹、鸡鼓。名叫于儿的神就居住在这里，这位神长着人一样的身子，手里握着两条蛇，常常在长江的深潭里巡游，出入时身上发出闪闪的光亮。

于儿神

于儿神　清　汪绂图本

【于儿神】

夫夫山的山神。传说愚公带领子孙搬运太行、王屋两山，于儿神看到愚公一家的辛苦和决心，心生不忍，就将这件事禀告了天帝。天帝也被愚公矢志不移的精神所感动，派夸娥氏的两个儿子背走了那两座大山。

于儿神又是操蛇之神，手中握着两条蛇，能稳稳地立于江水之上，可知他既是山神，同时也主宰着江河。这类山神最大的特点是与蛇相伴，或手中握蛇，或足底踏蛇，或在耳朵上挂着蛇。在古代神话中，蛇是神的助手，是沟通天、地两个世界的工具。人蛇关系是古代文化中一个常见的主题，比如造人的女娲就是一位人首蛇身的神。在古代的器物上，也有许多蛇缠人身的形象，以及大量的蛇纹图案。

【原文】

5.200 又东南一百二十里，曰洞庭之山[①]，其上多黄金，其下多银、铁，其木多柤、梨、橘、櫾[②]，其草多葌、蘪芜、芍药、芎䓖[③]。帝之二女居之[④]，是常游于江渊。澧、沅之风[⑤]，交潇湘之渊[⑥]，是在九江之间[⑦]，出入必以飘风暴雨[⑧]。是多怪神，状如人而载蛇，左右手操蛇。多怪鸟。

【注释】

① 洞庭之山：今湖南岳阳市的君山。② 柤：同“楂”，指山楂。櫾（yòu）：同“柚”。③ 葌：同“菅”，菅茅。蘪芜：蘼芜，一种香草，可以入药。芎（xiōng）䓖（qióng）：川芎。④ 帝之二女：指尧帝的两个女儿娥皇和女英。⑤ 澧：今澧水。沅：今沅江。⑥ 潇湘：指今湘江。⑦ 九江：九条江河。⑧ 飘风：暴风；旋风。

帝之二女

【译文】

再往东南一百二十里有座山，名叫洞庭山。山上有许多黄金，山下有许多银和铁，山中的树木多是山楂树、梨树、橘树、柚树，草类多是葌草、蘪芜、芍药、川芎。尧帝的两个女儿就住在洞庭山中，她们常常在长江的深潭中游玩。由澧水和沅江吹来的风，交汇于湘江的深潭处，这里位于九条江河之间，她们出入时一定会伴有狂风暴雨。这一带有许多怪神，他们的形状与人相似，身上盘着蛇，左右两只手也握着蛇。这里还有许多怪鸟。

帝之二女　明　蒋应镐绘图本

【帝二女】

尧帝的两个女儿一个名娥皇，一个名女英，两人同时嫁给了舜帝。她们曾帮助舜帝躲过弟弟的百般迫害，成功登上王位。舜帝登基后，娥皇被封为后，女英被封为妃。两姐妹相亲相爱，走到哪里都不分离，共同辅佐舜帝治理天下。舜帝在位三十九年，政治清明，天下太平，人民安居乐业。她们的贤德也因此被广泛传颂，受到民众的称赞。

舜帝晚年时巡察南方，不料在苍梧山突然病故，埋在了九嶷山。与他共患难的妻子娥皇女英得知后，悲痛断肠，在前去南方奔丧的路上一路痛哭。她们不断地向九嶷山的方向张望，但什么也看不见。最后，悲痛过度的二人，双双投入湘水，为舜帝殉葬。娥皇、女英死后变为了湘水中的女神，常常在波光粼粼的水面上漫步闲聊。

山海经地理古今考	《山海经》中名称	今考
	风伯之山	湖北省石首市与湖南省安乡县之间的长右岭
	夫夫之山	湖南省华容县的东山

【原文】

5.201 又东南一百八十里，曰暴山①，其木多棕、枏、荆、芑、竹箭、䉋、箘②，其上多黄金、玉，其下多文石、铁，其兽多麋鹿、麐③，其鸟多就④。

【注释】

① 暴山：山名，今湖南平江县东北的幕阜山。② 棕：棕榈。枏：通“楠”，楠木。芑：同“杞”，枸杞。竹箭：小竹。䉋（mèi）：竹名。箘（jùn）：竹名，可以用来制作箭杆。③ 麐（jǐ）：即“麂”，一种小型鹿，善跳跃。④ 就：通“鹫”，雕。

【译文】

再往东南一百八十里有座山，名叫暴山，山中的树木多是棕树、楠木、荆、枸杞、小竹、䉋竹、箘竹，山上有许多黄金和玉，山下有许多带花纹的石头和铁，山中的野兽多为麋鹿和麂，鸟类多是鹫。

【原文】

5.202 又东南二百里，曰即公之山①，其上多黄金，其下多㻬琈之玉②，其木多柳、杻、檀、桑③。有兽焉，其状如龟而白身赤首，名曰蛫④，是可以御火。

【注释】

① 即公之山：即公山，今湖北通城县梧桐山。② 㻬（tū）琈（fú）：美玉名。③ 杻（niǔ）：檍树。檀：檀树。④ 蛫（guǐ）：兽名。

【译文】

再往东南二百里有座山，名叫即公山，山上有许多黄金，山下有许多㻬琈玉，山中的树木多是柳树、杻树、檀树、桑树。山里有一种野兽，它的形状与龟相似，长着白色的身子、红色的脑袋，这种兽名叫蛫，可以用来防火。

蛫

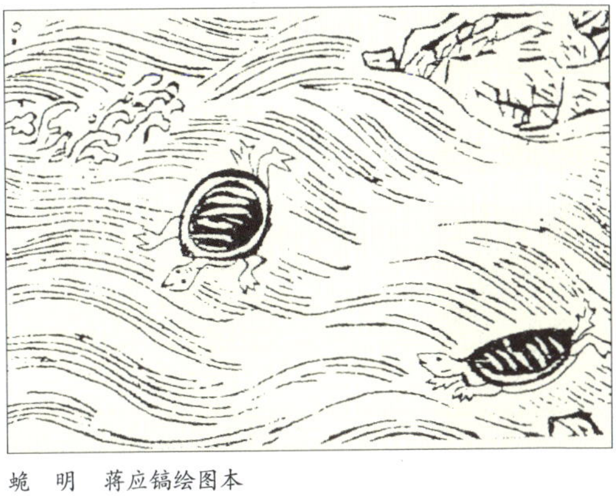

蛫　明　蒋应镐绘图本

【原文】

5.203 又东南一百五十九里，曰尧山①，其阴多黄垩②，其阳多黄金，其木多荆、芑、柳、檀③，其草多藷萸、茮④。

【注释】

① 尧山：山名，今湖北崇阳县白严山。② 垩（è）：可用来涂饰的有色土。③ 芑：同"杞"，枸杞。④ 藷萸（yù）：即"薯蓣"，山药。茉：术属植物苍术、白术等的泛称。

【译文】

再往东南一百五十九里有座山，名叫尧山，山的北面有许多黄垩，山的南面有许多黄金，山中的树木多是荆、枸杞、柳树、檀树，草类多是山药、茉。

【原文】

5.204 又东南一百里，曰江浮之山[①]，其上多银、砥砺[②]，无草木，其兽多豕、鹿[③]。

【注释】

① 江浮之山：江浮山，今湖北通山县九宫山。② 砥砺：磨刀石。③ 豕（shǐ）：猪。

【译文】

再往东南一百里有座山，名叫江浮山，山上有许多银和磨刀石，没有草木，山中的野兽多是猪和鹿。

【原文】

5.205 又东二百里，曰真陵之山[①]，其上多黄金，其下多玉，其木多穀、柞、柳、杻[②]，其草多荣草[③]。

【注释】

① 真陵之山：真陵山，在今湖北阳新县境内。② 穀：应作"榖"，构树。柞（zuò）：柞树。杻（niǔ）：檍树。③ 荣草：草名。一说即嘉荣。

【译文】

再向东二百里有座山，名叫真陵山，山上有许多黄金，山下有许多玉，山中的树木多是构树、柞树、柳树、杻树，草类多是荣草。

山海经地理古今考	《山海经》中名称	今考
	暴山	湖南省平江县的幕阜山
	即公之山	湖北省通城县的梧桐山
	尧山	湖北省崇阳县的白严山
	江浮之山	湖北省通山县的九宫山
	真陵之山	在湖北省阳新县境内

山海经动物古今考	《山海经》中名称	今考
	麈	麂，一种小型鹿，善跳跃
	就	通"鹫"，雕
	豕	猪

【原文】

5.206 又东南一百二十里，曰阳帝之山[①]，多美铜，其木多橿、杻、檿、楮[②]，其兽多羚、麝[③]。

【注释】

① 阳帝之山：阳帝山。可能在今湖北阳新县境内。② 橿（jiāng）：木名，古时用作造车的材料。檿（yǎn）：山桑。楮（chǔ）：构树。③ 麝：也叫香獐子，哺乳动物，外形像鹿而小，善于跳跃。

【译文】

再往东南一百二十里有座山，名叫阳帝山，山中有许多优质的铜，山中的树木多是橿树、杻树、山桑树和构树，兽类多是羚羊和香獐子。

【原文】

5.207 又南九十里，曰柴桑之山[①]，其上多银，其下多碧[②]，多泠石、赭[③]，其木多柳、芑、楮、桑[④]，其兽多麋鹿，多白蛇、飞蛇[⑤]。

【注释】

① 柴桑之山：柴桑山，在今江西九江市境内。② 碧：青绿色的玉石。③ 泠（líng）石：石名。一说为"冷石"，即滑石。赭（zhě）：红土。④ 芑：同"杞"，枸杞。⑤ 飞蛇：螣（téng）蛇，古书上说的一种能驾雾而飞的蛇。

【译文】

再往南九十里有座山，名叫柴桑山，山上有许多银，山下有许多青绿色的玉石，还有许多泠石和红土，山中的树木多是柳树、枸杞树、构树和桑树，兽类多是麋鹿，还有许多白蛇和飞蛇。

飞蛇

【原文】

5.208 又东二百三十里，曰荣余之山[①]，其上多铜，其下多银，其木多柳、芑，其虫多怪蛇、怪虫。

【注释】

① 荣余之山：荣余山，今江西彭、泽二县之间的石门山。

【译文】

再往东二百三十里有座山，名叫荣余山，山上有许多铜，山下有许多银，山中的树木多是柳树和枸杞，动物多是怪蛇、怪虫。

荣余山

枸杞

【原文】

5.209 凡洞庭山之首，自篇遇之山至于荣余之山，凡十五山，二千八百里。其神状皆鸟身而龙首。其祠：毛用一雄鸡、一牝豚刉[①]，糈用稌[②]。凡夫夫之山、即公之山、尧山、阳帝之山，皆冢也[③]，其祠：皆肆瘗[④]，祈用酒[⑤]，毛用少牢[⑥]，婴用一吉玉[⑦]。洞庭、荣余山，神也，其祠：皆肆瘗，祈酒，太牢祠[⑧]，婴用圭璧十五[⑨]，五采惠之[⑩]。

【注释】

① 毛：祭祀用的带毛的动物。牝豚：母猪。刉（jī）：同"刏"，划破。② 糈（xǔ）：祭神用的精米。稌（tú）：稻子，特指糯稻。③ 冢：大。这里指大的山神。④ 肆：陈列。瘗（yì）：埋葬。⑤ 祈：向神祈福。⑥ 少牢：古代祭祀用羊和猪做祭品称少牢。⑦ 婴：颈上的饰物。吉玉：彩色的玉。⑧ 太牢：古代祭祀，牛、羊、猪三牲具备谓之太牢。⑨ 圭：古代祭祀时用的条状玉器，上尖下方。璧：平圆形、中间有孔的玉。⑩ 五采：青、赤、白、黑、黄五种颜色。惠：通"绘"，描绘。

洞庭山

【译文】

总计洞庭山山系中的山，自第一座山篇遇山起到荣余山止，共有十五座山，距离为二千八百里。这些山的山神的形状皆是鸟身龙首。祭祀这些山神的仪式为：毛物用一只雄鸡、一头母猪，取它们的血来祭祀，祭祀用的精米为糯米。夫夫山、即公山、尧山、阳帝山，都是大的山神的居住之所，祭祀这几个山神的仪式为：先陈列祭品，而后埋入地下，祈祷时向山神敬酒，用猪、羊二牲齐备的少牢之礼，以一块彩色的玉作为悬挂在山神颈部的饰物。洞庭山、荣余山的山神很灵验，祭祀这二位山神的仪式为：先陈列祭品，而后把祭品埋入地下，祈祷时向山神敬酒，用猪、羊、牛三牲齐备的太牢之礼祭祀，献上十五块圭和璧作为悬挂在山神颈部的饰物，并在圭和璧上绘出青、黄、赤、白、黑五种颜色。

鸟身龙首神

鸟身龙首神　明　胡文焕图本

山海经地理古今考	《山海经》中名称	今　考
	阳帝之山	可能在湖北省阳新县境内
	柴桑之山	江西省九江市境内的庐山

【原文】

5.210 右中经之山志[①]，大凡百九十七山，二万一千三百七十一里。

【注释】

① 右：古籍通常采用竖排格式，并且是从右至左排列，所以这里的“右”相当于现在常说的“以上”、“上述”等。志：记载的文字。

【译文】

以上是中山经中记载的所有的山，总共有一百九十七座山，（从第一座山到最后一座山）距离为二万一千三百七十一里。

【原文】

5.211 大凡天下名山五千三百七十，居地大凡六万四千五十六里[①]。

【注释】

① 居地：经过的地方或分布的地方。居：经过。

【译文】

总计天下的名山，共有五千三百七十座，分布的地域跨越六万四千零五十六里。

【原文】

5.212 禹曰：天下名山，经五千三百七十山[①]，六万四千五十六里，居地也。言其五臧[②]，盖其余小山甚众，不足记云。天地之东西二万八千里，南北二万六千里，出水之山者八千里，受水者八千里，出铜之山四百六十七，出铁之山三千六百九十。此天地之所分壤树谷也[③]，戈、矛之所发也，刀、铩之所起也[④]，能者有余，拙者不足。封于太山[⑤]，禅于梁父[⑥]，七十二家，得失之数[⑦]，皆在此内，是谓国用[⑧]。

【注释】

①经：经过。②五臧：即“五藏”，指南山经、西山经、北山经、东山经、中山经。③分壤：划分疆土。树谷：种植五谷。树：种植、栽培。④铩（shā）：古代的一种长矛。⑤封：帝王筑坛祭天。太山：即泰山。⑥禅：帝王辟场祭地。梁父：梁父山。⑦数：规律、道理。⑧国用：指为国所用。

群山

【译文】

大禹说：天下名山，我走过的有五千三百七十座，共有六万四千零五十六里，这些山分布在各个地方。上面五种山经中记录了一些具有代表性的山，因为除此以外的小山实在太多，不值得一一记述。天地间从东到西距离为二万八千里，从南到北距离为二万六千里，河流发源之山有八千里，河流流经之地也有八千里，出产铜的山共有四百六十七座，出产铁的山共计三千六百九十座。这是天地用来划分疆土、种植庄稼的地方，戈和矛因此而出现，刀和铩也因此而兴起，它使有能力之人富足有余，使笨拙之人匮乏不足。国君在泰山上筑坛祭天，在梁父山上辟场祭地的，一共有七十二家，有关成败得失的规律都在里面，这些内容可为治理国家所用。

梁父山

【原文】

5.213 右五臧山经五篇[①]，大凡一万五千五百三字。

【注释】

①五臧：即“五藏”，指南山经、西山经、北山经、东山经、中山经。

【译文】

以上是五篇山经，共计一万五千五百零三个字。

◎第六卷◎

海外南经

《山海经》中以“海外”冠名的有四篇：《海外南经》、《海外西经》、《海外北经》、《海外东经》，可以统称为“海外经”。需要指出的是，“海外”中的“海”不能简单地理解为海洋或大海，而是指国土，“海外”就是指古代中国中心区域之外未开化或尚未被人充分了解的极远之地。

《海外南经》以结匈国为起点，从西南向东南对所经过的地域逐次展开叙述，它位于南山经所述地域的南面，大致在今中国的南部，但是具体位置难以确定。

海外南经

【导读】

《海外南经》中共记载了十二个国家，包括胸部骨肉向外凸出的结匈国、浑身长满羽毛的羽民国、口中能喷火的厌火国等；介绍了一些神奇的动植物，如翅膀并在一起的比翼鸟、人面独脚的毕方鸟、树叶皆为珍珠的三株树等。另外，书中还涉及了一些历史和神话传说，如帝尧、帝喾、周文王、火神祝融、羿与凿齿大战于寿华之野等。

【原文】

6.1 地之所载，六合之间[①]，四海之内[②]，照之以日月，经之以星辰[③]，纪之以四时[④]，要之以太岁[⑤]。神灵所生，其物异形，或夭或寿，唯圣人能通其道。

【注释】

①六合：指上、下和东、南、西、北四方，泛指天地或宇宙。②四海：古人认为中国四境有海环绕，各按方位为"东海"、"南海"、"西海"和"北海"，但亦因时而异，

【译文】

大地所承载的，在天地四方之间，四海之内，以太阳和月亮来照耀，让星辰在天空中循行，以春夏秋冬来记录四时的更替，以太岁星

说法不一。③经：经过、经历、循行。④纪：记录年代的方式。四时：指四季。⑤要：矫正。太岁：也叫岁星（即木星），它围绕太阳公转一周大约为十二年，所以古人用以纪年。

来矫正年度的变化。一切都是由神灵所产生的，所以万物的外形各不相同，寿命有长有短，这其中的道理，只有圣贤才能理解掌握。

【原文】

6.2 海外自西南陬至东南陬者①。

【注释】

①海外：指海外南经记载的地方。陬（zōu）：隅，角落。

【译文】

海外南经所记载的地方是从西南角到东南角。

【原文】

6.3 结匈国在其西南①，其为人结匈。

【注释】

①结匈国：既结胸国，因其国中人胸部骨头向外凸出而得名。大致在今云南或云南以南地区。匈：同"胸"。其：指《海外南经》中所记载的地区。

【译文】

结匈国在它（《海外南经》所记载地区）的西南部，其国人胸部的骨肉均向前凸出。

结匈国

结匈国　明　蒋应镐绘图本

【原文】

6.4 南山在其东南①。自此山来，虫为蛇②，蛇号为鱼。一曰南山在结匈东南③。

【注释】

①南山：山名。可能在中国西南部的横断山脉南端。其：指结匈国。②为：称为。③一曰南山在结匈东南：此句当是后人注解，不是经文。

【译文】

南山位于结匈国的东南面。来自这座山的人，把虫叫作蛇，把蛇叫作鱼。一说南山在结匈国的东南面。

【原文】

6.5 比翼鸟在其东[①]，其为鸟青、赤，两鸟比翼[②]。一曰在南山东[③]。

【注释】

① 比翼鸟：这里指比翼鸟栖息的地方。其：指南山。② 比翼：翅膀并在一起。③ 一曰在南山东：此句当是后人注解，不是经文。

【译文】

比翼鸟的栖息之地在南山的东面，这种鸟为一青一红，两只鸟的翅膀并在一起（飞翔）。一说比翼鸟的栖息之所在南山的东面。

比翼鸟

比翼鸟　明　蒋应镐绘图本

【原文】

6.6 羽民国在其东南[①]，其为人长头，身生羽。一曰在比翼鸟东南，其为人长颊[②]。

【注释】

① 羽民国：传说中的国名，其国中之人身上长着羽毛而得名。其：指比翼鸟。② 一曰在比翼鸟东南，其为人长颊：此句当是后人注解，不是经文。颊：脸颊。

【译文】

羽民国位于比翼鸟栖息之地的东南面，这个国家的人都长着长长的脑袋，全身长满羽毛。一说此国在比翼鸟栖息地的东南面，国中之人都长着长长的脸颊。

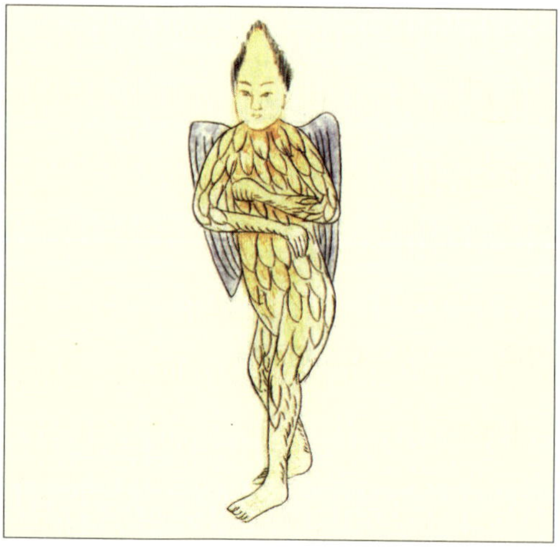

羽民国

羽民国　清　吴任臣康熙图本

山海经地理古今考	《山海经》中名称	今 考
	结匈国	大致方位在今云南省或云南省以南的地区
	南 山	可能在中国西南部的横断山脉南端
	羽民国	商末的戴国

【原文】

6.7 有神人二八①，连臂，为帝司夜于此野②。在羽民东，其为人小颊赤肩，尽十六人③。

【注释】

①二八：指十六。②帝：指黄帝。司夜：守夜。司：视察，这里是守候的意思。③尽：所有的。

【译文】

有十六位神人，他们手臂相连，在这野外为黄帝守夜。这些神人居住在羽民国的东边，他们长着小小的脸颊和红色的肩膀，共有十六个人。

【原文】

6.8 毕方鸟在其东①，青水西②，其为鸟人面一脚。一曰在二八神东③。

【注释】

①毕方鸟：这里指毕方鸟栖息的地方。其：指十六位神人居住的地方。②青水：水名。一说指今云南怒江；一说指红河支流的青水河。③一曰在二八神东：此句当是后人注解，不是经文。

【译文】

毕方鸟的栖息之地在十六位神人居住之地的东面，在青水的西面，此种鸟长着人一样的脸，只有一只脚。一说毕方鸟的栖息之地在十六位神人居住之地的东面。

毕方

毕方 明 蒋应镐绘图本

【原文】

6.9 讙头国在其南[①]，其为人人面有翼，鸟喙，方捕鱼。一曰在毕方东[②]。或曰讙朱国[③]。

【注释】

①讙（huān）头国：传说中的国名，因其国中之人长着鸛一样的头而得名。讙：即“鸛（guàn）”，一种形状像鹤的鸟。②一曰在毕方东：此句当是后人注解，不是经文。③讙朱国：此句当是后人注解，不是经文。

【译文】

讙头国在毕方鸟栖息之地的南面，国中之人长着人一样的脸，身上长有翅膀，长着鸟一样的嘴，正在捕鱼。一说讙头国在毕方鸟栖息之地的东面。有人说讙头国就是讙朱国。

讙头国

讙头国　明　蒋应镐绘图本

【原文】

6.10 厌火国在其国南[①]，兽身黑色[②]，生火出其口中。一曰在讙朱东[③]。

【注释】

①其国：指讙头国。②兽：该字前当有“其为人”三字。③一曰在讙朱东：此句当是后人注解，不是经文。

【译文】

厌火国在讙头国的南面，该国之人长着兽一样的身子，全身黑色，能从口中吐出火来。一说厌火国在讙朱国的东面。

厌火国

厌火国　明　蒋应镐绘图本

【原文】

6.11 三株树在厌火北[①]，生赤水上，其为树如柏，叶皆为珠。一曰其为树若彗[②]。

【注释】

① 三株书：即“三珠”树。这里指长着三株树的地方。厌火：指厌火国。② 一曰其为树若彗：此句当是后人注解，不是经文。彗：彗星。

【译文】

三株树在厌火国的北边，生长在赤水岸边，这种树形状与柏树相似，叶子都是珍珠。一说三株树的形状与彗星相似。

【原文】

6.12 三苗国在赤水东[①]，其为人相随[②]。一曰三毛国[③]。

【注释】

① 三苗国：三苗是古族名，也称有苗或苗民。② 相随：相互跟随。③ 一曰三毛国：此句当是后人注解，不是经文。

【译文】

三苗国位于赤水的东面，此国的人相互跟随而行。一说是三毛国。

【原文】

6.13 䵷国在其东[①]，其为人黄，能操弓射蛇。一曰䵷国在三毛东[②]。

【注释】

① 䵷（zhí）国：传说中的国名。一说在今广西境内；一说在今老挝北。其：指三苗国。② 一曰䵷国在三毛东：此句当是后人注解，不是经文。

【译文】

䵷国在三苗国的东面，这个国家的人都是黄色皮肤，能用弓箭射蛇。一说䵷国在三毛国的东面。

䵷国

䵷国　明　蒋应镐绘图本

山海经地理古今考	《山海经》中名称	今　考
	三苗国	古族名，原住长江中游一带
	䵷　国	一说在广西省境内；一说在老挝北部

【原文】

6.14 贯匈国在其东①，其为人匈有窍②。一曰在𢧀国东③。

【注释】

①贯匈国：即贯胸国，因其国中之人胸部有洞而得名。匈：同“胸”。其：指𢧀国。②窍：空洞。③一曰在𢧀国东：此句当是后人注解，不是经文。

【译文】

贯匈国在𢧀国的东边，国中之人胸部都有一个洞。一说贯匈国在𢧀国的东面。

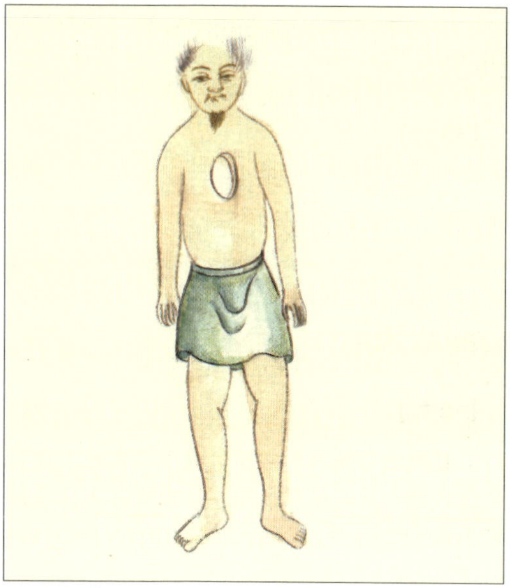

贯匈国

贯匈国　清　汪绂图本

【贯匈国】

贯匈国即贯胸国，国民原是山神防风氏的后裔。这个国家的人从胸前到后背有一个贯穿的洞，样子十分奇特。关于这个洞的来历，有一个传说。

大禹治水时，曾召集诸神在会稽山开会，商议治水良策。诸山神都按时到达，只有防风氏不知为何到会议结束时才姗姗来迟。大禹非常愤怒，为了整肃纪律、惩戒众人、树立自己的威信，他下令杀了防风氏，将尸体陈列示众。

洪水平息之后，大禹成了国家的首领。一天，他想要出巡四方，视察自己的政绩。天帝就派了两条龙为他驾车。大禹坐上龙辇，带着一队人浩浩荡荡地出发了。

话说防风氏有两个后裔，他们恨大禹杀死了自己的祖先，想要为他报仇。听说大禹要出行，就在半路上设下埋伏。眼看大禹的车辇就要到眼前了，这两个壮士拉开弓准备射死他。就在此时，天空风云突变，雷声大作，大雨瓢泼。两条神龙驾着车飞上九霄。二人知道自己的行动失败了，便各自拿出尖刀刺向心脏而亡。大禹感念他们的忠诚，派人采来不死草塞进他们胸前的洞中，两人果然死而复生，但胸前的洞却没能愈合，他们的子孙后代就是贯匈国的国民，胸口也都有这样一个洞。

有意思的是，贯匈国的人出门不用坐轿，如果懒得走路，可以在胸前的洞里穿一根棍子，雇两个人抬着他走路。

【原文】

6.15 交胫国在其东①，其为人交胫②。一曰在穿匈东③。

【注释】

①其：指贯匈国。②交胫：小腿交叉。胫：小腿。③一曰在穿匈东：此句当是后人注解，不是经文。穿匈：贯匈国。

【译文】

交胫国在贯匈国的东面，国人的两条小腿相互交叉。一说交胫国在贯匈国的东面。

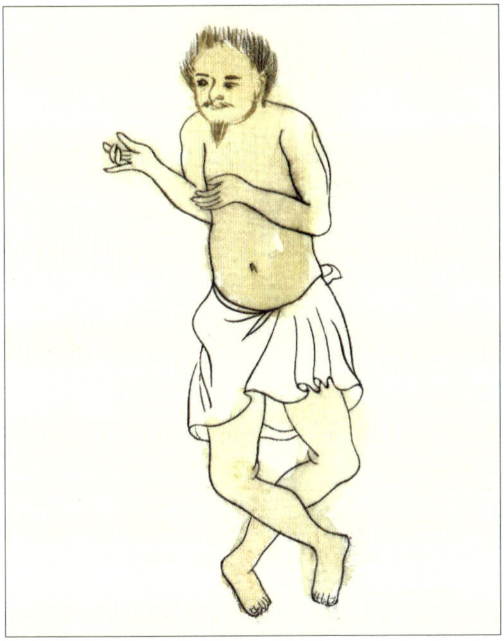

交胫国

交胫国　清　郝懿行图本

【原文】

6.16 不死民在其东①，其为人黑色，寿，不死。一曰在穿匈国东②。

【注释】

①其：指交胫国。②一曰在穿匈国东：此句当是后人注解，不是经文。穿匈：贯匈国。

【译文】

不死民位于交胫国的东面，该国的人全身是黑色的，长生不死。一说不死民在贯匈国的东面。

【原文】

6.17 岐舌国在其东①。一曰在不死民东②。

【注释】

①岐舌国：传说中的国名。岐舌：舌头有分叉。其：指不死民。②一曰在不死民东：此句当是后人注解，不是经文。

【译文】

岐舌国在不死民的东边。一说岐舌国在不死民的东边。

岐舌国　明　蒋应镐绘图本

岐舌国　选自《中国清代宫廷版画》

【原文】

6.18 昆仑虚在其东①，虚四方②。一曰在岐舌东，为虚四方③。

【注释】

①昆仑虚：山名。一说指东海中的方丈山；一说指马来半岛东的昆仑山诸岛。其：指岐舌国。②虚：即"墟"，指山丘。③一曰在岐舌东，为虚四方：此句当是后人注解，不是经文。虚：这里指山底部的地基。

【译文】

昆仑虚在岐舌国的东边，山呈四方形。一说昆仑虚在岐舌国的东面，山基向四方延伸。

【原文】

6.19 羿与凿齿战于寿华之野①，羿射杀之。在昆仑虚东。羿持弓矢，凿齿持盾，一曰戈②。

【注释】

①羿：后羿，夏朝有穷氏首领，善于射箭。凿齿：古代传说中的野人，因牙齿像凿子而得名。寿华：一作"畴华"，泽名。②一曰戈：此句当是后人注解，不是经文。

【译文】

羿曾与凿齿交战于寿华的原野之上，羿用箭射死了凿齿。交战之地位于昆仑虚的东面。当时羿手拿弓箭，凿齿手拿盾牌，一说凿齿当时拿着戈。

【羿与凿齿之战】

传说尧帝时，天空中同时出现了十个太阳，巨大的热量烤干了水泽，烤焦了禾苗，人们苦不堪言。偏偏地上又出了几个怪兽祸害人类，其中一个就是凿齿。它居住在南方沼泽地带，长着像凿子一样锋利的长牙，常常掠食人类。帝尧看在眼里，便派手下武艺高强、射技精湛的后羿去射杀这些怪兽，为民除害。后羿与凿齿在寿华的郊外相遇，经过激烈的搏斗，后羿终于杀死了危害人类的凿齿。

后羿射日

【后羿射日】

传说在远古时代，天空中本来有十个太阳，他们是十兄弟，而且是天帝的儿子。十个太阳跟他们的母亲羲和一起生活在东海边上，她经常将这十兄弟放在东海里洗澡。洗完澡后就让他们栖息在海边的一棵大树上，一个太阳栖息在树梢上，其余九个太阳则栖息在较矮的树枝上。

当黎明来临时，栖息在树梢上的那个太阳便乘坐两轮车穿越天空，把光和热洒遍人间。十个太阳轮流当值，秩序井然，天地间一片和谐。人们日出而作，日落而息，生活美满而幸福。

可是，时间一长，十个太阳就觉得无聊起来，他们顽皮地一起出现在天空中。这一下，人类和其它生灵就遭了殃：大地被烤焦，河流全部枯竭，很多动物和人类要么被烤死，要么活活渴死。鱼类灭绝之后，潜藏在水中的怪兽便爬上岸，和陆地上的各种猛兽一起袭击人类。人类力量弱小，无法反抗，只能东躲西藏。世界陷入了危机之中，人们苦苦挣扎，希望上天能降下奇迹。

当时有个年轻英俊的神射手叫后羿，他箭法超群，百发百中，于是天帝派他来到凡间帮助人类。

后羿翻过了九十九座高山，蹚过了九十九条大河，穿过了九十九个峡谷，历尽千辛万苦，终于来到了东海边。

后羿登上海边的一座大山，拉开万斤力的弓弩，搭上千斤重的利箭，瞄准太阳，嗖地一箭射去，一口气射落了九个太阳。

本来后羿最初是打算一口气将十个太阳都射下来的，只是最后发现箭已经射完了，这才留下了一个太阳，也幸亏如此，不然的话，世界又要陷入黑暗之中了。

不过，最后剩下的那个太阳已经吓坏了，从此，它按照后羿的吩咐，每天老老实实地从东方的海边升起，傍晚从西边的山上落下，将温暖带给人间，维系着万物的生存，人们又重新过上了安居乐业的生活。

【原文】

6.20 三首国在其东①，其为人一身三首。一曰在凿齿东②。

【注释】

①其：指寿华泽。②一曰在凿齿东：此句当是后人注解，不是经文。凿齿：这里指凿齿所在之地。

【译文】

三首国在寿华泽的东面，该国的人长着一个身子、三个脑袋。一说三首国在凿齿所在之地的东边。

三首国

三首国

山海经地理古今考	《山海经》中名称	今　考
	交胫国	在山东省定陶县的西南部
	岐舌国	位于山东省宁阳县的东北部
	昆仑虚	一说指马来半岛东部的昆仑山诸岛；一说指东海中的方丈山
	寿华之野	在山东省泰安市一带
	三首国	在山东省临朐县附近

【原文】

6.21 周饶国在其东[①]，其为人短小，冠带[②]。一曰焦侥国在三首东[③]。

【注释】

①其：指三首国。②冠带：这里都用作动词，意思是戴上帽子、系上衣带。③一曰焦侥国在三首东：此句当是后人注解，不是经文。

【译文】

周饶国位于三首国的东面，国中之人身材矮小，每个人都戴帽束带。一说焦侥国在三首国的东面。

【原文】

6.22 长臂国在其东[①]，捕鱼水中，两手各操一鱼。一曰在焦侥东，捕鱼海中[②]。

【注释】

①其：指周饶国。②一曰在焦侥东，捕鱼海中：此句当是后人注解，不是经文。

【译文】

长臂国在周饶国的东边，国中之人在水中捕鱼，左右两手各抓着一条鱼。一说长臂国在焦侥国的东面，国中之民在海中捕鱼。

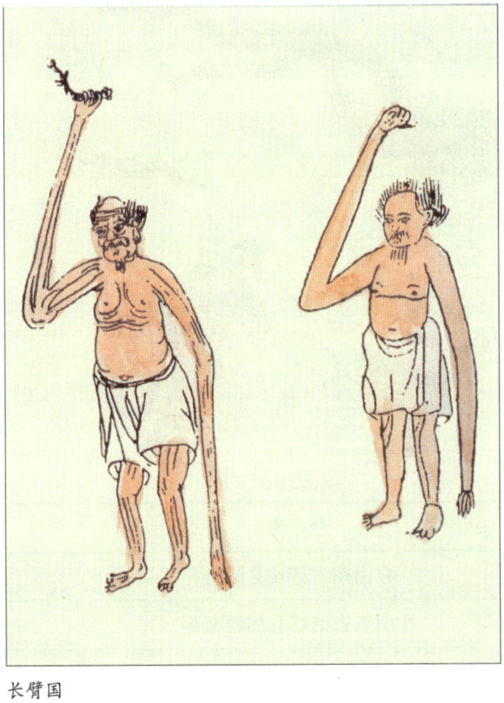

长臂国

长臂国　清　汪绂图本

【原文】

6.23 狄山[①]，帝尧葬于阳[②]，帝喾葬于阴[③]。爰有熊、罴、文虎、蜼、豹、离朱、视肉[④]。吁咽、文王皆葬其所[⑤]。一曰汤山[⑥]。一曰爰有熊、罴、文虎、蜼、豹、离朱、鸱久、视肉、虖交。其范林方三百里[⑦]。

【注释】

①狄山：山名。可能为湖南宁远的九嶷山。②尧：传说中远古部落联盟首领，号陶唐氏，史称唐尧。③喾（kù）：黄帝之子玄嚣的后裔，号高辛氏。④罴：棕熊。蜼（wèi）：一种长尾猿。离朱：传说中的一种神禽。视肉：传说中的一种怪兽。⑤吁咽：可能指舜。⑥一曰汤山：此句当是后人注解，不是经文。⑦一曰："一曰"及后面的文字，当是后人注解，不是经文。鸱（chī）久：鸲（qú）鹠（líu），猫头鹰的一种。虖（hū）交：动物名。

【译文】

狄山，帝尧死后埋葬在这座山的南面，帝喾死后埋葬在山的北面。山中有熊、罴、带斑纹的虎、长尾猿、豹子、离朱、视肉。吁咽和文王也都埋葬在这座山上。一说狄山也叫汤山。一说此山中有熊、罴、带斑纹的虎、长尾猿、豹子、离朱、鸱久、视肉、虖交。这一带的范林方圆达三百里。

【原文】

6.24 南方祝融[①]，兽身人面，乘两龙。

【注释】

①祝融：传说中楚国君主的祖先，名重黎，是颛顼的后代。祝融是掌火之官，被后人尊为火神。

【译文】

南方的火神祝融，长着兽身人面，架乘着两条龙。

祝融　明　蒋应镐绘图本

山海经地理古今考	《山海经》中名称	今　考
	周饶国	在山东省诸城县附近
	长臂国	在山东省诸城县的西南部
	狄　山	可能为湖南省宁远县的九嶷山

◎第七卷◎

海外西经

《海外西经》中记载了海外西南角到西北角的国家及地区，以结匈国为起点，向北逐次展开描述。

海外西经

【导读】

《海外西经》中记叙了西部许多国家的地理位置及人物风貌。如三身国中的人一颗脑袋下有三个身子；一臂国中的人只长着一只眼睛、一个鼻孔和一只胳膊；奇肱国中的人长着一只胳膊、三只眼睛；女子国中的人都是女子；丈夫国中只有男子，等等。此外，经中还记录了许多的神话故事，包括夏启在大乐之野举行歌舞；刑天被天帝砍掉脑袋后以乳为目、以脐为口，操干戚而舞的故事；大禹将王位传给儿子，中国从此进入了"家天下"的时代。这些故事除去夸张的神话色彩，就是一部可考据的历史。

【原文】

7.1 海外自西南陬至西北陬者①。

【注释】

①海外：指海外西经所记载的地方。陬（zōu）：隅，角落。

【译文】

海外西经所记载的地方是自西南角到西北角。

【原文】

7.2 灭蒙鸟在结匈国北[①]，为鸟青，赤尾。

【注释】

①灭蒙鸟：鸟名，一说又叫孟鸟、狂鸟、蒙鸟；一说属于凤凰一类的鸟。这里指灭蒙鸟栖息的地方。

【译文】

灭蒙鸟的栖息之地在结匈国的北面，这种鸟身子呈青色，长有红色的尾巴。

【原文】

7.3 大运山高三百仞[①]，在灭蒙鸟北[②]。

【注释】

①仞：古时以八尺或七尺为一仞。②灭蒙鸟：这里指灭蒙鸟栖息的地方。

【译文】

大运山高达三百仞，在灭蒙鸟栖息之地的北面。

【原文】

7.4 大乐之野[①]，夏后启于此儛《九代》[②]，乘两龙，云盖三层[③]。左手操翳[④]，右手操环[⑤]，佩玉璜[⑥]。在大运山北[⑦]。一曰大遗之野[⑧]。

【注释】

①大乐之野：地名，也叫大穆之野。②夏后启：夏朝国君启。儛：跳舞。《九代》：一说为乐名；一说为马名。③云盖：呈盖状的云。④翳（yì）：用羽毛做的华盖。⑤环：玉环。⑥璜：半圆形的玉。⑦大运山：山名，在中国西南部。⑧一曰大遗之野：此句当是后人注解，不是经文。

【译文】

大乐之野，夏朝国君启曾在此举行《九代》歌舞，他乘着两条龙，周围有三层云盖。启左手举着用羽毛做的华盖，右手拿着玉环，身上佩戴着玉璜。大乐之野位于大运山的北面。一说启在大遗之野观看歌舞。

夏后启

【启舞《九代》】

夏后启是大禹的儿子。传说大禹为了治水，到了三十岁还没结婚，后来路过涂山时，遇到涂山首领的女儿女娇。女娇姿容秀美、仪态大方，大禹对她一见倾心，她也爱慕大禹的英勇气概，两人于是结为夫妻。

大禹开凿轩辕山时，工程十分浩大。为了给丈夫补充体力，女娇决定给大禹送饭。他们以击鼓三声作为女娇上山送饭的信号。每次等妻子走后，大禹就变身为一只黑熊，带领百姓凿山开道。一次，由于工作太投入，他的爪子不小心刨起了三颗小石子，刚好打到鼓上。女娇闻声赶来送饭，正好看到丈夫所化的黑熊在拼命刨石块。她又惊又羞，不由大叫一声，扔掉篮子就跑。大禹听到妻子的声音，来不及变回人形，就在后面追赶，想要解释明白。两人你跑我追，一直跑到嵩高山下，眼见没了去路，女娇摇身变作了一块石头。后面追过来的大禹又气又急，大声喊道："还我儿子。"石头突然崩裂开，里面坐着一个小孩儿，大禹给他起名叫启，就是开裂的意思。

眼看着启慢慢长大，大禹也老了，想要选伯益做接班人。伯益是大禹的得力助手，发明了凿井取水、火烧狩猎的方法，深得民众爱戴。这时启也在父亲的一手栽培下，势力慢慢发展了起来。大禹死后，他与伯益掀起了一场争夺帝位的战争。经过一番较量后，启打败了伯益的军队，自己登上了帝位，建立了历史上第一个朝代——夏朝。从此，父亡子继的世袭制代替了任人唯贤的禅让制。

【原文】

7.5 三身国在夏后启北①，一首而三身。

【注释】

① 三身国：国名。因其国中之人长着三个身子而得名。夏后启：这里指启举歌舞的地方。

【译文】

三身国在大乐之野的北面，国人均长着一个脑袋、三个身子。

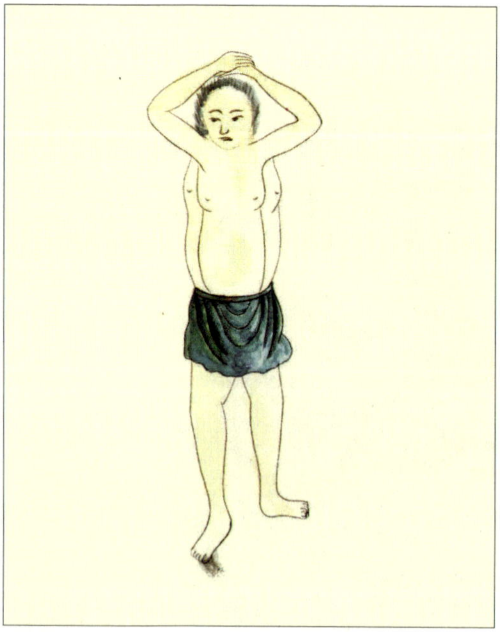

三身国

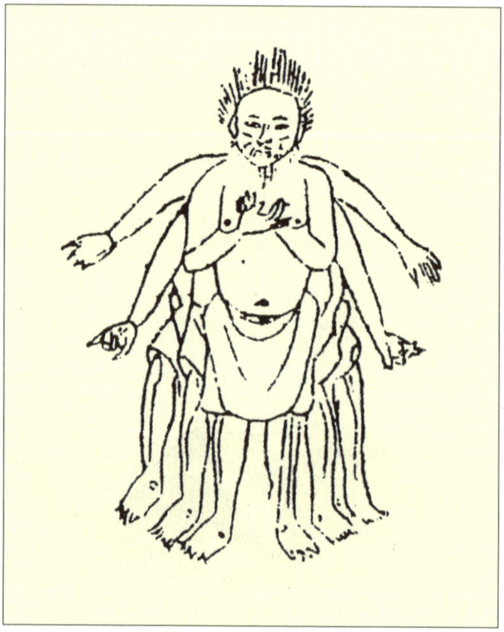

三身国　清　郝懿行图本

山海经地理古今考	《山海经》中名称	今考
	灭蒙鸟	在河南省商丘市的东北部
	大乐之野	可能在四川省乐山市一带
	三身国	在山西省太原市南平陶县一带

山海经动物古今考	《山海经》中名称	今考
	灭蒙鸟	一说属于高空飞翔的鸟类；一说属于凤凰一类的鸟

【原文】

7.6 一臂国在其北①，一臂、一目、一鼻孔。有黄马，虎文，一目而一手②。

【注释】

①其：指三身国。②手：这里指马的腿蹄。

【译文】

一臂国在三身国的北面，国人都只长着一条胳膊、一只眼睛、一个鼻孔。那里有一种黄色的马，身上长着老虎一样的斑纹，只有一只眼睛、一条腿。

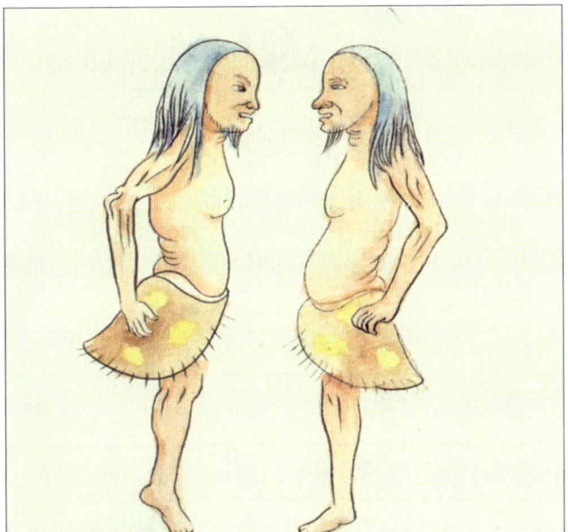

一臂国

一臂国

【原文】

7.7 奇肱之国在其北①。其人一臂三目，有阴有阳②，乘文马。有鸟焉，两头，赤黄色，在其旁。

【注释】

①奇（jī）肱（gōng）之国：奇肱国。因其国中人只有一只胳膊而得名。其：指一臂国。②有阴有阳：一身兼有阴阳两性。

【译文】

奇肱国在一臂国的北面。国人长着一条胳膊、三只眼睛，一身兼有阴阳两性，乘坐的是带有斑纹的马。那里有一种鸟，长着两个脑袋，呈赤黄色，伴随在他们旁边。

奇肱国

奇肱国　明　蒋应镐绘图本

奇肱国

奇肱国　清　毕沅图本

山海经地理古今考	《山海经》中名称	今　考
	一臂国	在河北省元氏县一带
	奇肱之国	在山西省长治市西南

【奇肱国】

传说在遥远的西方有个奇肱国，这个国家的人都只有一条胳膊，却有三只眼睛。虽然只有一臂，国中人却是心灵手巧，擅长制造各种灵巧的器械。

传说大禹凿通方山时，天空中突然有一种酷似飞鸟的车子经过，大家都很惊奇，决定一起跟上去看看到底是什么东西。大禹一行人乘巨龙跟随车子飞行，不多时，飞车降落在一处繁华之地，这里的楼舍前、街市上到处是这种飞车。街上的人们都只有一条胳膊，却长着一上两下三只眼睛。众人正惊奇时，路旁的树林里突然钻出两个猎户，肩上扛着野兽，虽一臂，却不见费力。大禹等人上前问道:"请问贵国何名?"猎户道:"奇肱国。看你们的样子像是从远方而来,是要打听敝国的情况吗?从这儿往前走几十步,有一间旧屋,里面有一折臂老者,你们去问他吧。"说完径直离去。大禹等依他所言,果然找到了旧屋和老者。老者询问他们的来意,大禹道:"看贵国飞车精妙,特来探访究竟。"老者也很爽快,将他们领到一处广场中,正巧有二人在启动飞车,之见他们用手一拉,飞车便快速上升,到七八丈高时,改作平行,非常平稳地向前飞去。大禹等人仔细观察,原来这飞车里外有无数齿轮,车内有控制升降和进退机关,有转方向的圆舵,还立着一根可以挂帆的长木。原来,这飞车没有驱动力,全靠借风而行。大禹等暗自佩服他们的工艺之妙。老者说:"敝国人只有一臂,不甚灵便,所以做事勤勉。白天用两只阳眼工作,到了晚上还会开启中间的阴眼继续工作,所以才能取得些许成就啊。"

【原文】

7.8 形天与帝至此争神①,帝断其首,葬之常羊之山②。乃以乳为目,以脐为口,操干戚以舞③。

【注释】

①形天:又作刑天,神话传说中的人物。帝:指黄帝。至此:一说是衍文。②常羊之山:常羊山。一说在今陕西之南、四川之北。③干:盾牌。戚:大斧。

【译文】

刑天与黄帝争权,黄帝斩断刑天的脑袋,并把它埋到常羊山。刑天于是以双乳作眼睛,以肚脐作嘴,挥舞手中的盾牌和大斧。

形天

形天　清　毕沅图本

山海经地理古今考	《山海经》中名称	今　考
	形天与帝争神处	在山西省安泽县南
	常羊之山	据说在陕西省以南、四川省以北

刑天舞干戚

【刑天舞干戚】

当炎帝还是统治全天下的天帝的时候，刑天对炎帝忠心耿耿。后来炎帝与黄帝发生了战争，炎帝失败，变成了管理南方的小小天帝。虽然炎帝不愿继续和黄帝抗争，但他的很多属下都不服气，刑天正是其中之一。

终于有一天，刑天趁着炎帝不注意，偷偷离开南方天廷，径直向中央天廷奔去，想要和黄帝一较高低，替炎帝夺回原本属于他的帝位。

刑天左手握着一面长方形的盾牌，右手拿着一柄寒光闪闪的大斧，一路杀到黄帝的宫殿前。黄帝不甘示弱，拿起宝剑和刑天搏斗起来。两人势均力敌，从宫内杀到宫外，又从天庭杀到凡间，最后来到常羊山旁。

常羊山是炎帝的降生之处，而再往北不远，便是黄帝诞生地——轩辕国。二人到了自己的故土，于是战斗变得更加激烈。

黄帝终究在经验上略胜一筹，觑个破绽，一剑向刑天的脖子砍去，只听“咔嚓”一声，刑天那颗像小山一样巨大的头颅便从脖颈上滚下来，落到了常羊山脚下。

刑天感觉到脖子上一凉，伸手一摸，却发现头颅已经不在，顿时惊慌起来，赶紧伸手在地上寻找，想要找回头颅安在颈脖上，继续和黄帝大战一番。可惜刑天只顾向远处摸去，却没想到头颅就在不远处的山脚下。

黄帝担心刑天找到头颅、恢复原身后继续纠缠不休，便举起手中的宝剑用力劈向常羊山，随着一声巨响，常羊山裂为两半，刑天巨大的头颅骨碌碌地滚入山中，随即两山重又合而为一，将刑天的头颅深深埋葬在其中。

刑天听到这声巨响，感觉到周围异样的变动，刑天意识到，自己的头颅已经被彻底埋葬，自己将永远身首异处。但是想到自己的心愿未能达到，刑天愤怒极了，不甘心就此屈服，于是将双乳当成双目，将肚脐当成口，左手持盾，右手握斧，向天空挥舞着，继续战斗。

【原文】

7.9 女祭、女戚在其北①，居两水间②，戚操鱼䱇③，祭操俎④。

【注释】

①女祭、女戚：一说为两个女子之名；一说为两个以女性为主的民族之名。其：指黄帝砍掉形天脑袋的地方。②两水：两条河流。③䱇（dàn）：圆形小酒器，古代的一种礼器。④俎（zǔ）：古代祭祀时放祭品的器物。

【译文】

女祭、女戚在黄帝砍掉刑天脑袋之地的北面，她们居住在两条河流之间。女戚手里拿着䱇，女祭手里拿着俎。

【原文】

7.10 鸾鸟、鶬鸟①，其色青黄，所经国亡。在女祭北。鸾鸟人面，居山上。一曰维鸟，青鸟、黄鸟所集②。

【注释】

①鸾（cì）：传说中的一种鸟。鶬（dǎn）：猫头鹰一类的鸟。②一曰维鸟，青鸟、黄鸟所集：此句当是后人注解，不是经文。维鸟：鸾鸟和鶬鸟。

【译文】

鸾鸟和鶬鸟，这两种鸟的羽毛呈青黄色，凡是它们经过的国家都会败亡。这两种鸟的栖息之地位于女祭的北面。鸾鸟长着人一样的脸，居住在山上。一说这两种鸟统称维鸟，是青鸟、黄鸟聚集在一起的混称。

【原文】

7.11 丈夫国在维鸟北[①]，其为人衣冠带剑[②]。

【注释】

① 丈夫国：据说国中全为男性，故名。维鸟：这里指鸾鸟和鹳鸟栖息的地方。② 衣冠：指衣帽整齐。

【译文】

丈夫国位于维鸟栖居之地的北面，国中之人每个人都衣冠整齐，身上佩剑。

丈夫国

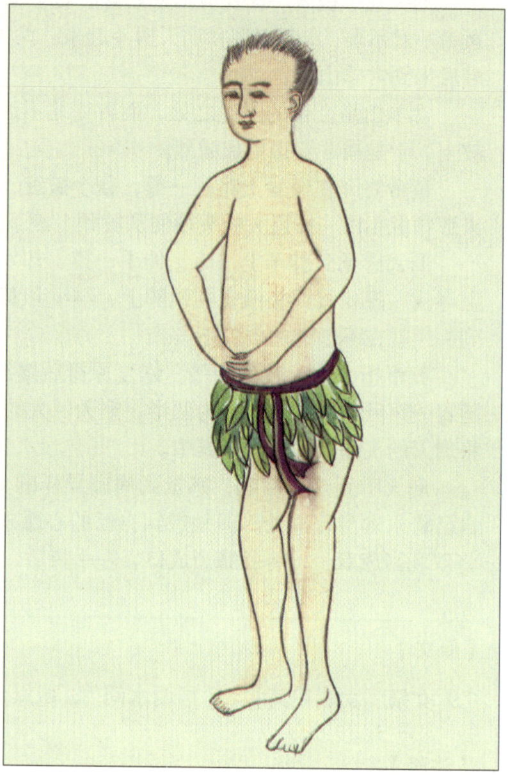

丈夫国

【原文】

7.12 女丑之尸[①]，生而十日炙杀之[②]。在丈夫北[③]。以右手鄣其面[④]。十日居上，女丑居山之上。

【注释】

① 女丑：人名。② 十日：十个太阳。炙：烤。③ 丈夫：指丈夫国。④ 鄣（zhàng）：同“障”，遮蔽。

【译文】

有一具女丑的尸体，她是被十个太阳活活烤死的。女丑的尸体位于丈夫国的北面。死时女丑用右手遮住了自己的脸。十个太阳高高地悬挂在空中，女丑的尸体则在山上。

山海经动物古今考	《山海经》中名称	今　考
	鹳	猫头鹰一类的鸟
	维　鸟	鸾鸟和鹳鸟

女丑尸

女丑尸 明 蒋应镐绘图本

【原文】

7.13 巫咸国在女丑北①，右手操青蛇，左手操赤蛇。在登葆山②，群巫所从上下也。

【注释】

① 巫咸国：传说中的国名。巫咸：咸巫，意思是都是巫师。② 登葆山：山名，也叫登备山。

【译文】

巫咸国在女丑尸体所在之地的北面，国中之人右手拿着青蛇，左手拿着红蛇。该国有座登葆山，是巫师们往返于天地之间的地方。

【原文】

7.14 并封在巫咸东①，其状如彘②，前后皆有首，黑。

【注释】

① 并封：兽名，也叫屏蓬。巫咸：指巫咸国。② 彘：猪。

【译文】

名叫并封的动物居住在巫咸国的东面，它的形状与猪相似，前面和后面各有一个脑袋，周身都呈黑色。

并封 明 蒋应镐绘图本

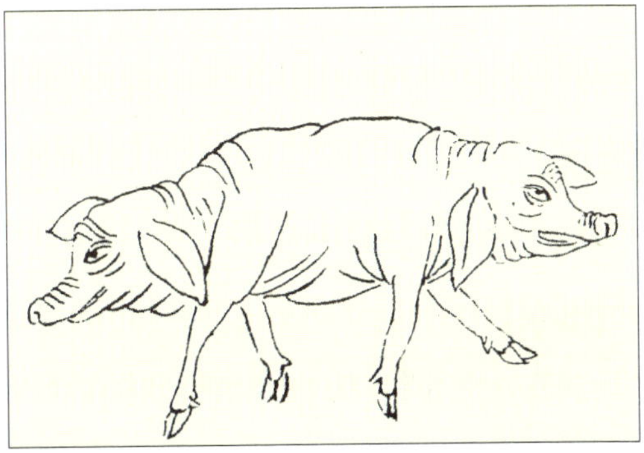

并封 清 汪绂图本

山海经地理古今考	《山海经》中名称	今考
	丈夫国	在山西省显县北部
	女丑	大致位于山西省河津附近
	巫咸国	山西省夏县西北部的禹王城

【原文】

7.15 女子国在巫咸北[①]，两女子居，水周之。一曰居一门中[②]。

【注释】

①女子国：传说中的国名。因其国中之人皆为女性，故名。巫咸：指巫咸国。②一曰居一门中：此句当是后人注解，不是经文。

【译文】

女子国位于巫咸国的北面，这里住有两个女子，四周有水环绕。一说她们住在一道门的中间。

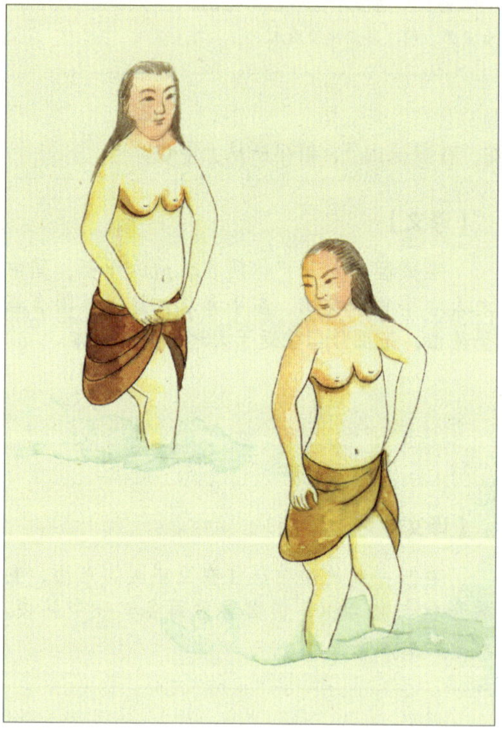

女子国

女子国　明　蒋应镐绘图本

【原文】

7.16 轩辕之国在此穷山之际[①]，其不寿者八百岁。在女子国北。人面蛇身，尾交首上。

【注释】

①轩辕之国：轩辕国，国名。一说因黄帝生长于此而得名。此：是衍文。穷山：山名。一说即邛崃山，在四川境内。

【译文】

轩辕国处在穷山附近，国中之人即便不长寿者也能活到八百岁。轩辕国位于女子国的北面。国人长着人面蛇身，尾巴盘绕于头顶之上。

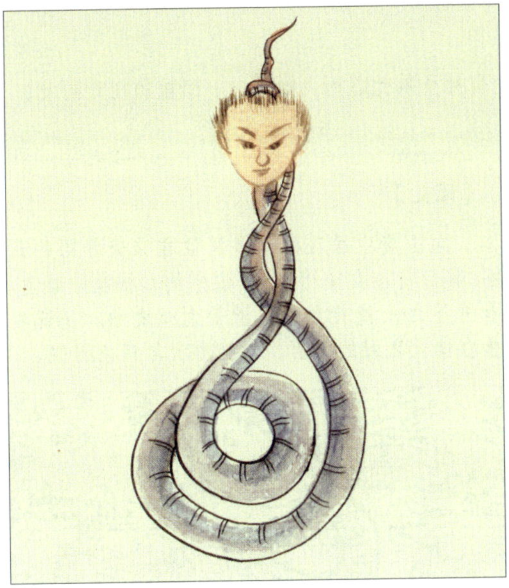

轩辕国

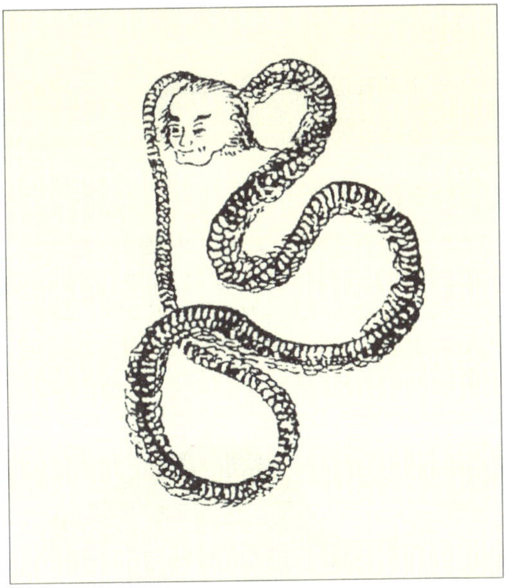

轩辕国 清 汪绂图本

【原文】

7.17 穷山在其北[①]，不敢西射[②]，畏轩辕之丘[③]。在轩辕国北。其丘方，四蛇相绕。

【注释】

①其：指轩辕国。②西射：向西射箭。③轩辕之丘：丘名，可能在今四川境内。

【译文】

穷山在轩辕国的北面，这里的人不敢朝着西方射箭，这是因为他们敬畏轩辕丘。轩辕丘位于轩辕国的北边。丘呈方形，有四条蛇相互环绕。

【原文】

7.18 此诸夭之野[①]，鸾鸟自歌[②]，凤鸟自舞[③]。凤皇卵[④]，民食之；甘露[⑤]，民饮之，所欲自从也。百兽相与群居。在四蛇北[⑥]。其人两手操卵食之，两鸟居前导之。

【注释】

①此：可能为衍文。诸夭之野：一说“夭”应作“沃”，指传说中的一片沃野。②鸾鸟：传说中凤凰一类的鸟。③凤鸟：雄凤凰。④凤皇：凤凰。⑤甘露：甜美的雨露，古人认为天下太平就会天降甘露。⑥四蛇：指有四条蛇环绕的轩辕丘。

【译文】

有个名叫诸夭之野的地方，鸾鸟自由地歌唱，凤鸟自在地起舞。凤凰生下的蛋，这里的百姓可以食用；甘甜的雨露，这里的百姓可以饮用，凡是他们想要的都能如愿以偿。各种野兽群居在这里。诸夭之野在轩辕丘的北边。这里的人用双手捧着凤凰蛋吃，有两只鸟在前面引导。

山海经地理古今考	《山海经》中名称	今考
	女子国	山西省夏县西北部的禹王城
	轩辕之国	山西省襄汾县城东北，中原龙山文化遗址中的陶寺遗址

【原文】

7.19 龙鱼陵居在其北[①]，状如狸[②]。一曰鰕[③]。即有神圣乘此以行九野[④]。一曰鳖鱼在夭野北，其为鱼也如鲤[⑤]。

【注释】

① 龙鱼：鱼名。一说指穿山甲；一说指鱼类化石。陵居：居住在山陵中。其：诸夭之野。② 狸：山猫。③ 鰕(xiā)：大鲵，即娃娃鱼。④ 九野：指九州之地。⑤ 一曰鳖鱼在夭野北，其为鱼也如鲤：此句当是后人注解，不是经文。

【译文】

在山陵中居住的龙鱼居住在诸夭之野的北面，其形状与山猫相似。一说它的形状像娃娃鱼。有神圣之人骑着龙鱼巡游于九州之地。一说鳖鱼在诸夭之野的北面，它的形状与鲤鱼相似。

龙鱼

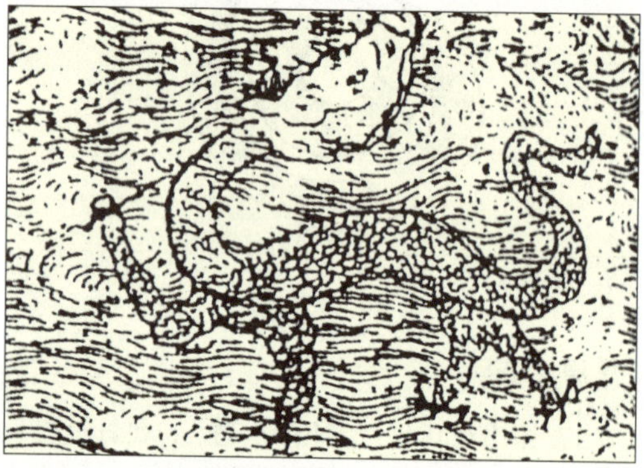

龙鱼　清　《禽虫典》本

【原文】

7.20 白民之国在龙鱼北[①]，白身被发[②]。有乘黄，其状如狐，其背上有角，乘之寿二千岁。

【注释】

① 白民之国：白民国。因国中之人全身雪白而得名。龙鱼：指龙鱼所居的山陵。② 被：同“披”，披散。

【译文】

白民国在龙鱼栖息之地的北边，其国人浑身雪白，披散着头发。有一种名叫乘黄的兽，它的形状与狐相似，背上长着角，人若骑在它的身上，就能活两千岁。

乘黄

乘黄　明　胡文焕图本

【原文】

7.21 肃慎之国在白民北[①]。有树名曰雄常[②]，先入伐帝，于此取之[③]。

【注释】

①白民：即白民国。②雄常：树名，或作洛棠、雄棠。③先入伐帝，于此取之：有的改作“圣人代立，于此取衣”，意思是有圣人称帝，就在树上取树皮，拿它可以做成衣服。

【译文】

肃慎国位于白民国之北。该国有一种树名叫雄常，只要有圣人称帝，就取此树的树皮来做衣服。

【原文】

7.22 长股之国在雄常北[①]，被发[②]。一曰长脚[③]。

【注释】

①长股之国：长股国。因其国中之人腿长而得名。雄常：这里指雄常树生长的地方。②被：同“披”，披散。③一曰长脚：此句当是后人注解，不是经文。

【译文】

长股国在雄常树生长之地的北面，国中之人都披散着头发。一说（长股国）是长脚国。

长股国

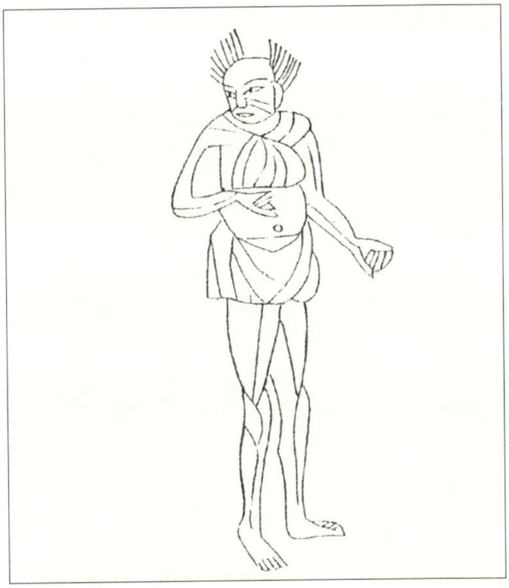

长股国　清　吴任臣康熙图本

山海经地理古今考	《山海经》中名称	今考
	白民之国	在陕西省北部的高原和山西的西部
	肃慎之国	大体分布在今长白山以北

山海经动物古今考	《山海经》中名称	今考
	狸	山猫
	鰕	大鲵

【原文】

7.23 西方蓐收①，左耳有蛇，乘两龙。

【注释】

①蓐（rù）收：古代传说中的神名，司秋。

【译文】

西方之神蓐收，他的左耳上有蛇，驾乘着两条龙飞行。

蓐收

蓐收　明　蒋应镐绘图本

【蓐收】

蓐收是白帝少昊的辅佐神，也是传说中的司秋之神，他左耳上挂着蛇，驾乘两条龙飞行。也有人说蓐收是白帝之子。据《淮南子·天文篇》记载，蓐收主要分管秋收科藏之事，所以望河楼前有“蓐收之府”的牌坊。

《山海经》中说：蓐收住在泑山上。从此山向西望去，可以看见太阳落山时的浑圆气象，这种景象，正是由名叫红光的神掌管的。

“蓐收”在《山海经》全书中只出现过两次，一次是在《西山经》，一次是在《海外西经》。《海外西经》说：“西方蓐收，左耳有蛇，乘两龙。”西方之神蓐收，左耳朵上有蛇，驾着两条龙。《山海经》对于其他三个神多少还有相貌描写：句芒是鸟面人身，祝融是兽面人身，禺强是人面鸟身，相比之下，对蓐收的描写就太简单了。

而《西山经》中对蓐收的描述是：“……泑山，神蓐收居之。其上多婴短之玉，其阳多瑾、瑜之玉，其阴多青、雄黄。是山也，西望日之所入，其气员，神红光之所司也。”

大意是，蓐收居住在泑山上……从此山向西望去，可以看见太阳落山时的浑圆气象，这种景象，正是由名叫红光的神掌管的。据说红光就是蓐收，为掌管日落之神。

发展到后来，蓐收又多了一重职能：掌管天下的刑罚。《国语·晋语二》中记载了这样一则故事：虢国君主某天梦见自己在宗庙之中，看见一个神人，长着人的面孔、老虎的爪子，浑身都是白色的毛发，他手执大斧，站立在西墙下。虢国君主心中害怕，想要逃走，神人说：“不要跑，天帝命令：要让晋国的军队袭击虢国的都城。”

这位神明正是刑戮之神蓐收，大概是因为蓐收是西方之神，而西方属金，民俗认为金之气正直浩大，加上他形象威猛，所以让这位金神主管刑戮。蓐收出现在虢国君主梦中，以昭示天帝的惩罚。可是虢国君主毫不在意，还让国人祝贺他做的这个梦。结果后来晋献公从虞国借道，出兵灭了虢国，这就是著名的“假途伐虢”的故事。

◎第八卷◎

海外北经

《海外北经》所记录的国家大致在中国北部，具体位置已难以考证。《海外北经》紧接着《海外西经》中的长股国，由西北向东北依次展开叙述。

海外北经

【导读】

《海外北经》中记述了我们所熟知的夸父逐日、禹杀相柳氏的故事，以及蚕神许配给马、钟山之神烛阴的传说。经中还记载了西方九个国家，包括国中人只长一只眼睛的一目国、国中人只有一手一足的柔利国、国中人肚里没肠子的无肠国，以及聂耳国、博父国等。此外，还记录了这些国家中的各种动植物。

【原文】

8.1 海外自东北陬至西北陬者①。

【注释】

①海外：指海外北经所记载的地方。陬（zōu）：隅，角落。

【译文】

海外北经所记载的地方是从东北角到西北角。

【原文】

8.2 无膂之国在长股东[①]，为人无膂。

【注释】

① 无膂（qǐ）之国：无膂国。膂：小腿肚。长股：指长股国。

【译文】

无膂国在长股国的东边，这里的人没有小腿肚子。

【原文】

8.3 钟山之神[①]，名曰烛阴，视为昼，瞑为夜[②]，吹为冬，呼为夏。不饮，不食，不息[③]，息为风，身长千里。在无膂之东[④]。其为物人面蛇身，赤色，居钟山下。

【注释】

① 钟山：山名。在今吕梁山脉东侧、霍山东南。② 瞑：闭眼。③ 息：呼吸。④ 无膂：指无膂国。

【译文】

钟山的山神，名叫烛阴，他睁开眼睛，天下便是白天；闭上眼睛，天下就变成了黑夜；他吹一口气，天下就是寒冬；呼一口气，天下便是炎夏。他平时不喝水，不吃东西，不呼吸，而他只要一呼吸，就会刮风。他的身体有一千里长。这位神仙居住在无膂国的东面。他的形状为人面蛇身，全身呈赤红色，住在钟山的脚下。

烛阴

烛阴　明　胡文焕图本

山海经地理古今考	《山海经》中名称	今　考
	无膂之国	陕西省白水县东北部的彭衙堡
	钟　山	在吕梁山脉的东侧、霍山的东南侧
	一目国	在与山西毗邻的陕西北部边界地带

【烛龙举火】

烛龙就是钟山山神烛阴，也是上古创世神之一。烛龙是人脸蛇身的怪物，浑身通红，住在北方极寒之地。

传说烛龙是一位能变换阴阳四季的神人。只要它的眼睛一张开，黑暗的长夜就变成了白天；它的眼睛一合上，白天就变回了黑夜。它吹口气，马上会进入大雪纷飞的冬季；它轻轻哈气，就又到了烈日炎炎的夏天。它屏息时，风和日丽；呼吸的时候，飞沙走石。所以，它常常蜷缩着，不吃饭，不喝水，不睡觉，不呼吸。又传说，在大地浑沌未开的时候，它口含“火精”来到天宫，在北方幽暗的天门中高高举起“火精”，亮光霎时照亮了大地，一直照入阴暗的九泉之下。所以，人们又把烛龙叫作开辟神，是和盘古齐名的创世之神。

【原文】

8.4 一目国在其东①，一目中其面而居。一曰有手足②。

【注释】

①其：指钟山。②一曰有手足：此句当是后人注解，不是经文。

【译文】

一目国在钟山的东面，那里的人只有一只眼睛，眼睛长在脸的正中间。一说该国之人有手有脚。

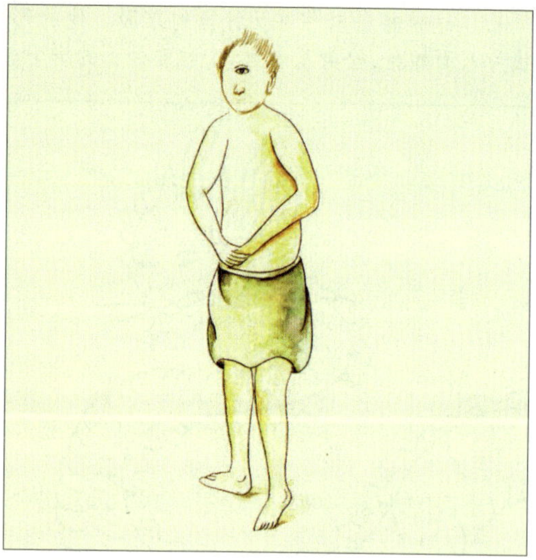

一目国

一目国　清　吴任臣康熙图本

【原文】

8.5 柔利国在一目东①，为人一手一足，反膝②，曲足居上③。一云留利之国，人足反折④。

【注释】

①一目：指一目国。②反膝：膝盖反着长。③曲足居上：脚弯曲，脚心朝上。④一云留利之国，人足反折：此句当是后人注解，不是经文。反折：向反方向弯折。

【译文】

柔利国位于一目国的东面，该国之人长有一只手、一只脚，膝盖反着长，脚弯曲朝向上方。一说此国名叫留利国，国中之人的脚向反方向弯折。

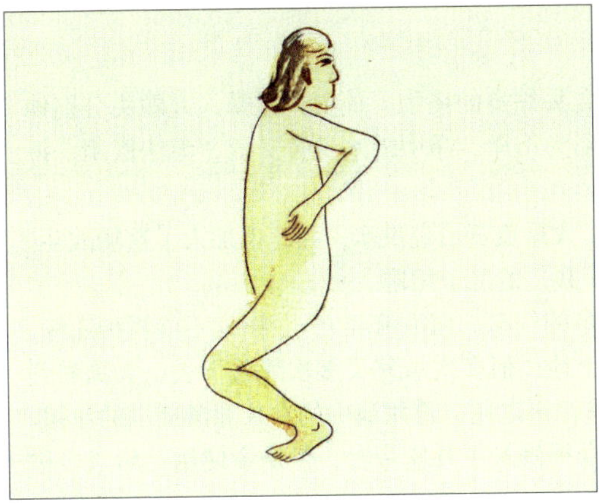
柔利国

柔利国　清　汪绂图本

【原文】

8.6 共工之臣曰相柳氏[①]，九首，以食于九山。相柳之所抵[②]，厥为泽溪[③]。禹杀相柳[④]，其血腥，不可以树五谷种。禹厥之，三仞三沮[⑤]，乃以为众帝之台[⑥]。在昆仑之北[⑦]，柔利之东[⑧]。相柳者，九首人面，蛇身而青。不敢北射，畏共工之台。台在其东[⑨]。台四方，隅有一蛇，虎色[⑩]，首冲南方。

【注释】

① 共工：古代神话传说中的人物，传说地与颛顼争为帝，失败发怒而头触不周山。相柳氏：古代神话传说中的人物，又叫相繇（yáo）。② 抵：触。③ 厥：通"撅"，挖掘。④ 禹：传说是夏朝的第一位君主。因禹治水有功，舜让位给禹，禹建国为夏。⑤ 仞：通"轫（rèn）"，满。沮：毁坏。这里指下陷。⑥ 众帝：帝尧、帝喾、帝舜等传说中的上古帝王。⑦ 昆仑：山名，一说此处可能指阴山，在内蒙古境内。⑧ 柔利：指柔利国。⑨ 其：指众帝之台。⑩ 虎色：虎一样的斑纹。

相柳

【译文】

共工有位臣子名叫相柳氏，长着九个脑袋，分别在九座山上取食。相柳所触到的地方，都会变成沼泽和溪流。大禹杀死了相柳，相柳身上流出的血腥臭不堪，所流经的地方都不能种植五谷。大禹掘土填埋这块地方，填满了三次却塌陷了三次，于是大禹在此为众帝建帝台。帝台在昆仑山的北面、柔利国的东面。相柳，有九个脑袋，长着人一样的脸、蛇一样的身子，身子呈青色。不敢朝北方射箭，因为敬畏共工之台。共工之台在帝台的东面。台呈四方形，每个角上有一条蛇，身上长着老虎一样的斑纹，头朝着南方。

相柳　清　汪绂图本

【禹杀相柳】

相柳是天神共工的臣子，他相貌丑陋，是个九头蛇身的怪物。他贪婪残暴，九颗头分别伸向九座山上吃食，并且身体所触及的地方都会塌陷为沼泽，泽中的水又苦又涩，无法饮用。每当发洪水时，相柳便出来助纣为虐。

相传共工与颛顼大战时，天下正是洪水肆虐。大禹负责治理洪水，因此也加入了这场战斗。后来共工被颛顼杀死，大禹平息洪水后，也杀死了共工的臣子相柳。

相柳死后，流出的血液汇聚成河，发出腥臭刺鼻的气味。血液流经之处，田地不能再种庄稼。于是，大禹发动人民挖土填埋被相柳血浸坏了的土地，但多次填塞又多次塌陷下去。大禹看到这样做没有结果，于是决定把这里改造成河池，作蓄水之用，再用池中的水来灌溉周围的庄稼。他又带领人民挖河，把挖出来的土堆在一起，为众神修筑了几座帝台，供众帝使用，后来合称为共工台。

【原文】

8.7 深目国在其东[①]，为人举一手，一目。在共工台东[②]。

【注释】

①深目国：传说中的国名。因其国中之人两目深陷而得名。其：相柳氏所在地。②在共工台东：前面应有“一曰”，此句当是后人注解，不是经文。

【译文】

深目国在相柳所处之地的东边，此国之人举着一只手，只有一只眼睛。一说深目国在共工台的东边。

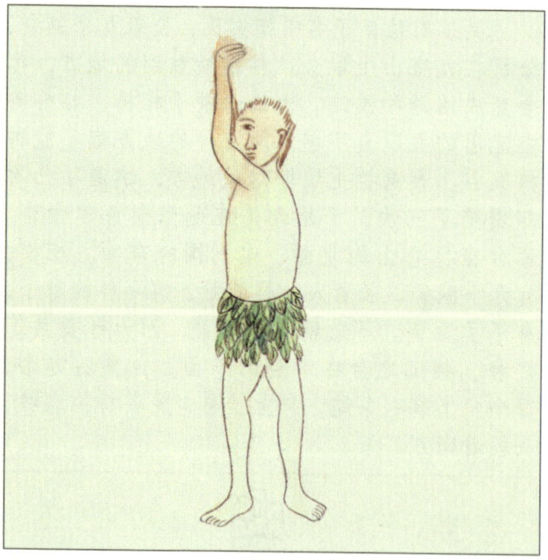

深目国

深目国　明　蒋应镐绘图本

【原文】

8.8 无肠之国在深目东[①]，其为人长而无肠。

【注释】

①深目：指深目国。

【译文】

无肠国位于深目国的东边，国中之人个子很高，但肚子里没有肠子。

【原文】

8.9 聂耳之国在无肠国东，使两文虎，为人两手聂其耳[①]，县居海水中[②]，及水所出入奇物[③]。两虎在其东[④]。

【注释】

①聂（shè）耳之国：聂耳国。因国中之人常常双手抓着耳朵而得名。聂：通"摄"，抓。②县：通"悬"。③及：到。这里指到海中捕捉。④其：指聂耳国。

聂耳国

【译文】

聂耳国在无肠国的东边，国中之人驱使两只带有斑纹的老虎，而且总是用抓着自己的耳朵，聂耳国的人孤独地居住在海水环绕的小岛上，到海水中捕捉奇异之物。有两只老虎在聂耳国的东面。

聂耳国　清　汪绂图本

【原文】

8.10 夸父与日逐走[①]，入日。渴，欲得饮，饮于河、渭[②]，河、渭不足，北饮大泽。未至，道渴而死。弃其杖，化为邓林[③]。

【注释】

①逐走：追着跑。②河、渭：黄河和渭河。③邓林：树林名。

夸父追日

【译文】

夸父追赶太阳，离太阳越来越近。这时夸父口渴难忍，想要喝水，于是去喝黄河和渭河中的水，将两条河的水喝干了，还是不够，便去喝北方大泽里的水。还没等到达大泽，夸父就渴死在半路上了。夸父临死前扔掉了自己的手杖，这根手杖后来变成了邓林。

夸父　明　蒋应镐绘图本

夸父逐日

【夸父逐日】

远古时候，在北部的荒野中，有一座巍峨雄伟的山峰。在这座山的深处，生活着一群力大无穷的巨人，他们的首领名叫夸父，这个部族就叫夸父族。夸父族人高大魁梧、意志坚强，又勤劳勇敢、心地善良，在山中过着与世无争、逍遥自在的日子。

但是那时候大地上一片荒凉，猛兽毒物横行，人们的生活非常凄苦。夸父为了族人能活下去，每天都率领众人与洪水猛兽搏斗，他还将捉到的凶恶黄蛇挂在耳朵上作为装饰，或者拿在手上挥舞，以此来夸耀。

有一年天气非常炎热，火辣辣的太阳烘烤着大地，庄稼和树木被烤焦了，河流也干枯了，人类无法承受这样的酷热，纷纷死去。

夸父看到这种情景，心中非常难过，他仰望着太阳，对族人说："太阳实在可恶，我要追上太阳然后捉住它，让它听从人的指挥。"族人认为这种想法不可行，纷纷劝阻他。但是夸父心意已决，他看着愁苦不堪的族人，说："为了大家能好好生活，我一定要去。"

第二天，太阳刚刚升起，夸父就告别族人，向着太阳升起的地方大步追去，开始了他的逐日征程。太阳在天空中飞快地移动，夸父在地上如疾风一般拼命奔跑，他穿过一座座大山，跨过一条条河流，始终紧追不舍，眼看离太阳越来越近，他的信心也越来越强烈。不过，离太阳越近，就越渴得厉害，虽然夸父不停地喝水，但怎么也无法缓解干渴。可是夸父并没有因此而感到害怕，他不断地鼓励自己。终于，九天九夜之后，夸父在太阳落山的地方追上了它。

红彤彤、热辣辣的火球就在眼前，万道金光洒在夸父身上，炽热的阳光让夸父又渴又累，他只好先跑到黄河边上，一口气喝干了黄河中的水，跟着又吸光了渭河之水，但仍然觉得不解渴，于是又向北方跑去，因为那里有纵横千里的大泽。可是，还没等夸父到达北方大泽，就在半路上渴死了。

【原文】

8.11 夸父国在聂耳东[①]，其为人大，右手操青蛇，左手操黄蛇。邓林在其东，二树木[②]。一曰博父[③]。

【注释】

①夸父国：一作"博父国"。聂（shè）耳：指聂耳国。②二树木：指由两棵树组成的树林。③一曰博父：此句当是后人注解，不是经文。

【译文】

夸父国在聂耳国的东边，国中的人身材高大，右手握着青蛇，左手握着黄蛇。邓林就在夸父国的东面，由两棵树组成。一说夸父国叫博父国。

【原文】

8.12 禹所积石之山在其东[①]，河水所入[②]。

【注释】

①禹所积石之山：禹所积石山，意为禹堆石而成的山。②河：黄河。

【译文】

禹所积石山位于夸父国的东面，是黄河流入的地方。

【原文】

8.13 拘缨之国在其东[①]，一手把缨。一曰利缨之国[②]。

【注释】

①拘缨之国：拘缨国。因其国中之人常用手托着脖子上的肉瘤而得名。缨：应作"瘿（yǐng）"，颈上的肉瘤。其：指禹所积石山。②一曰利缨之国：此句当是后人注解，不是经文。

【译文】

拘缨国在禹所积石山的东面，国中之人用一只手托着颈部的大肉瘤。一说拘缨国叫利缨国。

拘缨国

拘缨国　清　《古今图书集成·边裔典》

【原文】

8.14 寻木长千里，在拘缨南[①]，生河上西北[②]。

【注释】

① 拘缨：指拘缨国。② 河：黄河。

【译文】

寻木有千里长，生长在拘缨国的南边，黄河上游的西北方。

【原文】

8.15 跂踵国在拘缨东[①]，其为人大，两足亦大。一曰大踵[②]。

【注释】

① 跂（qǐ）踵国：传说中的国名。因其国中之人踮起脚跟走路而得名。跂：通“企”，踮起。拘缨：指拘缨国。② 一曰大踵：此句当是后人注解，不是经文。大：一说应作“反”。

【译文】

跂踵国在拘缨国的东边，该国的人身材高大，两只脚也非常大。一说此国叫大踵国。

跂踵国　清　汪绂图本

跂踵国　明　蒋应镐绘图本

【原文】

8.16 欧丝之野在大踵东[①]，一女子跪据树欧丝[②]。

【注释】

① 欧丝之野：欧丝野，地名。欧丝：呕丝，吐丝。大踵：指跂踵国。② 据：靠着。

【译文】

欧丝之野在大踵国的东边，有一个女子跪着倚靠在桑树上吐丝。

【原文】

8.17 三桑无枝[①]，在欧丝东[②]，其木长百仞[③]，无枝。

【注释】

① 三桑：三棵桑树。② 欧丝：指欧丝国。③ 仞：古时以八尺或七尺为一仞。

【译文】

有三棵没有树枝的桑树，生长在欧丝之野的东面，它们高达百仞，没有树枝。

【蚕神】

传说太古时候，有一个漂亮的女孩儿，她的父亲被征去作战，女孩儿思念父亲，便对家中的一匹白马开玩笑说："马儿啊，如果你能把父亲接回来，我就嫁给你。"马听到这话，竟然真的挣脱缰绳跑了出去。过了几天，父亲果然骑着马回来了。一家人重聚，自然欢喜不迭，女孩儿却好像忘了她说过的玩笑话。马开始不吃不喝，见到女孩儿进出会神情异常，高声嘶鸣。

父亲看到这种情况非常奇怪，就问女儿原因，女孩儿将说过的玩笑告诉了父亲。父亲万万不会将女儿许配给一匹马，又怕它对女儿不利，便把女儿关在屋子里，还杀死了马，将白色的马皮剥下来挂在院中。一次，父亲外出，女儿在院中玩耍，看到马皮心生恨意，便把马皮丢掉地上用脚踩，说："你是畜生，怎么能妄想娶人做妻子呢？现在丢了命，不是自找的吗……"话音未落，只见马皮腾空而起，包裹住女孩儿向门外飞去，瞬间不见了踪影。女孩儿的父亲四处寻找女儿，最后在一棵大树上发现了全身包着马皮的女儿，可是她它已经变成了一条白色的虫，正慢慢摇动着马一样的头，从嘴里吐出白色的丝线。人们就把这种树叫"桑"，谐音"丧"，是说女孩儿在此丧生。父亲十分伤心，却见女孩儿从天而降，对他说："天帝封我为蚕神，请父亲不必再伤心。"说完，升天而去。人们听说了这件事，于是纷纷盖起蚕神庙供奉她。

【原文】

8.18 范林方三百里，在三桑东，洲环其下①。

【注释】

①洲：水中的小块陆地。

【译文】

范林方圆三百里，在三棵桑树的东边，它的下面有沙洲环绕。

【原文】

8.19 务隅之山，帝颛顼葬于阳①，九嫔葬于阴。一曰爰有熊、罴、文虎、离朱、鴟久、视肉②。

【注释】

①颛顼：号高阳氏。相传为黄帝之孙、昌意之子，生于若水，居于帝丘。②一曰："一曰"及后面的内容，当是后人注解，不是经文。爰：这里，那里。罴：棕熊。离朱：传说中的一种神禽。鴟（chī）久：鸺（qú）鹠（liú），猫头鹰的一种。视肉：传说中的兽名，又叫聚肉。

【译文】

有一座务隅山，帝颛顼就埋葬在它的南面，他的九位妃嫔埋葬在山的北面。一说这座山中有熊、罴、花斑虎、离朱、鴟久、视肉（这些鸟兽）。

【原文】

8.20 平丘在三桑东①。爰有遗玉、青鸟、视肉、杨柳、甘柤、甘华②，百果所生。有两山夹上谷③，二大丘居中，名曰平丘。

【注释】

①平丘：平整的丘陵地。三桑：指长着三棵无枝桑树的

【译文】

平丘在三棵桑树的东面。这里有遗玉、青

地方。② 遗玉：玉石名。青鸟：一作"青马"。视肉：传说中的兽名。甘柤（zhā）：传说中的一种植物，树干是红色的，花是黄色的，叶是白色的，果实是黑色的。甘华：植物名。一说属于柑橘类。③ 上：大。

鸟、视肉、杨柳、甘柤、甘华，生长着各种果树。有两座山夹着一个大山谷，中间有两个大的丘陵，名叫平丘。

【原文】

8.21 北海内有兽[①]，其状如马，名曰騊駼[②]。有兽焉，其名曰驳，状如白马，锯牙，食虎豹。有素兽焉[③]，状如马，名曰蛩蛩[④]。有青兽焉，状如虎，名曰罗罗。

【注释】

① 北海：古代泛指北方僻远之地。② 騊（táo）駼（tú）：兽名。一说普氏指野马，性格暴烈，原产地在蒙古草原。③ 素：白色。④ 蛩（qióng）蛩：传说的中兽名。

【译文】

北海之内有一种野兽，它的形状与马相似，名叫騊駼。还有一种野兽，名叫驳，形状与白马相似，长着锯齿般的牙齿，能吃虎、豹。还有一种白色的野兽，形状与马相像，名叫蛩蛩。还有一种青色的野兽，形状似虎，名叫罗罗。

【原文】

8.22 北方禺强[①]，人面鸟身，珥两青蛇[②]，践两青蛇。

【注释】

① 禺强：传说中的海神名。也叫"禺疆"、"禺京"。② 珥（ěr）：用作动词，这里指（用两条青蛇）作耳饰。

【译文】

北方有个名叫禺强的神，他长着人面鸟身，用两条青蛇做耳饰，脚底下还踩着两条青蛇。

禺强

禺强　明　蒋应镐绘图本

◎第九卷◎

海外东经

《海外东经》紧接着《海外北经》中的狄山，记录了海外东南角到东北角的国家及山川河岳。

海外东经

【导读】

《海外东经》中记载了海外八个国家和地区的地理物产、民俗传说及独特风貌。如大人国中居民身材高大、君子国中居民衣冠带剑、青丘国中栖息着九尾狐、黑齿国中居民牙齿乌黑，还有玄股国、毛民国等。另外，经中还记载了十个太阳沐浴、八面八首的天吴神、兽身人面的奢比尸等神话。这些民俗传说可能是古人对于其他民族的独特想象，也说明了中华民族早期的对外交流情况。

【原文】

9.1 海外自东南陬至东北陬者①。

【注释】

①海外：指海外东经所记载的地方。陬（zōu）：隅，角落。

【译文】

海外东经所记载的地方是从东南角到东北角。

【原文】

9.2 䃌丘[①]，爰有遗玉、青马、视肉、杨柳、甘柤、甘华[②]，甘果所生，在东海[③]。两山夹丘，上有树木。一曰嗟丘[④]。一曰百果所在，在尧葬东[⑤]。

【注释】

①䃌（jiē）丘：地名，即今山东烟台。②爰：这里，那里。遗玉：玉石名。视肉：传说中的兽名。甘柤（zhā）：植物名。甘华：植物名。③东海：所指因时而异。先秦时代多指今之黄海。④一曰嗟丘：此句当是后人注解，不是经文。⑤一曰百果所在，在尧葬东：此句当是后人注解，不是经文。

【译文】

䃌丘，此地产有遗玉、青马、视肉、杨柳、甘柤、甘华，结出各种甜美果实的果树生长的地方，就在东海。有两座山夹着这座丘，丘上长有树木。一说此丘名叫嗟丘。还有一说认为各种果树生长的地方，位于帝尧所葬之地的东边。

【原文】

9.3 大人国在其北[①]，为人大，坐而削船[②]。一曰在䃌丘北[③]。

【注释】

①其：指䃌丘。②削船：削刻船只。③一曰在䃌（jiē）丘北：此句当是后人注解，不是经文。

【译文】

大人国在䃌丘的北边，国中之人身材高大，坐在那里用刀削船。一说大人国在䃌丘的北边。

大人国

大人国　清　汪绂图本

【原文】

9.4 奢比之尸在其北[①]，兽身、人面、大耳，珥两青蛇[②]。一曰肝榆之尸在大人北[③]。

【注释】

①奢比之尸：奢比尸，传说中的神名。其：指大人国。②珥：作动词，这里指（用青蛇）作耳饰。③一曰肝榆之尸在大人北：此句当是后人注解，不是经文。

【译文】

奢比尸在大人国的北边，他长着兽一样的身子、人一样的脸，耳朵大大的，且以两条青蛇做耳饰。一说肝榆尸在大人国的北边。

奢比尸

奢比尸　清　吴任臣康熙图本

【原文】

9.5 君子国在其北[①]，衣冠带剑[②]，食兽，使二大虎在旁[③]，其人好让不争。有薰华草，朝生夕死。一曰在肝榆之尸北[④]。

【注释】

①其：指奢比尸所在的地方。②衣冠：衣帽整齐。③大：应作“文”。④一曰在肝榆之尸北：此句当是后人注解，不是经文。

【译文】

君子国在奢比尸所在之地的北面，国人衣冠整齐，身上佩剑，能吃野兽，驱使的两只花斑老虎就在身旁，该国之人喜欢谦让而不争斗。此地长着一种薰华草，每天早晨开花，傍晚就凋谢了。一说此国在肝榆尸所居之地的北边。

山海经地理古今考	《山海经》中名称	今　考
	嗟　丘	今山东省烟台市
	大人国	在庙岛列岛和辽东半岛上
	奢比之尸	在山东省德州至临淄之间
	君子国	安徽省五河县

【君子国】

君子国是古人理想中的国家。国中的人无论是统治者还是百姓，个个衣冠楚楚，身佩长剑，一派儒雅之气。性格和善，言谈举止彬彬有礼，从来不会和人争斗，据说连走路都要互相谦让。国中的老虎也受这种风气的教化，不再凶残，跟随在人身边，供人使唤。

《镜花缘》中记载，君子国人做买卖，卖主力争付最上等的货，收最少的钱；买主则力争付高价，拿次等货，互相推让许久，才能完成交易。国家的君主还颁布了一条法令，臣民谁如果进献珠宝，除将所献的珠宝烧毁外，还要被问刑。

显然，这种说法只是作者一种美好的想象。后来也有人认为，君子国描写的是原始部落的生活。他们群居，并以狩猎为生。打回来的猎物平均分给族人，人人均等，食物也刚刚够吃，没有剩余，所以族人也无贪婪之心，才能做到互相礼让。

【原文】

9.6 虹虹在其北①，各有两首。一曰在君子国北②。

【注释】

①虹虹：可能指虹霓。其：指君子国。②一曰在君子国北：此句当是后人注解，不是经文。

【译文】

虹虹在君子国的北面，各有两个脑袋。一说虹虹位于君子国的北面。

【原文】

9.7 朝阳之谷①，神曰天吴，是为水伯②。在虹虹北两水间。其为兽也，八首人面，八足八尾，皆青黄③。

【注释】

①朝阳之谷：朝阳谷，谷名。今山东临朐东北朝阳故城附近的朝水。②水伯：水神。③皆：一作“脊”。

【译文】

朝阳谷居住着一位神，名叫天吴，是一位水神。朝阳谷在虹虹北边的两条水流中间。这位神仙形状与野兽相似，长着八个脑袋，脸与人的脸相似，有八条腿、八条尾巴，全身皆呈青黄色。

天吴

天吴　明　胡文焕图本

【原文】

9.8 青丘国在其北[①]，其狐四足九尾。一曰在朝阳北[②]。

【注释】

①其：指朝阳谷。②一曰在朝阳北：此句当是后人注解，不是经文。

【译文】

青丘国位于朝阳谷的北面。国中栖居着一种狐狸，它长着四条腿、九条尾巴。一说青丘国在朝阳谷的北边。

【原文】

9.9 帝命竖亥步[①]，自东极至于西极，五亿十选九千八百步[②]。竖亥右手把算[③]，左手指青丘北。一曰禹令竖亥[④]。一曰五亿十万九千八百步[⑤]。

【注释】

①帝：天帝。一说指禹。竖亥：神话传说中一个走得很快的人。步：以脚步测量距离。②选：万。③算：通筭（suàn），指古代计算用的筹码。④一曰禹令竖亥：此句当是后人注解，不是经文。⑤一曰五亿十万九千八百步：此句当是后人注解，不是经文。

【译文】

天帝命令竖亥以脚步测量大地的长度，竖亥从最东端走到最西端，共走了五亿十万九千八百步。竖亥右手拿着算筹，左手指着青丘国的北端。一说是禹命令竖亥以脚步测量大地。一说测量的结果是五亿十万九千八百步。

【竖亥步地】

在中国的神话传说中，竖亥是一位特别能走的神。话说在大禹平息了洪水以后，有了陆地和江河湖海的区别，陆地连成了一片，改变了以往部落聚居一隅的局面。大禹要重整家园、划分区域，就必须了解地域方位和土地面积。

于是，他派竖亥用脚步去丈量大地的面积。竖亥走得很快，让他来测量再合适不过了。竖亥从东走到西，一共走了五亿十万九千八百步；从南走到北，一共走了二亿三万三千五百七十五步。

这组数字，其实只是虚拟地表示了地域的宽广，并没有实际的意义，但从数字上我们也可以看出，古人认为大地是方形的，正符合古人“天圆地方”的传统认识。

【原文】

9.10 黑齿国在其北[①]，为人黑[②]，食稻啖蛇[③]，一赤一青，在其旁。一曰在竖亥北，为人黑首[④]，食稻使蛇，其一蛇赤。

【注释】

①其：指竖亥所在的地方。②黑：后应有“齿”字。③啖（dàn）：吃。④一曰：“一曰”及其后面的部分，当是后人注解，不是经文。

【译文】

黑齿国在竖亥所处之地的北面，国中人牙齿呈黑色，他们吃稻米和蛇，还有一红一青两条蛇，经常伴随其身边。一说黑齿国在竖亥所居之地的北边，国中之人长着黑色的脑袋，吃稻米，能驱使蛇，其中一条蛇是红色的。

黑齿国

黑齿国 清 汪绂图本

【原文】

9.11 下有汤谷[①]。汤谷上有扶桑[②]，十日所浴，在黑齿北[③]。居水中，有大木，九日居下枝，一日居上枝。

【注释】

①汤（yáng）谷：旸（yáng）谷。传说中的日出之处。②扶桑：神话传说中的一种树。③黑齿：指黑齿国。

【译文】

黑齿国的下面是汤谷。汤谷中生长着一棵扶桑树，那里是十个太阳洗澡的地方，位于黑齿国的北面。在水中有一棵大树，九个太阳居住在下面的树枝上，剩下的一个太阳住在上面的树枝上。

【原文】

9.12 雨师妾在其北[①]，其为人黑，两手各操一蛇，左耳有青蛇，右耳有赤蛇。一曰在十日北[②]，为人黑身人面，各操一龟。

【注释】

①雨师妾：传说中的国名。其：指汤谷。②一曰："一曰"及其后面的部分，当是后人注解，不是经文。

【译文】

雨师妾国在汤谷的北边，该国的人全身皮肤呈黑色，左右两只手各握着一条蛇，左边耳朵上有一条青蛇，右边耳朵上有一条红蛇。一说雨师妾国在十个太阳栖息之地的北边，国中之人长着黑色的身子、人一样的脸，两手各握着一只龟。

雨师妾

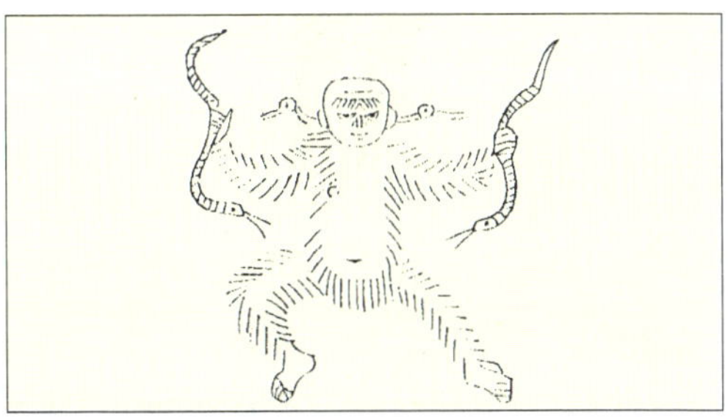
雨师妾 清 吴任臣康熙图本

雨师妾

雨师妾　清　汪绂图本

【原文】

9.13 玄股之国在其北[①]，其为人[②]，衣鱼食鴢[③]，使两鸟夹之。一曰在雨师妾北[④]。

【注释】

① 玄股之国：玄股国。因国中之人的大腿是黑色的而得名。② 其为人：后应有“股黑”。③ 衣鱼：穿用鱼皮做的衣服。鴢（ōu）：同“鸥”。④ 一曰在雨师妾北：此句当是后人注解，不是经文。

【译文】

玄股国在雨师妾国的北面，这个国家的人穿鱼皮做的衣服，以鸥鸟为食，有两只鸟一左一右在他们身边听候使唤。一说玄股国在雨师妾国的北面。

玄股国

玄股国　选自《中国清代宫廷版画》

【原文】

9.14 毛民之国在其北[①]，为人身生毛。一曰在玄股北[②]。

【注释】

①毛民之国：毛民国，传说中的国名，因国中之人浑身长毛而得名。②一曰在玄股北：此句当是后人注解，不是经文。

【译文】

毛民国位于玄股国的北边，国中之人浑身长毛。一说毛民国在玄股国的北面。

毛民国

毛民国　清　吴任臣康熙图本

【原文】

9.15 劳民国在其北[①]，其为人黑。或曰教民。一曰在毛民北，为人面目手足尽黑。

【注释】

①其：指毛民国。

【译文】

劳民国在毛民国的北边，该国的人全身皆为黑色。有人说该国名叫教民国。一说劳民国在毛民国的北边，国中之人的脸、眼睛、手、脚全是黑色的。

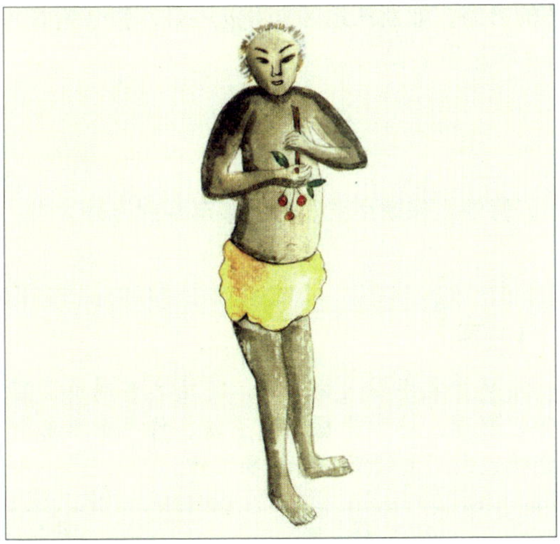
劳民国

劳民国　明　蒋应镐绘图本

【原文】

9.16 东方句芒[①]，鸟身人面，乘两龙。

【注释】

① 句（gōu）芒：传说中的木神，身穿白色的衣服。

【译文】

东方有位名叫句芒的神，长着鸟身人面，驾乘着两条龙。

句芒

句芒　明　蒋应镐绘图本

【句芒神】

句芒是西方天神少昊的儿子，后来成为辅佐伏羲的臣子。他是春神，即草木神和生命神。

句芒为人首鸟身、四方脸，身着青衣，管理树木发芽和春天万物的生长。古代每到立春时节，人们都会身穿青衣，戴青色的头巾祭祀句芒。周代就有设堂迎春之事，可见句芒神由来已久。据说，春秋时候，秦穆公就曾遇见过句芒。秦穆公是位明主，能够任用贤臣，更厚爱百姓，曾赦免过杀了他的骏马吃肉的岐下野人。一次，秦穆公到一座庙中拜神，句芒神从天而降，告诉他说："天帝感念你施行德政，特派我来为你增加十九年的寿命，并保佑你的国家六畜兴旺，繁荣昌盛。"说罢，乘祥龙而去。

到今天，依然有许多地方保留着祭祀春神句芒的习俗，如浙江地区立春前一日，就会抬着句芒神出城上山，人们夹道欢迎，争掷五谷，祈求来年作物丰收。

【原文】

9.17 建平元年四月丙戌[①]，待诏太常属臣望校治[②]，侍中光禄勋臣龚、侍中奉车都尉光禄大夫臣秀领主省[③]。

【注释】

① 建平元年：公元前6年。② 望：可能为丁望，人名。校治：考订整理。③ 龚：指王龚。秀：指刘歆，后改为秀。领主省：负责主要的工作。

【译文】

建平元年四月丙戌日，待诏太常属臣丁望考订整理，侍中光禄勋臣王龚、侍中奉车都尉光禄大夫刘歆领衔主持主要工作。

山海经地理古今考	《山海经》中名称	今　考
	玄股之国	辽宁黑山县至阜新蒙古族自治县之间
	毛民之国	在东辽河东北地区
	劳民国	在乌苏里江沿岸

◎第十卷◎

海内南经

《海内南经》描写的国家和山川大部分位于今海南、广西、广东、福建、浙江、四川、湖南、湖北长江以南一带。

海内南经

【导读】

《海内南经》所记事物众多，有伯虑国、离耳国、氐人国、匈奴国等国家，也有大可吞象的巴蛇、长着龙头的窫窳、知晓人名的狌狌等怪兽，还有一些著名历史人物的故事，如夏启之臣孟涂断案的故事，并记录了帝舜和帝丹朱的埋葬之地。

【原文】

10.1 海内东南陬以西者①。

【注释】

① 海内：指海内南经记载的地方。陬（zōu）：隅，角落。

【译文】

海内南经记载的是东南角以西的地方。

【原文】

10.2 瓯居海中[①]。闽在海中[②]，其西北有山。一曰闽中山在海中[③]。

【注释】

①瓯(ōu)：地名，在今浙江温州一带。②闽：古代族名。③一曰闽中山在海中：此句当是后人注解，不是经文。

【译文】

瓯位于海中。闽也在海中，它的西北方有山。一说闽地一带的山在海中。

【原文】

10.3 三天子鄣山在闽西海北[①]。一曰在海中[②]。

【注释】

①三天子鄣（zhāng）山：山名。可能在今安徽歙（shè）县。闽：指闽这个种族所在的地方。②一曰在海中：此句当是后人注解，不是经文。

【译文】

三天子鄣山在闽的西方，海的北方。一说此山在海中。

【原文】

10.4 桂林八树在番隅东[①]。

【注释】

①桂林：树林名。八树：八棵树。番（pān）隅：番禺。古代县名，即今广东省广州市番禺区。

【译文】

桂林的八棵树位于番隅的东面。

【原文】

10.5 伯虑国、离耳国、雕题国、北朐国皆在郁水南[①]。郁水出湘陵南海[②]。一曰相虑[③]。

【注释】

①北朐（qú）国：国名。郁水：指今广西的右江、郁江、浔江及广东的西江。②湘陵：地名。一说即“湘漓”。南海：一说前应有“人”字；一说应作“南山”。③一曰相虑：此句当是后人注解，不是经文。相虑：一说应作“柏虑”，即伯虑。

【译文】

伯虑国、离耳国、雕题国、北朐国都处于郁水的南面。郁水发源于湘陵，流入南海。一说伯虑即相虑。

山海经地理古今考	《山海经》中名称	今　考
	瓯	在浙江省温州市一带，后为温州的别称
	闽	浙江省南部和福建省一带
	伯虑国	一说是印度尼西亚的巴厘岛。一说是加里曼丹岛

【原文】

10.6 枭阳国在北朐之西[①]。其为人人面长唇，黑身有毛，反踵[②]，见人笑亦笑[③]，左手操管。

【注释】

①北朐（qú）：指北朐国。②踵：脚后跟。③见人笑亦笑：一说应作“凡人则笑”。

【译文】

枭阳国位于北朐国的西边。这个国家的人长着人一样的脸，嘴唇非常长，身体呈黑色，身上有毛，脚跟反长，见到别人笑也跟着笑，左手握着竹管。

枭阳国

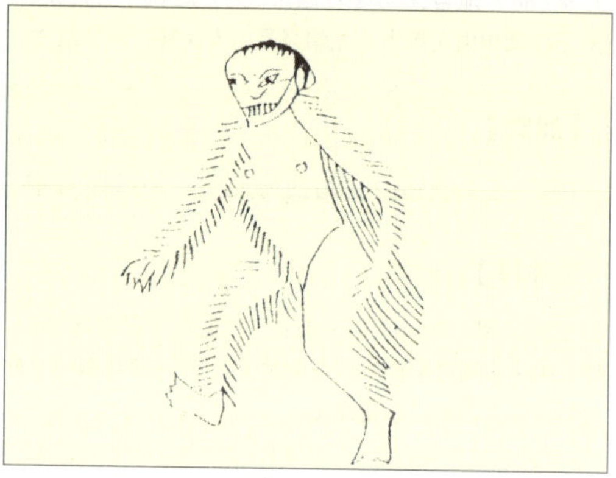

枭阳国　清　吴任臣康熙图本

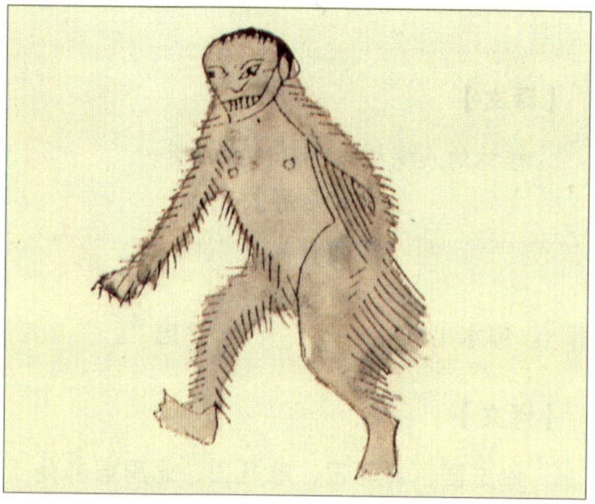

枭阳国　明　胡文焕图本

枭阳国　清　汪绂图本

【枭阳国】

有人认为枭阳是介于人和兽之间的野人，是传说中的山精。他们身躯庞大，傻里傻气，又被称作“赣巨人”。枭阳喜欢抓人吃，每当抓住了人，未吃之前，会先开心地咧开嘴哈哈大笑。他们的嘴唇又厚又长，笑起来的时候，嘴唇就翻到了额头上，把鼻子和眼睛都盖住了。后来，人们想出了对付他的妙招：手上套两只竹筒，万一被枭阳捉住，就趁他张口大笑、嘴唇上翻的时候，迅速地从竹筒中把手抽出来，再用尖刀把他的嘴唇钉在额头上，让他的眼睛看不见东西，就只能乖乖地束手就擒。可笑的是，枭阳被捉住后，手中还紧紧地抓着两只竹管不放，以为是人的手，也足见其之笨。

【原文】

10.7 兕在舜葬东、湘水南[①]。其状如牛，苍黑，一角。

【注释】

① 兕：犀牛一类的兽。舜：传说中的上古帝王，有虞氏，姓姚，名重华。湘水：湖南湘江。

【译文】

兕住在帝舜埋葬之地的东边、湘江的南边。它形状与牛相似，身体呈苍黑色，长有一只角。

【原文】

10.8 苍梧之山[①]，帝舜葬于阳，帝丹朱葬于阴[②]。

【注释】

① 苍梧之山：今九嶷山。② 丹朱：传说中帝尧之子，名朱，因居丹水，故名丹朱。

【译文】

苍梧山，帝舜死后就葬在它的南面，帝丹朱死后葬在它的北面。

【原文】

10.9 泛林方三百里[①]，在狌狌东[②]。

【注释】

① 泛林：范林。② 狌（xīng）狌：猩猩。

【译文】

泛林方圆三百里，在猩猩栖息之地的东边。

【原文】

10.10 狌狌知人名，其为兽如豕而人面[①]，在舜葬西。

【注释】

① 豕（shǐ）：猪。

【译文】

猩猩知道人的名字，它的形状与猪相似，却长着人一样的脸，居住在帝舜所葬之地的西面。

【原文】

10.11 狌狌西北有犀牛，其状如牛而黑。

【译文】

猩猩居住地的西北方有犀牛，其形状与牛相似，全身呈黑色。

【原文】

10.12 夏后启之臣曰孟涂[①]，是司神于巴[②]。人请讼于孟涂之所，其衣有血者乃执之，是请生[③]。居山上，在丹山西[④]。丹山在丹阳南[⑤]，丹阳居属也[⑥]。

【注释】

① 夏后启：夏朝国君启。② 司神：主管之神。巴：古族名，主要分布在今川东、鄂西一带。③ 请生：请求活

【译文】

夏朝国君启的臣子中有一个叫孟涂的，他是主管巴地的神。有人到孟涂那里去请他审理

命。④丹山：可能是今巫山的支脉。⑤丹阳：古都邑名，在今湖北秭归东南部。⑥居：应作“巴”。

案件，他把衣服上沾有血迹的人抓起来，被抓起来的人向他请求饶命。孟涂居住在山上，此山在丹山的西面。丹山在丹阳的南边，丹阳则为巴的属地。

山海经地理古今考	《山海经》中名称	今　考
	枭阳国	一说在今广西境内；一说在今中南半岛中部
	湘　水	湘　江
	苍梧之山	湖南省宁远县南部的九嶷山
	丹　山	可能是湖北与四川两省边界的巫山的支脉
	丹　阳	在今湖北省秭县东南

【原文】

10.13 窫窳龙首[①]，居弱水中[②]，在狌狌知人名之西[③]，其状如龙首[④]，食人。

【注释】

①窫（yà）窳（yǔ）：古代传说中的一种兽。②弱水：水名。叫弱水的河流很多，古人又把水浅而不能载舟的水称为弱水。③狌狌知人名：这里指知道人的名字的猩猩所在的地方。④龙：一说前应有“貙”字，貙即貙虎，一种像野猫形体略大的野兽。

【译文】

窫窳长着龙一样的脑袋，居住在弱水之中，位于能知道人姓名的猩猩所居之地的西面，它形状与貙相似，长着龙一样的脑袋，会吃人。

【原文】

10.14 有木，其状如牛，引之有皮[①]，若缨、黄蛇[②]。其叶如罗[③]，其实如栾[④]，其木若苉[⑤]，其名曰建木。在窫窳西弱水上[⑥]。

【注释】

①引：牵拉。②缨：用来系帽子或装饰物的带子。③罗：一说指罗网；一说指柔软的丝织品。④栾：栾木。⑤苉（qiū）：菼（tǎn）的别称，即初生的荻。一说指刺榆。⑥窫（yà）窳（yǔ）：古代传说中的一种兽。

【译文】

有一种树，它形状与牛相似，牵拉它时能扯下树皮，拉下的树皮像缨带和黄蛇。它的叶子像罗网，所结的果实与栾树的果实相似，树干与苉相似，这种树名叫建木。它生长在窫窳栖息之地以西的弱水岸边。

【原文】

10.15 氐人国在建木西[①]，其为人人面而鱼身，无足。

【注释】

①氐（dī）人国：传说中的国名。建木：这里指建木生长的地方。

【译文】

氐人国在建木生长之地的西边，该国的人长着人面鱼身，没有脚。

氐人国

氐人国　清　吴任臣康熙图本

【原文】

10.16 巴蛇食象①，三岁而出其骨，君子服之②，无心腹之疾。其为蛇青、黄、赤、黑。一曰黑蛇青首，在犀牛西③。

【注释】

①巴蛇：传说中的一种大蛇。②服之：指吃了巴蛇吐出的象骨。③一曰："一曰"及其后面的部分当是后人的注解，不是经文。犀牛：这里指犀牛生活的地方。

【译文】

巴蛇能吃掉大象，三年后才吐出象骨，君子吃了这种象骨，就不会得心脏和腹部的疾病。这种巴蛇身上有青、黄、红、黑四种颜色。一说巴蛇名为黑蛇，长着青色的脑袋，住在犀牛栖居之地的西边。

巴蛇

巴蛇　明　胡文焕图本

巴蛇

巴蛇　清　汪绂图本

【巴蛇】

巴蛇体形巨大,《水经注》记载:巴蛇“长十丈,围七八尺”:周身色彩斑斓,青色、黄色、黑色、红色混合相间。它善于隐藏在暗处,等猎物一出现就扑跃而出,突然发起攻击,用巨大的身子缠住猎物,然后整个吞食掉。民间有“巴蛇吞象”的传说。据说,巴蛇可以把整头大象吞进肚子里,但要用三年的时间才能消化干净,再把大象的骨头吐出来,一说骨头可从蛇的鳞甲缝里钻出来。传说巴蛇原是神人,生活在洞庭湖中,因为经常作恶,危害人间,被后羿用箭射死。死后骨头堆在洞庭湖边,后来变成了一座山,叫巴陵。

【原文】

10.17 旄马,其状如马,四节有毛①。在巴蛇西北、高山南②。

【注释】

①旄(máo)马:兽名。四节:四肢的关节。②巴蛇:指巴蛇所在的地方。高山:山名。一说指今四川西部的大雪山。

【译文】

有一种旄马,其形状与马相似,四条腿的关节处都长着毛。旄马居住在巴蛇栖息之地的西北边、高山的南边。

旄马

旄马　清　汪绂图本

【原文】

10.18 匈奴、开题之国、列人之国并在西北①。

【注释】

①匈奴:古族名,双称胡。开题之国:开题国,国名。一说在今新疆乌鲁木齐附近。

【译文】

匈奴国、开题国、列人国都在西北方。

山海经地理古今考	《山海经》中名称	今　考
	高　山	可能是今四川省西部的大雪山
	开题之国	在新疆乌鲁木齐附近

◎第十一卷◎

海内西经

《海内西经》记载的国家大致位于今陕西、山西、内蒙古、河北、辽宁一带。

海内西经

【导读】

《海内西经》重点记载了昆仑山及其附近的山脉河流、动植物。此处流传着一些奇异的神话传说，如贰负神杀死窫窳神被反绑囚禁在山中的故事、九头开明神兽威风凛凛地守护昆仑山的传说、六巫用不死药救窫窳神的故事。

【原文】

11.1 海内西南陬以北者①。

【注释】

① 海内：指海内西经记载的地方。陬（zōu）：隅，角落。

【译文】

海内西经记载的是西南角以北的地区。

【原文】

11.2 贰负之臣曰危[①]，危与贰负杀窫窳[②]。帝乃梏之疏属之山[③]，桎其右足[④]，反缚两手与发，系之山上木。在开题西北[⑤]。

【注释】

① 贰负：传说中的神名。人面蛇身。危：贰负的臣属。② 帝：天帝。窫（yà）窳（yǔ）：古代传说中的一种兽。③ 梏（gù）：古代木质的手铐，这里指拘禁。疏属之山：疏属山，在今陕西境内。④ 桎：这里指给（右脚）戴上脚镣。⑤ 开题：指开题国。

【译文】

贰负有个臣子名叫危，危与贰负一起杀死了窫窳。天帝于是把危拘禁在疏属之山，给他的右脚戴上脚镣，把他的双手和头发反绑在一起，并捆绑在山中的大树上。囚禁他的地方位于开题国的西北边。

危

危 清 毕沅图本

【危】

危本是神贰负的一名臣子。贰负与另一位天神窫窳素来不和。一次，窫窳不知何事又得罪了贰负，贰负对他的仇恨更深了。危看在眼里，于是向贰负提议除掉窫窳，见贰负欣然应许，跟着又说出了自己的计划。两人一拍即合，找到一个合适的机会，联手杀死了窫窳。

天下没有不透风的墙，不多久，黄帝知道了这件事，大为恼怒，下令将贰负和危囚禁在疏属山中，给他的右脚戴上脚镣，用头发反绑住双手，拴在山中一棵树上。

传说几千年后，汉宣帝时有人开凿山中的发盘石，在石下发现一个石室，里面有两个赤身裸体的人，这两人又黑又脏，双手被反绑在树上。人们把他们抬到车上，打算运回长安。结果半路上，他们都变成了石头人。宣帝百思不得其解，便向群臣询问他们的来历，没有一个人知道，只有刘向站出来说："他们是黄帝时的神贰负和他的臣子危，因为犯了大罪被黄帝囚禁在山中，永世不见天日，只能等待后世圣明的君主把他们解救出来。"

【原文】

11.3 大泽方百里，群鸟所生及所解①。在雁门北②。

【注释】

①解：指鸟脱换羽毛。②雁门：山名，在今山西省境内。

【译文】

大泽方圆百里，有众多的鸟类在这里繁衍生息、脱羽换毛。大泽位于雁门山的北边。

大泽

【原文】

11.4 雁门山①，雁出其间。在高柳北②。

【注释】

①雁门山：山名，在今山西省境内。②高柳：地名，在今山西省境内。

【译文】

雁门山，大雁从其间出入。此山位于高柳的北面。

【原文】

11.5 高柳在代北①。

【注释】

①高柳：地名，在今山西省境内。代：古国名，在今河北蔚县。

【译文】

高柳在代的北边。

【原文】

11.6 后稷之葬①，山水环之。在氐国西②。

【注释】

①后稷：周族的始祖，名弃。虞舜命为农官，教民耕稼。②氐（dī）国：氐人国。

【译文】

后稷的埋葬之地，周围有山水环绕。此地位于氐国的西边。

后稷

后稷祠

【原文】

11.7 流黄酆氏之国①，中方三百里，有涂四方②，中有山。在后稷葬西③。

【注释】

①流黄酆（fēng）氏之国：流黄酆氏国。②涂：通"途"，路。③后稷葬：后稷所葬之地。

【译文】

流黄酆氏国，其国土方圆三百里，有道路通向四方，国中有大山。此国在后稷所葬之地的西边。

山海经地理古今考	《山海经》中名称	今考
	疏属之山	在今山西省富县和洛川县之间
	雁门山	在今山西省代县西北，因梁山对峙雁从其间飞过而得名
	高柳	今山西高阳县
	流黄酆氏之国	今鄂尔多斯高原

【原文】

11.8 流沙出钟山①，西行又南行昆仑之虚②，西南入海③，黑水之山。

【注释】

①流沙：古时指中国西北地区的沙漠地带。钟山：山名。一说在今内蒙古境内；一说在今新疆境内。②昆仑之虚：指昆仑山。③海：这里指西北地区的水泽。

【译文】

流沙自钟山起，向西再向南一直延伸到昆仑山，再向西南进入大海和黑水山。

【原文】

11.9 东胡在大泽东①。

【注释】

①东胡：古族名，居于匈奴以东。大泽：大的水泽。

【译文】

东胡在大泽的东边。

【原文】

11.10 夷人在东胡东①。

【注释】

①夷：中国古代对东方各族的泛称，也指四方的少数民族。

【译文】

夷人居住在东胡的东边。

【原文】

11.11 貊国在汉水东北①，地近于燕②，灭之。

【注释】

①貊(mò)：古族名。汉水：水名。一说在今朝鲜半岛上；一说指松花江。②燕：指燕国。

【译文】

貊国位于汉水的东北边，该地与燕国临近，后来被燕国灭掉。

汉水

松花江

【原文】

11.12 孟鸟在貊国东北。其鸟文赤、黄、青，东乡①。

【注释】

①乡：通“向”，朝向。

【译文】

孟鸟居住在貊国的东北边。这种鸟的花纹呈红、黄、青三种颜色，向着东方而立。

【原文】

11.13 海内昆仑之虚在西北①,帝之下都②。昆仑之虚方八百里,高万仞③。上有木禾④,长五寻⑤,大五围⑥。面有九井，以玉为槛⑦;面有九门，门有开明兽守之⑧，百神之所在。在八隅之岩⑨，赤水之际⑩，非夷羿莫能上冈之岩⑪。

【注释】

①昆仑之虚：指昆仑山。②帝：指黄帝。下都：在下界的都城。③仞：古代以八尺或七尺为一仞。④木禾：传说中的一种高大的谷类植物。⑤寻：古代长度单位，八尺为一寻。⑥围：两臂合拢的长度。⑦槛：栏杆。⑧开明兽：传说中的一种神兽。⑨隅：角落。⑩赤水：水名。一说指红色的水流。⑪羿：后羿，夏朝有穷氏首领，善于射箭。

【译文】

海内西经中所记载的昆仑山位于西北地区，是黄帝在下界的都城。昆仑山方圆八百里，高达万仞。山上长有一种木禾，高达五寻，粗细需五人合抱。昆仑山的每一面都有九口井，每口井都以玉为栏杆。每一面都有九道门，每道门都有名叫开明的神兽为它守卫，这里是百神居住的地方。百神居住在八个方位的岩洞中，赤水的岸边。如果不是后羿那样的人，是无法攀上这些山冈上的岩石的。

【原文】

11.14 赤水出东南隅，以行其东北[①]。

【注释】

①其：指昆仑山。

【译文】

赤水发源于昆仑山的东南角，向昆仑山的东北方流去。

【原文】

11.15 河水出东北隅，以行其北[①]，西南又入渤海[②]；又出海外[③]，即西而北，入禹所导积石山[④]。

【注释】

①其：昆仑山。②渤海：水名。一说指蒲昌海；一说在今新疆境内。③海外：地名。指异族所居之地。④导：疏导。

【译文】

黄河发源于昆仑山的东北角，然后向北方流去，又折向西南，最后注入渤海；接着又流出海外，向西向北一直流入大禹疏导的积石山。

【原文】

11.16 洋水、黑水出西北隅[①]，以东，东行，又东北，南入海[②]，羽民南[③]。

【注释】

①洋水：水名。一说指今新疆境内的叶尔羌河。黑水：水名。一说指喀什喀河。②海：水名。一说指罗布泊。③羽民：指羽民国。

【译文】

洋水、黑水从昆仑山的西北角流出，向东流，然后折向东北流，再折向南流流入大海，一直流到羽民国的南边。

【原文】

11.17 弱水、青水出西南隅，以东，又北，又西南，过毕方鸟东[①]。

【注释】

①毕方鸟：这里指毕方鸟栖息的地方。

【译文】

弱水、青水从昆仑山的西南角流出，向东流，然后向北流，再向西南流，流经毕方鸟栖息之地的东面。

【原文】

11.18 昆仑南渊深三百仞[1]。开明兽身大类虎而九首，皆人面，东向立昆仑上。

【注释】

① 昆仑：昆仑山。仞：古代以八尺或七尺为一仞。

【译文】

昆仑山南面的渊潭，深达三百仞。开明兽身形跟老虎一般庞大，长着九个脑袋，长着人一样的脸，面向东站立在昆仑山上。

开明兽

开明兽　清　汪绂图本

开明兽

开明兽　明　蒋应镐绘图本

【原文】

11.19 开明西有凤皇、鸾鸟[①]，皆戴蛇践蛇，膺有赤蛇[②]。

【注释】

① 开明：指开明兽。鸾鸟：传说中凤凰一类的鸟。
② 膺：胸。

【译文】

开明兽所在之地的西边有凤凰、鸾鸟，它们头上盘绕着蛇，脚下踩踏着蛇，胸前有红色的蛇。

【原文】

11.20 开明北有视肉、珠树、文玉树、玗琪树、不死树[①]。凤皇、鸾鸟皆戴瞂[②]。又有离朱、木禾、柏树、甘水、圣木曼兑[③]。一曰挺木牙交[④]。

【注释】

① 开明：指开明兽。视肉：传说中的一种兽。珠树：长有珍珠的树。文玉树：五彩玉树。玗（yú）琪树：玗琪，红玉，长有红玉的树。不死树：吃了它的果实可以不死的树。② 瞂（fá）：盾。③ 离朱：传说中的一种神禽。木禾：传说中的一种高大的谷类植物。甘水：甘甜的泉水。圣木曼兑：一说指一种名叫曼兑的圣树。④ 一曰挺木牙交：此句当是后人注解，不是经文。

【译文】

开明兽栖息之地的北面有视肉、珠树、文玉树、玗琪树、不死树。此处的凤凰、鸾鸟头上都戴着盾。这里还有离朱，木禾、柏树、甘甜的泉水及圣木曼兑。一说圣木曼兑即指挺木牙交。

【原文】

11.21 开明东有巫彭[①]、巫抵、巫阳、巫履、巫凡、巫相[②]，夹窫窳之尸[③]，皆操不死之药以距之[④]。窫窳者，蛇身人面，贰负臣所杀也[⑤]。

【注释】

① 开明：指开明兽。② 巫彭、巫抵、巫阳、巫履、巫凡、巫相：都是古代的巫师。③ 窫（yà）窳（yǔ）：猰貐，传说中的一种兽。④ 距：通“拒”，抗拒。⑤ 贰负臣：指贰负的臣子危。

【译文】

开明兽所居之地的东面有巫彭、巫抵、巫阳、巫履、巫凡、巫相六位巫师，他们围在窫窳的尸体周围，手捧着不死药，试图令窫窳复活。这位窫窳神，长着蛇身人面，被贰负及其臣子危一起杀死。

山海经地理古今考	《山海经》中名称	今考
	渤海	今新疆的罗布泊
	洋水	今叶尔羌河，塔里木河的源头，位于中国西部的新疆维吾尔自治区内

山海经动物古今考	《山海经》中名称	今考
	鸾鸟	凤凰一类的鸟
	蜼	一种长尾猴

【原文】

11.22 服常树①，其上有三头人，伺琅玕树②。

【注释】

①服常树：树名。②伺：守候。琅(láng)玕(gān)树：珠树。

【译文】

有一种服常树，它上面有长着三颗脑袋的人，正在守候着琅玕树。

【原文】

11.23 开明南有树鸟①，六首蛟、蝮、蛇、蜼、豹、鸟秩树②，于表池树木③；诵鸟、鶽、视肉④。

【注释】

①开明：指开明兽。树鸟：传说中的一种鸟。②蛟：蛟龙。蝮：蝮蛇。蜼(wèi)：一种长尾猿。鸟秩树：树名。③表池：地名。一说指华表池。树：种植。④诵鸟：鸟名。鶽(sǔn)：雕。视肉：传说中的一种兽。

【译文】

开明兽栖息之地的南边有树鸟、长着六个脑袋的蛟龙、蝮蛇、长尾猿、豹子和鸟秩树，在表池的周围环绕着树；那里生活着诵鸟、雕、视肉。

六首蛟

【帝都昆仑】

昆仑山巍峨雄伟，屹立在大地的西北方，传说它是天帝在下界的都城，也是天上众神相聚的地方。西王母和她居住的瑶池就在昆仑山上。西王母本是掌管刑罚和灾难的神，她头戴玉胜、豹尾虎齿，身边有三青鸟做她的使者。西王母还曾在瑶池宴请过周穆王和汉武帝。

因为昆仑山是众神聚集的地方，一般人是无法登上去的。据说只有射日的后羿登上过一次。后羿原本是天上的神人，因为曾射杀了九个太阳，天帝把他连同他的妻子嫦娥一起打下凡尘。身在凡尘就免不了有生老病死，为了长生不老，后羿便登上昆仑山找西王母求取不死药。西王母同情他的遭遇，慷慨地给了他够两人吃的不死药。嫦娥却趁后羿不在偷偷把药都吃了，结果她独自升上了月宫，留下后羿一个人在人间受苦。

◎第十二卷◎

海内北经

《海内北经》记录的国家山川大致分布在昆仑山向东，经陕西、河北，一直延伸到朝鲜以东的大海中。

海内北经

【导读】

《海内北经》中记载的内容比较简单，主要是一些奇异的动物，如为西王母取食的三青鸟、形似虎长着翅膀的穷奇兽、状若虎长尾巴的驺吴兽。除此之外，还记载了人面蛇身的鬼国人、长得像狗的犬封国人、兽头人身的环狗国人及头上长着三只角的戎族人等。逢蒙忘恩负义射死后羿、犬封国犬夫人妻的故事充满奇幻色彩，给人留下了深刻的印象。

【原文】

12.1 海内西北陬以东者[①]。

【注释】

① 海内：指海内北经所记载的地方。陬：隅，角落。

【译文】

海内北经所记载的是西北角以东的地方。

【原文】

12.2 蛇巫之山①，上有人操柸而东向立②。一曰龟山③。

【注释】

①蛇巫之山：蛇巫山。一说在今昆仑山附近；一说在今四川、湖北边境②柸：同“杯”。③一曰龟山：此句当是后人注解，不是经文。

【译文】

有一座蛇巫山，山上有人手拿杯子，面朝东而立。一说此山名叫龟山。

【原文】

12.3 西王母梯几而戴胜杖①，其南有三青鸟②，为西王母取食。在昆仑虚北③。

【注释】

①西王母：亦称为金母、瑶池金母、瑶池圣母。住在昆仑山的瑶池中，神话传说中的女神。梯：依凭。几：小桌子。②三青鸟：传说中的一种鸟。③昆仑虚：昆仑山。

【译文】

西王母身子倚靠着桌几，头上戴着首饰，她的南面有三青鸟，专门负责给西王母取食。西王母住在昆仑山的北面。

西王母

西王母　清　汪绂图本

【原文】

12.4 有人曰大行伯，把戈。其东有犬封国。贰负之尸在大行伯东①。

【注释】

①贰负：传说中的神名。人面蛇身。

【译文】

有个人名叫大行伯，手中拿着戈。大行伯所居之地的东边有个犬封国。贰负的尸体也在大行伯所居之地的东面。

山海经地理古今考	《山海经》中名称	今　考
	蛇巫之山	一说位于昆仑山附近；一说在今四川、湖北边境
	昆仑虚	昆仑山

【原文】

12.5 犬封国曰犬戎国，状如犬。有一女子，方跪进柸食[①]。有文马，缟身朱鬣[②]，目若黄金，名曰吉量，乘之寿千岁。

【注释】

① 柸：同“杯”。② 缟（gǎo）：细白的绢。鬣（liè）：兽类颈上的长毛。

【译文】

犬封国又叫犬戎国，该国之人的样貌与狗相像。这里有一位女子，正跪在地上，手捧一杯酒向丈夫进献食物。这里有一种带有斑纹的马，全身呈白色，有红色的鬃毛，眼睛像黄金一样闪闪发光，这种马名叫吉量，人只要骑过它就能寿达千岁。

【原文】

12.6 鬼国在贰负之尸北[①]，为物人面而一目。一曰贰负神在其东[②]，为物人面蛇身。

【注释】

① 鬼国：传说中的国名。贰负：传说中的神名。人面蛇身。② 一曰贰负神在其东：此句当是后人注解，不是经文。

【译文】

鬼国在贰负的尸体所在之地的北面，该国之人长着人一样的脸，只有一只眼睛。一说贰负神在鬼国的东面，该国之人都是人面蛇身。

鬼国

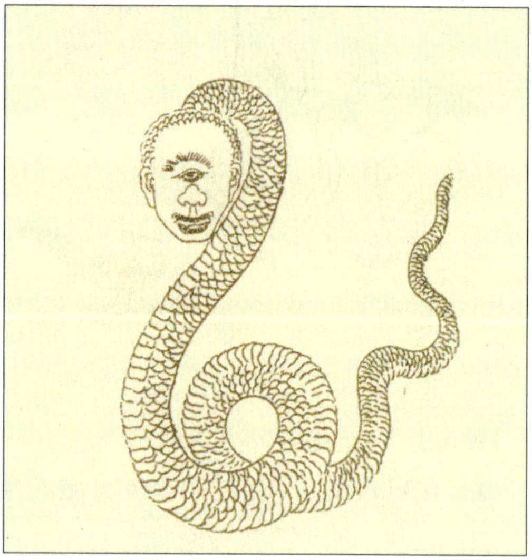

鬼国　清　汪绂图本

【原文】

12.7 蜪犬如犬[①]，青，食人从首始。

【注释】

① 蜪（táo）犬：兽名。

【译文】

蜪犬的形状与狗相似，它全身青色，吃人时先从脑袋开始吃。

【原文】

12.8 穷奇状如虎，有翼，食人从首始。所食被发[①]。在蜪犬北[②]。一曰从足[③]。

【注释】

①被：同“披”，披散。②蜪（táo）犬：这里指蜪犬所在的地方。③一曰从足：此句当是后人注解，不是经文。从足：指从脚开始吃。

【译文】

穷奇的形状与虎相似，长有翅膀，吃人时先吃头。它正在吃的这个人披散着头发。穷奇居住在蜪犬所居之地的北边。也有人说穷奇吃人先从人的脚开始吃。

穷奇

穷奇　清　汪绂图本

【原文】

12.9 帝尧台、帝喾台、帝丹朱台、帝舜台[①]，各二台，台四方，在昆仑东北。

【注释】

①尧：传说中远古部落联盟首领，号陶唐氏。喾：黄帝之子玄嚣的后裔，号高辛氏。丹朱：传说中帝尧之子。名朱，因居丹水，故名丹朱。舜：上古帝王，有虞氏，姓姚，名重华。

【译文】

帝尧台、帝喾台、帝丹朱台、帝舜台，此四座台各由两座台组成，台呈四方形，位于昆仑山的东北方。

【原文】

12.10 大蜂，其状如螽[①]；朱蛾[②]，其状如蛾。

【注释】

①螽（zhōng）：螽斯。②朱蛾：红色的大蚂蚁。

【译文】

有一种大蜂，形状与螽斯相似；有一种红色的大蚂蚁，形状与蛾子相似。

【原文】

12.11 蟜[①]，其为人虎文，胫有瞀[②]，在穷奇东[③]。一曰状如人。昆仑虚北所有[④]。

【注释】

①蟜（jiǎo）：国名或地名。②胫：小腿。瞀（qǐ）：小

【译文】

蟜，这里的人长着虎一样的斑纹，腿上有

腿肚子。③穷奇：穷奇兽所在的地方。④一曰……所有："一曰"及其后面的部分当是后人注解，不是经文。昆仑虚：昆仑山。

强健的小腿肚子。蟜在穷奇居住之地的东面。一说蟜的形状与人相似，居住在昆仑山的北边。

【原文】

12.12 阘非[①]，人面而兽身，青色。

【注释】

①阘（tà）非：兽名。

【译文】

阘非这种动物，长着人面兽身，全身都为青色。

阘非

阘非　清　汪绂图本

【原文】

12.13 据比之尸[①]，其为人折颈被发[②]，无一手。

【注释】

①据比：天神名，一说是诸比。②折：折断。被：同"披"，披发。

【译文】

据比的尸首，是一个折断了脖子、披散着头发、只有一只手的形象。

【原文】

12.14 环狗[①]，其为人兽首人身。一曰猬状如狗，黄色[②]。

【注释】

①环狗：指环狗国。②一曰……黄色："一曰"及其后面的部分当是后人注解，不是经文。

【译文】

有一个环狗国，这个国家的人长着野兽一样的头，人一样的身子。一说环狗形状像刺猬，又像狗，全身皆为黄色。

环狗

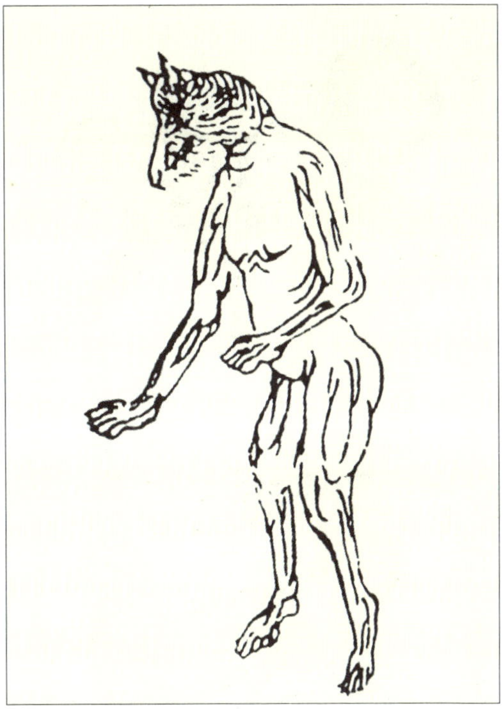
环狗　清　汪绂图本

【原文】

12.15 袜[①]，其为物人身、黑首、从目[②]。

【注释】

① 袜：同“魅”，指鬼怪。② 从（zòng）目：纵目。眼睛竖着长。

【译文】

袜，长着人一样的身子，脑袋是黑色的，眼睛竖着长。

【原文】

12.16 戎[①]，其为人人首三角。

【注释】

① 戎：这里指传说中的国家或部族。

【译文】

戎族中的人，长着人一样的脑袋，脑袋上长着三只角。

【原文】

12.17 林氏国有珍兽[①]，大若虎，五采毕具，尾长于身，名曰驺吾[②]，乘之日行千里。

【注释】

① 林氏国：国名。② 驺（zōu）吾：传说中的一种兽。

【译文】

林氏国居住着一种珍奇的野兽，它的形状有老虎那么大，身上五彩斑斓，尾巴比身子还长，这种兽名叫驺吾，骑上它就能日行千里。

驺吾

驺吾　明　胡文焕图本

驺吾

驺吾

【原文】

12.18 昆仑虚南所[①]，有泛林方三百里[②]。

【注释】

①昆仑虚：昆仑山。②泛林：分布广泛的树林。

【译文】

昆仑山的南面有一片分布十分广泛的树林，方圆有三百里。

山海经动物古今考	《山海经》中名称	今　考
	朱　蛾	红色的大蚂蚁
	蟜	蟜　斯

【原文】

12.19 从极之渊[①]，深三百仞[②]，维冰夷恒都焉[③]。冰夷人面，乘两龙。一曰忠极之渊[④]。

【注释】

①从极之渊：从极渊，传说中的深渊名。②仞：古代以八尺或七尺为一仞。③冰夷：传说中的水神名，又作

【译文】

从极渊有三百仞那么深，只有一位名叫冰夷的水神经常住在那里。冰夷长着人一样的脸，

冯夷、无夷，也叫河伯。④一曰忠极之渊：此句当是后人注解，不是经文。

驾乘着两条龙。一说从极渊名叫忠极渊。

冰夷河伯

【原文】

12.20 阳污之山[①]，河出其中[②]；凌门之山[③]，河出其中。

【注释】

①阳污之山：阳污山。一说指潼关。②河：黄河。③凌门之山：凌门山，在今陕西省韩城市附近。

【译文】

阳污山，黄河的一条支流发源于此；凌门山，黄河的另一条支流由这里发源。

【原文】

12.21 王子夜之尸[①]，两手、两股、胸、首、齿皆断异处。

【注释】

①王子夜：可能指王亥。

【译文】

王子夜的尸体，两只手、两条腿、胸部、脑袋、牙齿，都被斩断，被抛到不同的地方。

【王亥之死】

王子夜就是王亥，传说他是司人间畜牧的神。有一次，王亥和弟弟王恒赶着大批牛羊到北方的有易国去放牧，还准备做点别的生意。有易国的国君绵臣非常热情地接待了他们，又是摆宴设席，又是歌舞表演，舒适的生活让两人有些乐而忘返，一住就是几个月。

王亥长得一表人才，又能舞精彩的双盾。一次在席间表演中，王亥赢得了国君妻子的爱慕。王亥也喜欢王后的年轻貌美，后来便在其弟王恒的掩护下偷偷幽会。但不久这件事就被国君绵臣知道了，他十分震怒，一气之下没收了王亥的牛羊，并把他杀死，还将尸体大卸八块，抛到不同的地方。王恒向国君求饶，终于领回了牛羊，狼狈逃回了自己的国家。

【原文】

12.22 舜妻登比氏生宵明、烛光[1]，处河大泽，二女之灵能照此所方百里。一曰登北氏[2]。

【注释】

①舜：上古帝王，有虞氏，姓姚，名重华。登比：舜的妃子。宵明、烛光：传说中的舜的两个女儿。②一曰登北氏：此句当是后人注解，不是经文。

【译文】

帝舜的妻子登比氏生了宵明、烛光这两个女儿，她们居住在黄河边上的大泽中，这两位女子发出的光能照亮周围方圆百里的地方。一说帝舜的妻子叫登北氏。

【原文】

12.23 盖国在钜燕南[1]，倭北[2]。倭属燕。

【注释】

①盖国：国名。钜（jù）燕：钜通“巨”，大燕国。②倭：古代指日本。

【译文】

盖国位于大燕国的南边，倭国的北边。倭国隶属于燕国。

【原文】

12.24 朝鲜在列阳东[1]，海北山南[2]。列阳属燕。

【注释】

①朝鲜：位于今朝鲜半岛。列阳：列水的阳面。②海：指黄海。山：指长白山。

【译文】

朝鲜位于列阳的东面，大海的北面，山的南面。列阳属于燕国。

【原文】

12.25 列姑射在海河州中[1]。

【注释】

①海河州：一说指朝鲜半岛，一说在今朝鲜半岛北汉江下游。

【译文】

列姑射位于河流与大海交汇处的山地上。

山海经地理古今考	《山海经》中名称	今　考
	凌门之山	在今陕西韩城市附近
	列姑射	一说指朝鲜半岛；一说在今朝鲜半岛北汉江下游江华列岛所在地

【原文】

12.26 射姑国在海中[1]，属列姑射，西南山环之。

【注释】

①射（yè）姑国：国名。

【译文】

射姑国在海中的岛屿上，隶属于列姑射。

射姑国的西南部被高山环绕着。

【原文】

12.27 大蟹在海中[1]。

【注释】

① 大蟹：巨大的蟹，据说广达千里。

【译文】

大蟹生活在海中。

海中大蟹

【原文】

12.28 陵鱼人面、手足、鱼身[1]，在海中。

【注释】

① 陵鱼：传说中的一种鱼。

【译文】

有一种陵鱼，长着人一样的脸，有手有脚，鱼一样的身子，生活在大海里。

陵鱼

陵鱼　明　蒋应镐绘图本

【原文】

12.29 大鳊居海中[①]。

【注释】

① 鳊（biān）：鱼名，鲂鱼。

【译文】

大鳊鱼生活在海中。

【原文】

12.30 明组邑居海中[①]。

【注释】

① 明组邑：一说指海生类植物；一说指地名或聚落名。

【译文】

明组邑生活在海中。

【原文】

12.31 蓬莱山在海中[①]。

【注释】

① 蓬莱山：传说中的一座神山，为仙人所居之处。

【译文】

蓬莱山位于大海之中。

蓬莱仙境

【原文】

12.32 大人之市在海中[①]。

【注释】

① 大人之市：指身材高大的人的集市。

【译文】

大人贸易的集市在大海之中。

◎第十三卷◎

海内东经

《海内东经》主要记载了中国东部河北到浙江一带的山川河流分布情况。

海内东经

【导读】

《海内东经》中重点介绍了一些水流的发源地、流向和流经地域，如岷江、浙江、庐江、淮水、湘水：介绍了某些独具风貌的国家，如出产美玉的白玉山国。此外还简单点出了某些山名、地名和神名，所记内容比较简单。

【原文】

13.1 海内东北陬以南者[①]。

【注释】

① 海内：指海内东经所记载的地方。陬：隅，角落。

【译文】

海内东经记载的是东北角以南的地方。

【原文】

13.2 钜燕在东北陬①。

【注释】

① 钜(jù)燕：大燕国。钜：同“巨”,大。陬：隅,角落。

【译文】

大燕国位于东北角。

【原文】

13.3 国在流沙中者埻端、玺㬇①，在昆仑虚东南②。一曰海内之郡③，不为郡县，在流沙中。

【注释】

① 流沙：古时指中国西北地区的沙漠地带。埻(zhǔn)端：国名,可能指敦煌。玺㬇(huàn)：国名。② 昆仑虚：昆仑山。③ 一曰：“一曰”及其后面的部分当是后人注解，不是经文。海内：指国境之内。

【译文】

位处流沙中的国家有埻端国和玺㬇国，它们都在昆仑山的东南边。一说埻端国和玺㬇国都属于国内之郡，之所以一直不把它们看作国内的郡县，是因为它们处在流沙之中。

【原文】

13.4 国在流沙外者①，大夏、竖沙、居繇、月支之国②。

【注释】

① 流沙：古时指中国西北地区的沙漠地带。② 大夏：国名，位于中亚。竖沙：国名，可能在今新疆莎车县一带。居繇(yáo)：国名，在今乌兹别克斯坦境内。月支：即月氏(zhī)，又叫大月氏。

【译文】

位居流沙之外的国家有大夏国、竖沙国、居繇国、月支国。

【原文】

13.5 西胡白玉山在大夏东①，苍梧在白玉山西南②，皆在流沙西③，昆仑虚东南④。昆仑山在西胡西，皆在西北。

【注释】

① 西胡：西边的胡人。古代泛称北方边地和西域的民族为胡。大夏：指大夏国。② 苍梧：山名，大致位于我国西北地区。③ 流沙：古时指中国西北地区的沙漠地带。④ 昆仑虚：昆仑山。

【译文】

西胡境内的白玉山位于大夏国以东，苍梧山位于白玉山的西南边，这两座山都在流沙的西边、昆仑山的东南边。昆仑山在西胡的西面，它们都处在西北地区。

山海经地理古今考	《山海经》中名称	今 考
	大 夏	大致在阿富汗境内
	竖 沙	可能在今新疆莎车县一带
	居 繇	在乌兹别克斯坦境内
	苍 梧	昆仑山的群山之一

【原文】

13.6 雷泽中有雷神[①]，龙身而人头，鼓其腹[②]。在吴西[③]。

【注释】

① 雷泽：古泽名。雷神：掌管雷的神，又叫雷公、雷师。② 鼓：敲击。③ 吴：地名。

【译文】

雷泽中住着一位雷神，这位雷神长着龙一样的身子、人一样的脑袋，只要拍一下自己的腹部，就会发出打雷声。雷泽位于吴地的西边。

雷神

雷神　明　蒋应镐绘图本

【原文】

13.7 都州在海中[①]。一曰郁州[②]。

【注释】

① 都州：一说应作“郁山”，即今江苏连云港的云台山。② 一曰郁州：此句当是后人注解，不是经文。

【译文】

都州位于海中。一说都州应为郁州。

【原文】

13.8 琅邪台在渤海间、琅邪之东[①]，其北有山。一曰在海间[②]。

【注释】

① 琅邪台：山名，在今山东胶南市。渤海：指黄海。琅邪：古邑名，在今山东胶南市。② 一曰在海间：此句当是后人注解，不是经文。

【译文】

琅邪台位于渤海海岸之间、琅邪山的东边，琅邪山的北边有一座山。一说琅邪台在海中间。

【原文】

13.9 韩雁在海中[①]，都州南[②]。

【注释】

① 韩雁：一说是山名；一说是鸟名。具体所指待考。② 都州：山名，在今江苏省境内。

【译文】

韩雁位于大海之中，在都州的南边。

【原文】

13.10 始鸠在海中[①]，辕厉南。

【注释】

① 始鸠：一说是鸟名；一说是国名。

【译文】

始鸠在大海之中，位于辕厉的南面。

【原文】

13.11 会稽山在大楚南[①]。

【注释】

① 会稽山：山名，在今浙江省境内。楚：指楚国。

【译文】

会稽山位于大楚国的南边。

【原文】

13.12 岷三江[①]：首大江出汶山[②]，北江出曼山[③]，南江出高山[④]。高山在城都西[⑤]，入海在长州南[⑥]。

【注释】

①岷：指岷江。②大江：指岷江的主流。③北江：水名。一说为青衣江。曼山：山名。一说指蒙山；一说指崌山。④南江：一说指大渡河。高山：山名。一说是邛崃山；一说是大雪山。⑤城都："城"应作"成"。⑥长州：地名，一说指今江苏如皋市东的沙洲。

【译文】

岷江由三条江组成：首条是岷江的主流，由汶山发源；北江发源于曼山；南江发源于高山。高山位于成都的西面，入海口在长州的南边。

【原文】

13.13 浙江出三天子都[①]，在其东[②]，在闽西北[③]，入海，余暨南[④]。

【注释】

①浙江：今钱塘江。三天子都：山名即三天子鄣。②其：应作"蛮"，蛮是古代长江中游及其以南地区少数民族的泛称。③闽：古代族名。④余暨：汉时县名，在今浙江杭州市。

【译文】

浙江发源于三天子都山，这座山位于蛮人居住之地的东边，闽地的西北边，在余暨的南边流入大海。

山海经地理古今考	《山海经》中名称	今　考
	雷　泽	一说在山西省蒲州市南部，源出雷首山，南入黄河；一说是位于江苏、浙江、安徽三省、交界处的太湖
	都　州	可能是江苏省连云港市的云台山
	郁　州	在江苏省连云港市东部的云台山一带
	琅邪台	山东省胶南市海边
	岷	指岷江，长江上游支流，在四川省中部
	浙　江	钱塘江，发源于安徽黄山，流经安徽、浙江二省

【原文】

13.14 庐江出三天子都①，入江，彭泽西②。一曰天子鄣③。

【注释】

①庐江：水名。一说指江西庐源水；一说指青戈江，在今安徽东南部。三天子都：山名，即三天子鄣。②彭泽：今鄱阳湖。③一曰天子鄣（zhāng）：此句当是后人注解，不是经文。

【译文】

庐江发源于三天子都山，在彭泽的西边流入长江。一说三天子都应为天子鄣。

【原文】

13.15 淮水出余山①，余山在朝阳东②，义乡西③，入海，淮浦北④。

【注释】

①淮水：淮河。②余山：山名。一说指位于河南境内的大复山。朝阳：古县名，治所在今河南邓州市一带。③义乡：郡、国名。④淮浦：汉时县名，在今江苏涟水县。

【译文】

淮水发源于余山，余山在朝阳的东边、义乡的西边，淮水在淮浦的北边注入大海。

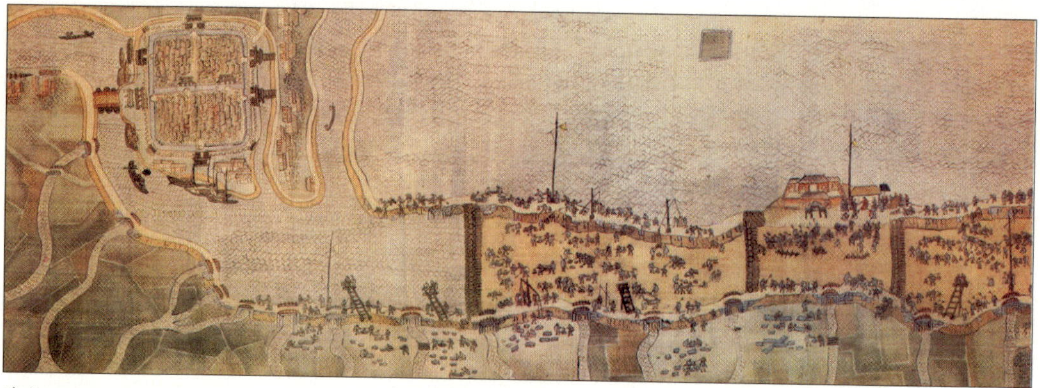

淮水

【原文】

13.16 湘水出舜葬东南陬①，西环之，入洞庭下②。一曰东南西泽③。

【注释】

①湘水：今湘江。舜葬东：舜所葬之地的东边。陬：隅，角落。②洞庭：今洞庭湖。③一曰东南西泽：此句当是后人注解，不是经文。

【译文】

湘水发源于舜所葬之地的东南角，环绕山的西侧流过，最后流入洞庭湖。一说湘水最后流入东南西泽。

【原文】

13.17 汉水出鲋鱼之山①，帝颛顼葬于阳②，九嫔葬于阴，四蛇卫之。

【注释】

①汉水：今汉江。鲋（fù）鱼之山：鲋鱼山。一说是嶓

【译文】

汉水发源于鲋鱼山，帝颛顼就埋葬在鲋鱼

冢山。② 颛顼：相传为黄帝之孙、昌意之子，生于若水，居于帝丘。

山的南面，他的九个嫔妃埋葬在山的北面，有四条蛇守卫着那里。

【原文】

13.18 濛水出汉阳西①，入江，聂阳西②。

【注释】

① 濛水：水名。一说是乌江。汉阳：汉时县名，在今贵州境内。② 聂阳：地名。

【译文】

濛水发源于汉阳的西边，最后在聂阳的西面流入长江。

【原文】

13.19 温水出崆峒山①，在临汾南②，入河，华阳北③。

【注释】

① 崆（kōng）峒（tóng）山：山名，在今山西省境内。② 临汾：汉时县名，治所在今山西新绛县东北。③ 华阳：地名。一说可能指华山之阳。

【译文】

温水发源于崆峒山，这座山位于临汾的南边，最后在华阳的北面流入黄河。

【原文】

13.20 颍水出少室①，少室山在雍氏南②，入淮西、鄢北③。一曰缑氏④。

【注释】

① 颍水：今颍河。少室：今少室山。② 雍氏：一说即雍梁邑，在今河南禹州市东北；一说应作“缑氏”。③ 淮西：淮河流域西部。鄢（yān）：古国名、邑名，在今河南鄢陵西北。④ 缑（gōu）氏：古县名，秦时设置。

【译文】

颍水发源于少室山，此山位于雍氏的南面，颍水在淮河的西边、鄢陵的北边流入淮河。一说雍氏应为缑氏。

【原文】

13.21 汝水出天息山①，在梁勉乡西南②，入淮极西北。一曰淮在期思北③。

【注释】

① 天息山：山名，可能在今河南鲁山县南。② 梁：古县名，在今河南汝州市。勉乡：乡邑名，属古梁县。③ 一曰淮在期思北：此句当是后人注解，不是经文。期思：古县名。

【译文】

汝水发源于天息山，它位于梁县勉乡的西南方，汝水最后在极西的北边流入淮河。一说淮河在期思的北边。

【原文】

13.22 泾水出长城北山①，山在郁郅长垣北②，北入渭③，戏北④。

【注释】

① 泾水：今泾河。② 郁郅：古县名，在今甘肃庆阳市。

【译文】

泾水发源于长城北山，北山位于郁郅境内

长垣：长城。③渭：今渭河。④戏：地名，在今陕西西安市。

的长城的北边，向北流入渭水，入水处在戏的北边。

【原文】

13.23 渭水出鸟鼠同穴山①，东注河，入华阴北②。

【注释】

①渭水：今渭河。鸟鼠同穴山：今鸟鼠山。②华阴：古县名，在今陕西华阴市。

【译文】

渭水发源于鸟鼠同穴山，向东流入黄河，入河处在华阴的北面。

【原文】

13.24 白水出蜀①，而东南注江，入江州城下②。

【注释】

①白水：今白水江。②江州：古县名，战国时，治所在今重庆市区嘉陵江北岸。

【译文】

白水发源于蜀山，向东南流入长江，入江处在江州城下。

【原文】

13.25 沅水山出象郡镡城西①，入东注江②，入下隽西③，合洞庭中④。

【注释】

①沅（yuán）水山：沅江。“山”为衍文。象郡：郡名，秦时设置，治所在今广西崇左市境内。镡（xín）城：古县名。②入东注江：此句疑应在段尾。“入”字当为衍文，一说“入”应作“又”。③下隽：古县名，西汉时设置，在今湖北通城县西北。④洞庭：今洞庭湖。

【译文】

沅水发源于象郡镡城的西边，向东流入长江，在下隽的西边入江，最后汇入洞庭湖。

沅江

洞庭湖

【原文】

13.26 赣水出聂都东山[①]，东北注江，入彭泽西[②]。

【注释】

①赣水：今赣江。聂都：山名，在今江西境内。②彭泽：今鄱阳湖。

【译文】

赣水发源于聂都东边的山，向东北流入长江，入江处在彭泽的西边。

山海经地理古今考	《山海经》中名称	今　考
	汉　水	汉江，发源于陕西省汉中市
	江　州	战国时在重庆市嘉陵江北岸，三国蜀汉时移到嘉陵江南岸，现在是重庆市

【原文】

13.27 泗水出鲁东北而南[①]，西南过湖陵西而东南[②]，注东海[③]，入淮阴北[④]。

【注释】

①泗（sì）水：水名，在今山东西南部。②湖陵：古县名，在今山东鱼台县东南。③东海：所指因时而异。先秦时代多指今之黄海。④淮阴：郡名，在今江苏淮阴市。

【译文】

泗水发源于鲁地的东北方，然后向南流、再折向西南流经湖陵的西边，又向东南，流入东海，入海处在淮阴的北面。

【原文】

13.28 郁水出象郡[①]，而西南注南海，入须陵东南[②]。

【注释】

①郁水：水名，在今广东境内。象郡：郡名，秦时设置，在今广西崇左市境内。②须陵：一说应作“猛陵”，猛陵为古县名，属苍梧郡。

【译文】

郁水发源于象郡，向西南流入南海，入海处在须陵的东南方。

【原文】

13.29 肄水出临晋西南[①]，而东南注海，入番禺西[②]。

【注释】

①肄水：水名，今溱水。临晋：应作“临武”。②番禺：古县名，在今广州市内。

【译文】

肄水发源于临晋的西南方，向东南方流入海中，入海处在番禺的西边。

【原文】

13.30 潢水出桂阳西北山[①]，东南注肄水[②]，入敦浦西[③]。

【注释】

①潢（huáng）水：水名，在今广东省境内。桂阳：汉

【译文】

潢水发源于桂阳西北的山中，向东南流入

时设置的县，治所在今广东连州市。② 肄水：溱水。③ 敦浦：地名。一说指洭浦关。

肄水，入水处在敦浦的西面。

山海经地理古今考	《山海经》中名称	今考
	赣水	江西赣江，位于长江以南、南岭以北
	聂都	一说在江西省大余县；一说在江西省南康市西南
	泗水	在山东西南部，源出山东泗水县东蒙山南麓
	肄水	溱水，源出湖南省临武县西南，北流与溪水合
	潢水	广东省西北部的连江

【原文】

13.31 洛水出洛西山[①]，东北注河，入成皋之西[②]。

【注释】

① 洛水：洛河。洛：今河南洛阳市。② 成皋：汉时设置的县，在今河南荥阳市汜水镇西。

【译文】

洛水发源于洛阳西边的山中，向东北流入黄河，入河处在成皋的西边。

【原文】

13.32 汾水出上窳北[①]，而西南注河，入皮氏南[②]。

【注释】

① 汾水：今汾河。上窳（yǔ）：地名。一说在今山西静乐县北。② 皮氏：古县名，在今山西河津县。

【译文】

汾水发源于上窳的北面，向西南流入黄河，入河处在皮氏的南边。

汾河

黄河

【原文】

13.33 沁水出井陉山东[①]，东南注河，入怀东南[②]。

【注释】

① 沁水：今沁河。井陉（xíng）山：山名，在山西境内。

【译文】

沁水发源于井陉山的东面，向东南流入黄

②怀：古县名，在今河南焦作市境内。

河，入河处在怀的东南面。

【原文】

13.34 济水出共山南东丘[①]，绝钜鹿泽[②]，注渤海，入齐琅槐东北[③]。

【注释】

①济水：水名，包括黄河南北两部分。共山：山名。②绝：穿过。钜鹿泽："鹿"应作"野"，即大野泽，在今山东巨野县北。③齐：地区名，在今山东泰山以北黄河流域及胶东半岛。琅槐：古县名，在今山东利津县南。

【译文】

济水发源于共山南面的东丘，穿过钜鹿泽，最后流入渤海，入海处在齐地琅槐的东北方。

【原文】

13.35 潦水出卫皋东[①]，东南注渤海，入潦阳[②]。

【注释】

①潦水：今辽河。②潦阳：古县名，在今辽宁辽中县。

【译文】

潦水发源于卫皋的东面，向东南流入渤海，入海处在潦阳。

【原文】

13.36 虖沱水出晋阳城南[①]，而西至阳曲北[②]，而东注渤海，入越章武北[③]。

【注释】

①虖（hū）沱水：滹沱河。晋阳：古县名，在今山西太原市。②阳曲：古县名，在今山西太原市北。③越：疑为衍文。章武：古县名，在今河北黄骅市西北。

【译文】

虖沱水发源于晋阳城的南边，向西流到阳曲的北边，再转向东流入渤海，入海处在章武的北边。

虖沱水源

【原文】

13.37 漳水出山阳东①，东注渤海，入章武南②。

【注释】

①漳水：漳河。一说在今河南境内；一说在今山西境内。山阳：古县名。一说在河南修武县。②章武：古县名。在今河北黄骅市西北。

【译文】

漳水发源于山阳的东面，入海处在章武的南边。

漳河

渤海

【原文】

13.38 建平元年四月丙戌①，待诏太常属臣望校治②，侍中光禄勋臣龚、侍中奉车都尉光禄大夫刘秀领主省③。

【注释】

①建平元年：公元前6年。②望：人名，指丁望。③龚：指王龚。秀：人名，指刘歆。领主省：负责主要的工作。

【译文】

建平元年四月丙戌，待诏太常属臣丁望考订整理，侍中光禄勋臣王龚、侍中奉车都尉光禄大夫刘歆主持整理。

山海经地理古今考	《山海经》中名称	今考
	济水	包括黄河南北两部，河北部分源出河南省济源市西部的王屋山，河南部分是从黄河分出的一支
	潦水	辽河，东北地区南部的最大河流，是中国七大河流之一
	虖沱水	滹沱河，在河北省西部
	漳水	一说在河南省修武县；一说在山西省榆次市南边

◎第十四卷◎

大荒东经

《大荒东经》所记录的国家、山川大致位于中国的东部，与《海外东经》所记录的地域大致相同。

大荒东经

【导读】

《大荒东经》中记述的国家如大人国、小人国、君子国、黑齿国等同样出现在了《海外东经》中，值得注意的是，这些国家的居民开始有了姓氏。经中还详细说明了这些国家的形成过程，如王亥丧牛于易的故事，讲述了因民国灭亡和摇民国建立的过程，从一个侧面展示了上古时期部落之间的斗争。此外，经中提到明星山、合虚山等山之时，强调它们是日月所出之山，反映了古人对日月活动规律的认识。应龙行雨的神话传说，则反映了古人对自然现象奇幻瑰丽的想象。

【原文】

14.1 东海之外大壑①，少昊之国②。少昊孺帝颛顼于此③，弃其琴瑟。有甘山者，甘水出焉，生甘渊。

【注释】

①东海：所指因时而异，先秦时代多指今之黄海。②少昊：传说中远古东夷族首领，名挚，号金天氏。③孺：这

【译文】

东海之外有一个大的沟壑，少昊在这里建国。少昊于此处养育颛顼帝，并把琴瑟丢在这里。

里指养育。颛顼：传说中的古代部族首领，五帝之一，号高阳氏，相传为黄帝之孙、昌意之子，生于若水，居于帝丘。

此地有座甘山，甘水发源于此山，流出山后形成一个渊，名叫甘渊。

【原文】

14.2 大荒东南隅有山[①]，名皮母地丘。

【注释】

① 大荒：最荒远的地方。

【译文】

最荒远之地的东南角有座山，名字叫作皮母地丘。

【原文】

14.3 东海之外[①]，大荒之中，有山名曰大言，日月所出。

【注释】

① 东海：所指因时而异，先秦时代多指今天的黄海。

【译文】

东海之外，最荒远的地方之中，有座山名叫大言，此山是太阳和月亮升起的地方。

大言山

【原文】

14.4 有波谷山者，有大人之国。有大人之市，名曰大人之堂[①]。有一大人踆其上[②]，张其两耳[③]。

【注释】

① 大人之堂：一说是山名，因为山的形状如堂屋而得名；一说指大人之市中用来交易的堂屋。② 踆：通“蹲”。③ 耳：应作“臂”。

【译文】

有一座山名叫波谷山，这里是大人国所处之地。大人国中有一个大人贸易的集市，名叫大人之堂。有一个大人正张着他的两只手臂蹲在上面。

【原文】

14.5 有小人国，名靖人[①]。

【注释】

① 靖人：古代传说中的小人，也叫诤人。

【译文】

有一个小人国，国中的人被称作靖人。

小人国

小人国　明　蒋应镐绘图本

【原文】

14.6 有神，人面兽身，名曰犁䰠之尸[①]。

【注释】

① 犁䰠（líng）之尸：犁䰠尸，传说中的神名。

【译文】

有一位神，他长着人一样的脸、兽一样的身子，名叫犁䰠之尸。

犁䰠之尸

犁䰠之尸　清　汪绂图本

山海经地理古今考	《山海经》中名称	今 考
	东 海	所指因时而异，先秦时代多指今天的黄海
	大 壑	马里亚纳海沟，位于菲律宾东北、马来西亚群岛附近

【原文】

14.7 有潏山①，杨水出焉。有芀国②，黍食，使四鸟③：虎、豹、熊、罴④。

【注释】

①潏（jué）山：山名。②芀（wěi）国：国名。一说即妫（guī）国。妫是传说中舜居住的地方，妫国中的人应当为舜的后裔。③鸟：这里指兽。④罴（pí）：棕熊。

【译文】

有座山名叫潏山，杨水发源于此。有一个国家名叫芀国，这个国家的人以黍为食，能驱使四种野兽：虎、豹、熊、罴。

【原文】

14.8 大荒之中①，有山名曰合虚，日月所出。

【注释】

①大荒：最荒远的地方。

【译文】

最荒远的地方之中有座山，名叫合虚，这是太阳和月亮升起的地方。

【原文】

14.9 有中容之国，帝俊生中容①，中容人食兽、木实，使四鸟：豹、虎、熊、罴。

【注释】

①帝俊：一说指帝舜；一说指颛顼。生：生育。一说这里并非指亲生，而是表明中容人为帝俊后裔。

【译文】

有一个国家叫中容国，帝俊生了中容，中容国人以野兽的肉和果树的果实为食，他们能驱使四种野兽：豹、虎、熊、罴。

【原文】

14.10 有东口之山。有君子之国①，其人衣冠带剑②。

【注释】

①君子之国：君子国，传说中的国名，因国中之人注重礼仪、讲求揖让而得名。②衣冠：衣帽整齐。

【译文】

有一座山名叫东口山。有一个君子国，该国之人衣冠整洁，身上佩剑。

【原文】

14.11 有司幽之国。帝俊生晏龙，晏龙生司幽。司幽生思士，不妻；思女，不夫①。食黍，食兽，是使四鸟②。

【注释】

①思士，不妻；思女，不夫：思士，不娶妻子；思女，

【译文】

有个国家名叫司幽。帝俊生了晏龙，晏龙

不嫁丈夫。传说他们因精气感应、魂魄相合而生育后代。晏龙、司幽、思士、思女均为人名。② 鸟：这里指兽。

生了司幽。司幽又生了思士，思士终身未娶；司幽还生了思女，思女一生不嫁。司幽国的人以黍和兽肉为食，能驱使四种野兽。

【原文】

14.12 有大阿之山者。大荒中有山名曰明星[①]，日月所出。

【注释】

① 大荒：最荒远的地方。

【译文】

有一座山名叫大阿山。最荒远的地方之中有座山名叫明星，这里是太阳和月亮升起的地方。

【原文】

14.13 有白民之国。帝俊生帝鸿[①]，帝鸿生白民。白民销姓，黍食，使四鸟：虎、豹、熊、罴[②]。

【注释】

① 帝鸿：一说指黄帝；一说指黄帝的后裔。② 罴（pí）：棕熊。

【译文】

有一个国家叫白民国。帝俊生了帝鸿，帝鸿生了白民。白民国的人以销为姓，以黍为食，能驱使四种野兽：虎、豹、熊、罴。

【原文】

14.14 有青丘之国[①]，有狐，九尾。

【注释】

① 青丘之国：青丘国，即《海外东经》中提到的国家。

【译文】

有一个国家叫青丘国，国中有一种狐，长着九只尾巴。

【原文】

14.15 有柔仆民[①]，是维嬴土之国[②]。

【注释】

① 柔仆民：国名。② 维：句中语气助词,无实义。嬴土：肥沃的土地。

【译文】

有一个国家叫柔仆民，是一个土壤肥沃的国家。

【原文】

14.16 有黑齿之国[①]。帝俊生黑齿，姜姓，黍食，使四鸟[②]。

【注释】

① 黑齿之国：黑齿国，即《海外东经》中提到的国家。
② 鸟：这里指兽。

【译文】

有一个国家叫黑齿国。帝俊生了黑齿，该国之人以姜为姓，以黍为食，能驱使四种野兽。

【原文】

14.17 有夏州之国。有盖余之国[①]。有神人，八首人面，虎身十尾，名曰天吴。

【注释】

① 盖余之国：盖余国，国名。一说即盖国。

【译文】

有一个夏州国。还有一个盖余国。有一位神人，长着八个脑袋、人一样的脸、虎一样的身子，有十条尾巴，名叫天吴。

天吴

天吴　清　汪绂图本

【原文】

14.18 大荒之中[①]，有山名曰鞠陵于天、东极、离瞀[②]，日月所出。名曰折丹[③]——东方曰折，来风曰俊——处东极以出入风。

【注释】

① 大荒：最荒远的地方。② 鞠陵于天、东极、离瞀（mào）：均为山名。一说东极、离瞀不指山，而是对"鞠陵于天"的解释。③ 名：前面应有"有神"两字。折丹：传说中的神名。

【译文】

在最荒远的地方之中有三座山，分别名叫鞠陵于天、东极、离瞀，这三座山是太阳和月亮升起的地方。有一位名叫折丹的神——东方的人称他为折，从东方吹过来的风称为俊——折丹神就处在大地的最东边，掌管风的出入。

【原文】

14.19 东海之渚中有神[①]，人面鸟身，珥两黄蛇[②]，践两黄蛇[③]，名曰禺虢。黄帝生禺虢，禺虢生禺京[④]。禺京处北海[⑤]，禺虢处东海，是惟海神。

【注释】

① 渚：水中的小块陆地。② 珥：耳饰，这里作动词，指（用两条黄蛇）作耳饰。③ 践：踩、踏。④ 禺虢（hào）、禺京：都是传说中的海神。⑤ 北海：古代泛指我国北方偏远之地。秦汉时也指里海、贝加尔湖等。

【译文】

东海的小岛上有位神，长着人面鸟身，用两条黄蛇作耳饰，脚下（还）踩着两条黄蛇，这位神名叫禺虢。黄帝生了禺虢，禺虢生了禺京。禺京住在北海，禺虢住在东海，他们都是海神。

禺虢

禺虢　明　蒋应镐绘图本

【原文】

14.20 有招摇山①，融水出焉。有国曰玄股，黍食，使四鸟②。

【注释】

①招摇山：一说在今广东省境内；一说在今广西省境内。②鸟：这里指兽。

【译文】

有座招摇山，融水发源于此。有一个国家名叫玄股国，国人以黍为食，他们能驱使四种野兽。

【原文】

14.21 有困民国①，勾姓而食②。有人曰王亥，两手操鸟，方食其头。王亥托于有易、河伯仆牛③，有易杀王亥，取仆牛。河念有易，有易潜出，为国于兽④——方食之——名曰摇民。帝舜生戏⑤，戏生摇民。

【注释】

①困：应作"因"，"因民"即下文的"摇民"。②而：应作"黍"。③有易：国名，可能在今河北易县附近。托：托付。河伯：人名。仆牛：大的牛群。④为国于兽：在野兽出没的地方建国。⑤舜：上古帝王，有虞氏，姓姚，名重华。戏：指有易。

【译文】

有个因民国，以勾为姓，以黍为食。国中有个名叫王亥的人，他两只手抓着鸟，正在吃鸟的头。王亥把一群牛托付给有易国的水神河伯，有易国的人杀死了王亥，抢走了这一群牛。（后来，殷王杀了有易国的国君，为王亥报了仇）河伯顾念与有易国的交情，于是帮助该国人逃了出来，他们在野兽出没的地方建立了一个新的国家——他们正在吃兽肉——这个国家名叫摇民国。帝舜生了戏，戏生了摇民。

王亥

王亥 清 汪绂图本

【摇民国】

王亥与有易国王后幽会，事情败露后，被国君绵臣大卸八块。其弟王恒苦苦求饶才得以返回国中。后来，王恒对殷王甲微说起这件事，请求他为哥哥报仇。殷王便兴兵讨伐有易国，还要求河伯也一起前往。国小兵弱的有易国哪里是殷的对手，很快，殷国军队就打到了有易国城中，国君绵臣被杀，有易国也灭亡了。河伯原是绵臣的故旧，二人感情很好。如今见到有易国人民国破家亡，心中着实不忍，便趁黑夜帮助有易国的遗民潜逃，并把他们安顿在一个野兽出没的地方，教会他们打猎，从此有易族人就以野兽为食，后来重新建立了一个国家就叫摇民国。

【原文】

14.22 海内有两人①，名曰女丑②。女丑有大蟹。

【注释】

① 两人：下面只说了一个人，大概文字上有逸脱。
② 女丑：女丑之尸，是一个女巫。

【译文】

海内有两个人，名叫女丑。女丑所居之地有大蟹。

【原文】

14.23 大荒之中①，有山名曰孽摇頵羝。上有扶木②，柱三百里③，其叶如芥④。有谷曰温源谷、汤谷，上有扶木，一日方至，一日方出，皆载于乌⑤。

【注释】

① 大荒：最荒远的地方。② 扶木：扶桑。③ 柱：直立高耸。④ 芥：芥菜。⑤ 乌：传说太阳中有三足乌。

【译文】

最荒远之地有一座山，名叫孽摇頵羝。山上长着扶木，直立高耸达三百里，树叶与芥菜叶相似。山中有一个山谷，名叫温源谷或汤谷，谷的上面长有扶木，一个太阳刚到达扶木，另一个太阳就从扶木上升起，这两个太阳都载在三足乌的身上。

【原文】

14.24 有神，人面、犬耳、兽身，珥两青蛇[①]，名曰奢比尸。

【注释】

① 珥：动词。这里指（用两条青蛇）作耳饰。

【译文】

有一位神，长着人一样的脸、狗一样的耳朵，兽一样的身子，以两条青蛇作耳饰，这位神名叫奢比尸。

【原文】

14.25 有五采之鸟[①]，相乡弃沙[②]。惟帝俊下友[③]。帝下两坛，采鸟是司[④]。

【注释】

① 五采之鸟：羽毛五彩斑斓的鸟。② 相乡：相对。乡通“向”。弃沙：盘旋舞动的样子。③ 下友：下界的朋友。④ 司：管理。

【译文】

有一种五彩斑斓的鸟，常常相对起舞。这些鸟是帝俊在下界的朋友。帝俊在下界的两个神坛，就是由这种五彩的鸟掌管的。

五采鸟

五采鸟　清　汪绂图本

【原文】

14.26 大荒之中[①]，有山名曰猗天苏门，日月所生。有埙民之国[②]。

【注释】

① 大荒：最荒远的地方。② 埙（xūn）民之国：埙民国，国名。

【译文】

最荒远的地方之中有一座山，名叫猗天苏门，这是太阳和月亮升起的地方。那里有一个埙民国。

【原文】

14.27 有綦山[①]，又有摇山。有䰝山[②]，又有门户山，又有盛山，又有待山。有五采之鸟[③]。

【注释】

① 綦（qí）山：山名。② 䰝（zèng）山：山名。③ 五

【译文】

有綦山，又有摇山。有䰝山、又有门户山

采之鸟：羽毛五彩斑斓的鸟。

盛山和待山。这几座山上有五彩斑斓的鸟。

【原文】

14.28 东荒之中[①]，有山名曰壑明俊疾，日月所出。有中容之国[②]。

【注释】

①东荒：东边的荒远之地。②中容之国：中容国，国名。

【译文】

东方的荒远之地中有一座山，名叫壑明俊疾，这是太阳和月亮升起之地。那里有个中容国。

【原文】

14.29 东北海外，又有三青马、三骓、甘华[①]，爰有遗玉、三青鸟、三骓、视肉、甘华、甘柤[②]，百谷所在。

【注释】

①三骓（zhuī）：马名。甘华：植物名。②爰：这里；那里。遗玉：玉石名。三青鸟：传说中的一种鸟。视肉：兽名。一说又叫聚肉，形状像牛肝，长着两只眼睛，从它身上割去一块肉，很快又会长出来。甘柤（zhā）：植物名。

【译文】

在东北方向的海外，又有三青马、三骓马、甘华，一说那里有遗玉、三青鸟、三骓马、视肉、甘华、甘柤，是百谷生长的地方。

山海经地理古今考	《山海经》中名称	今考
	北海	古代泛指我国北方偏远之地
	招摇山	一说指广东省连州市北部湘粤交界处的方山；一说指广西省的十万大山

山海经动物古今考	《山海经》中名称	今考
	五采之鸟	羽毛五彩斑斓的鸟
	青鸟	传说中的一种鸟
	乌	传说中太阳中的三足乌

【原文】

14.30 有女和月母之国[①]。有人名曰鹓[②]——北方曰鹓，来之风曰狻[③]——是处东极隅以止日月，使无相间出没，司其短长。

【注释】

①女和月母之国：女和月母国，国名。②鹓（wǎn）：传说中的人名。③北方曰鹓，来之风曰狻（yǎn）：北方的人称他为鹓，从北方吹来的风叫狻。

【译文】

有一个女和月母国。国中有一个名叫鹓的人——北方的人称他为鹓，从北方吹来的风名叫狻——他住在大地的东北角，控制太阳和月亮的运行，使它们不间断地出没，并调节日月出没时间的长短。

【原文】

14.31 大荒东北隅中[①]，有山名曰凶犁土丘。应龙处南极[②]，杀蚩尤与夸父[③]，不得复上[④]，故下数旱[⑤]。旱而为应龙之状，乃得大雨。

【注释】

① 大荒：最荒远的地方。隅：角落。② 应龙：古代传说中善兴云作雨的神。③ 蚩尤：传说中古代九黎族的首领，以金作为兵器，与黄帝战于涿鹿，失败被杀。夸父：神话传说中的人物，据传与太阳赛跑，最后口渴而死。④ 上：指上天。⑤ 下：下界。

【译文】

最荒远之地的东北角中有一座山，名叫凶犁之丘。应龙住在这座山的最南面，由于他杀了蚩尤和夸父，再也不能回到天界，所以下界多次发生旱灾。每当下界大旱时，人们便模仿应龙的样子求雨，天上就会降雨。

应龙

应龙　明　胡文焕图本

【原文】

14.32 东海中有流波山[①]，入海七千里。其上有兽，状如牛，苍身而无角，一足，出入水则必风雨，其光如日月，其声如雷，其名曰夔。黄帝得之[②]，以其皮为鼓，橛以雷兽之骨[③]，声闻五百里，以威天下[④]。

【注释】

① 东海：所指因时而异，先秦时代多指今之黄海。流波山：山名。一说指散布在渤海之中的冀东山岭。② 黄帝：传说中原各族的祖先，姬姓，为少典之子，号轩辕氏、有熊氏。③ 橛（jué）：敲。雷兽：雷神。④ 威：震慑。

【译文】

东海中有一座山，名叫流波山，这座山距离海岸有七千里远。山上有一种兽，它的形状与牛相似，长着苍色的身子，头上没有角，只有一条腿，它出入水中时，一定会有风雨相伴，这种兽发出的光像日月一般明亮，它发出的声音像是打雷声，它的名字叫夔。黄帝得到它之后，用它的皮作鼓面，用雷神身上的骨头来敲打这面鼓，鼓声能传到五百里之外，黄帝以此来震慑天下。

夔　明　蒋应镐绘图本

◎第十五卷◎

大荒南经

《大荒南经》中记载的国家、山川河流大致位于中国的南方。

大荒南经

【导读】

《大荒南经》中的国家多与《海外南经》中的国家重复，如不死国、羽民国、焦侥国等。

经中有许多奇异的内容，如卵民国中人产卵繁衍后代、三只青兽合并而成的双双、方齿虎尾的祖状尸让，著名的“后羿射日”的神话传说也出自此篇。

【原文】

15.1 南海之外[①]，赤水之西，流沙之东[②]，有兽，左右有首，名曰跊踢[③]。有三青兽相并[④]，名曰双双。

【注释】

①南海：所指不定，先秦时指东海或泛指南方民族的居住地，也可以指南方的一个海域；西汉后指今南海。②流沙：古时指中国西北的沙漠地区。③跊（chù）踢：传说中的一种兽。④并：合并。

【译文】

在南海之外、赤水的西边、流沙的东边，有一种兽，这种兽左右两边各长一个脑袋，它名叫跊踢。还有一种三只青兽合在一起的动物，名叫双双。

跊踢

跊踢 清 吴任臣康熙图本

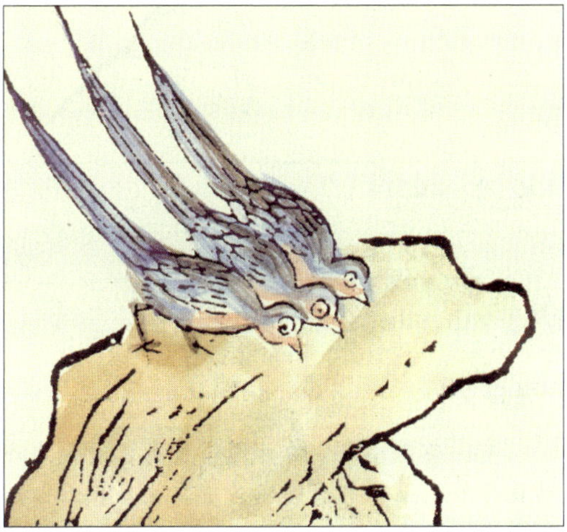

双双

双双 清 毕沅图本

【原文】

15.2 有阿山者①。南海之中②，有泛天之山，赤水穷焉③。赤水之东有苍梧之野④，舜与叔均之所葬也⑤。爰有文贝、离俞、鸱久、鹰、贾、委维、熊、罴、象、虎、豹、狼、视肉⑥。

【注释】

①阿山：山名。一说这里的“阿”是大的意思。②南海：所指不定。先秦时指东海或泛指南方民族的居住地，也指南方的一个海域；西汉后指今南海。③穷：尽。④苍梧：即苍梧山。⑤叔均：人名。一说是舜的儿子商均。⑥爰：这里；那里。离俞：离朱，传说中的一种神禽。鸱（chī）久：即鸺鹠。贾：鸟名。一说属鹰类；一说指乌鸦。委维：即委蛇，传说中的一种怪蛇。罴：棕熊。视肉：兽名。一说又叫聚肉，形状像牛肝，长着两只眼睛，从它身上割去一块肉，很快又会长出来。

【译文】

有一座山名叫阿山。在南海之中，有一座泛天山，它位于赤水的尽头。赤水的东面有个地方叫苍梧之野，帝舜与叔均死后都埋葬在这里。这个地方有花斑贝、离朱、鸱久、鹰、贾、委蛇、熊、罴、象、虎、豹、狼、视肉。

【原文】

15.3 有荣山，荣水出焉。黑水之南，有玄蛇[①]，食麈[②]。

【注释】

①玄：黑色。②麈（zhǔ）：鹿一类的动物。

【译文】

有一座荣山，荣水发源于此。在黑水的南面，有一种黑色的蛇，它喜欢吃麈。

玄蛇

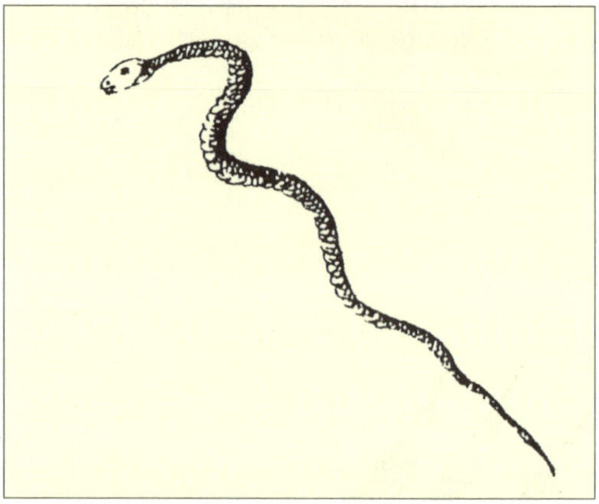

玄蛇　清　汪绂图本

【原文】

15.4 有巫山者[①]，西有黄鸟。帝药[②]，八斋[③]。黄鸟于巫山，司此玄蛇。

【注释】

①巫山：山名，不是今天的巫山。②帝药：天帝的药。③斋：屋舍。

【译文】

有一座巫山，它的西面有黄鸟。天帝的丹药就存放在巫山的八处斋舍中。黄鸟在巫山上负责监视这种黑蛇。

【原文】

15.5 大荒之中有不庭之山[①]，荣水穷焉[②]。有人三身，帝俊妻娥皇[③]，生此三身之国[④]。姚姓，黍食，使四鸟[⑤]。有渊四方，四隅皆达[⑥]，北属黑水[⑦]，南属大荒。北旁名曰少和之渊[⑧]，南旁名曰从渊，舜之所浴也。

【注释】

①大荒：最荒远的地方。②荣水：水名。一说作"荥水"；一说为融水。穷：尽。③帝俊：这里指帝舜。娥皇：舜的妻子，尧的女儿。④三身之国：三身国，国名。⑤鸟：这里指兽。⑥隅：角落。达：通。⑦属（zhǔ）：连接。⑧旁：边。

【译文】

最荒远之地中有座不庭山，这座山是荣水的尽头处。这里有一种人，长着三个身子。帝俊的妻子娥皇，生下了这个三身国的祖先。国中的人都姓姚，以黍为食，能驱使四种野兽。这里有一个深潭，呈四方形，四角都与外界相通北边与黑水相连，南边与最荒远之地相连，北边的渊叫少和渊，南边的渊叫从渊，是帝舜洗澡沐浴的地方。

【原文】

15.6 又有成山[①]，甘水穷焉[②]。有季禺之国[③]，颛顼之子[④]，食黍。有羽民之国，其民皆生毛羽。有卵民之国[⑤]，其民皆生卵。

【注释】

①成山：山名。②甘水：水名，可能指今广东北江。穷：尽。③季禺之国：季禺国，传说国中人是颛顼后代。④颛顼：相传为黄帝之孙、昌意之子，生于若水，居于帝丘。⑤卵民之国：卵民国，因其国之人都会生卵而得名。

【译文】

还有一座山，名叫成山，这里是甘水的尽头处。有个季禺国，国中的居民皆是帝颛顼的后裔，他们以黍为食。有一个羽民国，该国的人身上长满了羽毛。还有一个国家，名叫卵民国，国人都会生卵。

【原文】

15.7 大荒之中[①]，有不姜之山[②]，黑水穷焉[③]。又有贾山，汔水出焉。又有言山，又有登备之山。有恝恝之山[④]。又有蒲山，澧水出焉[⑤]。又有隗山[⑥]，其西有丹[⑦]，其东有玉。又南有山，漂水出焉。有尾山，有翠山。

【注释】

①大荒：最荒远的地方。②不姜之山：不姜山。一说可能在今贵州境内；一说在今中南半岛北部。③黑水：水名。一说指今喀什喀尔河；一说是越南境内的黑水河。穷：尽。④恝恝（jiá）之山：恝恝山，可能指今张家界中的山峰。⑤澧水：水名。一说即今澧水。⑥隗（wěi）山：山名。一说在今湖南境内。⑦丹：指丹砂。

【译文】

在最荒远之地中有座山，名叫不姜山，这里是黑水的尽头处。另有一座贾山，汔水发源于此。又有言山、登备山、恝恝山。还有一座蒲山，澧水发源于此。又有一座隗山，山的西面有丹砂，东面有玉。再向南还有座山，漂水由此处发源。另外还有尾山和翠山。

【原文】

15.8 有盈民之国[①]，於姓，黍食。又有人方食木叶。

【注释】

①盈民之国：盈民国，国名。

【译文】

有一个盈民国，国人皆姓於，以黍为食。也有人正在吃树叶。

盈民国

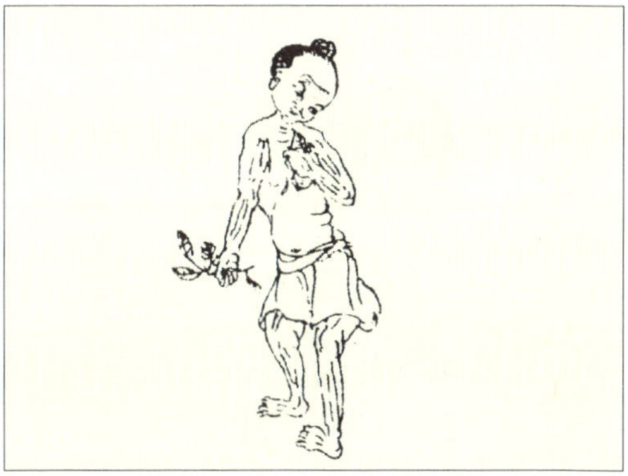

盈民国　清　汪绂图本

【原文】

15.9 有不死之国[①]，阿姓，甘木是食[②]。

【注释】

① 不死之国：不死国，也叫不死民。② 甘木：一说指不死树；一说指甘蔗。

【译文】

有一个不死国，国人皆姓阿，他们以甘木为食。

【原文】

15.10 大荒之中[①]，有山名曰去痓[②]。南极果，北不成，去痓果[③]。

【注释】

① 大荒：最荒远的地方。② 去痓（chì）：山名。③ 从“南极果”以下三句的意义不详，可能是巫师留下来的几句咒语。

【译文】

在最荒远之地中有一座山，名叫去痓。南极果，北不成，去痓果。

【原文】

15.11 南海渚中[①]，有神，人面，珥两青蛇[②]，践两赤蛇，曰不廷胡余。

【注释】

① 南海：所指不定。先秦时指东海或泛指南方民族的居住地，也指南方的一个海域；西汉后指今南海。② 珥：用作动词。这里指（用两条青蛇）作耳饰。

【译文】

在南海的岛上有一位神，它长着人一样的脸，以两条青蛇作耳饰，脚下踩着两条赤蛇，这位神名叫不廷胡余。

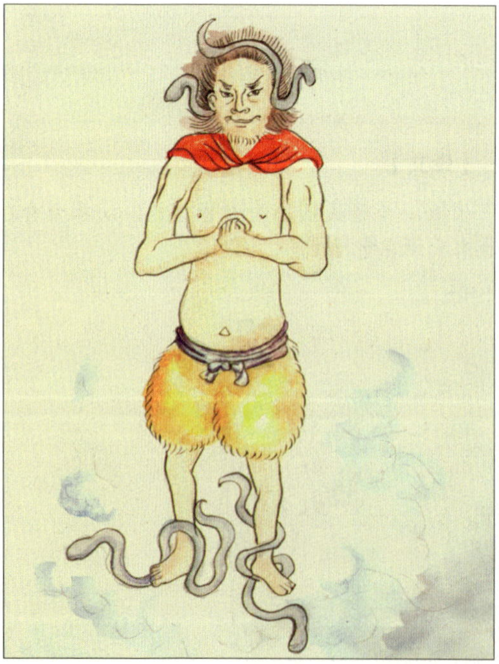

不廷胡余

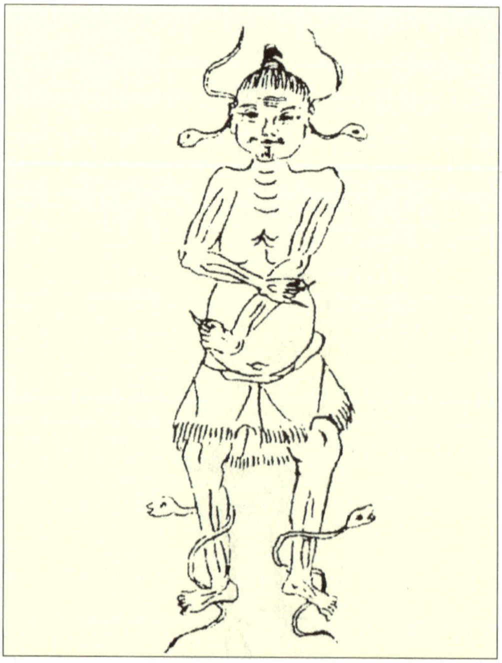

不廷胡余　清　汪绂图本

【原文】

15.12 有神名曰因因乎，南方曰因乎，夸风曰乎民，处南极以出入风[①]。

【注释】

① 出入风：这里指掌管风的出入。

【译文】

南方有一位名叫因因乎的神，南方称他为因乎，夸风称他为乎民，因因乎在大地的最南端掌管风的出入。

【原文】

15.13 有襄山，又有重阴之山[①]。有人食兽，曰季厘[②]。帝俊生季厘[③]，故曰季厘之国。有缗渊[④]。少昊生倍伐[⑤]，倍伐降处缗渊[⑥]。有水四方，名曰俊坛。

【注释】

① 重阴之山：重阴山，山名。② 季厘：又叫季狸，传为帝喾之子。③ 帝俊：指帝喾。④ 缗（mín）渊：水泽名。⑤ 少（shào）昊（hào）：相传是黄帝之子，是远古时羲和部落的后裔、华夏部落联盟的首领，同时也是东夷族的首领。⑥ 降：流放。

【译文】

有一座襄山，还有一座重阴山。有人正在吞食野兽，此人名叫季厘。帝俊生了季厘，所以季厘后裔所在的国家，名叫季厘国。这里有一个缗渊。少昊生了倍伐，倍伐被流放至缗渊。此地有个呈四方形且高出地面的水池，它的名字叫俊坛。

【原文】

15.14 有臷民之国[①]。帝舜生无淫，降臷处[②]，是谓巫臷民。巫臷民朌姓[③]，食谷，不绩不经[④]，服也；不稼不穑[⑤]，食也。爰有歌舞之鸟[⑥]，鸾鸟自歌[⑦]，凤鸟自舞。爰有百兽，相群爰处。百谷所聚。

【注释】

① 臷（zhí）民之国：臷民国，国名，又叫臷国。② 降：流放。③ 朌（bān）：一作"盼"。④ 绩：把麻搓捻成线或绳。经：本义是织物的纵线，这里指织布。⑤ 稼：种植谷物。穑（sè）：收割庄稼。⑥ 爰：这里；那里。⑦ 鸾鸟：传说中凤凰一类的鸟。

【译文】

有一个臷民国。帝舜生了无淫，（后来）无淫被流放至臷地，此地的人就被称为巫臷民。巫臷国的人都以朌为姓，以谷为食，他们不用纺织，就有衣服穿；不用耕作，就有粮食吃。这里生长着擅长唱歌跳舞的鸟，鸾鸟正自由自在地歌唱，凤鸟正自由自在地跳舞。这里还有各种各样的野兽，它们群居在一起。此处还是百谷聚集生长的地方。

山海经地理古今考	《山海经》中名称	今　考
	恝恝之山	可能是湖南省张家界中的山峰
	蒲　山	可能是湖南省张家界中的山峰
	隗　山	大致在湖南省境内

【原文】

15.15 大荒之中[①]，有山名曰融天，海水南入焉。

【注释】

① 大荒：最荒远的地方。

【译文】

在最荒远的地方之中有一座山，名叫融天，海水从它的南边流入。

【原文】

15.16 有人曰凿齿[①]，羿杀之[②]。

【注释】

① 凿齿：古代传说中的野人。② 羿：后羿，夏朝有穷氏首领，善于射箭。

【译文】

有一个人名叫凿齿，他被羿用箭射杀了。

【原文】

15.17 有蜮山者[①]，有蜮民之国，桑姓，食黍，射蜮是食。有人方扜弓射黄蛇[②]，名曰蜮人。

【注释】

① 蜮（yù）山：山名。蜮：传说中一种害人的动物，能含沙射人，使人生病。② 扜（yū）：拉。

【译文】

有一座蜮山，那里有个蜮民国，这个国家的人以桑为姓，以黍为食，也用箭射杀蜮来作为食物。有人正在拉弓射黄蛇，他的名字叫蜮人。

域人

域人　清　汪绂图本

【原文】

15.18 有宋山者，有赤蛇，名曰育蛇。有木生山上，名曰枫木。枫木，蚩尤所弃其桎梏[①]，是为枫木。

【注释】

① 桎（zhì）梏（gù）：脚镣和手铐。

【译文】

有一座宋山，山中有一种赤蛇，名叫育蛇。

有一种树生长在山上，这种树名叫枫树。蚩尤把他身上的脚镣、手铐扔在地上，于是长出了枫树。

【原文】

15.19 有人方齿虎尾[①]，名曰祖状之尸[②]。

【注释】

① 齿：咬，一说指牙齿。② 祖状之尸：祖状尸，人名，一作“柤状之尸”。

【译文】

有个人正咬着老虎的尾巴，这个人名叫祖状尸。

祖状之尸

祖状之尸 清 汪绂图本

【原文】

15.20 有小人[①]，名曰焦侥之国[②]，几姓，嘉谷是食[③]。

【注释】

① 小人：指由身材矮小的人组成的国家。② 焦侥之国：焦侥国，国名，又叫周饶国。③ 嘉谷：优良的谷物。

【译文】

有一个由身材矮小的人组成的国家，名叫焦侥国，这个国家的人均以几为姓，以优质的谷物为食。

【原文】

15.21 大荒之中[①]，有山名死涂之山[②]，青水穷焉[③]。有云雨之山[④]，有木名曰栾[⑤]，禹攻云雨[⑥]，有赤石焉生栾，黄本、赤枝、青叶[⑦]，群帝焉取药。

【注释】

① 大荒：最荒远的地方。② 死（xiǔ）涂之山：死涂山。

【译文】

在最荒远的地方之中有座山，名叫死涂山，

一说即丑涂山。③ 青水：水名。一说可能是今贵州的清水江；一说是中国西南部的澜沧江。④ 云雨之山：云雨山，山名。一说为重庆、湖北边境的巫山；一说为贵州的云雾山。⑤ 栾：即栾木。⑥ 禹：传说是夏朝的第一位君主。因禹治水有功，舜让位给禹，禹建国为夏。攻：治理。云雨：云雨山。⑦ 本：草木的茎或根。

这里是青水穷尽的地方。还有一座云雨山，山上有一种树名叫栾，大禹治理云雨山时，有块赤石长出了栾树，这种树长着黄色的树干、红色的树枝、青色的叶子，诸位帝王都采集它的枝叶来制作药物。

【原文】

15.22 有国曰颛顼[①]，生伯服，食黍。有鼬姓之国[②]。有苕山[③]。又有宗山。又有姓山。又有壑山。又有陈州山。又有东州山。又有白水山，白水出焉，而生白渊，昆吾之师所浴也[④]。

【注释】

① 颛顼：颛顼国，国名。② 鼬（yòu）姓之国：鼬姓国，国名。③ 苕（tiáo）山：山名，大致在今湖南、广西、贵州境内。④ 昆吾之师：指昆吾人。

【译文】

有个国家名叫颛顼国，颛顼生了伯服，国中之人以黍为食。又有一个鼬姓国。（这里）有座苕山。还有宗山、姓山、壑山、陈州山、东州山。此外还有座白水山，白水发源于此，白水从山中流出汇聚成白渊，这里是昆吾人洗澡沐浴的地方。

【原文】

15.23 有人名曰张弘，在海上捕鱼。海中有张弘之国[①]，食鱼，使四鸟[②]。

【注释】

① 张弘之国：张弘国，国名。一说即长臂国。② 鸟：这里指兽。

【译文】

有个名叫张弘的人，他正在海上捕鱼。海中有一个张弘国，国人以鱼为食，能够驱使四种野兽。

鱼

张弘国　选自《中国清代宫廷版画》

【原文】

15.24 有人焉，鸟喙，有翼，方捕鱼于海。大荒之中[①]，有人名曰驩头[②]。鲧妻士敬[③]，士敬子曰炎融，生驩头。驩头人面鸟喙，有翼，食海中鱼，杖翼而行。维宜芑、苣、穋、杨是食[④]。有驩头之国。

【注释】

①大荒：最荒远的地方。②驩（huān）头：人名。③鲧（gǔn）：传说中禹的父亲。④芑：白粱粟，一种谷类植物。苣（jù）：莴苣。一说指黑黍。穋（lù）：后种先熟的谷物。

【译文】

有一个人，他长着鸟一样的嘴，身上长有翅膀，正在海中捕鱼。在最荒远之地中有个人，名叫驩头。鲧的妻子为士敬，士敬的儿子名叫炎融，炎融又生下了驩头。驩头长着人一样的脸，嘴巴与鸟嘴相似，身上长有翅膀，以海中的鱼为食，依靠翅膀来行走。他也常常吃白粱粟、莴苣、穋和杨树叶。于是有了驩头国。

【原文】

15.25 帝尧、帝喾、帝舜葬于岳山[①]。爰有文贝、离俞、鸱久、鹰、延维、视肉、熊、罴、虎、豹[②]。朱木[③]，赤枝、青华、玄实[④]。有申山者。

【注释】

①尧：传说中远古部落联盟首领，号陶唐氏，史称唐尧。喾：黄帝之子玄嚣的后裔，号高辛氏。舜：上古帝王，有虞氏，姓姚，名重华，又称虞舜。岳山：狄山。一说可能是九嶷山，又名苍梧山，在今湖南宁远南，相传虞舜葬于此处。②离俞：离朱，传说中的一种神禽。鸱久：鸺鹠，鸟名，猫头鹰的一种。延维：委蛇。传说中的一种怪蛇。视肉：传说中的兽名。罴：棕熊。③朱木：木名。④玄：黑色。

【译文】

帝尧、帝喾、帝舜都埋葬在岳山。岳山中有带花纹的贝、离朱、鸱久、鹰、延维、视肉、熊、罴、虎、豹。山中还生长着一种朱木树，枝干是红色的，花是青色的，所结的果实是黑色的。还有一座山，名叫申山。

【原文】

15.26 大荒之中[①]，有山名曰天台高山[②]，海水入焉。

【注释】

①大荒：最荒远的地方。②天台高山：今浙江省东部的天台山。

【译文】

在最荒远之地中有座山，名叫天台山，海水从此山流入。

【原文】

15.27 东南海之外[①]，甘水之间，有羲和之国[②]。有女子名曰羲和，方日浴于甘渊[③]。羲和者，帝俊之妻，生十日。

【注释】

①南：应为衍文。②羲和之国：羲和国，国名。③日浴：当为“浴日”，给太阳洗澡。甘渊：渊名。

【译文】

在东海之外、甘水与东海之间，有个国家名叫羲和国。国中有一个女子，名叫羲和，她

羲和浴日

正在甘渊中给太阳洗澡沐浴。羲和，是帝俊的妻子，她生了十个太阳。

羲和浴日　清　汪绂图本

【原文】

15.28 有盖犹之山者①，其上有甘柤②，枝干皆赤，黄叶、白华、黑实。东又有甘华③，枝干皆赤，黄叶。有青马，有赤马，名曰三骓④。有视肉⑤。

【注释】

①盖犹之山：盖犹山，山名。②甘柤（zhā）：植物名。③甘华：植物名。④三骓（zhuī）：马名。⑤视肉：传说中的兽名。

【译文】

有一座盖犹山，山上生长着甘柤，它的枝条和树干都是红色的，叶子是黄色的，开白色的花朵，结黑色的果实。东面长着甘华树，枝条和树干都呈红色，长着黄色的叶子。山中有青马，也有赤马，名叫三骓。此外还有视肉。

【原文】

15.29 有小人①，名曰菌人。

【注释】

①小人：指身材矮小的人。

【译文】

有一种身材异常矮小的人，名叫菌人。

【原文】

15.30 有南类之山①。爰有遗玉、青马、三骓、视肉、甘华②，百谷所在。

【注释】

①南类之山：南类山。一说在今中南半岛。②爰：这里；那里。遗玉：玉石名。三骓：马名。视肉：兽名。甘华：植物名。

【译文】

有一座南类山。山中有遗玉、青马、三骓、视肉、甘华树，这里是各种谷物生长的地方。

◎第十六卷◎

大荒西经

《大荒西经》中记载的国家、山川大致位于中国西部，与《海外西经》中的部分国家相同。

大荒西经

【导读】

《大荒西经》中记述的国家有丈夫国、一臂民、轩辕国等，还记录了许多神话传说，如共工怒撞不周山、女娲之肠化为神等，极具神秘浪漫色彩。此外，经中还讲述了中华文明的起源，如后稷降百谷、叔均耕作播百谷，指出了农业的起源；太子长琴在榣山上始作乐风，指出了音乐的起源。

【原文】

16.1 西北海之外，大荒之隅[1]，有山而不合，名曰不周负子[2]，有两黄兽守之。有水曰寒暑之水[3]。水西有湿山，水东有幕山。有禹攻共工国山[4]。

【注释】

① 大荒：最荒远的地方。② 不周负子：不周山。传说

【译文】

在西北海之外，最荒远之地的角落，有一

共工曾怒触不周山。③寒暑之水：指冷水和热水交替涌出的泉水。④共工国山：山名，指禹杀共工之臣相柳的地方。

座不能合拢的山，名叫不周山，有两个黄色的兽守卫着这座山。山中有一条水，名叫寒暑水。水的西面有座湿山，东面有座幕山。此外，还有一座大禹攻打共工国时的山。

不周山两黄兽

不周山两黄兽　清　汪绂图本

共工怒触不周山

【共工怒撞不周山】

传说共工是神农氏的后裔，属于炎帝一族，长着人的面孔、蛇的身体。共工是水神，当黄帝的后人颛顼做了部落首领之后，共工一直不服气，想要与颛顼争夺帝位，结果在大战中惨败。

共工一怒之下用头撞塌了不周山。不周山乃是天地间的支柱，这样一来，天空破了一个大洞，开始向西北方向倾斜，所以日月星辰东升西落；大地向东南方向塌陷，所有的江河都向东南方向汇集。

幸亏人类的母亲女娲炼制五色石修补苍天，又将芦苇烧成灰洒在地上堵住了洪水，才将人类从这场灾难中拯救出来。

【原文】

16.2 有国名曰淑士，颛顼之子①。

【注释】

① 颛顼之子：指颛顼之子淑士的后代。

【译文】

有个名叫淑士的国家，该国是由颛顼之子淑士的后代组成的。

【原文】

16.3 有神十人，名曰女娲之肠①，化为神，处栗广之野，横道而处②。

【注释】

① 女娲之肠：女娲肠，神名。女娲：神话中人类的始祖，传说她与伏羲结合而产生人类，又有她炼石补天、抟土造人的传说。② 横：侧，旁边。

【译文】

有十位神人，名叫女娲之肠，这些神人是由女娲的肠子变幻而成的，他们居住在栗广的原野上，在道路的旁边。

女娲之肠

女娲

女娲造人

【女娲造人】

女娲是中国神话传说中人首蛇身的女神。传说天地开辟之后，天上有了日月星辰，地上有了草木山川、虫鱼鸟兽。女娲在天地间游玩，刚开始的时候看到草木青翠、百鸟齐鸣，很是开心。可时间久了，又不免觉得有些寂寞。一次，女娲百无聊赖地走在河边，偶然在水中看见自己的倒影，她笑，水中的影子也朝她笑；她假装生气，水中的影子也朝她生气。她灵机一动：世间生物万种，单单没有和自己长得一样的生物，为什么不造一些呢？想到这儿，她就顺手从河边挖了些泥土，和上水，照着自己的模样捏了起来，最后捏成了一个有五官、有手有脚的娃娃。女娲把它放到地上，说也奇怪，这泥捏的小家伙刚一接触地面，就活了起来，而且开口就喊："妈妈。"女娲高兴极了，给他取名叫"人"。她昼夜不停地捏泥人，想让这些小生物布满大地，可是大地太辽阔，女娲捏得胳膊都麻了，还是没能达成愿望。她失望地看看周围，忽然看到崖壁上的藤条。"有了。"女娲折下一根藤条，伸进泥潭，沾上泥浆向地面一甩，点点泥浆落地后就变成了一个个小人儿，欢呼雀跃地喊着妈妈。女娲见新方法奏效了，越洒越起劲，很快大地上就布满了人。可这些人是泥捏的，最终免不了会死亡。女娲就参照其它生物传种接代的方法，把小人分为男女，又建立婚姻制度，让他们繁衍后代。

【原文】

16.4 有人名曰石夷，来风曰韦，处西北隅以司日月之长短[①]。

【注释】

① 司：掌管。

【译文】

有个名叫石夷的人，风吹来的地方叫作韦，他处在西北角以掌管日月运行时间的长短。

石夷

石夷　清　汪绂图本

【女娲补天】

传说盘古开天辟地，女娲抟土造人以后，日月星辰各司其职，人类过着平静而幸福的生活。

后来共工与颛顼争夺帝位失败，他一怒之下用头撞向不周山，折断了这根天地之间的支柱，结果导致天空破了一个大洞，向西北方倾斜；支撑四极的柱子折断了，大地向东南方塌陷，山林燃起了大火，大地上洪水泛滥，人民流离失所，各种猛兽则趁机四处吞食人类。

女娲看到自己创造的人类陷入巨大的灾难之中，心痛难忍，于是决定炼制石浆以修补苍天。她周游四海，最后选择了东海上五座仙山之一的天台山，因为只有那里才出产适合用来炼制石浆的五色石。

在辛苦修补完天空以后，女娲又砍断了神鳌（传说中海中的大乌龟）的四足，以代替天柱支撑四方。接着，女娲斩杀了祸害人类的黑龙，收集了许多芦苇，烧成灰后洒在大地上，制止了到处蔓延的洪水，总算将人类从危机边缘拯救了出来。

不过，这场惊天动地的灾祸毕竟还是留下了一些痕迹：从此，天空向西北方向倾倒，于是日月星辰每天从东方升起；大地则向东南方向塌陷，于是江河里的水都向东流去，最后奔腾入海。

女娲补天

【原文】

16.5 有五采之鸟[①]，有冠，名曰狂鸟。

【注释】

① 五采之鸟：羽毛五彩斑斓的鸟。

【译文】

有一种鸟，身上五彩斑斓，头上有冠，它的名字叫作狂鸟。

狂鸟

狂鸟　清　汪绂图本

山海经动物古今考	《山海经》中名称	今　考
	五采之鸟	传可能为鸳，种类很多，在我国分布较广的是普通鸳，体长 50~60 厘米，羽毛褐色，两翼下各有一白色横斑

【原文】

16.6 有大泽之长山[①]，有白氏之国。

【注释】

① 大泽之长山：山名。一说指沙漠。

【译文】

有一座大泽之长山，有一个白氏国。

【原文】

16.7 西北海之外，赤水之东[①]，有长胫之国[②]。

【注释】

① 赤水：水名。一说指金沙江；一说指额尔齐斯河。

② 长胫之国：长胫国，因其国中之人小腿较长而得名。

【译文】

在西北海之外、赤水的东面，有一个叫长胫国的国家。

【原文】

16.8 有西周之国[①]，姬姓，食谷。有人方耕，名曰叔均。帝俊生后稷[②]，稷降以百谷。稷之弟曰台玺，生叔均。叔均是代其父及稷播百谷，始作耕。有赤国妻氏[③]。有双山。

【注释】

①西周：古部落名，姬姓国，始祖为后稷。②后稷：周族的始祖，名弃。虞舜任命他为农官，教民耕稼。③赤国妻氏：人名。一说为地名。

【译文】

有一个西周国，这个国家的人姓姬，以谷物为食。国中有人个正在耕田，这个人名叫叔均。帝俊生了后稷，后稷把各种谷物的种子从天上带到了人间。后稷的弟弟名叫台玺，他生下了叔均。叔均代替他的父亲和后稷播种各种谷物，这才有了耕作。有一个人名叫赤国妻氏。还有一座双山。

【后稷与叔均】

后稷是周朝的始祖，传说是姜原踩巨人足迹受孕而生。他从小喜欢农艺，常常观察作物生长，研究耕种方法，总结了一套种植经验。后稷生活的时代，人们主要靠打猎和采集野果为生，有时候不免会挨饿。后稷就教百姓学习耕种，从此人们有了固定的食物来源，日子越来越好过了。帝尧知道了他的本领，就聘请他做掌管农业的官，教全国的百姓学习耕种。还把一个叫邰的地方封给他，这里就是周朝兴起的地方。

叔均是后稷的侄子，他也喜欢农业耕种，并继承了后稷的农业成果。在长期的劳作中，他发现野牛被驯服后温顺听话，而且力气很大，于是他试着训练它们替人们承担一些重活，开始用牛代替人力耕作，使农业生产向前迈进了一大步。

【原文】

16.9 西海之外[①]，大荒之中[②]，有方山者，上有青树，名曰柜格之松，日月所出入也。

【注释】

①西海：水名。一说可能指青海湖。②大荒：最荒远的地方。

【译文】

在西海之外，在最荒远的地方之中，有一座山名叫方山，山上长有一种青树，它的名字叫柜格之松，这里是日月升降出入的地方。

【原文】

16.10 西北海之外，赤水之西[①]，有先民之国[②]，食谷，使四鸟[③]。

【注释】

①赤水：水名。一说指黄河；一说指金沙江。②先民之国：先民国。一说应作“天民之国”。③鸟：这里指兽。

【译文】

在西北海之外，在赤水的西岸，有一个先民国，这个国家的人以谷物为食，能驱使四种野兽。

【原文】

16.11 有北狄之国[①]。黄帝之孙曰始均，始均生北狄。

【注释】

① 北狄之国：北狄国，国名。狄：我国古代对北部少数民族的统称。

【译文】

有一个北狄国。黄帝的孙子名叫始均，始均生了北狄。

【原文】

16.12 有芒山。有桂山。有榣山，其上有人，号曰太子长琴。颛顼生老童[①]，老童生祝融[②]，祝融生太子长琴，是处榣山，始作乐风[③]。

【注释】

① 颛顼：号高阳氏，相传为黄帝之孙、昌意之子，生于若水，居于帝丘。老童：耆童，颛顼之子。② 祝融：传说中楚国君主的祖先，名重黎，是颛顼的后代。祝融是掌火之官。③ 乐风：乐曲。

【译文】

有芒山和桂山。还有座榣山，山上住着一个人，名叫太子长琴。颛顼生了老童，老童生了祝融，祝融生了太子长琴，太子长琴住在榣山之上，开始创作乐曲。

【原文】

16.13 有五采鸟三名[①]：一曰皇鸟[②]，一曰鸾鸟[③]，一曰凤鸟[④]。

【注释】

① 五采鸟：羽毛五彩斑斓的鸟。② 皇鸟：即“凰”雌凤凰。③ 鸾鸟：传说中凤凰一类的鸟。④ 凤鸟：雄凤凰。

【译文】

有三类五彩斑斓的鸟：一种叫凰鸟，一种叫鸾鸟，一种叫凤鸟。

【原文】

16.14 有虫状如菟[①]，胸以后者裸不见[②]，青如猨状。

【注释】

① 菟（tù）：通“兔”。② 裸：指不长毛。

【译文】

有一种野兽，它的形状与兔子相似，胸部以下裸露着，但又看不出是裸露，这是因为它的皮色发青，与猿猴的皮色差不多。

【原文】

16.15 大荒之中[①]，有山名曰丰沮玉门[②]，日月所入。

【注释】

① 大荒：最荒远的地方。② 丰沮（jū）玉门：山名。

【译文】

在最荒远之地中有座山，名叫丰沮玉门，这是日月降落后进入的地方。

【原文】

16.16 有灵山，巫咸、巫即、巫朌、巫彭、巫姑、巫真、巫礼、巫抵、巫谢、巫罗十巫[①]，从此升降，百药爰在。

【注释】

① 十巫：指前面列举的十个巫师。朌（bān）：一作“盼”。

【译文】

有一座灵山，巫咸、巫即、巫朌、巫彭、巫姑、巫真、巫礼、巫抵、巫谢、巫罗这十位巫师，从这里升到天庭或是下到人间，这里是各种各样的草药生长的地方。

十巫

十巫　清　汪绂图本

【原文】

16.17 西有王母之山、壑山、海山[①]。有沃之国[②]，沃民是处。沃之野[③]，凤鸟之卵是食[④]，甘露是饮。凡其所欲，其味尽存。爰有甘华、甘柤、白柳、视肉、三骓、璇瑰、瑶碧、白木、琅玕、白丹、青丹[⑤]，多银、铁。鸾凤自歌[⑥]，凤鸟自舞，爰有百兽，相群是处，是谓沃之野。

【注释】

① 王母之山：应作“有西王母之山”，西王母山，山名。② 沃之国：应作“沃民之国”，即沃民国。③ 沃之野：即“诸夭之野”，传说中的一片沃野。④ 凤鸟：雄凤凰。⑤ 甘华：植物名。甘柤（zhā）：植物名。白柳：柳的一种，柳叶的背面为苍白色或有白粉。视肉：传说中的一种兽。三骓（zhuī）：马名。璇瑰：美玉名。瑶：美玉。碧：青绿色的玉石。白木：树名。一说指枝干呈白色的树木；一说指白乳木。琅（láng）玕（gān）：美石。丹：这里指一种可用来制药的矿物。⑥ 鸾凤：应作“鸾鸟”，传说中凤凰一类的鸟。

【译文】

有西王母山、壑山和海山。有一个沃民国，沃民就在这里生活居住。他们生活在沃野之上，以凤鸟的卵为食，以甘露为饮品。凡是他们想吃的东西，这里都应有尽有。这里还有甘华、甘柤、白柳、视肉、三骓、璇瑰、美玉、青绿色的石头、白木、琅玕、白丹、青丹，另外还有许多银和铁。鸾鸟自由地歌唱，凤鸟自在地起舞，这里还有各种各样的野兽，它们成群结队地生活在一起，这里就是所谓的沃野。

【原文】

16.18 有三青鸟①，赤首黑目，一名曰大鵹②，一名少鵹③，一名曰青鸟。

【注释】

①三青鸟：三只青鸟。②大鵹（lí）：鸟名。③少鵹：前应有“曰”字。

【译文】

有三只青鸟，它们都长着红色的脑袋、黑色的眼睛，一只名叫大鵹，一只名叫少鵹，还有一只名叫青鸟。

【原文】

16.19 有轩辕之台①，射者不敢西向射②，畏轩辕之台。

【注释】

①轩辕之台：轩辕台，可能是纪念皇帝的台。②西向射：“射”为衍文，意思是朝西射箭。

【译文】

有一座轩辕台，射箭的人不敢向西射箭，这是因为他们敬畏轩辕台。

【原文】

16.20 大荒之中①，有龙山②，日月所入。有三泽水，名曰三淖③，昆吾之所食也④。

【注释】

①大荒：最荒远的地方。②龙山：山名。③三淖（nào）：沼泽名。④昆吾：指昆吾人。

【译文】

在最荒远之地中有座山，名叫龙山，这里是日月降落后进入的地方。有三个连在一起的大沼泽，名叫三淖，这里是昆吾人获取食物的地方。

【原文】

16.21 有人衣青，以袂蔽面①，名曰女丑之尸②。

【注释】

①袂（mèi）：衣袖。②女丑之尸：女丑尸，人名。

【译文】

有个人身穿青色的衣服，用袖子遮住脸，这个人名叫女丑尸。

【原文】

16.22 有女子之国①。

【注释】

①女子之国：女子国，国名。

【译文】

有一个国家叫女子国。

【原文】

16.23 有桃山，有虻山①，有桂山，有于土山。

【注释】

①虻（méng）山：山名一说即“芒山”。

【译文】

有桃山、虻山、桂山和于土山。

【原文】

16.24 有丈夫之国①。

【注释】

① 丈夫之国：丈夫国，国名。

【译文】

有一个国家叫丈夫国。

【原文】

16.25 有弇州之山①，五采之鸟仰天②，名曰鸣鸟。爰有百乐歌儛之风③。

【注释】

① 弇（yǎn）州之山：弇州山。一说指崦嵫山。② 五采之鸟：羽毛五彩斑斓的鸟。③ 儛：跳舞。

【译文】

有一座弇州山，这里有一种五彩斑斓的鸟仰面向天，这种鸟名叫鸣鸟。这里有各种音乐及唱歌跳舞的风俗。

弇州山

崦嵫山

【原文】

16.26 有轩辕之国。江山之南栖为吉①，不寿者乃八百岁。

【注释】

① 江山：山名。一说在四川省境内；一说指江和山。

【译文】

有一个轩辕国。在江山的南边居住可以获得吉祥，这里的居民不长寿的也能活到八百岁。

【原文】

16.27 西海陼中①，有神，人面鸟身，珥两青蛇②，践两赤蛇，名曰弇兹③。

【注释】

① 陼：同"渚"，水中的小洲。② 珥：用作动词，这里

【译文】

在西海的小洲中住着一位神人，这位神人

指（用两条青蛇）作耳饰。③ 弇兹：传说中的神名。

长着人面鸟身，他以两条青蛇作耳饰，脚踏两条赤蛇，名字叫作弇兹。

弇兹

弇兹　清　汪绂图本

【原文】

16.28 大荒之中[①]，有山名日月山，天枢也[②]。吴姖天门，日月所入。有神，人面无臂，两足反属于头山[③]，名曰嘘。颛顼生老童[④]，老童生重及黎[⑤]，帝令重献上天[⑥]，令黎印下地[⑦]，下地是生噎[⑧]，处于西极，以行日月星辰之行次[⑨]。

【注释】

① 大荒：最荒远的地方。② 天枢：天的枢纽。③ 山：应作“上”。④ 颛顼：号高阳氏。相传为黄帝之孙、昌意之子，生于若水，居于帝丘。老童：即耆童。⑤ 重：传说中老童之子，掌管天上的事物。黎：传说中老童之子，管理地下的事物。⑥ 献：这里是举起的意思。⑦ 印：通“抑”，抑压，按下之意。⑧ 噎：一说即上文的“嘘”。⑨ 行次：运行次序。

【译文】

在最荒远之地有一座山，名叫日月山，这里是天的枢纽。吴姖天门，是太阳和月亮降落后进入的地方。有一位神，他长着人一样的脸，没有手臂，两只脚反转着生在头上，名叫嘘。颛顼生了老童，老童生了重和黎，天帝命令重上天庭，又命令黎下凡间，黎到凡间后生了噎，噎住在大地的最西端，掌管着太阳、月亮和星辰的运行次序。

日月山

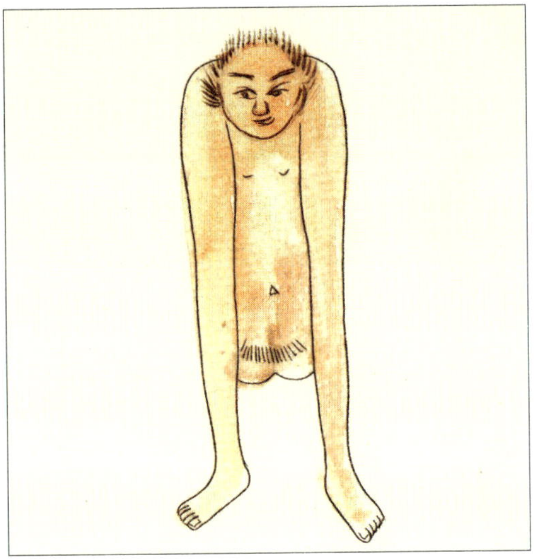

嘘

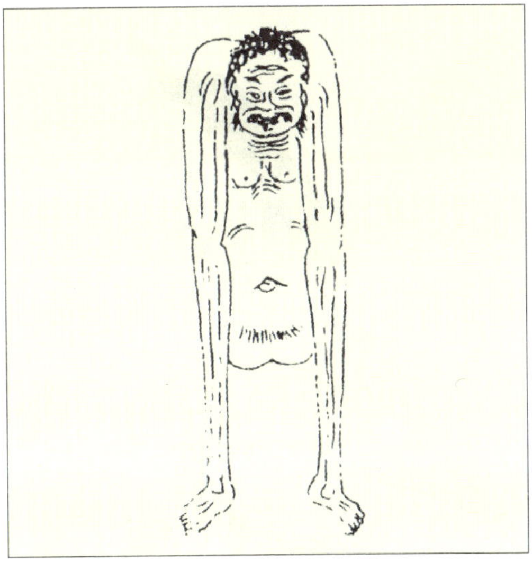

嘘 清 汪绂图本

【原文】

16.29 有人反臂[①]，名曰天虞。

【注释】

① 反臂：胳膊反着长。

【译文】

有一个人的两只胳膊反着生长，名叫天虞。

【原文】

16.30 有女子方浴月。帝俊妻常羲[①]，生月十有二，此始浴之。

【注释】

① 帝俊：这里指帝喾。

【译文】

有一个女子正在给月亮洗澡沐浴。帝俊的妻子常羲，生了十二个月亮，这是她开始为月亮洗澡。

常羲浴月

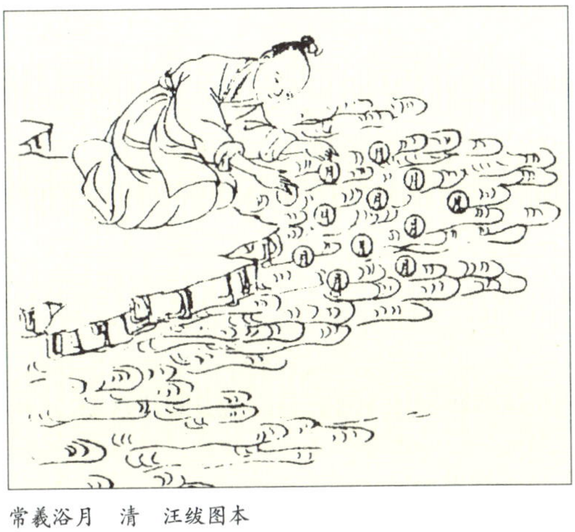

常羲浴月 清 汪绂图本

常羲浴月

【嫦娥奔月】

后羿一下子射落了九个太阳，天帝便将他和他的妻子嫦娥一起贬下凡间以示惩罚。因为在凡尘中难免生老病死，后羿为了一直和妻子过着幸福美满的生活，于是决心去向西王母求取传说中的不死药。

后羿跋山涉水，最后终于登上了昆仑山。西王母为后羿的英雄事迹所打动，于是慷慨地给了他两人份的不死药，并叮嘱他说，一人服一份就可以长生不老，一人服两份则会即刻升天成仙。

后羿兴高采烈地回到家中，将西王母的话转述给妻子，并将不死药交给她珍藏。

嫦娥在凡间时常常怀念天上的生活，一直想重新回到天上做神仙，但又舍不得自己的丈夫。终于有一天，她再也忍不住诱惑，趁后羿外出打猎，偷偷拿出不死药，全部吞了下去。

嫦娥吞下药后，觉得整个身子变得轻飘飘的，随即便从窗口慢慢飘出，向天上飞去，一直飞到离人间最近的月亮上。傍晚，后羿回到家，侍女们向他哭诉了嫦娥成仙的事情。后羿悲痛万分，冲到窗口，仰望着夜空不停呼唤爱妻的名字。

嫦娥到了月亮上，发现这里凄清寒冷，一个人也没有，只有一只白兔为伴，又听到丈夫的呼唤声，心中顿生悔意，但是一切都已经回不去了，她只能千年万载地待在月宫中，独自忍受寂寞的煎熬。

嫦娥奔月

【原文】

16.31 有玄丹之山[①]。有五色之鸟，人面有发。爰有青鸾、黄鷔、青鸟、黄鸟[②]，其所集者其国亡。

【注释】

①玄丹之山：玄丹山。一说因山中产黑丹而得名。②爰：这里；那里。鸾（wén）：传说中的一种鸟。鷔（áo）：传说中的一种鸟。

【译文】

有一座山名叫玄丹山。有一种五彩斑斓的鸟，它长着人一样的脸，头上长着发。这里有青鸾、黄鷔、青鸟、黄鸟，这些鸟在哪个国家聚集，哪个国家就会灭亡。

【原文】

16.32 有池，名孟翼之攻颛顼之池[①]。

【注释】

①孟翼之攻颛顼之池：池名。孟翼：人名。

【译文】

有一个水池，名叫孟翼攻颛顼池。

【原文】

16.33 大荒之中[①]，有山名曰鏖鏊钜[②]，日月所入者。

【注释】

①大荒：最荒远的地方。②鏖（áo）鏊（ào）钜（jù）：山名。

【译文】

在最荒远之地中有座山，名叫鏖鏊钜，这里是太阳和月亮降落后进入的地方。

【原文】

16.34 有兽，左右有首，名曰屏蓬[①]。

【注释】

①屏蓬：即并封，传说中的一种兽。

【译文】

有一种兽，身体的左右两侧各长着一个脑袋，名叫屏蓬。

屏蓬

屏蓬　明　蒋应镐绘图本

【原文】

16.35 有巫山者。有壑山者。有金门之山，有人名曰黄姖之尸[①]。有比翼之鸟[②]。有白鸟，青翼、黄尾、玄喙[③]。有赤犬，名曰天犬，其所下者有兵。

【注释】

① 黄姖（jù）之尸：黄姖尸，人名。② 比翼之鸟：比翼鸟。③ 玄：黑色。

【译文】

有一座巫山。有一座壑山。还有一座金门山，山中居住着一个名叫黄姖尸的人。有比翼鸟。也有白鸟，它长着青色的翅膀，黄色的尾巴，黑色的嘴。有一种赤色的狗，名叫天犬，它在哪里出现，哪里就会有战争发生。

天犬

天犬　清　汪绂图本

【原文】

16.36 西海之南[①]，流沙之滨[②]，赤水之后，黑水之前，有大山，名曰昆仑之丘[③]。有神，人面虎身，有文有尾，皆白，处之。其下有弱水之渊环之[④]，其外有炎火之山[⑤]，投物辄然[⑥]。有人，戴胜[⑦]，虎齿，有豹尾，穴处，名曰西王母[⑧]。此山万物尽有。

【注释】

① 西海：水名。一说指青海湖；一说指今新疆的罗布泊。② 流沙：古时指中国西北的沙漠地区。③ 昆仑之丘：昆仑山。④ 弱水之渊：弱水渊。弱水：传说这种水轻得无法浮起鸿雁的羽毛。⑤ 炎火之山：炎火山，今新疆吐鲁番的火焰山。⑥ 然：即“燃”。⑦ 胜：古代妇女的饰物。⑧ 西王母：传说中的女神，亦称金母、瑶池金母、瑶池圣母，住在昆仑山的瑶池中。

【译文】

在西海的南边、流沙的旁边、赤水的后面、黑水的前面，有一座大山，名叫昆仑丘。有一位神，他长着人面虎身，身上有白色的斑纹和白色的尾巴，居住在昆仑山中。山脚下有弱水渊环绕，深渊之外有一座炎火山，只要将物品投到这座山上，就会燃烧起来。有一个人，头上戴着头饰，长着虎一样的牙齿、豹一样的尾巴，住在昆仑丘的洞穴中，名叫西王母。世间万物，这座山中应有尽有。

【原文】

16.37 大荒之中[①]，有山名曰常阳之山[②]，日月所入。

【注释】

①大荒：最荒远的地方。②常阳之山：常阳山，可能在今陕西之南、四川之北。

【译文】

在最荒远之地中有座山，名叫常阳山，这里是日月降落后进入的地方。

【原文】

16.38 有寒荒之国。有二人：女祭、女薎[①]。

【注释】

①女薎（miè）：人名。一说指女戚。

【译文】

有一个国家叫寒荒国。国中居住着两个人：女祭和女薎。

【原文】

16.39 有寿麻之国[①]。南岳娶州山女[②]，名曰女虔。女虔生季格，季格生寿麻。寿麻正立无景[③]，疾呼无响。爰有大暑，不可以往。

【注释】

①寿麻之国：寿麻国，国名。②南岳：人名。一说指黄帝；一说为与黄帝同属一系的人。州山：山名。一说是地名。③景（yǐng）："影"的本字。

【译文】

有一个国家叫寿麻国。南岳娶了一位州山的女子为妻，这位女子名叫女虔。女虔生了季格，季格生了寿麻。寿麻立正在太阳底下不会出现影子，大声叫喊却没有声音。这个国家的天气异常炎热，人们无法前往。

【寿麻国】

寿麻国中的人没有影子，而且当地的气候异常炎热。寿麻国地处西方，它有可能处在今天的中亚腹地沙漠一带。据说寿麻国的祖先原来居住在南极附近，当时国内发生地震，地壳震动断裂，洪水肆虐，万物随着大地沉入水中。寿麻带领国中的百姓一路向北奔逃，一直逃到现在的寿麻国才安顿下来。大家信服寿麻的能力，感激他的救命之恩，便拥立他做了国君，建立的国家就叫寿麻国。几年后，他们派人回乡打探，才发现原来族人居住的地方已经不存在了，余下的乡人亦不知生死，很可能是随大地一同沉下去了。

【原文】

16.40 有人无首，操戈盾立，名曰夏耕之尸[①]。故成汤伐夏桀于章山[②]，克之，斩耕厥前[③]。耕既立，无首，走厥咎[④]，乃降于巫山[⑤]。

【注释】

①夏耕：人名，可能是夏桀的臣属。②成汤：名履，又叫武汤、汤，商部族首领，打败夏桀建立了商朝。夏桀：

【译文】

有一个人没有脑袋，手执矛和盾站立着，这个人名叫夏耕之尸。原来成汤在章山讨伐夏

夏朝最后一位君主。③厥：他，这里指夏桀。④走厥咎：指逃避自己的过失。⑤降：指逃奔。

桀，打败夏桀后，当着他的面砍下了夏耕的脑袋。夏耕的尸体站立在那里，没有脑袋，为了逃避罪责，他就躲到了巫山之中。

夏耕之尸

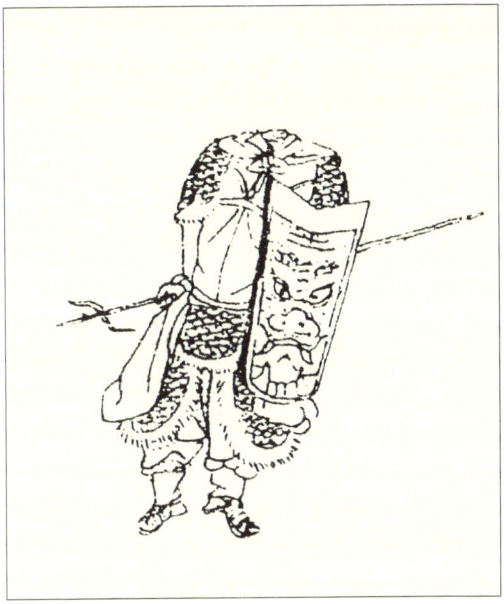

夏耕之尸 清 汪绂图本

【原文】

16.41 有人名曰吴回，奇左①，是无右臂。

【注释】

①奇左：指只有左臂。

【译文】

有个名叫吴回的人，只有左臂，而没有右臂。

【原文】

16.42 有盖山之国。有树，赤皮支干，青叶，名曰朱木①。

【注释】

①朱木：木名。一说指红木。

【译文】

有一个国家叫盖山国。有一种树，树皮呈红色，枝干也呈红色，叶子呈青色，这种树名叫朱木。

【原文】

16.43 有一臂民①。

【注释】

①一臂：指一臂国。

【译文】

有个一臂国，国民只长着一只手臂。

【原文】

16.44 大荒之中[①]，有山名曰大荒之山，日月所入。

【注释】

① 大荒：最荒远的地方。

【译文】

在最荒远之地有座山，名叫大荒山，这里是日月落下后进入的地方。

【原文】

16.45 有人焉，三面，是颛顼之子[①]，三面一臂，三面之人不死。是谓大荒之野[②]。

【注释】

① 颛顼：号高阳氏，相传为黄帝之孙、昌意之子，生于若水，居于帝丘。② 大荒：最荒远的地方。

【译文】

有一个人，长着三张脸，他是颛顼的后代，有三张脸、一只手臂，这种三面人永远不会死。这里就是所谓的大荒之野。

【原文】

16.46 西南海之外，赤水之南，流沙之西[①]，有人珥两青蛇[②]，乘两龙，名曰夏后开[③]。开上三嫔于天[④]，得《九辩》与《九歌》以下[⑤]。此天穆之野[⑥]，高二千仞[⑦]，开焉得始歌《九招》[⑧]。

【注释】

① 流沙：古时指中国西北的沙漠地区。② 珥：动词，用作指（用两条青蛇）作耳饰。③ 夏后开：夏后启。④ 嫔：通"宾"，宾客。⑤《九辩》、《九歌》：都是乐曲名。相传原为天帝的乐曲，后被夏启带到人间。⑥ 天穆之野：地名。一作"大穆之野"。⑦ 仞：古代以八尺或七尺为一仞。⑧《九招》：即"九韶"，传说为虞舜时的乐曲。

【译文】

在西南海之外、赤水的南边、流沙的西边，有一个人，他以两条青蛇作耳饰，骑着两条龙出行，这人名叫夏后启。夏后启三次上天庭做客，他把天上的乐曲《九辩》和《九歌》带到人间。在这高达二千仞的天穆野之上，启才得以开始歌唱乐曲《九招》。

夏后开

【原文】

16.47 有互人之国[①]。炎帝之孙名曰灵恝[②]，灵恝生互人，是能上下于天。

【注释】

① 互人之国：互人国，国名。一说应作“氐人之国”。
② 炎帝：上古姜姓部落的首领，号烈山氏。灵恝（jiá）：传说中的人物。

【译文】

有个互人国。炎帝的孙子名叫灵恝，灵恝生了互人，互人能自由地上天或从天上下来。

【神农氏】

炎帝神农氏是继伏羲以后，又一个对中华民族贡献颇多的传奇人物。远古时期，人们过着渔猎和采集的生活，他发明了木耒和木耜，教会人民农耕技术；还曾尝遍百草，发明了医术；更是发明了历法，开创了九井相连的灌溉技术。

《拾遗记》记载，神农氏曾遇到一只周身通红的丹雀，衔着一棵五彩穗谷从他的头顶飞过，正好掉落了几颗。他把种子搜集起来种植，谷物成熟后从中选出了稻、黍、稷、麦、菽五种作物，教百姓耕种，从此人类社会进入了农耕时代，后人尊称神农氏为“五谷爷”。

传说神农氏的肚子如水晶般透明，能看见五脏六腑，哪里出了问题，都能看得清清楚楚。远古时代的人们还不会用火加工食物，常吃生的东西，因此常常得病。神农氏为了解除人们的病痛，就亲自品尝各种草药的药性，尝尽百草。据说，他一天之内曾中毒七十二次，全靠茶来解救。但最后一次，他看见一种开着黄色小花的草，其实是剧毒无比的断肠草，他摘了一片叶子放在嘴里咀嚼，不一会儿就感到肚子疼，来不及解毒，就看到肠子一节一节地断开了，再也无药可救。

神农氏献出了自己宝贵的生命，但他发现的能治病的药物却流传开了，人们尊敬爱戴他，每年都会为他祭祀，纪念他的功绩。

山海经地理古今考	《山海经》中名称	今　考
	西　海	一说指青海湖；一说指新疆的罗布泊
	炎火之山	火焰山，从新疆吐鲁番延伸到鄯善县以南，山体主要由红砂岩构成，夏季温度很高
	巫　山	可能是指河南省禹州市附近的山

【原文】

16.48 有鱼偏枯[①]，名曰鱼妇，颛顼死即复苏[②]。风道北来[③]，天乃大水泉，蛇乃化为鱼，是为鱼妇。颛顼死即复苏。

【注释】

① 偏枯：偏瘫。② 颛顼：号高阳氏。相传为黄帝之孙、昌意之子，生于若水，居于帝丘。③ 道：从。

【译文】

有一种一侧身体瘫痪的鱼，名叫鱼妇，颛顼死后就立即复苏（不再瘫痪）。大风从北方吹来，天上便下起像泉涌一样大的雨，蛇在这时变为了鱼，这就是鱼妇。颛顼死后就立即复苏。

鱼妇

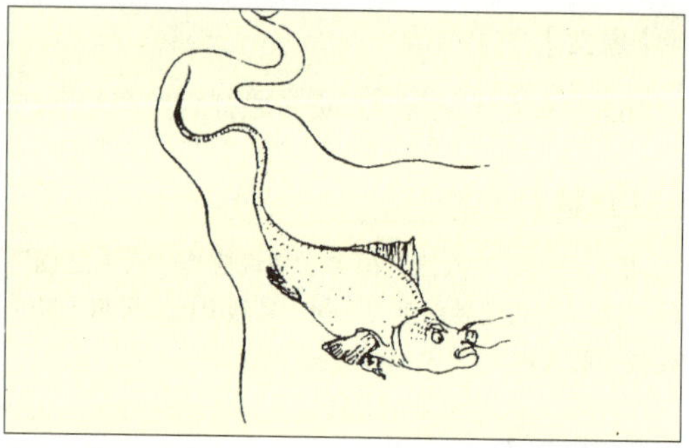

鱼妇　清　汪绂图本

【原文】

16.49 有青鸟，身黄，赤足，六首，名曰𪁺鸟[①]。

【注释】

① 𪁺（chù）鸟：传说中的一种鸟。

【译文】

有一种青鸟，它长着黄色的身子、红色的脚，还长着六个头，这种鸟名叫𪁺鸟。

𪁺鸟

𪁺鸟　明　蒋应镐绘图本

【原文】

16.50 有大巫山，有金之山。西南大荒之中隅[①]，有偏句、常羊之山[②]。

【注释】

① 大荒：最荒远的地方。隅：角落。② 偏句：山名。

【译文】

有一座大巫山，还有一座金山。在最荒远的地方的西南角，有一座偏句山和一座常羊山。

【原文】

16.51 按：夏后开即启，避汉景帝讳云[①]。

【注释】

① 汉景帝：西汉皇帝刘启。

【译文】

按：夏后开即指夏后启，是为避汉景帝刘启的名讳而改的。

◎第十七卷◎

大荒北经

《大荒北经》中所记述的国家大致位于中国的北边，与《海外北经》有许多相似之处，这些国家有三桑无枝、无肠国等。此外，经中还提到一些神话人物如禺强神、夸父神等。

大荒北经

【导读】

《大荒北经》中记载了很多奇异的动物和神，如：兽首蛇身的琴虫，长着九颗脑袋、人脸鸟身的九凤神，虎头人身、口中衔蛇的强良神，能呼风唤雨的烛龙。经中记载了帝颛顼和他的九个嫔妃埋葬于附禺山的故事，令神话传说有依有据；还有黄帝与蚩尤大战，请来应龙和女魃相助，大获全胜的故事，展示了上古时期部落之间斗争的真实历史。

【原文】

17.1 东北海之外，大荒之中[①]，河水之间[②]，附禺之山[③]，帝颛顼与九嫔葬焉[④]。爰有鸱久、文贝、离俞、鸾鸟、皇鸟、大物、小物[⑤]。有青鸟、琅鸟、玄鸟、黄鸟、虎、豹、熊、罴、黄蛇、视肉、璇瑰、瑶碧[⑥]，皆出卫于山[⑦]。丘方员三百里，丘南帝俊竹林在焉[⑧]，大可为舟。竹南有赤泽水[⑨]，名曰封渊。有三桑无枝[⑩]。丘西有沈渊，颛顼所浴。

【注释】

① 大荒：最荒远的地方。② 河：黄河。③ 附禺之山：务禺山。④ 颛顼：号高阳氏。相传为黄帝之孙、昌意之子，生于若水，居于帝丘。⑤ 爰：这里；那里。鴟久：即鸺鹠。离俞：离朱。鸾鸟：传说中凤凰一类的鸟。皇鸟：雌凤凰。大物：大的殉葬品。小物：小的殉葬品。⑥ 琅（láng）鸟：鸟名。玄：黑色。罴：棕熊。视肉：传说中的一种兽。璇瑰：美玉名。瑶碧：美玉。碧：青绿色的玉石。⑦ 卫：应在下句"丘"字前面。⑧ 帝俊：所指待考。⑨ 赤泽水：指红色的水泽。⑩ 三桑：三棵桑树。

【译文】

东北海的外面，最荒远之地，黄河的岸边，有一座附禺山，帝颛顼和他的九个妃嫔就葬在此山之中。这里有鸱鹰、花斑贝、离朱、鸾鸟、凰及各种殉葬的大小物件。还有青鸟、琅鸟、黑鸟、黄鸟、虎、豹、熊、罴、黄蛇、视肉、璇瑰、美玉、青绿色的玉石，都出于卫丘。卫丘方圆三百里，丘的南边是帝俊的竹林，林中的竹子十分粗大，单根竹子就能制作小船。竹林的南边是一片池泽，湖水呈红色，名叫封渊。封渊旁边有三棵桑树，没有树枝。丘的西边是沈渊，这里是帝颛顼洗澡沐浴的地方。

【原文】

17.2 有胡不与之国[①]，烈姓，黍食。

【注释】

① 胡不与之国：胡不与国，国名。

【译文】

有一个胡不与国，国人都以烈为姓，以黍为食。

【原文】

17.3 大荒之中[①]，有山名曰不咸。有肃慎氏之国。有蜚蛭[②]，四翼。有虫，兽首蛇身，名曰琴虫。

【注释】

① 大荒：最荒远的地方。② 蜚（fěi）蛭（zhì）：动物名。蜚，通"飞"。

【译文】

最荒远之地有座山，名叫不咸。有一个肃慎氏国。有一种名叫蜚蛭的动物，它有四只翅膀。有一种虫，它长着兽一样的脑袋，蛇一样的身子，名叫琴虫。

琴虫

琴虫　清　汪绂图本

山海经地理古今考	《山海经》中名称	今考
	皇鸟	雌凤凰
	视肉	传说中的一种兽
	鸾鸟	传说中凤凰一类的鸟

【原文】

17.4 有人名曰大人。有大人之国[1]，厘姓，黍食。有大青蛇，黄头，食麈[2]。

【注释】

①大人之国：大人国，国名。②麈（zhǔ）：鹿一类的动物。

【译文】

有人名叫大人。有一个大人国，国中的人皆以厘为姓，以黍为食。有一种巨大的青蛇，它长着黄色的脑袋，以麈为食。

【原文】

17.5 有榆山。有鲧攻程州之山[1]。

【注释】

①程州：可能是国名。

【译文】

有一座榆山。还有一座鲧攻程州山。

【原文】

17.6 大荒之中[1]，有山名曰衡天。有先民之山[2]。有槃木千里[3]。

【注释】

①大荒：最荒远的地方。②先民之山：先民山。③槃（pán）木：屈曲盘绕的树。

【译文】

在最荒远之地有座山，名叫衡天。有一座先民山。有一种屈曲盘绕的树，它占地千里。

山海经地理古今考	《山海经》中名称	今考
	不咸	据说指位于我国东北部的长白山
	鲧攻程州之山	具体所指待考
	先民之山	可能在今东北

【原文】

17.7 有叔歜国[1]，颛顼之子[2]，黍食，使四鸟[3]：虎、豹、熊、罴[4]。有黑虫如熊状[5]，名曰猎猎。

【注释】

①叔歜（chù）国：国名。②颛顼：号高阳氏。相传为黄帝之孙、昌意之子，生于若水，居于帝丘。③鸟：这里指兽。④罴：棕熊。⑤虫：这里指兽。

【译文】

有个叔歜国，国中的人都是颛顼的后裔，他们以黍为食，能驱使四种野兽：虎、豹、熊和罴。有一种黑色野兽，形状与熊相似，名叫猎猎。

猎猎

猎猎　清　汪绂图本

【原文】

17.8 有北齐之国[①]，姜姓，使虎、豹、熊、罴[②]。

【注释】

① 北齐之国：北齐国，国名。② 罴：棕熊。

【译文】

有个北齐国，这个国家的人都以姜为姓，他们能驱使老虎、豹子、熊、罴这四种野兽。

【原文】

17.9 大荒之中[①]，有山名曰先槛大逢之山[②]，河、济所入[③]，海北注焉。其西有山，名曰禹所积石[④]。

【注释】

① 大荒：最荒远的地方。② 先槛大逢之山：山名。可能在今山东半岛。③ 河：黄河。济：济水。④ 禹所积石：山名。可能在今河北境内。

【译文】

最荒远之地有座山，名叫先槛大逢山，这里是黄河和济水流入的地方，海水也从北面注入此山中。大逢山的西边有一座山，名叫禹所积石山。

山海经地理古今考	《山海经》中名称	今　考
	大　荒	指最荒远的地方
	河	这里指黄河

山海经动物古今考	《山海经》中名称	今　考
	罴	棕　熊
	虫	这里指兽

【原文】

17.10 有阳山者。有顺山者，顺水出焉。有始州之国[①]，有丹山。

【注释】

① 始州之国：始州国。国名。

【译文】

有一座阳山。有一座顺山，顺水发源于此。有一个始州国，国中有座丹山。

【原文】

17.11 有大泽方千里，群鸟所解[①]。

【注释】

① 解：指鸟脱换羽毛。

【译文】

有一个大泽，方圆可达千里，这里是众鸟脱换羽毛的地方。

【原文】

17.12 有毛民之国[①]，依姓，食黍，使四鸟[②]。禹生均国，均国生役采，役采生修鞈[③]，修鞈杀绰人[④]。帝念之，潜为之国，是此毛民。

【注释】

① 毛民之国：毛民国。国名。② 鸟：这里指兽。③ 修鞈（jiá）：人名。④ 绰人：人名。

【译文】

有个毛民国，国中之人皆以依为姓，以黍为食，能驱使四种野兽。禹生了均国，均国生了役采，役采生了修鞈，修鞈杀死了绰人。天帝怜念绰人，便暗地里帮他的后代建了一个国家，这个国家就是毛民国。

【原文】

17.13 有儋耳之国[①]，任姓，禺号子[②]，食谷。北海之渚中[③]，有神，人面鸟身，珥两青蛇[④]，践两赤蛇，名曰禺强。

【注释】

① 儋（dān）耳之国：儋耳国，国名。② 禺号：传说中的海神名。③ 北海：古代泛指北方偏远之地。渚：水中间的小块陆地。④ 珥：用作动词。这里指（用两条青蛇）做耳饰。

【译文】

有一个儋耳国，国中之人皆以任为姓，他们是禺号的后裔，以谷物为食。在北海的岛屿中居住着一位神，他人面鸟身，以两条青蛇作耳饰，脚下踩着两条赤蛇，这位神名叫禺强。

【原文】

17.14 大荒之中[①]，有山名曰北极天柜，海水北注焉。有神，九首人面鸟身，名曰九凤。又有神，衔蛇操蛇，其状虎首人身，四蹄长肘，名曰强良。

【注释】

① 大荒：最荒远的地方。

【译文】

在最荒远之地有座山，名叫北极天柜，海

水从它的北面注入山中。山里有一位神，他长着九个脑袋，人一样的脸，鸟一样的身子，这位神名叫九凤。还有一位神，他嘴中衔着一条蛇，手里还握着一条蛇，他长着虎首人身，有四只蹄子，肘臂很长，这位神名叫强良。

九凤

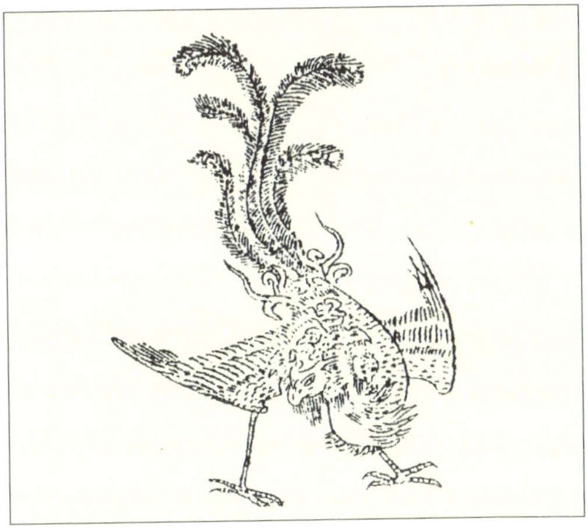

九凤　明　郝懿行图本

强良

强良　明　胡文焕图本

【原文】

17.15 大荒之中[①]，有山名曰成都载天。有人珥两黄蛇[②]，把两黄蛇，名曰夸父。后土生信[③]，信生夸父。夸父不量力，欲追日景[④]，逮之于禺谷[⑤]，将饮河而不足也，将走大泽，未至，死于此。应龙已杀蚩尤[⑥]，又杀夸父，乃去南方处之，故南方多雨。

【注释】

① 大荒：最荒远的地方。② 珥：用作动词，指（用两条黄蛇）作耳饰。③ 后土：传说是共工的儿子句龙。④ 景（yǐng）："影"的本字。⑤ 禺谷：传说是太阳落下

【译文】

在最荒远之地有座山，名叫成都载天。有个人以两条黄蛇为耳饰，手里还拿着两条黄蛇，这人名叫夸父。后土生了信，信生了夸父。夸

后要去的地方。⑥应龙：古代传说中善兴云作雨的神。蚩尤：传说中的古代九黎族首领，以金作兵器，与黄帝战于涿鹿，失败被杀。

父不自量力，想要追赶太阳，终在禺谷追赶上了（太阳），夸父因口渴而喝黄河之水，但黄河水不够喝，便想到北方的大泽中取水喝，结果还未走到，便渴死了。也有说是应龙杀了蚩尤，又杀了夸父，于是跑到南方去居住，所以南方的雨水特别多。

【原文】

17.16 又有无肠之国①，是任姓，无继子②，食鱼。

【注释】

①无肠之国：无肠国，国名。②无继子：指无继国人的后代。

【译文】

还有个国家名叫无肠国，国中的人都姓任，他们是无继国人的后代，以鱼类为食。

【原文】

17.17 共工臣名曰相繇①，九首蛇身，自环②，食于九土③。其所歍所尼④，即为源泽⑤，不辛乃苦，百兽莫能处。禹湮洪水⑥，杀相繇，其血腥臭，不可生谷，其地多水，不可居也。禹湮之，三仞三沮⑦，乃以为池，群帝是因以为台。在昆仑之北⑧。

【注释】

①相繇（yáo）：又叫相柳氏。②自环：身子盘绕在一起。③九土：一作“九山”。④歍（wū）：恶心呕吐。尼：止。⑤源泽：这里指沼泽。⑥湮（yīn）：阻塞。⑦仞：通“轫”，指满。沮：毁坏。⑧昆仑：指昆仑山。

相繇

【译文】

水神共工有个名叫相繇的臣子，这个相繇长着九个脑袋，蛇一样的身子，身体盘成一团，他从九个地方取食。他呕吐出来的东西或是他所到之处，都会立即变为沼泽，沼泽中的水的味道不是辛辣就是苦涩，各种野兽都无法在这里居住。禹治理洪水的时候，杀死了相繇，它流出的血又腥又臭，流经之处不能生长谷物，而且又有很多水，人们无法在此居住。禹将它的血流经之地掩埋起来，填了三次又塌了三次，禹便把此地挖掘成一个水池，并在这里建造了几座帝王的台子，位于昆仑山的北面。

【原文】

17.18 有岳之山①，寻竹生焉②。

【注释】

①岳之山：岳山，山名。②寻：长。

【译文】

有一座岳山，山中长着许多高大的竹。

岳山

【原文】

17.19 大荒之中[①]，有山名曰不句，海水入焉。

【注释】

① 大荒：最荒远的地方。

【译文】

在最荒远之地有座山，名叫不句山，海水就流入这座山中。

【原文】

17.20 有系昆之山者[①]，有共工之台[②]，射者不敢北乡[③]。有人衣青衣，名曰黄帝女魃[④]。蚩尤作兵伐黄帝[⑤]，黄帝乃令应龙攻之冀州之野[⑥]。应龙畜水，蚩尤请风伯、雨师，纵大风雨。黄帝乃下天女曰魃，雨止，遂杀蚩尤。魃不得复上，所居不雨。叔均言之帝[⑦]，后置之赤水之北。叔均乃为田祖[⑧]。魃时亡之，所欲逐之者，令曰："神北行！"先除水道，决通沟渎[⑨]。

【注释】

① 系昆之山：系昆山。一说可能指阴山。② 共工之台：共工台。③ 乡：同"向"，朝向。④ 黄帝：传说中中原各族的祖先，姬姓，少典之子，号轩辕氏、有熊氏。女魃（bá）：旱魃，相传是不长一根头发的光秃女神，她所居住的地方，天不下雨。⑤ 蚩尤：传说中的古代九黎族首领，以金作兵器，与黄帝战于涿鹿，失败被杀。⑥ 应龙：古代传说中善兴云作雨的神。冀州：古代九州之一。⑦ 叔均：人名。一说是舜的儿子商均。⑧ 田祖：主管田地的官。⑨ 渎：小沟。

蚩尤

【译文】

有一座系昆山，有一座共工台，射箭之人不敢朝共工台所处的北方射箭。有一个人穿着青色衣服，名叫黄帝女魃。蚩尤制造兵器攻击黄帝，黄帝便派应龙在冀州的原野与蚩尤作战。应龙蓄积了很多水，蚩尤请来风伯和雨师，于是天上掀起狂风暴雨。黄帝于是请来一位名叫魃的天女，魃从天上下来后雨就停住了，黄帝于是杀了蚩尤。魃再也无法回到天上，凡是她居住的地方，就不会下雨。叔均把这件事报告给了黄帝，黄帝就让魃住到了赤水的北面。叔均被任命为管理田地的官。魃经常跑到其它地方去，人们想要赶走她，就会说："神啊，请你向北去吧！"并要先清理水道，疏通沟渠。

系昆山

【黄帝蚩尤之战】

黄帝与炎帝争夺帝位，打败炎帝之后，势力更加强大，各部落纷纷前来归顺。黄帝又施行德政，带领百姓开荒种地，发展农业生产，在他的领导下，部落日渐强大。

黄帝部落的强大引起了南方部落首领蚩尤的恐慌。蚩尤部落位于长江中下游一带，与黄帝部落相邻。他害怕黄帝，有一天会吞并自己的部落，所以决定先发制人。

蚩尤开始大规模地冶炼铜铁，制造兵器。一切准备妥当后，他带领手下高大魁梧的八十一员大将和众多兵士浩浩荡荡地向北方出发了。

身经百战的黄帝得知蚩尤来犯，并不慌张，带领部队沉着迎战。在涿鹿这个地方，和蚩尤的军队展开了一场殊死搏斗。蚩尤施展法术，在田野升起浓雾，黄帝的士兵什么也看不清楚，顿时乱作一团。蚩尤大喜，趁机率领部队杀入黄帝的阵营中，晕头转向的黄帝士兵被杀得人仰马翻，损失惨重。幸好，黄帝所乘坐的战车是指南车，这种车参照北斗星的运转而制成，车上站着一个人，手始终指向南方。黄帝依靠指南车，才得以率领剩下的部众突出重围。

黄帝的军队还没有休整好，蚩尤的军队就追赶过来了。眼看就要杀到眼前，黄帝无奈，只好请来天上的应龙，希望它能降下大水，阻挡蚩尤的部众。岂料，蚩尤更加高明，请来了风伯雨师，大地上狂风骤起，飞沙走石，大树被连根拔起，瓢泼大雨倾盆而下，河道里灌满了水，向黄帝的驻地流去。

黄帝又请来了天女女魃。这女魃是旱神，她到哪里就会把哪里的水全部烤干。女魃来了以后，大雨顿时停了，很快地上的水也被烤干了。蚩尤及手下的将士们正为黄帝军队的溃败而得意，忽见大雨骤停，都不明所以。就在他们愣神间，黄帝率军队冲杀过来，把蚩尤的军队打得落花流水。

经过这次大战，蚩尤元气大伤，再加上长途跋涉，士气更加低沉。可是，蚩尤仍旧不服输，又巧言劝说南方的夸父加入战争。夸父是个神勇之人，黄帝派应龙为大将出战，巧布兵阵，又用夔牛鼓为应龙助阵，鼓声响彻千里，蚩尤的部众听了以后心惊胆战，黄帝的士兵则变得更加勇猛。应龙大显神威，带领兵士击败蚩尤和夸父，最后在乱军中活捉了蚩尤。黄帝痛恨蚩尤掀起战争，下令将他斩首示众，又把蚩尤临死前所戴的木枷抛到荒野之中，木枷顿时化作一片枫林，而火红的枫叶就是蚩尤滴在木枷上的鲜血。

蚩尤原是一名勇猛的首领，许多部落都非常惧怕他。他死后，还有部落不断挑起战争，黄帝就把蚩尤的头像画在战旗上，部落首领看到旗帜，都以为蚩尤没死，而且臣服于黄帝了。他们害怕蚩尤的本领，于是偃旗息鼓，表示愿意归顺黄帝。

【原文】

17.21 有人方食鱼，名曰深目民之国[①]，昐姓，食鱼。

【注释】

① 深目民之国：深目民国，即深目国。

【译文】

有人正在吃鱼，他们是深目民国的国民，这个国家的人都姓昐，以鱼类为食。

山海经地理古今考	《山海经》中名称	今　考
	昆　仑	昆仑山
	系昆之山	可能指今阴山山脉
	冀　州	今山西和陕西间黄河以东、河南和山西间黄河以北等地区

【原文】

17.22 有钟山者。有女子衣青衣，名曰赤水女子献[①]。

【注释】

① 献：应作魃，因魃是“衣青衣”，住在“赤水之北”。

【译文】

有一座钟山。山中居住着一位穿青色衣服的女子，名叫赤水女子献。

赤水女子献

赤水女子献　明　蒋应镐绘图本

【原文】

17.23 大荒之中[①]，有山名曰融父山，顺水入焉。有人名曰犬戎[②]。黄帝生苗龙[③]，苗龙生融吾，融吾生弄明，弄明生白犬，白犬有牝牡，是为犬戎，肉食。有赤兽，马状，无首，名曰戎宣王尸[④]。

【注释】

① 大荒：最荒远的地方。② 犬戎：古族名，古戎人的一支，大概在今陕西一带。③ 黄帝：传说是中原各族的祖先，姬姓，少典之子，号轩辕氏、有熊氏。④ 戎宣王尸：传说中的一种神兽。

【译文】

在最荒远之地有一座山，名叫融父山，这里是顺水流入的地方。有人名叫犬戎。黄帝生了苗龙，苗龙生了融吾，融吾生了弄明，弄明生了白犬，白犬雌雄同体，生下了犬戎族人，他们以肉为食。有一种红色的兽，它的形状与马相似，但没有脑袋，名叫戎宣王尸。

戎宣王尸

戎宣王尸　清　《禽虫典》本

【原文】

17.24 有山名曰齐州之山、君山、鬵山、鲜野山、鱼山[①]。

【注释】

①鬵（qín）山：山名。

【译文】

有几座山，名叫齐州山、君山、鬵山、鲜野山、鱼山。

【原文】

17.25 有人一目，当面中生。一曰是威姓，少昊之子[①]，食黍。

【注释】

①少昊：传说中远古东夷族首领，名挚，号金天氏。

【译文】

有人只长着一只眼睛，而且（眼睛）长在脸的正中间。一说他们姓威，是少昊的后裔，以黍为食。

【原文】

17.26 有继无民[①]，继无民任姓，无骨子[②]，食气、鱼[③]。

【注释】

①继无民：国名或部族名。②无骨：国名或部族名。③食气：指古代的一种养生术，通过调节呼吸来摄取空气中的营养物质。

【译文】

有一群继无民，他们都姓任，是无骨的后代，这些人以空气和鱼类为食。

【原文】

17.27 西北海外，流沙之东[①]，有国曰中辐[②]，颛顼之子[③]，食黍。

【注释】

①流沙：古时指中国西北的沙漠地区。②中辐（biàn）：国名。③颛顼：号高阳氏，相传为黄帝之孙、昌意之子，生于若水，居于帝丘。

【译文】

在西北海的外面，流沙的东面，有个名叫中辐的国家，这个国家的居民是颛顼的后裔，他们以黍为食。

【原文】

17.28 有国名曰赖丘。有犬戎国[①]。有神，人面兽身，名曰犬戎。

【注释】

①犬戎：传说中的神名。

【译文】

有个名叫赖丘的国家。有个犬戎国。有一位神，他长着人面兽身，名叫犬戎。

犬戎

犬戎　清　汪绂图本

【原文】

17.29 西北海外，黑水之北[①]，有人有翼，名曰苗民[②]。颛顼生驩头[③]，驩头生苗民，苗民厘姓，食肉。有山名曰章山。

【注释】

①黑水：水名，可能在今甘肃境内。②苗民：三苗国的国民。③驩（huān）头：讙头。

【译文】

在西北海的外面，黑水的北面，有一种人身上长着翅膀，名叫苗民。颛顼生了驩头，驩头生了苗民，苗民都以厘为姓，以肉为食。有一座山名叫章山。

苗民

苗民　明　蒋应镐绘图本

【原文】

17.30 大荒之中[①]，有衡石山、九阴山、洞野之山[②]，上有赤树，青叶赤华，名曰若木。

【注释】

①大荒：最荒远的地方。②洞（jiǒng）野之山：洞野山。

【译文】

最荒远之地中，有衡石山、九阴山、洞野山，山上生长着一种红色树，它的叶子是青色的，花朵是红色的，名叫若木。

【原文】

17.31 有牛黎之国。有人无骨，儋耳之子[①]。

【注释】

①儋（dān）耳：儋耳国。

【译文】

有个牛黎国。国中的人身上没有骨头，他们是儋耳的后裔。

【原文】

17.32 西北海之外，赤水之北，有章尾山。有神，人面蛇身而赤，直目正乘[①]，其瞑乃晦[②]，其视乃明[③]，不食不寝不息，风雨是谒[④]。是烛九阴[⑤]，是谓烛龙。

【注释】

①直目：眼睛竖着长。②瞑：闭眼。晦：夜晚。③视：睁眼。④谒："噎"的假借音。噎，这里是吞食、吞咽的意思。⑤烛：照亮。九阴：幽渺之地。

【译文】

在西北海的外面，赤水的北岸，有一座章尾山。山中有一位神，他长着人一样的脸，蛇一样的身子，全身都是红色的，眼睛竖着长，他把眼睛闭上，天下就会变成黑夜；睁开眼睛，天下就会变成白昼。他不吃饭、不睡觉、不呼吸，能吞食风雨。他能把幽渺之地照亮，他就是烛龙。

烛龙

山海经地理古今考	《山海经》中名称	今　考
	黑　水	可能是今甘肃的疏勒河
	九阴山	可能是今内蒙古的阴山

◎第十八卷◎

海内经

《海内经》中记载的国家山川几乎遍布中华大地，包括我国西北的新疆、甘肃、青海，长江以南的四川、湖南、贵州，以及中原的河北等地。

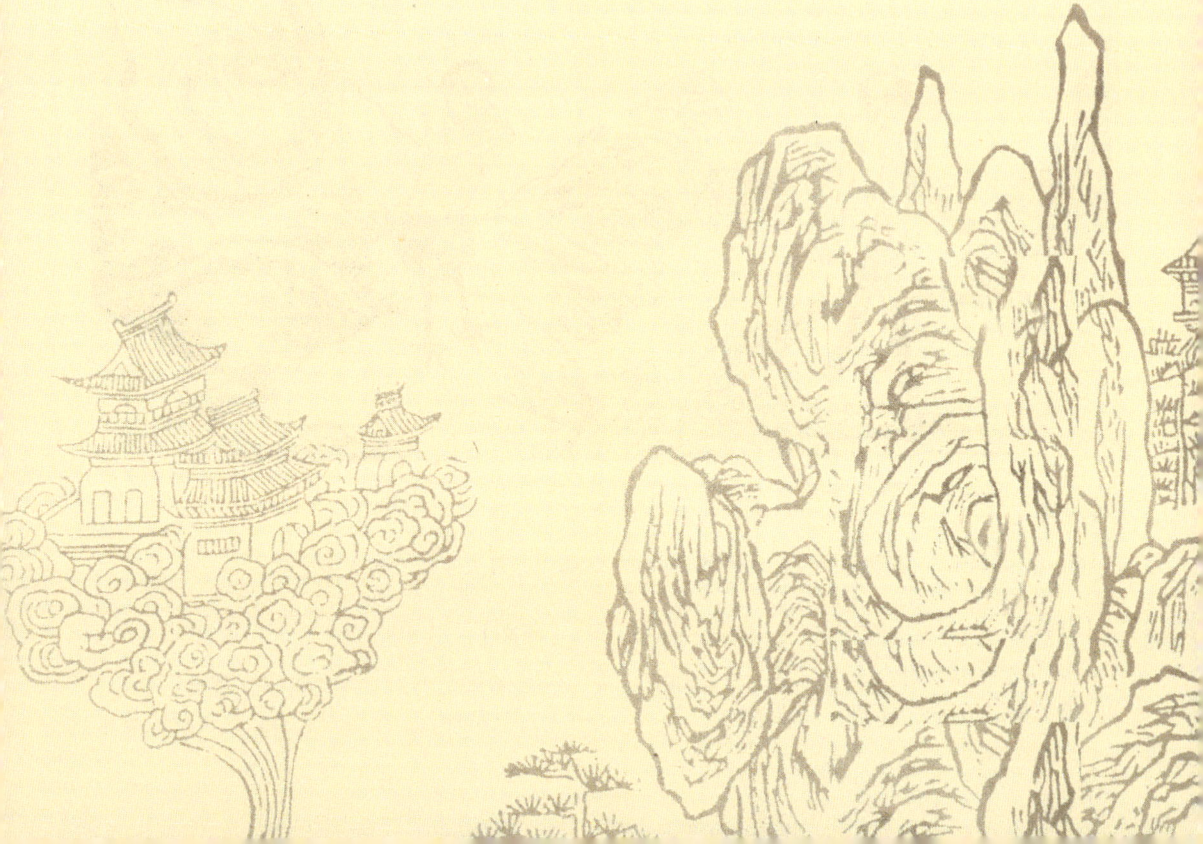

海内经

【导读】

《海内经》中记载了许多奇异的神话传说，如华胥踏巨人足印生伏羲的故事、伏羲与女娲结合繁衍人类的故事。《山海经》最后以大禹治水、分定九州的故事作结，用历史现实向我们说明，这不仅是一部想象力非凡的神话著作，更可看作是一部上古时期真实的历史及地理巨著，对今人研究上古史具有重要的价值。

【原文】

18.1 东海之内[①]，北海之隅[②]，有国名曰朝鲜、天毒[③]，其人水居，偎人爱之[④]。

【注释】

①东海：水名，包括今天的黄海、渤海。②北海：今渤海。③天毒：天竺，今印度。④偎人：人与人挨在一起。

【译文】

在东海之内，北海的角上，有两个国家，一个名叫朝鲜，一个名叫天毒，这里的人靠水而居，人和人紧挨在一起，且相互友爱。

【原文】

18.2 西海之内①，流沙之中②，有国名曰壑市③。

【注释】

①西海：水名。一说在今甘肃境内；一说在今新疆境内。②流沙：古时指中国西北的沙漠地区。③壑市：我国西北地区。

【译文】

在西海之内，流沙之中，有一个国家，名叫壑市。

【原文】

18.3 西海之内①，流沙之西②，有国名曰泛叶。

【注释】

①西海：水名。一说在今甘肃境内；一说在今新疆境内。②流沙：古时指中国西北的沙漠地区。

【译文】

在西海之内，流沙的西面，有一个国家名叫泛叶。

【原文】

18.4 流沙之西，有鸟山者①，三水出焉②。爰有黄金、璇瑰、丹货、银、铁③，皆流于此中。又有淮山，好水出焉④。

【注释】

①鸟山：在今新疆境内。②三水：三条河流。③璇瑰：美玉名。丹货：铅汞之类的物质。④好水：水名。一说在今甘肃境内；一说在今新疆境内。

【译文】

在流沙的西边，有一座鸟山，三条河流从这座山上流出。这里有黄金、璇瑰、丹货、银、铁，且全部产于这三条水中。还有一座淮山，好水发源于此山。

山海经地理古今考	《山海经》中名称	今考
	西海	据说是今甘肃的居延海或者今新疆的罗布泊
	淮山	一说是祁连山、昆仑山的古称；一说是今新疆境内的恒山
	好水	一说是今甘肃的疏勒河；一说在今新疆境内

【原文】

18.5 流沙之东①，黑水之西，有朝云之国、司彘之国②。黄帝妻雷祖③，生昌意。昌意降处若水④，生韩流。韩流擢首、谨耳、人面、豕喙、麟身、渠股、豚止⑤，取淖子曰阿女⑥，生帝颛顼⑦。

【注释】

①流沙：古时指中国西北的沙漠地区。②朝云之国：朝云国，国名。司彘之国：司彘国，国名。③黄帝：传说是中原各族的祖先，姬姓，少典之子，号轩辕氏、有熊氏。雷祖：嫘祖，传说为西陵氏之女，黄帝的正妃。

【译文】

在流沙的东面，黑水的西岸，有朝云国和司彘国。黄帝之妻雷祖生下了昌意。后来昌意被贬到若水，在那里生下了韩流。韩流长着细

④ 降：流放。若水：今四川雅砻江。⑤ 擢（zhuó）首：引拔，耸起。这里指物体因吊拉变成长竖形的样子。谨：慎重细心。这里是细小的意思。豕：猪。渠股：罗圈腿。止：足。⑥ 淖（zhuō）子：蜀山氏之女。⑦ 颛顼：号高阳氏，相传为黄帝之孙、昌意之子，生于若水，居于帝丘。

长的脑袋、小小的耳朵，有人一样的脸、猪一样的嘴、麒麟一样的身子、罗圈腿、猪一样的蹄子，他娶了一位阿蜀山氏的女儿名叫阿女，这位女子生下了帝颛顼。

韩流

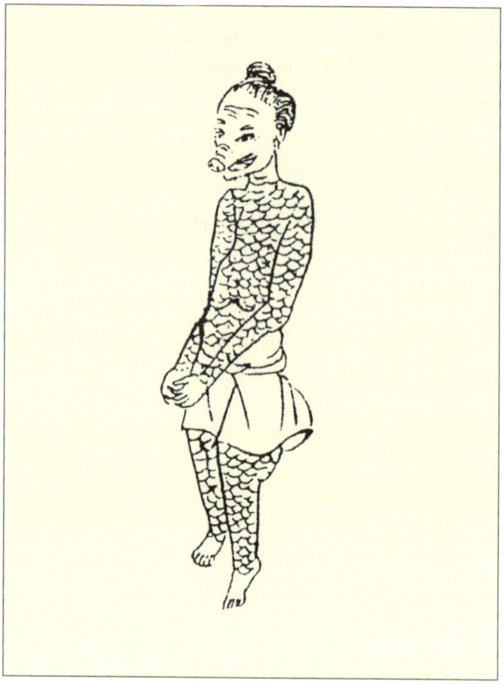

韩流　明　蒋应镐绘图本

【嫘祖始蚕】

嫘祖，一作“雷祖”，相传是中国远古时代的帝王黄帝的妻子。她生了玄嚣、昌意两个儿子。玄嚣的儿子为蟜极，其孙为五帝之一的帝喾；昌意娶蜀山氏女为妻，生高阳，继承天下，这就是五帝之一的颛顼。嫘祖勤劳、贤惠，她不仅操持家务，还帮助黄帝处理国家大事，而其最大的功劳就是教会了老百姓养蚕、治丝，因此《史记》中有“嫘祖始蚕”的说法。

相传，在嫘祖养蚕、治丝以前，人们身上所穿的是麻制的衣服。这种衣服又硬又重，颜色也不够光鲜。这时，大地上有一个蚕神，它每天都爬到大桑树上，不停地吐着银白闪光的细丝，但是人们却不知道利用它来做衣服。有一次，黄帝打了大胜仗，老百姓都前来庆贺，而蚕神也把吐的丝作为礼物献给黄帝。黄帝把蚕丝交给妻子嫘祖，嫘祖看到蚕丝轻若浮云，柔似流水，就将其织成绢，然后做成衣服。嫘祖觉得用蚕丝作成的衣服既好看又舒服，于是试着养蚕。嫘祖每天采摘桑叶，精心喂养这些蚕蛹。蚕蛹慢慢长大，吐出很多蚕丝，嫘祖把这些蚕丝织成绢然后做成衣服。老百姓看到嫘祖养蚕、织绢，也纷纷仿效，嫘祖就把这方面的技术传授给百姓。这样，养蚕便在中国盛行起来。

其实，养蚕和纺织丝绸是古代先民在长期劳动中的创造，并不是由哪一个人发明创造出来的。流传几千年的“嫘祖养蚕”的传说，歌颂了古代先民的勤劳与智慧，嫘祖实际上就是勤劳与智慧的化身。

【原文】

18.6 流沙之东[①]，黑水之间，有山名不死之山。

【注释】

① 流沙：古时指中国西北的沙漠地区。

【译文】

在流沙的东边，黑水流经的地方，有一座山名叫不死山。

【原文】

18.7 华山青水之东[①]，有山名曰肇山。有人名曰柏高，柏子高上下于此，至于天。

【注释】

① 华山：山名。一说指今四川青城山；一说指岷山。青水：水名。

【译文】

华山和青水的东边，有座山名叫肇山。山上有位名叫柏高的人，柏高由这里上下，可以升到天上去。

肇山

【原文】

18.8 西南黑水之间，有都广之野[①]，后稷葬焉[②]。爰有膏菽、膏稻、膏黍、膏稷[③]，百谷自生，冬夏播琴[④]。鸾鸟自歌[⑤]，凤鸟自儛[⑥]，灵寿实华[⑦]，草木所聚。爰有百兽，相群爰处。此草也，冬夏不死。

【注释】

① 都广：地名。一说在今成都一带。② 后稷：周族的始祖，名弃。虞舜命为农官，教民耕稼。③ 膏：形容味美如油脂。菽：豆类的总称。④ 播琴：播种。⑤ 鸾鸟：传说中凤凰一类的鸟。⑥ 凤鸟：雄凤凰。儛：跳舞。⑦ 灵寿：木名。

【译文】

在西南方黑水流经的地方，有一个都广野，后稷死后就埋葬于此。这里出产味美如膏的豆类、稻、黍和稷，各种谷物于此处自然生长，无论冬夏都能播种。鸾鸟在这片土地上自由地歌唱，凤鸟正自在地起舞，灵寿木开花结果，各种草木聚集在这里生长。这里有各种各样的野兽，它们成群聚居在一起。这里生长的草，无论冬夏都不会死。

【原文】

18.9 南海之外[①]，黑水青水之间，有木名曰若木，若水出焉[②]。

【注释】

① 南海：所指不定，先秦时指东海或泛指南方民族的居

【译文】

在南海的外面，黑水和青水之间，生长着

住地，或指南方的一个海域；西汉后指今南海。②若水：今四川雅砻江。

一种树名叫若木，若水发源于此。

【原文】

18.10 有禺中之国[①]。有列襄之国[②]。有灵山，有赤蛇在木上，名曰蠕蛇，木食。

【注释】

①禺中之国：禺中国，国名。②列襄之国：列襄国，国名。

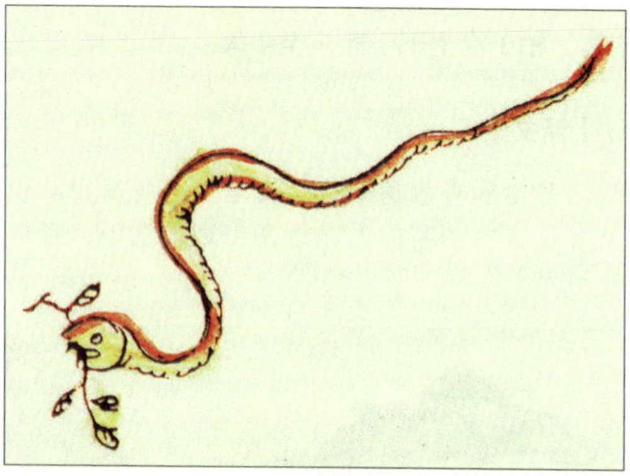

蠕蛇

【译文】

有一个禺中国。还有一个列襄国。这一带有座灵山，山中的树木上有一种红色的蛇，名叫蠕蛇，它以树木为食物。

列襄之国　清　汪绂图本

【原文】

18.11 有盐长之国[①]。有人焉，鸟首，名曰鸟氏。

【注释】

①盐长之国：盐长国。国名。

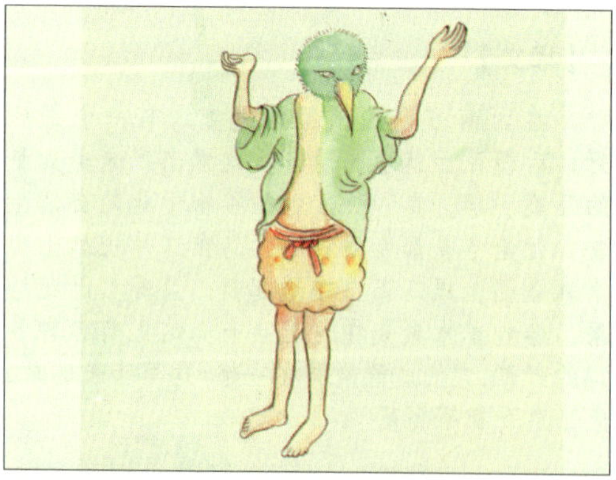

鸟氏

【译文】

有个盐长国。有一种人，长着鸟一样的头，名叫鸟氏。

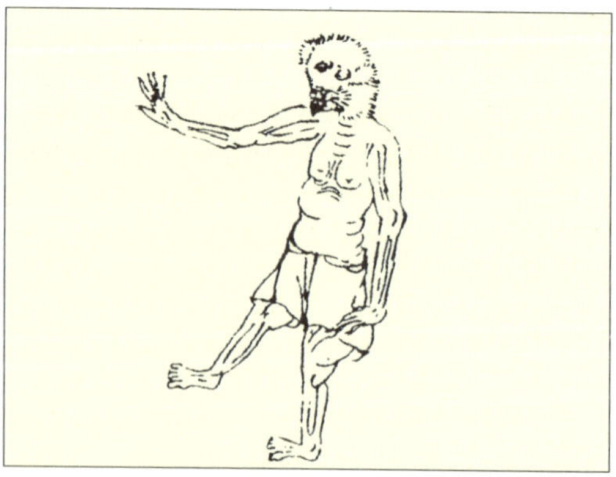

鸟氏　清　汪绂图本

山海经地理古今考	《山海经》中名称	今　考
	禺中之国	据说在今重庆市
	列襄之国	可能在今四川省贵州边境

【原文】

18.12 有九丘，以水络之[①]，名曰陶唐之丘、有叔得之丘、孟盈之丘、昆吾之丘、黑白之丘、赤望之丘、参卫之丘、武夫之丘、神民之丘[②]。有木，青叶紫茎，玄华黄实[③]，名曰建木，百仞无枝[④]，上有九欘[⑤]，下有九枸[⑥]，其实如麻，其叶如芒[⑦]，大皞爰过[⑧]，黄帝所为[⑨]。

【注释】

①络：环绕。②有：为衍文。③玄：黑色。④仞：古代以八尺或七尺为一仞。⑤欘（zhǔ）：树枝弯曲。⑥枸（gōu）：盘错的树根。⑦芒：传说中的木神，身穿白色的衣服。⑧大皞（hào）：伏羲氏。传说中的帝王。⑨黄帝：传说是中原各族的祖先，姬姓，少典之子，号轩辕氏、有熊氏。

【译文】

有九座山丘，它们的周围有水环绕，这九座丘分别是：陶唐丘、叔得丘、孟盈丘、昆吾丘、黑白丘、赤望丘、参卫丘、武夫丘、神民丘。丘上生长着一种树，叶子呈青色，茎干呈紫色，开黑色的花朵，结黄色的果实，名叫建木，它高达百仞，不长树枝，在顶端有九根弯曲的树枝，在下面有九条盘错的树根，它结的果实像麻的果实，叶子则与芒叶相似，当年太昊就是凭借建木登上了天，这种树是由黄帝亲自种植的。

【大皞】

大皞又作太昊，就是传说中的伏羲氏。伏羲氏的母亲华胥在雷泽之滨看到一个巨大的脚印，因好奇踩了上去，结果受孕生下了伏羲。

伏羲是人类文明的始祖，有着超人的智慧。他结绳为网，教民捕鱼打猎。他还仰观天象，研究日月星辰的运行；俯察大地，观察山河走向及各类植物生长情况，用一种数学符号归纳出了万事万物的变化特性，从而创制了八卦。八卦可以推演出许多事物的变化，预卜事物的发展，是宇宙间一个高级的“信息库”。

【原文】

18.13 有窫窳[①]，龙首，是食人。有青兽，人面，名曰猩猩。

【注释】

①窫（yà）窳（yǔ）：猰貐。传说中的一种兽。

【译文】

有一种野兽，名叫窫窳，它长着龙一样的脑袋，能吃人。还有一种青色的野兽，长着人一样的脸，名叫猩猩。

【原文】

18.14 西南有巴国[①]。大皞生咸鸟[②]，咸鸟生乘厘，乘厘生后照，后照是始为巴人[③]。

【注释】

①巴国：古国名，在今重庆、湖北交界地带。②大皞：伏羲氏，传说中的帝王。③始为巴人：（后照）是巴人的祖先。

【译文】

西南方有个巴国。大皞生了咸鸟，咸鸟生了乘厘，乘厘生了后照，后照就是巴国人的祖先。

【禀君与盐水神女】

巴国位于西南地区，这里还没有统一的时候，居住着五个氏族，分别是：巴氏、樊氏、瞫氏、相氏、郑氏。最初，五族人有各自崇拜的鬼神，也有各自的地盘，但常常为了一点小事儿互相争斗。时间久了，众人都觉互相争斗下去没有益处，于是各族各自派出一个有威望的人商量对策，最后决定让推举出的人各自展示神通本领，谁获胜了，就拥谁为王，做五族人唯一的首领。

巴族选出了英雄务相作为代表，参加这次氏族之间的首领选举活动。比赛开始的那天，第一个项目是掷剑。五个选手并排站在山顶上，手里各拿着一把短剑。他们需要向对面山崖的洞穴掷去，谁的箭掷到洞穴中，谁就算获胜。比赛开始，参赛者都用力把手中的箭抛向对面的山崖，另外四个氏族选手的箭中途纷纷落入了山涧，唯有务相的箭像疾鸟一样，飞进了山崖洞穴里。五族的人齐声欢呼。第二个项目是坐花雕土船。族人事先用泥土做好了船，停在河岸边。五个人中谁能把船驶到对岸而沉不下去，就能做氏族的首领了。船被推下河去，四族的土船，行驶不到中流，都先后沉没到河里，唯有务相驾驶的土船，顺着河流，一直到达对岸。两项比赛都是务相获胜，五族人民拥戴务相做了他们的首领，称呼他为"禀君"。

禀君为了使五族的人民生活更加美好，就带领他们顺着夷水，沿江而下，寻找食物更丰盛、气候更宜人的地方居住。到了盐阳这个地方，遇到了在盐水中生活的美丽女神。他与女神互相爱慕，但是想起自己还有未完成的理想，所以就决定离开。盐水女神深情挽留，禀君却是志在四方，不顾女神的挽留，执意要离开。女神无奈，只好化作小虫在空中飞舞，想要陪伴他左右。第二天，禀君整理好队伍，刚要出发，只见天空一片昏暗，他与族人辨不清方向，只好留下来了。原来，附近的精灵同情女神，纷纷变成小虫飞舞在她周围，谁知，小虫越聚越多，竟把太阳也遮住了。这样一连七日，禀君还是决定离开，于是他无奈地解下身上一条绿色腰带，交给女神说："我将来还会再回来与你相聚，这腰带就是我们的爱情信物，你要好好珍藏。"

女神万分感动，把腰带围在身上。第二天，她又化为飞虫在空中飞舞，绿色的腰带也随她在天空飘荡。

天空重新明亮起来，禀君带领五族人再次启程，最后终于找到了一片肥沃的土地，在这里建立了国家，就是巴国。

【原文】

18.15 有国名曰流黄辛氏，其域中方三百里，其出是尘土[①]。有巴遂山，渑水出焉。

【注释】

① 尘土：应是"麈"字之讹，鹿一类的动物。

【译文】

有个国家名叫流黄辛氏，这个国家方圆三百里，这里生活着一种大鹿。有一座巴遂山，渑水就发源于这座山。

【原文】

18.16 又有朱卷之国[①]。有黑蛇，青首，食象。

【注释】

① 朱卷之国：朱卷国，国名。

【译文】

还有一个朱卷国。国中有一种黑色的蛇，它长着青色的脑袋，能够吞食大象。

黑蛇

黑蛇

【原文】

18.17 南方有赣巨人①，人面长臂，黑身有毛，反踵②，见人笑亦笑，唇蔽其面，因即逃也③。

【注释】

①赣巨人：枭阳国人。②踵：脚后跟。③因：趁。

【译文】

南方有一种赣巨人，他们长着人一样的脸，手臂长长的，全身黑色，身上长满了毛，脚跟长在前面，他们会吃人，看见人笑他也笑，笑的时候长长的嘴唇遮住了脸，人可以趁机逃走。

【原文】

18.18 又有黑人，虎首鸟足，两手持蛇，方啖之①。

【注释】

①啖（dàn）：吃。

【译文】

还有一种浑身皆呈黑色的人，长着虎一样的脑袋，鸟一样的脚，两手拿着蛇，正在那里吃蛇。

黑人

黑人　明　胡文焕图本

【原文】

18.19 有嬴民[①]，鸟足。有封豕[②]。

【注释】

①嬴民：传说中的国名或部族名。②封豕：大猪。

【译文】

有一个嬴民国，那里的人都长着鸟一样的脚。国中还有一种大猪。

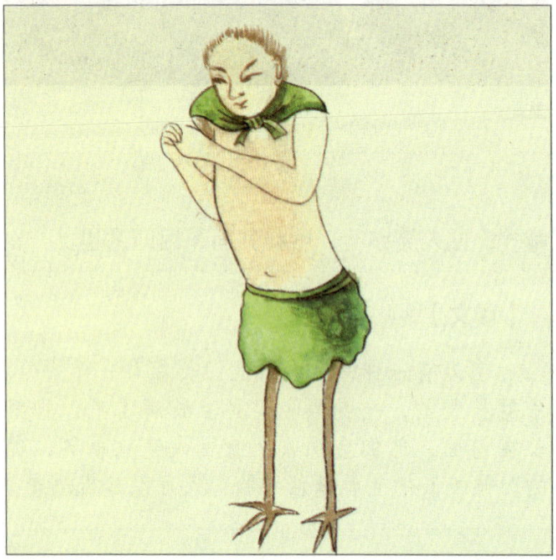

嬴民

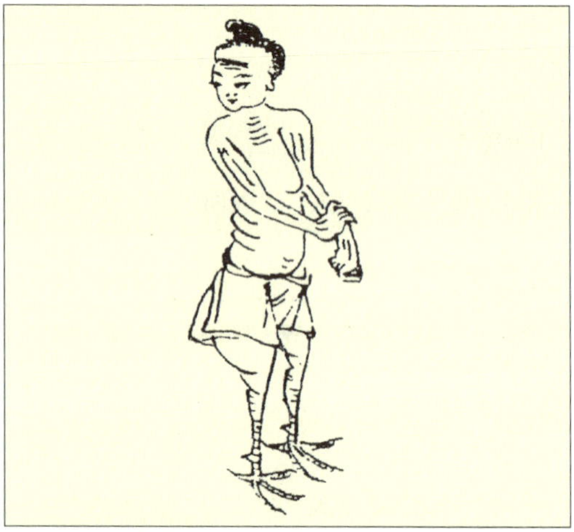

嬴民　清　汪绂图本

【原文】

18.20 有人曰苗民。有神焉，人首蛇身，长如辕[①]，左右有首，衣紫衣，冠旃冠[②]，名曰延维，人主得而飨食之[③]，伯天下[④]。

【注释】

①辕：车辕，车前驾畜生的部分。②旃（zhān）：同“毡”。③飨：祭祀。④伯：通“霸”。

【译文】

有一种人名叫苗民。有一位神，长着人一样的头，蛇一样的身子，身长如车辕，左右两边各长着一个脑袋，穿紫色的衣服，头戴红色的帽子，名叫延维，哪个国君若是能得到他并祭祀他，就能称霸天下。

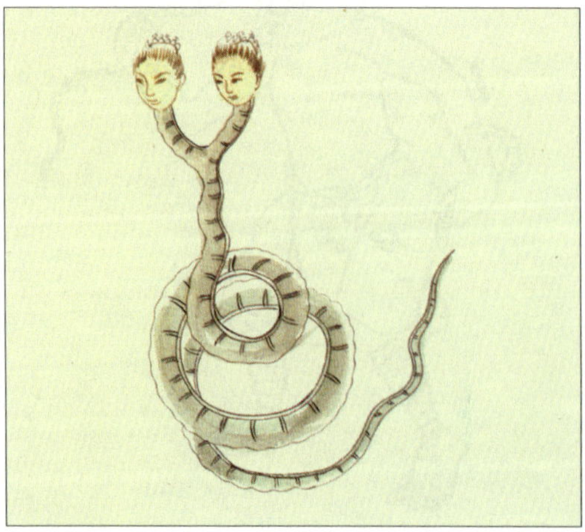

延维

延维　清　汪绂图本

山海经地理古今考	《山海经》中名称	今考
	巴国	在今重庆、湖北交界地带
	涠水	可能是今天的金沙江

【原文】

18.21 有鸾鸟自歌①，凤鸟自舞②。凤鸟首文曰德，翼文曰顺，膺文曰仁③，背文曰“義”，见则天下和。

【注释】

①鸾鸟：传说中凤凰一类的鸟。②凤鸟：雄凤凰。③膺：胸。

【译文】

鸾鸟在自由地歌唱，凤鸟在自在地起舞。凤鸟头上有似“德”字的花纹，翅膀上有似“顺”字的花纹，胸部有似“仁”字的花纹，背部有似“義”字的花纹，只要这种鸟一出现，天下就会出现太平。

【原文】

18.22 又有青兽如菟①，名曰菌狗。有翠鸟，有孔鸟②。

【注释】

①菟：同“兔”。②孔鸟：孔雀。

【译文】

还有一种形状像兔子的青兽，名叫菌狗。还有翠鸟、孔雀。

菌狗

菌狗 清 《禽虫典》本

【原文】

18.23 南海之内①，有衡山②，有菌山，有桂山。有山名三天子之都③。

【注释】

①南海：所指不定。先秦时指东海或泛指南方民族的居住地，或指南方的一个海域；西汉后指今南海。②衡：

【译文】

在南海之内，有衡山、菌山、桂山。还有一座山名叫三天子都。

今南岳衡山。③三天子都：山名，三天子鄣山。

【原文】

18.24 南方苍梧之丘[①]，苍梧之渊，其中有九嶷山[②]，舜之所葬[③]，在长沙零陵界中。

【注释】

①苍梧：古地区名。②九嶷（yí）山：山名，在今湖南宁远南。③舜：上古帝王，有虞氏，姓姚，名重华。

【译文】

南方有一座苍梧丘，（丘的附近）有一个苍梧渊，它们之间有一座九嶷山，这里是帝舜死后埋葬的地方，位于长沙零陵境内。

九嶷山

【原文】

18.25 北海之内[①]，有蛇山者，蛇水出焉，东入于海。有五采之鸟[②]，飞蔽一乡，名曰翳鸟。又有不距之山[③]，巧倕葬其西[④]。

【注释】

①北海：水名。②五采之鸟：羽毛五彩斑斓的鸟。③不距之山：不距山。④倕（chuí）：相传是上古帝尧时代一位灵巧的工匠。

翳鸟

【译文】

北海之内有座山，名叫蛇山，蛇水发源于这座山，向东流入大海。山中有一种五彩斑斓的鸟，它们在空中成群飞翔，能遮住一个地区的上空，名叫翳鸟。又有一座不距山，工匠巧倕就埋葬在这座山的西边。

翳鸟 清 汪绂图本

【原文】

18.26 北海之内[①]，有反缚盗械、带戈常倍之佐[②]，名曰相顾之尸。

【注释】

①北海：水名。②盗械：指械盗之具。倍：通“背”，背叛。佐：辅佐帝王的人。

【译文】

在北海之内，有一个被反绑着械盗之具、身上带着戈经常叛逆的臣子，名叫相顾尸。

【原文】

18.27 伯夷父生西岳[①]，西岳生先龙，先龙是始生氐羌[②]，氐羌乞姓。

【注释】

① 伯夷父：人名。② 氐（dī）羌：我国古代少数民族氐族和羌族。

【译文】

伯夷父生下了西岳，西岳生下了先龙，先龙是氐羌族的始祖，族中的人都姓乞。

【原文】

18.28 北海之内[①]，有山名曰幽都之山[②]，黑水出焉。其上有玄鸟、玄蛇、玄豹、玄虎、玄狐蓬尾[③]。有大玄之山[④]。有玄丘之民。有大幽之国[⑤]。有赤胫之民[⑥]。

【注释】

① 北海：水名，可能是今贝加尔湖。② 幽都之山：幽都山，可能在今山西、河北北部，包括燕山及其北诸山。③ 玄：黑色。蓬：蓬松。④ 大玄之山：大玄山。⑤ 大幽之国：大幽国。⑥ 赤胫：小腿呈红色。

【译文】

北海之内有一座山，名叫幽都山，黑水发源于此山。山上有黑色的鸟、黑色的蛇、黑色的豹、黑色的老虎、尾巴蓬大的黑色狐狸。有大玄山。有玄丘民。这一带有个大幽国。有小腿呈红色的居民。

【原文】

18.29 有钉灵之国[①]，其民从膝已下有毛，马蹄，善走。

【注释】

① 钉灵之国：钉灵国，其国人是高车、回纥的先民。

【译文】

有一个钉灵国，这个国家的人自膝盖以下都长着毛，还长着马一样的蹄子，擅长奔跑。

【原文】

18.30 炎帝之孙伯陵[①]，伯陵同吴权之妻阿女缘妇[②]，缘妇孕三年，是生鼓、延、殳。殳始为侯[③]，鼓、延是始为钟，为乐风[④]。

【注释】

① 炎帝：上古姜姓部落的首领，号烈山氏。② 同：指男女通奸。③ 侯：箭靶。④ 乐风：指乐曲的格式。

【译文】

炎帝的孙子名叫伯陵，伯陵与吴权的妻子阿女缘妇私通，阿女缘妇怀孕三年，这才生下了鼓、延和殳。殳最先发明制作了箭靶，鼓和延发明了乐器钟，创制了乐曲的格式。

【原文】

18.31 黄帝生骆明[①]，骆明生白马，白马是为鲧。

【注释】

① 黄帝：传说是中原各族的祖先，姬姓，少典之子。

【译文】

黄帝生了骆明，骆明生了白马，白马就是鲧。

【原文】

18.32 帝俊生禺号①，禺号生淫梁，淫梁生番禺，是始为舟。番禺生奚仲②，奚仲生吉光，吉光是始以木为车。

【注释】

①帝俊：一说指帝舜；一说指颛顼。②奚仲：传说中发明制造车的人。

【译文】

帝俊生了禺号，禺号生了淫梁，淫梁生了番禺，番禺发明了船。番禺生了奚仲，奚仲生了吉光，吉光最早用木头制车。

【原文】

18.33 少皞生般①，般是始为弓矢。

【注释】

①少皞：少昊，相传是黄帝之子，是远古时羲和部落的后裔，华夏部落联盟的首领，同时也是东夷族的首领。

【译文】

少皞生了般，般发明了弓和箭。

【原文】

18.34 帝俊赐羿彤弓素矰①，以扶下国，羿是始去恤下地之百艰②。

【注释】

①羿：后羿。彤：红色。矰（zēng）：古代射鸟用的拴着丝绳的短箭。②恤：救济。

【译文】

帝俊把红色的弓、系着丝绳的白色短箭赏赐给了后羿，让他去扶助下界的国家，后羿于是到地上去帮助人们应对各种艰难困苦。

后羿

后羿

【原文】

18.35 帝俊生晏龙①，晏龙是始为琴瑟。

【注释】

①帝俊：一说指帝舜；一说指颛顼。

【译文】

帝俊生了晏龙，晏龙发明了琴和瑟。

【原文】

18.36 帝俊有子八人，是为歌舞。

【译文】

帝俊生了八个儿子，他们创制了歌舞。

【原文】

18.37 帝俊生三身[①]，三身生义均，义均是始为巧倕[②]，是始作下民百巧。后稷是播百谷。稷之孙曰叔均，是始作牛耕。大比赤阴[③]，是始为国。禹、鲧是始布土[④]，均定九州[⑤]。

【注释】

① 三身：指三身国的祖先。② 倕（chuí）：古代相传的巧匠名。③ 大比赤阴：人名。可能是后稷的生母姜嫄。④ 布：施予，施行。土：土工，治河时填土、挖土的工程。⑤ 九州：相传大禹治理了洪水以后，把中原划分为九个行政区域，就是九州。

【译文】

帝俊生了三身，三身生了义均，义均是最早的巧匠，他为下界之民发明了各种巧妙的工艺和技术。后稷最早播种百谷。后稷的孙子名叫叔均，叔均发明了用牛耕田的方法。大比赤阴，开始受封而建国。禹和鲧开始挖掘泥土治理洪水，度量划定九州。

【原文】

18.38 炎帝之妻、赤水之子听訞生炎居[①]，炎居生节并，节并生戏器，戏器生祝融。祝融降处于江水[②]，生共工。共工生术器，术器首方颠[③]，是复土穰[④]，以处江水。共工生后土，后土生噎鸣，噎鸣生岁十有二[⑤]。

【注释】

① 炎帝：上古姜姓部落的首领，号烈山氏。赤水：一说指部族民；一说指黄河。② 降：流放。江水：指长江。③ 首方颠：头顶是方形。④ 穰（ráng）：丰收。⑤ 生岁十有二：指把一年划分为十二个月。

【译文】

炎帝的妻子、赤水的女儿听訞生了炎居，炎居生了节并，节并生了戏器，戏器生了祝融。祝融被放逐到了长江岸边，生下了水神共工。共工生了术器，术器的脑袋呈方形，他最早通过翻耕土地的方法使农作物丰收，并到长江岸边居住。共工生了后土，后土生了噎鸣，噎鸣把一年划分为十二个月。

【原文】

18.39 洪水滔天，鲧窃帝之息壤以堙洪水[①]，不待帝命。帝令祝融杀鲧于羽郊[②]。鲧复生禹[③]。帝乃命禹卒布土[④]，以定九州。

【注释】

① 鲧：传说中的人物。姓姬，字熙。黄帝的后代，大禹之父。息壤：传说中一种能自己生长、永不耗减的土壤。堙（yīn）：堵塞。② 祝融：传说中楚国君主的祖先，名重黎，是颛顼的后代，传说中的火神。羽郊：羽山之郊。③ 复：通“腹”。④ 布：施予，施行。土：土工，治河时填土、挖土的工程。

【译文】

大地上四处都是洪水，鲧没有经过天帝同意，偷了天帝的息壤来堵塞洪水。天帝派祝融把鲧杀死在羽山的郊野。鲧死之后，从他腹中诞生了禹。天帝于是命令禹治理洪水，禹最终以土工扼制了洪水，并划定了九州。